सात रंग के सपने

रश्मि बंसल लेखक, उद्यमी और यूथ एक्सपर्ट हैं। उद्यमिता पर उनकी चार किताबें- छू लो आसमान, सच हुए सपने और जीरो टू हीरो, बेहद लोकप्रिय हैं। इनका अनुवाद 10 से ज़्यादा भाषाओं में हो चुका है।

रश्मि छात्रों और युवा उद्यमियों के लिए प्रेरक वक्ता भी हैं। आप सोफिया कॉलेज, मुंबई से इकोनॉमिक में स्नातक और आईआईएम अहमदाबाद से एमबीए हैं।

आप उन्हें ट्विटर पर भी फॉलो कर सकते हैं:
www.twitter.com/rashmibansal
या उनके ब्लॉग पर Youthcurry
mail@rashmibansal.in

उर्मिला गुप्ता बतौर संपादक और अनुवादक वर्षों से कार्यरत हैं। वो फेसबुक अपडेट और फिल्मी गपशप से अपना कीमती समय निकालकर, गंभीर विषयों के साथ-साथ बच्चों की टेक्स्ट बुक्स और स्टोरी बुक्स पर भी काम कर रही हैं।

सात रंग के सपने

25 महिला उद्यमियों की प्रेरक कहानियां

रश्मि बंसल

अनुवाद

उर्मिला गुप्ता

युवान बुक्स

युवान
बुक्स

अनबाउंड स्क्रिप्ट का उपक्रम

सात रंग के सपने

प्रथम संस्करण : युवान बुक्स-2025

ISBN : 978-93-92088-10-0

प्रकाशक : अनबाउंड स्क्रिप्ट
2/41, अंसारी रोड,
दरियागंज, दिल्ली - 110002
वेबसाइट : www.unboundscript.com
ई-मेल : books@unboundscript.com
फोन नं. : 011-35807601

SAAT RANG KE SAPNE
by Rashmi Bansal
Translated by Urmila Gupta

मुद्रक : यश प्रिंटोग्राफ़िक्स, नोएडा, उत्तर प्रदेश

मूल्य : ₹399/-

मेरी सास संतोष बंसल के निश्छल प्यार और
सहयोग को समर्पित

‘हर पर्वत को पार करो,
हर धारा से आगे बढ़ो
हर सपने के पीछे जाओ,
जब तक अपना सच न मिल जाए।

एक सपना जिसकी जरूरत होगी
जिस पर तुम प्यार लुटा पाओ
अपने जीवन का हर दिन
जब तक सांस रहे।’

द साउंड ऑफ म्यूजिक से
(रोजर्स एंड हैमर्स्टाइन)

आभार

उन सभी महिलाओं का आभार जिन्होंने मुझे प्यार दिया, सराहा, प्रेरणा दी और प्रोत्साहित किया।

आप सभी का तहेदिल से शुक्रिया।

मेरी मां, मनोरमा अग्रवाल, जिन्होंने हर मूड में मुझे प्यार दिया, मेरे नखरे, गलतियां और असफलताओं के बावजूद।

मेरी चाची, प्रतिमा गर्ग--आप हमेशा मेरे लिए 'छोटी मां' रहीं।

मेरी बुआजी, आशा गोयल, आपकी सकारात्मक सोच और प्रेरणा के लिए।

एडिथ मॉन्टेरोसो--एलेंडेल एलिमेंटरी स्कूल (पासादेना, कैलिफोर्निया) में मेरी टीचर। आपकी क्लास में ही इस लेखक का जन्म हुआ।

सेंट जोसफ हाईस्कूल, कोलाबा की मिस मारिया, मेरी फ्रेंच टीचर। आपने मुझे हमेशा ज्यादा और ज्यादा करने के लिए प्रेरित किया।

सोफिया कॉलेज में मेरी इंग्लिश प्रोफेसर, मिस कोलाको। (काश मैंने ईको न लेकर लिटरेचर लिया होता!)

आईआईएम अहमदाबाद में प्रोफेसर इंदिरा पारिख, आप हमेशा स्नेही और ऊर्जावान रहीं।

कामिनी बंगा, मेरे दिमाग में 'लेखन' का बीज बोने के लिए।

रामा बीजापुरकर, मेरी रोल मॉडल बनने के लिए--मैं आपको और आपके काम को बेहद सराहती हूं।

मेरी पहली बॉस, चांदनी सहगल, आपके मुश्किल प्यार और ऊंचे मानकों के लिए।

इलाइना दारुवाला, एक 'नए जगत' में मेरी आंखें खोलने के लिए।

मेरे बचपन की दोस्त, शैफाली श्रीवास्तव और वंदना राव। तुम दोनों मेरी बहनें हो।

पीयुल मुखर्जी और नयनतारा चक्रवर्ती--दोस्त, विश्वस्त और मस्ती मारने वाला ग्रुप।

मेरी सोल सिस्टर, अनीता अरोड़ा। हम हमेशा जुड़े रहेंगे। कोई फर्क नहीं पड़ता कि तुम कहां हो।

माधुरी वाई और शालिनी लाल, यादगार कल और आने वाले शानदार कल को साझा करने के लिए।

सुप्रीता आर्य, हम लड़ते हैं, लेकिन जल्दी ही मान भी जाते हैं।

मेरी बेटी, निवेदिता। तुम सुंदर युवा महिला हो, जिस पर मुझे बहुत गर्व है।

मेरी बाई लता--जिसके बिना मैं कहीं खो ही जाती।

और 'मिसेज नायपॉल'। हालांकि आप दूर हो, पर फिर भी आप मेरे साथ और मुझमें ही हैं। मुझे प्यार देतीं, मार्गदर्शन करतीं, मेरा हाथ थामे।

उन सभी लोगों को जिनकी वजह से यह किताब साकार रूप ले सकी।

हमेशा की तरह, सुनील हांडा--दोस्त, शिक्षक, मार्गदर्शक--का हार्दिक आभार।

एकलव्य स्कूल के टीचर--खासकर, प्रिंसीपल रजल मैम और प्रिंसीपल नंदिनी मैम--को चैप्टर पढ़कर सलाह देने के लिए।

रवीश कुमार, हर तरह से मदद और सहयोग देने के लिए।

पंकज भार्गव, जिन्होंने उदारता से मुझे अपने ऑफिस का इस्तेमाल करने दिया, जिससे मुझे लिखने की शांति मिली।

जंखाना कौर (जी) टाई स्त्री शक्ति अपने जोश और नेटवर्किंग सपोर्ट के लिए।

श्वेता गड़करी जोशी--जिन्होंने इस किताब का ट्रांसक्रिप्शन किया। और जॉन बीके, निखिल सहस्त्रबुद्धे, सुवाद्रो चक्रबोर्ती, विकास बैक्रवाल और अरूणा कार्तिकेन के शानदार काम के लिए।

शुरुआती प्रूफरीडिंग के लिए नुपुर मस्कारा का आभार। आस्था गुप्ता और आकांक्षा ठाकुर कुछ चैप्टर्स का मूल्यांकन करने के लिए।

वैस्टलैंड की आराधना बिष्ट का आभार, जिन्होंने संपादन करके इस किताब को मेरी पसंद के अनुरूप प्रस्तुत किया।

अमृत वत्स का शानदार कवर के लिए।

कवर पर डीटीपी वर्क के लिए दुर्गेश। फाइनल डिजाइन और लेआउट के लिए गुंजन अहलावत और वैस्टलैंड की टीम का आभार।

पॉल कुमार और गौतम पद्मनाभन, जिनकी वजह से काम बेहद आसान हो गया।

सतीश, राजाराम और पूरी सेल्स टीम का आभार, जिन्होंने मेरी किताब को दूर-दूर तक पहुंचाया।

मेरे सभी पाठकों का भी।

और यकीनन इस किताब की सारी दमदार महिलाओं का।

आप सब अब मेरी दोस्त हैं।

लेखक की कलम से

आईआईएम अहमदाबाद 1993 की क्लास बेहद खास थी। उस बैच में 30 लड़कियां थीं, और मैं भी उनमें से एक थी।

बहुमत की वजह से हम हमारे सीनियर्स (पिछले बैच में मात्र 15 लड़कियां थीं) से बहुत बिंदास और बेबाक थे। हम होस्टल के सामने से गुजरते लड़कों पर पानी से भरी बाल्टी उढ़ेलने में भी नहीं झिझकते थे (कैंपस का एक रिवाज, जिसे डंकिंग कहा जाता है।)।

अगर लड़के नोटिस बोर्ड पर अपनी 'जूस' मैगजीन लगाते, जिसमें लड़का-लड़की के रोमांस की काल्पनिक डिटेल होती, तो हम भी अपनी मैग्जीन बनाने से पीछे नहीं रहते, जिसमें उनकी खूब फजीहत होती।

1993 में, जब हम स्नातक हुए, मैं मानती थी--हम समान हैं। आदमी और औरत, हमारा डिप्लोमा एक जैसा ही था। और दुनिया को संवारने में हम दोनों ही बराबर काबिल थे।

मैं पूरी तरह से गलत थी।

महिलाएं उतनी ही सक्षम हैं। लेकिन अगर परिस्थितियां उन्हें इजाजत दें तो।

औरतें उस नाजुक फूल के समान हैं, जिसे खिलने के लिए ताजी हवा, रौशनी और अपने अनुकूल माहौल की जरूरत होती है।

वह असहमति की गर्मी में झुलस सकती है।

वह बेचैनी की सर्दी में जम सकती है।

एक महिला आसानी से खुद को और खुद की इच्छाओं का त्याग कर देती है, अगर 'कीमत' बहुत ज्यादा हो तो।

और परिवार ही यह सहमति देता है कि आधुनिक जमाने में भी हम उस

उक्ति--एक महिला की जगह आदमी की बगल में ही होती है--को सिर झुकाकर मानें या नहीं।

क्रांति आ रही है, लेकिन बिना किसी खून-खराबे के।

क्योंकि महिलाओं ने खुद उसके लिए राह बनाई है।

हमें उनके जुनून को बाहर आने देना चाहिए। उनके विश्वास को बनाए रखना चाहिए। उन्हें सोचने के लिए नई राहें दिखानी होंगी।

जिससे दुनिया रहने के लिए मजबूत मगर सौम्य बनेगी।

तो अपने बोर्डरूम को बंद करके खुले आसमान के नीचे बैठो। लालच और बंधन की दुनिया से परे।

आने वाला कल महिलाओं के मूल्यों से महकेगा। साहस, पारदर्शिता, शान से।

वह पल इतिहास बन जाएगा, जब महिलाएं बंधन में रहा करती थीं।

जुलाई 2013 **रश्मि बंसल**
मुंबई

अनुक्रम

लक्ष्मी
दुर्गा
सरस्वती

लक्ष्मी

वे घर की लक्ष्मी हैं, जो घर में धन और संपन्नता लाती हैं--अपने परिवार के सदस्यों को बिजनेस में शामिल करके। क्योंकि सफलता वह नहीं है, जो आप सिर्फ अपने लिए चाहें, यह तो सबके साथ बांटने वाला पल है।

पृ.2 **सपनों से आगे**

मीना बिंद्रा--जन्म 16 जून 1943

बीबा

39 साल की उम्र में, एक नेवी ऑफिसर की बीवी और दो बच्चों की मां ने *पॉकेट मनी* के उद्देश्य से खुद का बिजनेस शुरू किया। अपने दो बेटों की मदद से उन्होंने सलवार-कमीज के सामान्य से व्यवसाय को सालाना 300 करोड़ रुपए के नेशनल ब्रांड में बदलकर रख दिया।

पृ.14 **लोन उगाही**

मंजू भाटिया--जन्म 30 मई 1986

वसूली

16 साल की उम्र में उन्होंने एक फार्मसुटिकल कंपनी में काम करना शुरू कर दिया था। 26 साल की उम्र में इंदौर की यह छोटी सी लड़की वसूली की जॉइंट मैनेजिंग डायरेक्टर है। वसूली भारत की लोन-बहाली कंपनी है, जिसमें बस महिला एजेंट ही कार्यरत हैं।

पृ.28 **काम ही पूजा है**

रजनी बेक्टर--जन्म 2 जून 1941

क्रेमिका

लुधियाना के एक संपन्न परिवार में ब्याही, रजनी को केक और आइसक्रीम बनाना अच्छा लगता। अपनी रसोई से शुरू किया गया छोटा सा बिजनेस अब 650 करोड़ का साम्राज्य बन चुका है, जिसे उसके तीनों बेटे संभाल रहे हैं।

पृ.38 **हम साथ-साथ हैं**

निर्मला कंडलगांवकर--जन्म 1 जनवरी 1952

विवाम एग्रोटेक

एक छोटे से शहर की गृहिणी, निर्मला ने बच्चों के बड़े होने के बाद 'कुछ करने' की ठानी।

अपनी विज्ञान और सामाजिक ज्ञान की पृष्ठभूमि का इस्तेमाल करते हुए उन्होंने असामान्य से बिजनेस वर्मिकम्पोस्टिंग (कीड़ों से खाद पैदा करना) में सफलता पाई।

पृ.54 **हम पंछी एक डाल के**

रंजना नाइक–जन्म 10 जुलाई 1973

स्वान सूइट्स

रंजना ने अपने पति के काम को बढ़ाने के लिए कॉल सेंटर की शुरुआत की। लेकिन यह सुपर-सेल्सविमेन बाद में हॉस्पिटेलिटी के व्यवसाय में आई और अब उनका सपना है कि स्वान सुइट को सर्विस अपार्टमेंट का 'ताज' बना दें।

पृ.70 **ब्लू पॉट्री**

लीला बोर्डिया–जन्म 1 मई 1950

नीरजा इंटरनेशनल

मारवाड़ी परिवार की बहू जयपुर की झोपड़पट्टी में सामाजिक कार्य करने के उद्देश्य से गईं। उनके जुनून और कल्पना ने ब्लू पॉट्री की पारंपरिक कला को फिर से जीवित कर उसके कारीगरों की जिंदगी में भी रंग भरे।

पृ.84 **साहसी महिला**

हान ची वा–जन्म 22 अगस्त 1967

ग्वांझोउ ग्वानयी गारमेंट लेबल एक्सेसरीज लिमिटेड

16 साल की उम्र में हान अपने परिवार के भरण पोषण के लिए जिआंगशी टाउन में घूम-घूमकर केक बेचा करती थी। 1999 में वह लेबल-मेकिंग व्यवसाय से जुड़ीं और कंपनी की सालाना आय 5,000 डॉलर से 250,000 डॉलर तक पहुंचा दी, अपने परिवार के सहयोग से।

पृ.94 **एवरेस्ट दूर नहीं**

प्रेमलता अग्रवाल–जन्म 20 अक्टूबर 1963

पर्वतारोही

मई 2011 में, जमशेदपुर की 48 वर्षीय गृहिणी माउंट एवरेस्ट पर चढ़ने वाली सबसे बड़ी उम्र की भारतीय महिला हैं। प्रेमलता के साहस और दृढ़ता ने दिखा दिया कि कुछ भी हासिल करने में उम्र कोई बंधन नहीं है।

दुर्गा

परिस्थितियों ने इन महिलाओं को काम करने और जीने के संघर्ष के लिए मजबूर किया। उन्होंने चुनौतियों का सामना किया, और शोषण को नकार दिया। उस शक्ति को सामने लाईं, जो हम सबमें कहीं छिपी हुई है।

पृ.110 **मैं रहूंगी**

पेट्रीशिया नारायण--जन्म 7 फरवरी 1958

केटरर

शराबी पति ने पेट्रीशिया को उसके खोल से बाहर निकलकर दुनिया का सामना करने को मजबूर किया। मरीना बीच पर एक स्टॉल के रूप में शुरू किया गया बिजनेस अब एक फूड चेन में बदल गया है, जिसने साबित कर दिया है महिलाएं चाहें तो कुछ भी कर सकती हैं--बस वे अपने दिल और आत्मा ये बात बैठा लें।

पृ.132 **एक और कहानी**

सुदेशना बनर्जी--जन्म 6 अक्टूबर 1968

पीएस डिजीटेक एचआर

जब उनकी शादी टूट गई, तब सुदेशना की आंखें खुलीं। एक मध्यम सी, कम तन्ख्वाह की स्कूल टीचर की नौकरी छोड़कर वे दृढ़निश्चयी बिजनेसविमेन बनकर, खुद को पुरुष प्रधानता वाले इंजीनियरिंग सर्विस में खुद को साबित कर दिखाया।

पृ.146 **कांस्य कलाकृति में महिला**

जसु शिल्पी--जन्म 10 दिसंबर 1948

मूर्तिकार

जसु शिल्पी अपने व्यवसाय में स्वभाव से ही आ गईं क्योंकि माइकलेंजलो ने कहा था कि मूर्तियां तराशना 'महिलाओं का काम नहीं है।' आज महात्मा गांधी, मार्टिन लूथर किंग और राणा प्रताप के उनके द्वारा बनाए गए 'लार्जर देन लाइफ' स्टेचु देश और विदेश में शोभा पा रहे हैं।

पृ.162 **एकला चलो**

दिपाली सिकंद--जन्म 15 अगस्त 1965

लेस कॉन्सीएर्श

दिपाली ने शुरुआत में राजनीति और कॉरपोरेट में भी दिलचस्पी दिखाई फिर निजी जीवन की त्रासदी ने उन्हें उद्यमी बनने की ओर प्रेरित किया। राकेश झुनझुनवाला उनकी कंपनी लेस कॉन्सीएर्श में एक निवेशक हैं। यह बिजनेस अपने आप में अनोखा और ऊंचा फायदेमंद है।

पृ.178 **दिल से**

पारु जयकृष्ण--जन्म 5 अगस्त 1943

असही सांगवान

जब उनका पारिवारिक टैक्सटाइल का काम ठप्प हुआ, तो पारु जयकृष्ण ने अपने दो बेटों के भविष्य को सुरक्षित करने के लिए नए बिजनेस की शुरुआत की। 230 करोड़ का असही सांगवान कंपनी एक मां के प्यार का साक्षी है।

पृ.200 **वीसा पावर**

बीनापानी तालुकदार--जन्म 3 फरवरी 1979

पेंसी एक्सपोर्ट

गोवाहाटी की यह साहसी उद्यमी असम की खूबसूरत पोशाकों में लिपटी पूरे विश्व में सफर करती हैं। भाषा के बंधनों से परे, सुरक्षा और घर के विरोध से परे, वे अपना 'लेडी एक्सपोर्टर' का परचम लहराए रखती हैं।

पृ.212 **सोल सिस्टर**

ईला भट्ट--जन्म 7 सितंबर 1933

सेवा

वर्ण और कर्फ्यु को चुनौती देती ईलाबेन अपनी कामकाजी बहनों--सब्जी बेचने वाली, कूड़ा बीननेवाली और नौकरानियों के अधिकारों के लिए संघर्ष करती हैं। 40 सालों से सेवा 17 लाख महिलाओं को सशक्त करते हुए पूंजीवाद के इस युग में गांधीवादी आदर्शों को जीवित रखे हुए है।

पृ.232 **यही प्यार है**

शोना मैक्डॉनाल्ड--जन्म 5 मार्च 1958

शोनाकुइप

जब उनकी बेटी का जन्म बहुत सी अक्षमताओं के साथ हुआ, तो डॉक्टर ने उन्हें सलाह दी कि शोना को अपने बच्चे को किसी संस्थान में छोड़ देना चाहिए। इसके बजाय, इस साउथ अफ्रीकी मां ने निर्णय लिया कि शैली को एक अच्छा जीवन मिलेगा, और ऐसा करते हुए उन्होंने हजारों अन्य लोगों की भी मदद की।

सरस्वती

प्रोफशनल एजुकेशन लेने के बाद भी उनमें उद्यमिता ही प्रबल रही। उन्होंने प्राचीन भूमिका से परे खुद कुछ करने की स्वतंत्रता का आनंद उठाया।

पृ.248 **सुकून, प्यार, बिजनेस**

नीना लेखी--जन्म 25 अप्रैल 1966

बैगिट

नीना ने मजे के लिए कैन्वस बैग बनाने और बेचने शुरू किए--जब वह सोफिया पोलीटैक्निक में छात्रा ही थीं। 29 साल बाद, उनकी कंपनी बैगिट एक नेशनल रिटेल ब्रांड है, जिसकी वार्षिक सेल है 34 करोड़ रुपए।

पृ.264 **अपनी राह**

संगीता पटनी--जन्म 20 मार्च 1964

एक्सटेनसिओ सॉफ्टवेयर

बीआईटीएस पिलानी से स्नातक संगीता ने अपने भाई के साथ मिलकर एक सॉफ्टवेयर कंपनी खड़ी करने से पहले हिंदुस्तान लीवर और आईशर में भी काम किया। करियर और मातृत्व को संभालना, उनकी जिंदगी इसका जीता-जागता उदाहरण है।

पृ.280 **एसिड टेस्ट**

सत्या वाडलामनी--जन्म 15 जुलाई 1964

मुरली कृष्ण फार्मा

सत्या ने जब एक्सपोर्ट लाइन, एफडीए-कंप्लेंट फर्मासुटिकल फैक्टरी, में आने का निर्णय लिया, तब उन्हें मेन्युफैक्चरिंग में कोई अनुभव नहीं था। देरी और मुसीबतों के बावजूद, उन्होंने लक्ष्य--विश्वस्तरीय कंपनी स्थापित करना--पर अपनी नजर बनाए रखी।

पृ.298 **फैट चांस**

शिखा शर्मा--जन्म 6 जुलाई 1969

न्यूट्रीहेल्थ सिस्टम

डॉ. शिखा शर्मा अमेरिका जाकर, किसी बड़े अस्पताल के साथ काम कर सकती थीं--दूसरे पढ़े-लिखे डॉक्टरों की तरह। इसके बजाय, उन्होंने अपना मेडिकल कौशल वेट-लॉस बिजनेस में लगाया और अपने क्लाइंट की जिंदगी खुशियों और अच्छी सेहत से भर दी।

पृ.314 **द प्यूरीटन**

दीपा सोमन--जन्म 15 अक्टूबर 1965

ल्यूमिरे बिजनेस सॉल्यूशन

दीपा ने अपने करियर की शुरुआत हिंदुस्तान लीवर से की, लेकिन मां के कर्तव्य निभाने के लिए उन्हें अपने करियर को छोड़ना पड़ा। उन्होंने एक मार्केट रिसर्च कंपनी बनाई, जिसका मकसद महिलाओं को उनके समय के अनुरूप काम देना था।

पृ.332 **रोल मॉडल**

ओतारा गुनेवर्दने--जन्म 30 अगस्त 1964

ओडेल

एक्सपोर्ट का सामान और कपड़े बेचने के लिए ओतारा की पहली 'रिटेल' जगह थी, उनकी कार में रखा बक्सा। 2010 में, उन्होंने अपनी कंपनी को पब्लिक में लाकर पहली श्रीलंकाई महिला उद्यमी होने का इतिहास रच दिया।

पृ.344 **आशा, उमंग, उत्साह**

नम्रता शर्मा–जन्म 28 जनवरी 1972

क्रेयॉन पिक्चर्स

दो बच्चों के साथ दुनिया घूमती, नम्रता एक पारंपरिक करियर के बारे में नहीं सोच सकती थी। तो उन्होंने थोड़ा-थोड़ा सब सीखा और आज उस सबका एक जगह इस्तेमाल किया--एनीमेशन के रोमांचक बिजनेस में।

पृ.362 **आदिवासी धुन**

नीति टाह–जन्म 12 अप्रैल 1983

36 रंग

नीति एडवर्टाइजिंग के अपने आलीशान कैरियर को छोड़कर कुछ अलग करने के लिए अपने होम टाउन छत्तीसगढ़ लौट आई। क्रिएटिविटी को कॉमर्स के साथ मिलाकर, वह पारंपरिक आदिवासी कला को आधुनिक दुनिया की नजरों में लाई।

पृ.374 **बेशकीमती चूरा**

ए अमीना–जन्म 5 अप्रैल 1968

पीजेपी इंडस्ट्रीज

बुरके में लिपटी वह बुरादे के असामान्य उद्योग में, भारी मशीनों के बीच काम करती हैं। उनके साहस और दृढ़ता का ही परिणाम है कि आज वे गोदरेज से पार्टनरशिप करके आगे और बस आगे ही बढ़ती जा रही है।

लक्ष्मी

वे घर की लक्ष्मी हैं, जो घर में धन और संपन्नता लाती हैं--अपने परिवार के सदस्यों को बिजनेस में शामिल करके। क्योंकि सफलता वह नहीं है, जो आप सिर्फ अपने लिए चाहें, यह तो सबके साथ बांटने वाला पल है।

सपनों से आगे

मीना बिंद्रा
बीबा

39 साल की उम्र में, एक नेवी ऑफिसर की बीवी और दो बच्चों की मां ने *पॉकेट मनी* के उद्देश्य से खुद का बिजनेस शुरू किया। अपने दो बेटों की मदद से उन्होंने सलवार-कमीज के सामान्य से व्यवसाय को सालाना 300 करोड़ रुपए के नेशनल ब्रांड में बदलकर रख दिया।

रितु कुमार का नाम लाखों लोगों ने सुना होगा, लेकिन बहुत कम ऐसे हैं जो *रितु कुमार* खरीद पाते हैं।

कम लोगों ने मीना बिंद्रा का नाम सुना होगा, लेकिन लाखों लोग उनके बनाए कपड़े पहन रहे हैं।

बीबा पारंपरिक पोशाकों की रेडीमेड शृंखला का भारत का सबसे बड़ा ब्रांड है। इसके देशभर में 100 से ज्यादा स्टोर मौजूद हैं। इसकी शुरुआत 1982 में हुई, जब मीना ने महज आठ हजार रुपए के लोन के साथ अपना बिजनेस शुरू किया। उनका मकसद मात्र *पॉकेट मनी* था।

मीना से मेरी मुलाकात उनके दिल्ली से सटे छतरपुर एरिया में सादगी से बने ऑफिस में हुई। वह एक बड़ी मेज के पीछे, स्टाइलिश काले कुर्ते पर क्रीम स्टोल डाले बैठी थीं।

मीना देखने में एक आम भारतीय महिला की तरह हैं--एक ऐसी महिला जो भारत में पली-बढ़ीं, जहां लड़कियां पढ़ तो सकती थीं, लेकिन कभी 'कैरियर' के बारे में नहीं सोच सकती थी।

'19 साल की उम्र में मेरी शादी हुई,' मीना बताती हैं, 'और मैंने जीवन के अगले 20 साल अपने परिवार की देखरेख में लगाए।'

39 साल की उम्र में वह अनौपचारिक रूप से कपड़ों के डिजाइन और उन्हें बेचने के लिए प्रेरित हुईं।

बिना किसी बिजनेस प्लान या लक्ष्य के उन्होंने घर से ही काम करना शुरू किया। लेकिन मीना महिलाओं की नब्ज--स्टाइलिश, सस्ते पंजाबी सूट--को बखूबी पहचानती थीं।

'मैं खुशकिस्मत रही की मैं सही समय पर सही जगह पर थी,' उन्होंने जोड़ा। 'मुझे कभी बाहर मार्केटिंग के लिए नहीं जाना पड़ा।'

खरीदार और थोक विक्रेता रेडीमेड सूटों के लिए दरवाजे के बाहर लाइन लगाते थे।

फिर भी, सब कुछ आसान नहीं था। मीना के पति नेवी में ऑफिसर थे, उनकी जॉब में ट्रांसफर होते रहते थे। मतलब बिजनेस संभालने के लिए सात साल तक अलग शहर में रहना। मीना के लिए अकेले सब कुछ संभालना बड़ी चुनौती थी?

एक आदर्श मां सबके सहयोग से अपना घर चलाती है। मीना ने बिजनेस में भी इसी सिद्धांत को अपनाया--अपने बेटों के सहयोग से।

बड़े बेटे संजय ने व्यवसायिक कमान संभालते हुए बीबा को कॉटेज इंडस्ट्री से उद्योग के पैमाने पर ला खड़ा किया। छोटे बेटे सिद्धार्थ ने इसे अगले स्तर पर ले जाते हुए *बीबा* के स्वतंत्र स्टोर खोल दिए।

साथ-साथ काम करते हुए आज वे पारंपरिक पोशाकों का 300 करोड़ रुपए का साम्राज्य खड़ा कर चुके हैं।

सुनने पर यह बहुत ही आसान और परिकथानुमा प्रतीत होता है।

लेकिन क्या वास्तविक जिंदगी में ऐसा हो सकता है कि संभावनाएं हों और रुकावटें न हों।

यह आपके नजरिए पर निर्भर करता है कि आप क्या देखते हैं।

सपनों से आगे

मीना बिंद्रा
बीबा

मीना बिंद्रा का जन्म और परवरिश दिल्ली में ही हुई।

'छह भाई बहनों वाले बड़े परिवार में पलकर मैं बड़ी हुई--तीन भाई और तीन बहन। मेरा नंबर उनके बीच में कहीं था।'

मीना के पिता एक व्यवसायिक थे, लेकिन जब मीना मात्र 9 साल की थी तब उनका देहांत हो गया। हालांकि, वह इतनी संपत्ति छोड़ गए थे कि उनकी बीवी ठीक से अपने बच्चों की परवरिश कर सके। मिरांडा हाउस से इतिहास में बीए करने के बाद मीना की शादी हो गई। उन्नीस साल की उम्र में उन्हें प्यार जो हो गया था।

'मेरे पति इंडियन नेवी में थे और मुझसे लगभग दस साल बड़े थे।'

नेवी ऑफिसर की बीवी होने के नाते मीना को देशभर में घूमने का मौका मिला--दिल्ली, बॉम्बे, विशाखापतनम। एक जगह पर ज्यादा से ज्यादा तीन साल।

'1965 में मेरे बेटे संजय का जन्म हुआ, और 1974 में सिद्धार्थ का। तो शादी के बीस साल तक मैं अपने घर परिवार की देखरेख में व्यस्त थी।'

जब बच्चे बड़े हुए, तब मीना 'कुछ' करने के बारे में सोच पाई।

'बड़ा बेटा बोर्डिंग में था और छोटा स्कूल में। ताश खेलकर समय बिताने वालों में से मैं नहीं थी और साथ ही यह भी जानती थी कि नौकरी की राह मेरे लिए नहीं थी!'

मीना की असली खुशी कपड़े डिजाइनिंग में थी।

'मैंने कोई औपचारिक कोर्स नहीं किया, लेकिन मुझे प्रिंट और रंगों में

दिलचस्पी थी। शौकिया मैंने अपनी कुछ साड़ियों पर ब्लॉक प्रिंट करवाया।'

लेकिन कोई भी बिजनेस शुरू करने के लिए आपको *कुछ* रुपयों की आवश्यकता होती है।

'मैंने अपने पति से बात की और उन्होंने सिंडिकेट बैंक से लोन दिलवाने में मदद की।'

हालांकि आठ हजार रुपए बहुत बड़ी रकम नहीं है, लेकिन थोड़ा फेब्रिक खरीदने और एक दर्जी का बंदोबस्त करने के लिए पर्याप्त थे। कहा भी जाता है--भाग्य भी साहस का ही साथ देता है।

'ब्लॉक प्रिंटर देवेश से मिलना मेरे लिए पहला लकी ब्रेक रहा। वह युवक काम के प्रति समर्पित था। उसकी एक बड़ी फैक्टरी थी।'

हर सुबह मीना टैक्सी से फैक्टरी पहुंचती और वहां भिन्न-भिन्न तकनीकों और रंग संयोजन में प्रयोग करते हुए पूरा दिन बिताती।

'हम प्रिंटिंग की तकनीकों में नए-नए एक्सपेरिमेंट करते। टाई एंड डाई, खड़ी प्रिंटिंग--जो भी हमने किया उनके नतीजे लाजवाब ही रहे।'

प्रयोग और खामियों से गुजरते हुए, मीना ने 40 सलवार-सूट का कलेक्शन बनाया--200 रुपए से भी कम कीमत के पीस आकर्षक और अनौपचारिक अवसरों के लिए उपयुक्त थे। उनमें कुछ सिले हुए थे और कुछ बिना सिले।

'मैंने अपने घर में छोटी सी सेल रखी और पूरा कलेक्शन बिक गया। साथ ही मुझे अच्छा सा ऑर्डर भी मिला!'

पहली सेल से 3000 रुपए का छोटा सा मुनाफा भी हुआ। उस राशि से मीना 80 सूटों के फैब्रिक लाई और वह भी जल्दी ही बिक गए।

'इससे मुझे प्रात्साहन मिला। जो भी पैसे मुझे मिलते, मैं उन्हें और फैब्रिक खरीदने में लगा देती।'

यह था तो बिजनेस, पर सही मायनों में खरा बिजनेस भी नहीं।

'मैं बड़े फ्लैट में रहती थी, जो *ओपन हाउस* की तरह था। कोई चाय पी रहा है, कोई कॉफी पी रहा है... एक अच्छा माहौल था, जहां औरतें आकर बैठतीं, बातें करतीं।'

वे कपड़े देखतीं और खरीदतीं। उन्हें भरोसा था कि अगर घर जाने के बाद कोई चीज पसंद नहीं आई तो मीना वह वापस ले लेगी।

'वास्तव में वह कोरा व्यापार नहीं था,' मीना समझाती हैं। 'वे मेरे दोस्त पहले थे, खरीदार बाद में। मैं उन्हें सिर्फ ग्राहक नहीं समझती थी।'

बातों ही बातों में मीना के सूट बॉम्बे के कोलाबा और कूफे परादे की महिलाओं में 'फेमस' हो गए। साल खत्म होते-होते, उनके पास सिलाई के लिए तीन दर्जी थे और *बेंजर* और *शीतल* जैसे थोक विक्रेता भी उनसे माल लेने लगे।

'एक बार जब हमने बाहर माल सप्लाई करना शुरू किया तो, मुझे अपनी बिल बुक के लिए कोई नाम चाहिए था। मैंने *बीबा* रखा।'

थोक विक्रेता बड़े ऑर्डर देने लगे--एक बार में 100 पीस। वे फेब्रिक के नए डिजाइन और ज्यादा वैराइटी मांगने लगे।

'मैंने टेरीकोट और सिल्क में भी काम शुरू किया, और जल्द ही हमारा उत्पादन बढ़ने लगा।' मीना मुस्कुराते हुए बताती है।

टाइम पास करने के लिए शुरू किए गए शौकिया काम से *बीबा* जल्द ही वास्तविक व्यवसाय में बदल गया। संजोग बनते गए और काम निर्माता की उम्मीद से भी बड़ा हो गया।

'मैंने कभी कोई मार्केटिंग नहीं की, लेकिन सोचती हूं वह सही समय था। नई दुकानें खुल रही थीं, उन्हें रेडीमेड सलवार-कमीज चाहिए थे और उन्हें मेरा नाम पता चला... तो बस मुझे बड़े ऑर्डर मिलने लगे।'

पहले दो सालों की कमाई के बारे में मीना निश्चित नही है।

'मैं ठीक-ठाक कमाने लगी थी, लेकिन एकदम सटीक मुनाफा मुझे याद नहीं है... लाखों में तो नहीं, पर हां निश्चित रूप से मेरी कमाई हजारों में तो थी।'

हजार जल्द ही लाखों में बदल गए। 1986 में, मीना केंप कॉर्नर के 1000 वर्ग फीट के ऑफिस में शिफ्ट हो गईं। उस ऑफिस की पूरी रकम बीबा की कमाई से ही दी गई थी।

पर अब तक भी, कोई सुनिश्चित बिजनेस प्लान नहीं था।

'ऑर्डर की बरसात के साथ मैंने केंप कॉर्नर में अपना बुटीक भी खोल लिया।'

'जो बन रहा था बिक रहा था--तो न तो कोई लक्ष्य था, न ही डैडलाइन। मैंने खुद पर कभी भी दबाव महसूस नहीं किया।'

चीजें बस ऐसे ही आगे बढ़ रही थीं, तभी मीना का बड़ा बेटा संजय बीकॉम खत्म कर, बिजनेस से जुड़ा।

'मैं बिजी रहना चाहती थी और कुछ पॉकेटमनी कमाना चाहती थी। इसीलिए मैंने कपड़े का बिजनेस शुरू किया।'

'शुरू में मैंने उसे प्रोत्साहित नहीं किया। मैंने कहा--तुम्हें सलवार-कमीज के बारे में कुछ नहीं पता और फिर बिजनेस का भी तुम्हारा कोई अनुभव नहीं है! पहले एमबीए करो फिर मैं इस बारे में कुछ सोचूंगी।'

संजय ने तुरंत कोई जवाब नहीं दिया।

'मैं कह सकती हूं कि शुरू में वह भी इतना गंभीर नहीं था, लेकिन जब एक बार वह ऑफिस आया तो फुल-टाइम *बीबा* का होकर रह गया।'

उसने साबित किया कि वह *बीबा* के लिए महत्वपूर्ण था। संजय ने जल्दी ही बिजनेस का उबाऊ पक्ष--लेबर पर नियंत्रण, ऑर्डर लेना, अकांउट देखना--संभाल लिया। अब मीना पूरे मन से डिजाइन पर ध्यान केंद्रित कर सकती थी।

अगले कुछ साल, *बीबा* का काम स्थिर गति से आगे बढ़ा। ज्यादा डिजाइन बने; ज्यादा स्टोर खुले सिर्फ बॉम्बे में ही नहीं, बल्कि देशभर में। हमें बंगलौर और जयपुर से ऑर्डर मिलने लगे।

1993 तक, *बीबा* पारंपरिक पोशाकों के क्षेत्र में भारत का सबसे बड़ा थोक व्यापारी बन गया, जो 1000-2000 पीस प्रतिमाह बेच रहा था।

'मुझे लगता है तब तक हमारा टर्न ओवर 8-10 करोड़ रुपए था... (अपना सिर हिलाते हुए)। नहीं, उस समय हम थोक में ही माल बेच रहे थे, तो इससे कम होगा। लगभग 2 करोड़ के आसपास रहा होगा।'

बिजनेस में पैसा तो था, लेकिन वजह सिर्फ वही नहीं थी। इस दौरान, कुछ अन्य कारण भी मीना के पक्ष में रहे। 90 के दशक के मध्य तक, भारत का पहला मल्टीसिटी डिपार्टमेंट स्टोर, *शॉपर्स स्टॉप* सामने आया। वह भी महिलाओं की पारंपरिक पोशाकों के लिए *बीबा* के पास आया। इस प्रक्रिया में, मीना ने कई सबक सीखे।

'हम पर ज्यादा व्यवसायिकता का दबाव पड़ा--अपनी प्रतिबद्धता पर टिके रहना, समय पर माल पहुंचाना और गुणवत्ता में समझौता किए बगैर कीमत कम करना।'

यह आसान नहीं था। शुरुआत से ही *बीबा* अपने उत्पादों का आउटसोर्स करता रहा था।

'जब भी प्रोडक्शन से जुड़ी समस्याएं सामने आतीं, मेरी पहली प्रतिक्रिया होती--मैं क्या कर सकती हूं? मेरे कारीगर ही ऐसे हैं!'

लेकिन जब समस्या आती, मीना उसका समाधान निकाल ही लेतीं। एडवांस प्लानिंग, कंट्रोल सिस्टम और गुणवत्ता चेक ने दर्जियों को काम में रुचि दिखाने के लिए प्रेरित किया। संजय ने ऐसे कार्यों को बखूबी संभाला।

'मैं नहीं कह सकती कि 100 प्रतिशत मेरी ही मेहनत थी, लेकिन मैं 100 प्रतिशत उससे अलग भी नहीं थी--यह मिलाजुला काम था।'

1993 में बीबा के पास 10 कर्मचारी थे और लगभग 100 दर्जी। दर्जी 10 या 20 के समूहों में काम करते थे, और दर्जियों की पृथक इकाई को पृथक कंपनी का काम सौंपा गया। इससे जिम्मेदारी का अहसास बढ़ा।

'एक इकाई को एक समय में 500 पीस देने के बाद हम उनसे काम पूरा होने की तारीख पूछ लेते थे।'

अगर डिलीवरी डेट करीब हो और दर्जी उसे पूरा नहीं कर पा रहे हों, तो उनसे रात में भी काम करने के लिए कहा जाता। लेकिन मांग लगातार बढ़ती जा रही थी, और उसे पूरा करने की चुनौती भी।

'आदमियों की शर्ट के लिए आपके पास एक असेंबली लाइन होती है। सलवार-कमीज के एक पीस को तैयार करने में 5-6 कारीगरों को लगना पड़ता है।'

इससे भी बढ़कर, फैब्रिक हैंडमेड है, मिल-मेड नहीं। तो इसे मानकीकृत नहीं किया जा सकता।

'अगर मैं जयपुर से किसी खास प्रिंस का 1000 मीटर फेब्रिक मंगवाऊं तो वह कम से कम पांच शेड में आएगा। तो बल्क ऑर्डर को कैसे पूरा किया जाता?'

सीमाओं में रहते हुए काम करना और फिर भी सीमा से पार जाना ही

'रेडिमेड सलवार-कमीज का आइडिया नया था और हर स्टोर किसी सप्लायर को ढूंढ़ रहा था। मुझे कहीं नहीं जाना पड़ा--लोग खुद मेरे पास आए।'

'मैं जानती थी कि जब भी मेरे पति का ट्रांसफर होगा हमें फ्लैट खाली करना होगा। बॉम्बे में कहां फ्लैट मिलेगा—वह असंभव है। लेकिन मैंने फ्लैट के लायक पैसे कमा लिए थे, तो मैं वहां रहने की सोच सकती थी।'

उद्योगपति की असली परीक्षा है। और *बीबा* ने यह इम्तेहान शान से पास किया। साल 2000 में, उत्पादन का स्तर 5000 पीस प्रतिमाह था।

मांग कभी भी चिंता का विषय नहीं रही--*शॉपर्स स्टॉप* और फिर *पेंटालून* के नए खुलते आउटलेटों ने मांग को और भी बढ़ाया।

'हमने अपने टेलर मास्टर को बोल दिया, ''हमारे पास तुम्हारे लिए काफी काम है। आप और स्टाफ क्यों नहीं बढ़ा लेते?'' तो उन्होंने भी खुशी-खुशी हमारे साथ तरक्की की।'

दर्जियों को नकद में भुगतान करना होता था और स्टोर उधारी में काम कराते थे। लेकिन उधारी का समय 30-45 दिन का ही होता था और उसमें सामान्यतः कोई देर-सवेर नहीं होती थी। तो *बीबा* यह सब बैंक की सहायता के बिना अपने दम पर हैंडल कर लेता था।

'हमने कभी बाहर से पैसा लेने की नहीं सोची। मैं इसे अच्छा नहीं मानती थी--पर शायद हम और ज्यादा जल्दी तरक्की कर पाते।'

बीबा में बदलाव का पल तब आया, जब 2002 में हार्वर्ड से स्नातक करके आए, मीना के छोटे बेटे सिद्धार्थ ने कंपनी में प्रवेश किया।

'सिद्धार्थ की सोच बिल्कुल स्पष्ट थी कि हमारे अपने आउटलेट होने चाहिए।'

बीबा ने 2004 में, मुंबई के ऑर्बिट और सीआर2 मॉल में अपने शुरुआती आउटलेट खोले। दोनों ही दुकानें पहले दिन से ही उल्लेखनीय रूप से सफल रहीं। उनकी मासिक बिक्री 12-15 लाख प्रतिमाह होने लगी।

'इससे हमें प्रोत्साहन मिला और हम नए खुलने वाले अच्छे मॉलों में अपनी दुकान बुक करवाने लगे। खुद ब खुद हमारे कदम सफलता की राह पर चल दिए।'

यकीनन इस तरह के विस्तार के लिए सुनियोजित व्यवस्था और फंडिंग की जरूरत पड़ती है। इन पहलुओं को सिद्धार्थ ने संभाल लिया। वास्तव में, एक तरह

से पूरी कंपनी को फिर से व्यवस्थित किया गया। 2006 में *बीबा* ने 110 करोड़ रुपए में कंपनी के 10 प्रतिशत शेयर किशोर बियानी को बेच दिए।

'2004 से हमारी विकास दर असाधारण रही,' मीना स्वीकारती हैं।

मार्च 2012 में, बीबा की सालाना आय थी 300 करोड़ रुपए, जिनमें 50 प्रतिशत भागीदारी कंपनी के 90 आउटलेटों की भी थी। कंपनी अभी भी बाहर से काम करवाती रही, साथ ही 1000 लोगों को सुपरवाइजर के रूप में नौकरी पर भी रखा गया।

'पॉकेटमनी' के लिए शुरू किए गए बिजनेस ने वाकई में लंबा रास्ता तय कर लिया था।

'जब यह शुरू हुआ था, मैंने ऐसा कभी सोचा भी नहीं था... लेकिन जब आप बढ़ने लगते हो आपकी दूरदर्शिता भी बढ़ने लगती है। अब, मुझे लगता है हम किसी भी ऊंचाई पर पहुंच सकते हैं, यहां तक कि ग्लोबल ब्रांड भी बन सकते हैं।'

लेकिन क्या बिजनेस का मतलब निजी जीवन के साथ समझौता होता है? मीना मानती है कि वह दोनों के बीच संतुलन बनाए रखने में कामयाब रहीं।

'जब मैंने शुरू किया, तो मैंने शाम 6 बजे के बाद खुद को खाली रखा। मेरे पति नेवी में थे, तो शाम को हमारे लिए बहुत से कार्यक्रम होते थे।'

मीना के सामने समस्या थी उनके पति की ट्रांसफर वाली जॉब। जब उनकी नियुक्ति दिल्ली में हुई, तो मीना को बॉम्बे में ही रुकना पड़ा। उनके पति बहुत सहयोगात्मक थे।

'मैं दस दिन दिल्ली में बिताती और बाकी बॉम्बे में। इस तरह हमने 8-9 साल का लंबा समय बिताया, जब तक कि 1993 में वे रिटायर नहीं हो गए।'

फिर मीना दिल्ली आ गई और संजय बॉम्बे में ही रहा।

'मैंने वर्ली में समुद्र के किनारे एक फ्लैट ले लिया। संजय की शादी हो गई और वह वहां रहने चला गया। मैंने दिल्ली में ऑफिस शुरू किया।'

मीना की गहन और सतत प्रतिबद्धता डिजाइनिंग की तरफ थी।

'कम कीमत, अच्छी क्वालिटी और समय से माल तैयार होना--ये तीन गुण किसी भी सफल बिजनेस के लिए महत्वपूर्ण हैं।'

'मुझे लगता है कि महिलाओं के दिमाग में हमेशा उनका परिवार सर्वोपरि रहता है। आदमी के लिए परिवार जरूरी है, लेकिन उसकी देखभाल करने के लिए बीवी होती है। तो उसके दिमाग में कैरियर ही सर्वोपरि होता है।'

'मैं अपनी समझ पर ही भरोसा कर सकती थी। सादे और सुंदर डिजाइन ही मुझे पसंद आते थे, जो कहीं भी पहने जा सकते थे।'

आज भी, जब *बीबा* हर महीने 60-70,000 पीस बनाता है, और हर पहलू को जांचने के लिए प्रोफेशनल लगे हैं, तब भी मीना डिजाइन की जांच का जिम्मा खुद लेती हैं।

'हमारे पास एक डिजाइन टीम है, लेकिन मैं तब भी उन्हें अपनी राय देती हूं, मैं रंगों का भी ख्याल रखती हूं। सैंपल तैयार होते हैं और फाइनल सहमति मैं ही देती हूं।'

यकीनन डिजाइनों पर एक साल पहले ही काम शुरू हो जाता है। और जब एक बार सैंपल पास हो जाता है, तो फिर तकनीकी प्रक्रिया शुरू हो जाती है। मीना इसे लेकर पूरी तरह से संतुष्ट हैं।

'मुझे बहुत से लोगों से डील करना पसंद नहीं है, और तुम जानती ही हो कि मैं बहुत अच्छी प्रशासक नहीं हूं। सच पूछो तो अगर मुझे ही सब संभालना होता तो मैं अपने काम को इतना फैलाना पसंद नहीं करती।'

वह महसूस करती हैं कि परिवार के साथ काम करना एक नेमत है। क्योंकि आप उन पर भरोसा कर सकते हैं। और आप जो भी बना रहे हैं, वो परिवार के साथ और परिवार के लिए ही बना रहे हैं।

'यकीनन, इसमें सामंजस्य की जरूरत होती है,' वह मुस्कुराती हैं।

मीना के पति को कभी भी बिजनेस में रुचि नहीं थी। यहां तक कि रिटायरमेंट के बाद भी, वे कंसल्टिंग प्रोजेक्ट में व्यस्त थे और एक किताब लिख रहे थे। 2011 में उनका देहांत हो गया।

'मुझे लगता है कि अच्छा ही है कि वे मेरे साथ बिजनेस में नहीं थे,' वह मानती हैं।

बेटों के साथ उन्होंने अपने लिए एक सीमा सुनिश्चित कर रखी थी। फिर भी बहस और मतभेद तो बने ही रहते हैं।

'मैं सोचती हूं कि संजय अपने विचारों के प्रति अडिग था, वह सोचता था कि मैं बदलाव की इच्छा नहीं रखती। लेकिन काम में यह सब चलता ही रहता है। एक मां के रूप में मैं खुद को इससे अलग रखती थी।'

सिद्धार्थ के बिजनेस में जुड़ने से कमाल के बदलाव हुए।

'बिजनेस को आगे बढ़ाने के बारे में बहुत से भिन्न विचार थे,' मीना कहती हैं। 'आखिरकार उन्होंने अलग-अलग काम करने का निर्णय लिया।'

2010 में, संजय ने अपने शेयर बेच दिए और पारंपरिक पोशाकों का अलग ब्रांड *सेवन ईस्ट* शुरू किया।

'एक परिवार के रूप में हम अभी भी साथ हैं,' मीना कहती हैं। 'वास्तव में, यह तरीका ज्यादा बेहतर है, क्योंकि विवाद बस आपकी एनर्जी को खत्म करता हैं।'

एनर्जी ही वह माध्यम है जो कामकाजी मांओं को प्रेरित करता है।

'अपनी एनर्जी बढ़ाने के लिए मैं योग, प्राणायाम, घूमना और तैराकी करती हूं!'

एक यात्रा जो मीना ने 22 साल पहले शुरू की थी, उसमें एक गहरा विस्तार आया।

'मुझे निसार्ग दत्त महाराज की किताब, *आई एम दैट* मिली। शुरू में वह मुझे ज्यादा समझ नहीं आई, लेकिन फिर मैंने 'हम कौन हैं' और 'जिंदगी का क्या उद्देश्य है?' जैसे प्रश्नों पर विचार करना शुरू किया।

मीना ने उस किताब को बार-बार पढ़ा, जब तक कि वह उसे आत्मसात न कर पाईं। बाद में उन्होंने महाराज की और भी किताबें पढ़ीं। आज भी, *आई एम दैट* की एक प्रति उनके बिस्तर के पास की मेज पर रखी है।

'इसे आप 5-6 पन्ने पढ़कर नहीं समझ सकते, एक समय में आधा पन्ना ही पढ़ें। लेकिन समय के साथ इसने मुझे बदला--मुझे बेहतर और शांत इंसान बनाया।'

एक ऐसा व्यक्ति जो दूसरों को दोष नहीं देता क्योंकि हर कोई अपनी भूमिका निभा रहा है। तो आप संसार को वैसे स्वीकारो जैसा वह है, न कि जैसा उसे होना चाहिए। जो खुशी आपको मिली है उसका आनंद लो।

'मुझे खाना बनाना पसंद नहीं है, लेकिन मुझे घर की देखरेख, साज-सज्जा,

बागबानी और दोस्तों से मिलना पसंद है।'

सभी चीजें सुंदर और जीवंत हैं, हर खुशी चाहे वह छोटी हो या बड़ी।
एक महिला बीवी भी हो सकती है, एक मां भी और एक उद्योगपति भी।
सपने देखो और उन्हें साकार करने में जुट जाओ।

*

महिला उद्यमी की सलाह

अगर आप वाकई में कोई काम करना चाहती हो, तो उसे कर डालो। हर महिला में सक्षमता और योग्यता है, बस यह नहीं सोचना चाहिए 'हम तो नहीं कर सकते।'

महिलाएं स्वाभाविक रूप से महिलाओं द्वारा बनाए उत्पादों की तरफ आकर्षित होती हैं। हम सभी कपड़े और गहने पहनते हैं, अच्छा खाना खाते हैं। तो इन क्षेत्रों में व्यवसाय शुरू करना आसान होता है।

मेरे पास कोई औपचारिक प्रशिक्षण नहीं था, न तो व्यवसाय में और न ही डिजाइनिंग में, मेरे पास पैसा भी नहीं था, और पति की ट्रांसफर वाली नौकरी भी एक समस्या थी। तो, देखा जाए तो, मेरे रास्ते में तो बहुत सी अड़चनें थीं, पर फिर भी मैंने छलांग लगाई।

हां, काम में अनुशासन तो होना ही चाहिए। आप यह नहीं कर सकते कि आज किया, कल नहीं किया। ऐसा भी समय था, जब मैं घबराने लगती थी, तब मैं अपने काम के प्रति प्रतिबद्ध रही और उसका सम्मान किया। तो आपको अपना लक्ष्य स्पष्ट रखना होता है।

परिवार के साथ काम करके अपना व्यवसाय बढ़ाना अच्छा है। मैं सभी महिलाओं को इसकी सलाह दूंगी।

लोन उगाही

मंजू भाटिया

वसूली

16 साल की उम्र में उन्होंने एक फार्मसूटिकल कंपनी में काम करना शुरू कर दिया था। 26 साल की उम्र में इंदौर की यह छोटी सी लड़की वसूली की जॉइंट मैनेजिंग डायरेक्टर हैं। वसूली भारत की लोन-बहाली कंपनी है, जिसमें बस महिला एजेंट ही कार्यरत हैं।

लोन-रिकवरी एजेंट का नाम सुनते ही दिमाग में 'एक बलशाली आदमी' की छवि आती है। एक पान चबाता, चौड़े कंधों वाला गजनी टाइप विलेन।

डिफॉल्टरों (लोन न चुकाने वालों) को घर से बाहर निकालता, चीखता और मारता हुआ।

मंजू भाटिया पान नहीं चबातीं, और उनके कंधे चौड़े भी नहीं है। वह प्यारी सी लड़की हैं, और अपनी बड़ी सी मेज के पीछे बैठकर तो वह और भी छोटी लगती हैं।

मात्र 26 साल।

मंजू भाटिया जॉइंट मैनेजिंग डायरेक्टर हैं वसूली की, जो भारत की लोन-रिकवरी कंपनी है, जहां की एजेंट सिर्फ महिलाएं हैं।

'यह उसी का आइडिया था,' पराग शाह, वसूली के एमडी, खुश होते हुए बताते हैं। 'बिजनेस मैंने शुरू किया था लेकिन यह आज जहां भी है वह उसी की बदौलत है!'

25,000 रुपए की मासिक आय और मात्र एक ही क्लाइंट वाले साइड बिजनेस से बढ़कर वसूली अब एक कंपनी के रूप में स्थापित हो चुका है, जिसके 26 ब्रांच कार्यालय हैं, और जो राष्ट्रीय बैंकों के लिए लगभग 500 करोड़ रुपए वसूल चुके हैं। वह भी महज आठ साल के छोटे से कार्यकाल में।

चूंकि इंदौर की 16 साल की लड़की निर्णय कर चुकी थी कि उसे बेटी या बीवी से कुछ ज्यादा बनना है।

वह जो भी चाहती बन सकती थी।

और आप भी...

लोन उगाही

मंजू भाटिया

वसूली

मंजू भाटिया का जन्म इंदौर के व्यवसायिक परिवार में हुआ था।

'मेरे पापा का इलेक्ट्रिक उपकरणों का बिजनेस था। मैं परिवार में दूसरे नंबर का बच्चा थी, मुझसे पहले एक बड़ी बहन और मेरे बाद छोटा भाई।'

मंजू पढ़ाई में अच्छी थी, पर अव्वल भी नहीं। लेकिन, उसमें एक बात थी, जो बहुत कम छात्रों में पाई जाती है--प्रैक्टिकल अनुभव लेने की ललक।

'जब मैं 12वीं क्लास में थी, तभी मैंने सोच लिया था कि मुझे कहीं काम करना होगा। भले ही मुझे 500 रुपए महीना ही क्यों न मिले, लेकिन मैं कुछ सीखना चाहती थी।'

मंजू ने इंटरव्यू देने शुरू कर दिए, हालांकि अभी तक वे अपने फाइनल एग्जाम ही दे रही थीं।

'सीबीएसई पेपरों के बीच में बहुत सी छुट्टी देता है, तो मैं जाकर इंटरव्यू दे आती थी।'

ऐसा नहीं था कि इंदौर जैसे शहर में नौकरी के बहुत से विकल्प थे। लेकिन इसे लेकर मंजू के कोई नखरे नहीं थे। उसने तूलिका इंटरनेशनल में रिसेप्शनिस्ट की नौकरी कर ली। तूलिका इंटरनेशनल उनके एक पारिवारिक मित्र, पराग शाह की छोटी सी फार्मसूटिकल कंपनी है।

'1अप्रैल 2003 को मेरे 12वीं के बोर्ड एग्जाम खत्म हुए, और 2 अप्रैल 2003 से मैंने काम करना शुरू कर दिया।'

नौकरी के पहले ही दिन पराग ने 16 साल की लड़की से एक बात कही, जो वह कभी नहीं भूली, 'अगर आप कुछ बनना चाहते हो, तो पहले बेसिक सीखो। किसी भी काम को छोटा मत समझो।'

उसने समझाया, रिसेप्शन ऑफिस के 'कंट्रोल रूम' की तरह होता है। तो यहां ऑफिस के काम को बारीकी से सीखने का काफी स्कोप है। तीन दिन बाद ही मंजू को अतिरिक्त जिम्मेदारी भी सौंप दी गई--अकाउंट देखना।

'मेरे पास 12वीं में मैथ्स के साथ कॉमर्स था। तो मुझे टेली की थोड़ी जानकारी थी।'

जल्दी ही, मंजू अकाउंट के साथ-साथ कच्चे माल की खरीद-फरोख्त भी देखने लगी, जो तूलिका का मुख्य व्यवसाय था।

'तूलिका एपीआई--एक्टिव फार्मसूटिकल इंग्रीडेंट्स--में डील करती है। हम उत्पादक नहीं हैं, हम तो बस समान खरीदते और बेचते हैं।'

हालांकि मंजू विज्ञान की पृष्ठभूमि से नहीं थीं, फिर भी वह जल्दी ही डाइक्लोफेनाक सोडीयम, बेटामेथसोन और क्लोबेटासोल को अंदर-बाहर से अच्छी तरह से समझने लगी थीं। इसमें उनके इंटरनेट सर्फिंग के शौक ने काफी मदद की।

'फार्मसूटिकल में, अगर आप कुछ खास दवाइयों का व्यापार करें तो आपको खासा मुनाफा होता है। मैं उन दवाइयों का पता लगाने के लिए एकदम पागल थी, वो आसानी से उपलब्ध नहीं थीं।'

एपीआई को अच्छी कीमत में हासिल करके, आपको उनके लिए ग्राहक भी ढूंढ़ना पड़ता है। फिर से, मंजू ने उन बड़ी कंपनियों का पता लगाया, जिन्हें इन दवाइयों की जरूरत थी। और उनसे इंटरनेट के माध्यम से ही संपर्क साधा।

'वास्तव में, आप यकीन नहीं करोगे, पर एक समय में तो मैंने मुंबई के सप्लायर से माल खरीदा। सामान इंदौर आया, हमने उसे पैक किया, बिल बनाया और मुंबई में एक खरीदार को बेचा।'

मुंबई बहुत बड़ा शहर है, कोई एक व्यक्ति बाजार की पूरी समझ नहीं रख सकता।

अगले दो सालों में, मंजू बीए की पढ़ाई के साथ-साथ काम भी जारी रखे हुए थी। इस समय में, उसने एक्सपोर्ट लाइसेंस तक भी हासिल करना सीख लिया था।

'मुझे सरकारी औपचारिकताएं पूरी करने एक्साइज ऑफिस जाना पड़ता... मैंने हर काम खुद अपने हाथों से किया।

और फिर एक दिन पराग ने मंजू से *वसूली* में हाथ बटाने को कहा। उसकी दूसरी छोटी कंपनी जो बैंकों के लिए लोन उगाही का काम करती थी। उसने यह काम कुछ भिन्नता के लिए शुरू किया था, वैसे भी उसके पास काफी खाली समय था।

'उस समय *वसूली* बहुत छोटी कंपनी थी, जिसका मात्र एक ही क्लाइंट था--स्टेट बैंक ऑफ इंडिया।'

हर महीने एसबीआई *वसूली* को लोन अदा न करने वालों की लिस्ट देता। एक बार उनमें एक प्रसिद्ध मंत्री का नाम भी शामिल था। वह नाजुक मामला था।

'अगर हमारा कोई फील्ड एक्जिक्यूटिव मंत्री से मिलने जाता, तो इस बात का मीडिया में बहुत हो-हल्ला मच सकता था। तो पराग ने मुझे जाने को कहा।'

मंजू ने लोन आदि का जिक्र किए बिना उनसे मिलने की अपॉइंटमेंट मांगी। वे सिर्फ डिफॉल्टर को जानकारी देकर उनकी वजह जानना चाहते थे।

'कभी-कभी लोग आखरी तारीख भूल जाते हैं, या कभी ऋण संबंधी निर्देश गलत भी होते हैं। क्लाइंट को पता ही नहीं चलता कि उसकी तीन किश्तें छूट गई हैं और बैंक की तरफ से उसे एनपीए यानी नॉन-परफॉर्मिंग ऐसेट मान लिया जाता है।'

और यही कारण मंत्री के मामले का भी था। जैसे ही मंजू ने उसे इस बारे में बताया, उसने तुरंत अपने सचिव को बुलाया। अगले ही दिन उनकी तरफ से सारा मामला निबटा दिया गया।

'उस दिन मुझे बहुत जरूरी बात समझ आई--बैंक और उसके कस्टमर के बीच संवाद की कमी। ऐसा नहीं होता कि हर व्यक्ति जो डिफॉल्टर बना है उसके पास पैसे न हो, या फिर उसकी देने की नीयत न हो।' लेकिन जब बैंक एजेंट को उनके पास भेजते हैं, तो अजीब सा गतिरोध बीच में आ जाता है। लोग इल्जाम लगाने लगते हैं, और कभी-कभी तो शोषण का इल्जाम भी लगा देते हैं। लेकिन मंजू इससे निबटने के लिए कमर कसकर पूरी तरह तैयार थी।

'मैंने सोचा कि क्यों न ज्यादा से ज्यादा महिलाओं को रिकवरी एजेंट बनाया जाए। क्योंकि महिलाएं जिस भी घर या ऑफिस में जातीं उन्हें काफी सम्मान मिलता।'

'लोग मुझे अच्छी नजरों से नहीं देखते थे। कि वह बहुत महत्वाकांक्षी है, और कुछ भी कर सकती है।'

मंजू ने वसूली में महिलाओं को भर्ती करना शुरू किया--हालिया स्नातक और हाउसवाइफ। उस समय तक खासतौर पर पर्सनल लोन के केस ही निबटाए जाते थे। लेकिन 2004 के बाद *वसूली* ने कृषि क्षेत्र में भी काम करना शुरू कर दिया। 'उगाही' का मतलब अब ट्रेक्टर और यहां तक कि बुल्डोजर पर कब्जा करना था।

'हम रात को दस बजे निकलते--पूरा महिला मंडल--इन विशालकाय वाहनों पर कब्जा करने के लिए। जेसीबी को सड़क पर नहीं लाया जा सकता, तो हमें अपने साथ एक खींचने वाली गाड़ी भी ले जानी पड़ती।'

भले ही यह सुनने में कमांडो के साहसी ऑपरेशन की तरह लगता हो, पर यह प्रक्रिया का ही हिस्सा था।

पहले तो कर्जदार को जमा नहीं हुई किश्तों के बारे में बताया जाता। और फिर भी कोई प्रतिक्रिया न मिलने पर, उन्हें चेतावनी दी जाती की तुम्हारा ट्रेक्टर जब्त कर लिया जाएगा।

'कुछ तो सामने से आकर कुछ रकम दे जाते। वे वादा भी करते कि आगे से सारी किस्तें नियमित रूप से जमा हो जाएंगी। लेकिन अगर कोई सारे निवेदन और चेतावनी को अनदेखा करता रहे, तो सिर्फ उसी हालत में हम उसकी संपत्ति जब्त करने पहुंच जाते।'

यहां तक की कब्जे की भी एक सुनिश्चित प्रक्रिया थी। जैसे ट्रेक्टर खड़ा करवाने के लिए यार्ड के साथ संबंध। जेसीबी को चलाने के लिए एक ड्राइवर, और पूरी घटना को रिकॉर्ड करने के लिए वीडियोग्राफर। ताकि बाद में कोई भी बदतमीजी या धमकाने का आरोप न लगा सके।

'यकीनन, हम अपने साथ स्थानीय पुलिस को भी ले जाते हैं।'

इस तरीके से, *वसूली* की टीम मध्यप्रदेश में एक साल के अंदर 1000 ट्रेक्टर को कब्जे में ले चुकी है। लेकिन 2005 में, सरकार ने ऋण-माफी योजना पारित की।

'हमने इस काम को पूरी तरह से बंद करके अपने व्यवसाय को दूसरी ओर

मोड़ा--जायदाद पर कब्जा और नीलामी।'

2002 में संसद द्वारा पारित अधिनियम ने *वसूली* के बिजनेस की दिशा को पूरी तरह मोड़ दिया। सर्फेसिंग एक्ट ने बैंक अधिकारियों और उनके एजेंटो को लोन अदा न करने वाले लोगों की संपति हथियाने का अधिकार दे दिया। और वे उसकी नीलामी करके अपना बकाया ले सकते थे।

'अब हमारा पूरा ध्यान हाउस लोन और कॉर्पोरेट के डिफॉल्टरों पर था।'

विस्तार करते हुए, *वसूली* ने अपने ब्रांच ऑफिस भी खोले, पहले जयपुर और रायपुर में, फिर मुंबई में। वास्तव में, 2007 में, *वसूली* ने अपना हेड ऑफिस मुंबई में शिफ्ट कर दिया।

'पीएसयू बैंकों के सभी निर्णायक मुंबई में ही बैठते हैं। हमें लगा कि वहां ऑफिस बनाने से हमें और ज्यादा काम मिलने लगेगा।'

ऑफिस बदलने की बहुत सी चुनौतियों के बीच सबसे बड़ी चुनौती थी, अपने घर को, अपने शहर को छोड़कर बाहर जाना।

मंजू को बैंक ऑफ इंडिया के रिकवरी डीजीएम से हुई मुलाकात आज भी याद है। वह बेनामी, छोटी सी कंपनी को अपना काम देने के लिए उत्सुक नहीं था। तब मंजू ने अपना ट्रंप कार्ड खेला।

उसने कहा, 'सर, हमारी एजेंट सिर्फ महिलाएं हैं, हम आपको भरोसा दिलाते हैं कि हम आपके बैंक की साख कभी खराब नहीं होने देंगे। भरोसा कीजिए सर, हम आपका पैसा भी वापस दिला देंगे!'

डीजीएम आजमाइश के तौर पर *वसूली* को दो खाते देने को तैयार हो गया।

'मैं उन दो छोटे खातों पर काम करने के लिए तैयार थी, वे आज भी हमारे उस काम से खुश हैं। हम उसी बैंक के दो लाख मामले और निपटा रहे हैं।'

धैर्य और कूटनीति जैसे दो हथियारों के साथ आपको पीएसयू के किले में सेंध लगानी पड़ती है।

'रिकवरी एक मुश्किल काम है क्योंकि अगर आप बच्चे से उसकी टॉफी भी छीनते हैं तो वह विरोध करता है! किसी का ट्रैक्टर छीनने की कल्पना कीजिए।'

'लोग सोचते हैं कि रिकवरी एजेंट मतलब गुंडे-बदमाश लोग। बात तो यह है ही नहीं, हम कानून का पूरी तरह से पालन करते हैं।'

'बैंक का सीएमडी तो आपको काम देने को तैयार होता है, लेकिन क्लर्क में भी इतना दम होता है कि तुम्हारे काम में अड़चन डाल सके। ऐसे हालात में काम करना बहुत मुश्किल हो जाता है।'

और यहां तो रिश्वत का भी मामला नहीं है। मंजू का कहना है कि उसने कभी किसी की जेब गरम करने का तरीका नहीं अपनाया है और न ही कभी अपनाएगी।

'हर किसी की अपनी आस्था या निराशा होती है। हो सकता है उन्हें बाहर वालों का दखल देना अच्छा न लगे। मैं काम में भरोसा और इज्जत बनाए रखती हूं और बस काम हो जाता है।'

और एक बार जब काम आता है, तो उसे करने की एक निश्चित पद्धति और प्रक्रिया है। जैसे पर्सनल लोन और ट्रेक्टर के मामले में पहला कदम था चेतावनी देना। वह काम बैंक करता था। और जब सामने से कोई प्रतिक्रिया नहीं आती थी तो *वसूली* को उस पर कब्जा करने के लिए कहा जाता।

'दूसरे शब्दों में कहें तो, सबको निकाल बाहर करो।'

क्या इंसानियत के नाते यह करना मुश्किल नहीं रहा होगा? मंजू को एक घटना याद है जिसमें वह वाकई भावुक हो गई थी।

'मैं अपनी टीम के साथ बोरीवली के रिहायशी फ्लैट में गई--इमारत का नाम गोल्डन टावर या गोल्डन हाइट्स था। वह दो बेडरूम का फ्लैट था, जिसमें तीन पीढ़ियां रह रही थीं। वहां पर एक वृद्ध भी थे, जिन्हें लकवे की शिकायत थी।'

मंजू की उम्र की ही एक युवा लड़की रोते हुए कहने लगी, 'हमारे साथ धोखा हुआ है। मेरे पापा के बिजनेस पार्टनर ने हमें बर्बाद कर दिया।'

लकवे के शिकार बुजुर्ग भी कहने लगे, 'बेटा अगर मैं तुम्हारा दादा होता, तब भी तुम मेरे साथ ऐसा करतीं?'

मंजू को लगा कि परिवार वाकई में मुसीबत में है तो उसने निर्णय लिया कि वह बैंक से बात करके ज्यादा समय मांग लेगी। तो उसने *वसूली* की कोई

भी प्रक्रिया या कागजी कार्यवाही नहीं शुरू की।

तभी मंजू को बोरीवली पुलिस स्टेशन से फोन आया।

अधिकारी का कहना था, 'मैडम, आपके खिलाफ शिकायत आई है। आपने बुजुर्गों को गाली दी, मारा-पीटा और धमकाया भी।'

मंजू सदमे में थी।

'मैं समझ गई कि किसी वकील ने उस परिवार को झूठी शिकायत दर्ज करवाने की सलाह दी होगी। वह आखरी बार था जब मैंने इन *बेचारे पीड़ितों* के प्रति सहानुभूति दिखाई थी।'

बैंक जनता के पैसों का रखवाला है। अगर आपने कर्ज लिया और उसे उतार नहीं सकते तो परिणाम भुगतने को तैयार रहो।

'हम व्यवसायी हैं, और अपना काम कर रहे हैं।'

हमेशा की ही तरह, *वसूली* टीम के साथ एक वीडियोग्राफर और एक पुलिस कॉन्स्टेबल होता है। साथ ही बैंक का एक ऑफिसर और सरकार समर्थित वैल्यूअर, जो संपत्ति की वास्तविक कीमत आंक सके।

'हमारा काम वहां ताला लगाना, उसे सील करना और फिर नीलामी की व्यवस्था करवाना है।'

जैसा कि *वसूली* को बैंक के पैसे वापस मिलने के बाद ही कमीशन मिलता है, तो उन्हें बिक्री की प्रक्रिया का भी ध्यान रखना होता है। जमीन की नीलामी में, अच्छी कीमत मिलने का अवसर होता है। आखिर में सभी के लिए मुनाफे की स्थिति होती है।

मंजू को याद है कि *वसूली* की टीम ने स्टेट बैंक ऑफ इंडिया के लिए एक कब्जा किया था। 22 एकड़ में फैला हुआ गोआ का रिजॉर्ट। इस संपत्ति की आरक्षित राशि 38 करोड़ रुपए थी।

'हमने देशभर में इस नीलामी के विज्ञापन छपवाए और बड़े चेन होटलों से संपर्क किया। हमारे पास नीलामी में 12 भागीदार थे और आखिरकार उसका सौदा

'80 प्रतिशत मामलों में समझौता हो ही जाता है, मतलब, बैंक वास्तविक रकम से कम पर सैटलमेंट के लिए मान जाते हैं।'

'मुझे ऐसा लगता है कि परिवार या तो आपको सहारा दे सकता है या आपको खुद पर निर्भर बना सकता है। यह आप पर निर्भर है कि आप इसे किस तरह देखते हैं।'

61.4 करोड़ रुपए में तय हुआ!'

यकीनन, हर नीलामी की कहानी ऐसी परिकथा जैसी नहीं होती, पर कुल मिलाकर *वसूली* को जो भी मिलता है वह पर्याप्त होता है। 2011-2012 में, कंपनी ने लगभग 500 करोड़ के मामले निपटाए, जिसमें से कमीशन के तौर पर उसे लगभग 10 करोड़* रुपए मिले।

'एनपीए जैसे 10 लाख के होमलोन में, हमें 5 प्रतिशत कमीशन मिलता है। लेकिन जब हम संपत्ति की नीलामी करवाते हैं, मानो 30 करोड़ के आसपास तो, हमें 0.25 प्रतिशत या .5 प्रतिशत मिल जाता है।'

हालांकि कुछ कंपनियां छोटे मामले देखने के लिए मना कर देती हैं, वहीं *वसूली* अपने क्लाइंट को कभी मना नहीं करता। बिजनेस के नियम भी तो यही कहते हैं।

छोटे खातों का फायदा यही है कि औसतन कर्जदारों की नीयत कर्ज उतारने की होती है।

'अगर होमलोन 5 लाख का हो, और परिवार कैसे भी 2 लाख रुपए एकमुश्त दे दे तो केस सुलट जाता है, और हमें हमारा कमीशन भी मिल जाता है।'

लेकिन 'सफेद कॉलर' वाले डिफॉल्टर--खासकर कोई फैक्टरी मालिक--मामले को कोर्ट में ले जाते हैं और वह सालोसाल खिचता रहता है।

'कॉर्पोरेट वाले महंगे वकील करके कोर्ट से स्टे ऑर्डर हासिल कर लेते हैं। फिर हमें हाईकोर्ट जाना पड़ता है, और यह चलता ही रहता है।'

भले ही मामला बड़ी रकम का हो, लेकिन नीलामी कब तक होगी और कमीशन कब तक मिलेगा, यह कहना मुश्किल होता है। आखिरकार, पैसे का आना तो हर कंपनी के लिए जरूरी होता है, और किसी बढ़ती हुई कंपनी के लिए तो और

* इस धंधे में मुनाफा दर लगभग 30 प्रतिशत रहती है।

भी।

इंदौर के रहने वाले एक आदमी की कंपनी, जो हर महीने 25,000 की कमाई करती थी, और उसका क्लाइंट भी एक ही था से बढ़कर *वसूली* अब बड़ी धारा में शामिल हो गई है। वह भी दस साल के छोटे से समय में।

'अब हम अपनी 26 शाखाओं के साथ देशभर के 20 बैंकों के लिए काम कर रहे हैं। हमारे पास 250 वैतनिक एजेंट हैं।'

सभी एजेंट महिलाएं हैं जो स्थानीय भाषा बोल सकती हैं। शाखा प्रमुख भी महिला ही होती है, लेकिन उसने मुंबई या इंदौर के ऑफिस में अच्छा प्रदर्शन किया हो। एजेंटों को अच्छी पगार दी जाती है, जो 25,000 रुपए महीना से शुरू है। लेकिन सिर्फ इतना ही नहीं है जो उन्हें काम के लिए प्रेरित करता है।

'जैसाकि आप देखते हैं, सामान्यतः आम जिंदगी में ज्यादातर मामलों में महिलाओं को निर्णय नहीं लेने दिया जाता है, यहां तक कि घर में भी। यहां, उनके पास अपनी क्षमता इस्तेमाल करने का पूरा मौका और आजादी है। उन्हें अच्छा लगता है कि कोई उन्हें जिम्मेदारी दे रहा है।'

ऐसा एक उदाहरण खुद मंजू की मां भी हैं, जो कभी हाउसवाइफ हुआ करती थीं। अब वह कंपनी की डायरेक्टर हैं, देशभर में घूमकर मुश्किल मामलों को संभालती हैं। एक महिला का रूपांतरण।

'वास्तव में *वसूली* में मात्र दो ही पुरुष हैं--एक तो पराग शाह ही। और दूसरे मेरे पिता, जिन्होंने अपना व्यवसाय छोड़कर हमारे साथ काम किया। वह कर्नाटक और तमिलनाडु का काम संभालते हैं।'

भूगोलिए विस्तार के कारण, ऑपरेशन की जटिलता बढ़ी है। *वसूली* में अब आप ऑनलाइन भी अपना केस रजिस्टर करवा सकते हैं और बिलिंग की व्यवस्था भी ऑनलाइन है।

'हमने घर में ही एमआईएस बना लिया है,' मंजू कहती हैं। 'यह पराग का ही योगदान है। दिमाग तो उन्हीं का है, मैं तो बस उसी का विस्तार कर रही हूं।'

मंजू का मुख्य लक्ष्य बिजनेस के विकास का है। वह महीने में 15 दिन सफर करती है, उसका ज्यादा समय दक्षिण मुंबई और बांद्रा कुर्ला कॉम्प्लेक्स के बैंक मुख्यालयों में ही गुजरता है।

'ऑफिस तो मैं बहुत ही कम आ पाती हूं।'

अब तक का सफर तो बहुत ही रोमांचक रहा है--आगे क्या? अभी तक *वसूली* ने निवेश के नाम पर बाहर से एक भी पैसा नहीं लिया है, यहां तक कि बैंक ओवरड्राफ्ट भी नहीं।

'हमें स्टेट बैंक ऑफ इंडिया से काम करने लायक रकम मिल जाती है, वह हमारा सबसे बड़ा क्लाइंट है। लेकिन सबसे बड़ी बात कि हम जो भी निवेश करते हैं, वह कंपनी से ही कमाया।'

वसूली को रिकवरी एजेंसी से बदलकर 'संपत्ति पुनर्निर्माण' कंपनी बनाने का सपना है। कैसे और कब यह पूरा हो पाएगा, यह कहना अभी मुश्किल है।

'हम रोज के ऑपरेशन में व्यस्त हैं,' मंजू बताती हैं।

अगली लीग पर जाने के लिए, वसूली को मैनेजमेंट की मजबूत टीम की जरूरत होगी। और हो सकता है, तब उन्हें बाहर से निवेश की भी जरूरत पड़े, जिसे अब तक पराग और मंजू ठुकराते आए हैं।

वर्तमान में मंजू का पूरा समय काम ही ले लेता है। *वसूली* के अतिरिक्त वह सिर्फ कानून में पीएच.डी करने के लिए समय निकालने की कोशिश कर रही है। लेकिन भविष्य का क्या, क्या अब उसके मां-बाप उसे सैटल करने की नहीं सोच रहे?

'नहीं,' वह हंसती है। 'उन्हें पता है कि मैं अपना ध्यान खुद रख सकती हूं।'

शादी का ख्याल अभी मंजू के दिमाग में नहीं है... कम से कम अगले दो सालों तक तो।

'अभी मैं 26 साल की हूं। जब 28-29 की हो जाऊंगी, तब देखा जाएगा। यकीनन, मैं भी फैमिली शुरू करना चाहती हूं। लेकिन थोड़े समय बाद।'

मंजू एक सफल आदमी से शादी करना चाहती है, और उससे भी ज्यादा वह एक प्रतिबद्ध इंसान हो। एक ऐसा आदमी जो उसकी इच्छाओं और सपनों का सम्मान करे।

'अगर मैं शादी करती हूं तो मेरे पति को मेरे काम को भी स्वीकार करना होगा। यह बहुत स्पष्ट है। यहां तक कि बच्चे होने के बाद भी मैं यह काम नहीं छोड़ना चाहूंगी। जब तक मैं हूं, यहीं हूं।'

सोच की स्पष्टता।

उद्देश्य की स्पष्टता।

सूरज की तरह, जो हर रोज निकलकर रोशनी देता है।

समझो कि आप क्या चाहते हो और कि आपका जन्म भी चमकने के लिए हुआ है।

हर पल, हर दिन, हर साल।

*

महिला उद्यमी की सलाह

काम कुछ भी हो, कोई भी काम छोटा या बड़ा नहीं होता।

जिंदगी में कुछ करने के लिए खुद को प्रेरित करो और बैठे-बैठे बस बच्चे पैदा करने की मशीन मत बनो।

मैं सोचती हूं कि हर महिला को अपने करियर को महत्व देना चाहिए और आदमियों के बराबर नहीं उनसे आगे बढ़कर काम करना चाहिए।

मेहनत करो, और सब्र रखो, सफलता पीछे आएगी ही। एक ईमानदार प्रयास कभी व्यर्थ नहीं जाता, इसलिए लगे रहो, लगे रहो।

काम ही पूजा है

रजनी बेक्टर
क्रेमिका

लुधियाना के एक संपन्न परिवार में ब्याही, रजनी को केक और आइसक्रीम बनाना अच्छा लगता। अपनी रसोई से शुरू किया गया छोटा सा बिजनेस अब 650 करोड़ का साम्राज्य बन चुका है, जिन्हें उनके तीनों बेटे संभाल रहे हैं।

रजनी बेक्टर लुधियाना के पोश सिविल लाइन क्षेत्र के आलीशान घर में रहती हैं।

मैंने ध्यान दिया कि उनका लॉन मुंबई के आम सार्वजनिक पार्कों से बड़ा था।

दरवाजे की घंटी के जवाब में नौकर ने दरवाजा खोला। अंदर घुसते ही मैं अपने जूते से लड़खड़ाई, और जिस चीज पर सबसे पहले मेरी नजर पड़ी वह थी, श्री अरबिंदो की मां की ब्लैक एंड वाइट फोटो।

उनकी आंखों से प्यार, स्नेह, सौंदर्य और जुनून की आभा चमक रही थी।

इस घर पर आशीर्वाद बरसाती।

एक घर जहां कि गृहिणी ने छोटा सा चमत्कार कर दिखाया था।

अपने घर की रसोई से, खाना बनाने के शौक के कारण, रजनी ने 35 साल पहले एक छोटे से बिजनेस की शुरुआत की थी।

उन्हें ऐसा करने की जरूरत भी नहीं थी।

संपन्न परिवार में शादी होने की वजह से, पैसे की कोई समस्या नहीं थी। वास्तव में, उन्हें तो रसोई में पैर रखने की भी जरूरत नहीं थी, वहां हर काम के लिए नौकर थे।

यह तो बस प्यार, जुनून और कुछ कर दिखाने का जज्बा था कि वह अपना बिजनेस शुरू कर पाईं। वह बैठकर जिंदगी के मजे लेने वालों में से नहीं हैं।

'मैं मां की अनुयायी हूं... उन्होंने हमेशा कहा है *काम ही पूजा है* और वही मेरे जीवन का उद्देश्य है।'

इस समर्पण का परिणाम यह कंपनी है, जो कभी बीज थी और आज एक विशाल वृक्ष।

आज क्रेमिका 650 करोड़ की कंपनी है, जिसमें पूरा बेक्टर परिवार शामिल है।

'मेरे तीनों बेटे अपनी पढ़ाई खत्म करके क्रेमिका से जूड़े। 10-15 सालों में कंपनी ने अभूतपूर्व तरक्की की।'

अपना सर्वस्व लगा दो, यह शुरुआत है।

पूरे दिल से जुट जाओ, यही रास्ता है।

अपना 100 प्रतिशत दो, यही संतोष है।

एक मां के दूसरी मां के लिए शब्द।

और फिर समुद्र भी फट जाता है, स्वर्ग भी हिल जाता है।

काम ही पूजा है

रजनी बेक्टर
क्रेमिका

कराची में जन्मी रजनी बैक्टर के शुरुआती साल लाहौर में गुजरे।

'मेरे पिता सरकारी नौकरी में थे और अच्छे ओहदे पर काम कर रहे थे, तभी विभाजन हुआ।'

परिवार को दिल्ली आना पड़ा, जहां रजनी ने अपनी स्कूली शिक्षा पूरी की और मिरांडा हाउस में दाखिला लिया। 1957 में, जब रजनी मात्र 17 साल की थीं, तभी लुधियाना के व्यवसायी परिवार में उनका विवाह हो गया। वह परिवार उनके नौकरशाही परिवार से बिल्कुल अलग था, लेकिन खुली सोच का भी।

'शादी के बाद मैंने अपनी ग्रेजुएशन पूरी की,' वह याद करती हैं।

फिर रजनी अपने तीन बेटों के लालन-पालन में व्यस्त हो गईं। समय आने पर, तीनों रजनी के घरौंदे को रीता करते हुए मसूरी के बोर्डिंग स्कूल में चले गए। अब उनके पास बहुत सा खाली समय था।

'मैं लॉइंस क्लब के जरिए बहुत से सामाजिक परियोजनाओं से जुड़ी थी। दरअसल, मैंने पंजाब में शेरनी आंदोलन भी शुरू किया और फिर पूरे उत्तर भारत में और क्लब खुलवाने में भी मदद की।'

रजनी ने रेडक्रॉस के साथ भी काम काम किया और शहर से जुड़े लुधियाना के लेडिस क्लब की अगुवाई भी की।

'शुरुआत में मैंने सचिव के तौर पर काम किया, फिर दो सालों के लिए अध्यक्ष भी बनीं, फिर उन्होंने सभाध्यक्ष का विशेष पद बनाया तो मैं उससे अब भी जुड़ी

'लुधियाना एक छोटा शहर है। महिलाओं के काम करने पर बहुत सी पाबंदियां होती हैं... खासकर संपन्न परिवारों में।'

हुई हूं।'

रजनी जो भी करती हैं उसमें बहुत सी ऊर्जा और जोश की जरूरत है।

'अभी भी... मुझे लगता है कि मैं ज्यादा रचनात्मक नहीं कर पा रही हूं...' वह याद करती हैं।

एक संपन्न परिवार की महिला का 'कुछ करने' का विचार सुनने में नहीं आया था। तो वह और क्या कर सकती थी?

'मुझे खाना बनाने का बहुत शौक था। तो मैंने पंजाब एग्रीकल्चर यूनीवर्सिटी में बैंकिंग कोर्स में दाखिला लिया।'

जैसे ही मौका मिलता वह अपनी रेसिपी ट्राई कर डालतीं।

'मैं लोगों को लंच, चाय और डिनर पर बुलाती। और छोटे बच्चों को स्वीमिंग के लिए बुलाकर उनके लिए कुछ बेक करती।'

रजनी की आइसक्रीम, केक और कूकीज जल्दी ही शहर भर में मशहूर हो गए।

अच्छा लगता जब दोस्त कहते, 'तुम इससे बिजनेस भी शुरू कर सकती हो।'

तो बस ऐसे ही, मजे के लिए रजनी ने काम शुरू किया। उसने हाथ वाली मथनी की मदद से अलग-अलग तरह की आइसक्रीम बनाईं और स्थानीय उत्सवों और मेलों में अपना स्टॉल लगाने लगीं।

'मुझे याद है कि मेरा पहला स्टॉल क्वालिटी के सामने था। मैं घबरा रही थी लेकिन हैरानी की बात है कि मेरी आइसक्रीम हिट रही।'

वास्तव में, रजनी के स्टॉल पर इतनी भीड़ देखकर क्वालिटी मैनेजर भी उनकी आइसक्रीम चखने के लिए आए!

'मुझे बहुत ही बढ़िया प्रतिक्रिया मिली और लोग पूछने लगे--क्या आप केटरिंग भी कर सकती हैं?'

और इस तरह यह बिजनेस शुरू हुआ। अपनी घर की रसोई, छोटे से ओवन और 300 रुपए के शुरुआती निवेश के साथ उन्होंने काम शुरू किया। बात फैलने लगी और उनके पास पार्टी और फंक्शन के ऑर्डर आने लगे। कभी रजनी मना भी करना चाहतीं तो जवाब सुनने वाले 'न' सुनना ही नहीं चाहते थे।

वे कहते, 'मैंनू कुछ नहीं पता... हमारा ऑर्डर तो लेना ही पड़ेगा।'

रजनी ऐसे ही एक शुरुआती ऑर्डर के बारे में याद करती हैं--2000 पुडिंग का--स्थानीय एमपी के घर की शादी का।

'वह बिल्कुल ही असंभव लग रहा था, पर किसी तरह मैंने उसे पूरा किया। मैं नहीं भूल सकती कि कैसे एक-एक व्यक्ति ने आकर मेरी तारीफ की।'

रजनी पूरे दिल और लगन से काम करती हैं, लेकिन 'दिमाग' को इससे अलग ही रखती हैं। वह कम से कम कीमत तय करतीं और घाटा उठातीं। तभी उनके पति धर्मवीर ने सही सलाह के साथ उसमें हस्तक्षेप किया।

'तुम बहुत मेहनत कर रही हो, लेकिन तुम्हें इसे एक बिजनेस के नजरिए से देखना चाहिए,' उन्होंने कहा। 'तुम्हें इसका विस्तार करके, व्यापारीकरण करके, हर चीज कायदे से करनी चाहिए।'

1978 में, 20,000 रुपए के निवेश के साथ, रजनी ने कोठी के पीछे ही एक आइसक्रीम यूनिट लगाया। अब वह बड़े ऑर्डर लेने लगीं--शादी के पार्टी के। हालांकि वह सबकुछ खुद ही करने पर जोर देती हैं, पर तब तक कुछ आदमी भी मदद के लिए रख लिए गए थे।

'मैं मान ही नहीं पाती थी कि कोई मेरी तरह काम कर पाएगा। तो मैं सुबह जल्दी उठती और रात में देर से सोती... मैं दिन में 12 घंटे से भी ज्यादा काम करती!'

लेकिन एक बेशकीमती नियम भी था--जब भी बच्चे घर हों, उन्हें मां की उपस्थिति का अहसास हो।

'मैं बहुत स्पष्ट थी... उनके खाने के समय, पढ़ाई के समय, जब भी उन्हें मेरी जरूरत हो मैं उनके साथ रहूं।'

1983 में, रजनी ने औपचारिक तौर पर व्यावसायिक पंजीकरण कराया।

उनके पति ने एक दोपहर उन्हें बुलाकर पूछा, 'मुझे बताओ तुम क्या नाम लिखवाना चाहती हो।'

रजनी को सोचने के लिए कुछ समय चाहिए था।

उन्होंने फिर से कहा, 'नहीं... मैं इंतजार नहीं कर सकता... आदमी आज ही

'मैं सब काम अपने आप किया करती थी... मैं घंटों काम किया करती थी। 12 घंटे मेरे लिए बहुत कम पड़ जाते थे!'

'परिवार को अनदेखा करके मैं काम करूं, यह हो ही नहीं सकता। बच्चे हमेशा मेरे लिए पहले हैं।'

जाकर नाम रजिस्टर करवा आएगा।'

जो नाम रजनी के दिमाग में आया वह 'क्रेमिका' था। क्रीम से प्रेरित होकर, जिसे वह अपनी बहुत सी रेसिपी में इस्तेमाल करती थीं। और इस तरह एक कंपनी का जन्म हुआ।

जल्द ही, रजनी ब्रेड भी बनाने लगीं। उसकी प्रतिक्रिया भी अच्छी थी। रजनी ने अपने पति की मदद से ब्रेड बनाने की ऑटोमेटिक यूनिट लगाने का निर्णय लिया।

'जीटी रोड पर हमारी एक जगह थी, तो हमने वहीं अपनी यूनिट लगाई। फिर, हम फिलापुर गए, और बिस्किट भी बनाने शुरू कर दिए...'

वास्तव में, सब कैसे हुआ यह बताने में रजनी थोड़ा अस्पष्ट हैं। महत्वपूर्ण यह है कि जो भी काम हुए, वे सफल रहे।

'दिल्ली से उपकरण मंगवाए गए, हमने एचडीएफसी से लोन लिया। लेकिन पहले से कुछ भी तय नहीं था।'

एक छोटी सी इमारत में बड़ा सा ओवन लगाया और उत्पादन शुरू हो गया। उत्पादन बढ़ने के साथ मार्केटिंग टीम भी बनी। पर सबसे जरूरी चीज थी--गुणवत्ता, जिसका निरीक्षण खुद रजनी ही करती थीं।

'यकीनन हम सही तरीके से काम करना चाहते हैं। मैं हर चीज पर नजर रखती।'

ब्रेड में ज्यादा दूध होना चाहिए? दूध में वसा कितनी होनी चाहिए? छोटी-छोटी चीजों से ही स्वाद में अंतर पड़ सकता है।

'मैं सामग्री के साथ कभी समझौता नहीं करती... तो लोग कहने लगे--क्रेमिका जो बनाता है वह ब्रिटेनिया और पारले भी नहीं बना सकते!'

1990 बदलाव का बड़ा साल था। पंजाब में उग्रवाद तब भी व्याप्त था और हिंदू व्यापारियों और सिख किसानों के बीच तनाव का माहौल था। बेक्टर का अनाज, तेल और खाद का 107 साल पुराना व्यवसाय बहुत बुरी तरह प्रभावित हुआ।

'हमारे बड़े बेटे, अजय का अपहरण करने की कोशिश की गई। तब हमने

सोचा कि यह व्यवसाय अब हमारे बस की बात नहीं है और धीरे-धीरे हमने सब समेटना शुरू कर दिया।'

अब क्रेमिका 5 करोड़ रुपए का सम्मानजनक व्यवसाय है। परिवार ने अपना सबकुछ इस नए व्यवसाय में लगाकर एक नई शुरुआत की दिशा में काम किया। रजनी का बड़ा बेटा ग्रेजुएशन के बाद व्यवसाय से जुड़ा, वैसा ही मंझले बेटे अक्षय ने किया। वह मणिपाल से इंजीनियरिंग की पढ़ाई करके आया। छोटा बेटा--अनूप--सीए की तैयारी कर रहा था, लेकिन उसने वह बीच में ही छोड़ दी।

'उसका कहना था--पढ़ने में समय क्यों बर्बाद करना। मुझे बिजनेस में आकर उसे बढ़ाने का मौका दो।'

दो से चार और चार से आठ हाथ--परिवार के सदस्यों के साथ-साथ बिजनेस भी बढ़ता गया।

पति और बेटों की भागीदारी से, शौकिया शुरू किया गया रजनी का बिजनेस महत्वाकांक्षी और व्यवसायी बन गया। 20 करोड़ रुपए की सालाना आय को छूते हुए बिजनेस आश्चर्यजनक रूप से बढ़ा।

उसी समय नए और बड़े अवसर सामने आए। 1995 में मैक्डॉनल्ड ने भारत में प्रवेश किया और भारत में स्थानीय सप्लायर्स ढूंढ़ने लगा।

कंपनी ने *बन* की सप्लाई के लिए क्रेमिका का चयन किया।

'हमने शुरू में बहुत से ट्रायल किए, लेकिन हमें सही परिणाम नहीं मिल रहे थे। मुझे याद है कि हमने परफेक्ट *बन* बनाने के लिए हजारों किलो *बन* बर्बाद किए।'

शिकागो में मूल रूप से मैक्डॉनल्ड के लिए द ईस्ट बाल्ट मिशनरी *बन* बनाते थे--रे क्रॉक के समय से। उनके एक्सपर्ट ने आकर क्रेमिका स्टाफ को कुछ समय प्रशिक्षित किया। यही उनके मुलायम, सीसम बीज के *बन* का राज है।

हालांकि, अमेरिकी तकनीक भारतीय गेंहुओं में काम नहीं आई, जिसमें शर्करा कम होती है। आखिरकार, सारी प्रक्रिया में फिर से सुधार किया गया।

'हमारा परिवार बिजनेस परिवार है और मेरे पति ने हमेशा मुझे प्रोत्साहित किया। उन्होंने कहा—अगर तुम कुछ बड़ा करना चाहती हो तो तुम्हें काम फैलाना पड़ेगा... नई मशीनें और नए तरीके अपनाओ।'

'दो हाथों के बजाय अगर चार हाथ काम करने लगें... तो फर्क तो पड़ता ही है। तो अच्छा है अगर घर के लोग आपके साथ काम करने लगें।'

जब साझेदारी सही चल रही थी, मैक्डॉनल्ड ने इस युवा कंपनी को नई चुनौती दे दी।

'क्या आप हमारे लिए बेहतर ब्रेड बना सकते हैं?'

क्रेमिका ने यूके की कंपनी ईबीआई फूड से साझेदारी की, उनसे अंतर्राष्ट्रीय-गुणवत्ता का ब्रेड चूरा मंगवाया (बर्गर पेटिज में प्रयुक्त)। मैक्डॉनल्ड खुश था और ज्यादा चाहता था।

'क्या आप हमें टॉमेटो सॉस भी दे सकते हैं?'

50:50 अमेरिका के क्वेकर ओट्स के साथ मिलकर एक सॉस प्लांट लगा रहा था। टॉमेटो केचअप के साथ-साथ क्रेमिका चिली सॉस, मस्टर्ड सॉस और शाकाहारी (अंडा रहित) मयोनेज की भी मैक्डॉनल्ड को सप्लाई करने लगा। यह पूरी तरह से भारतीय अवधारणा थी।

'मैक्डॉनल्ड के मानक बहुत कठिन हैं। हर महीने परीक्षण और मूल्यांकन के लिए नमूने हांगकांग भेजे जाते हैं। हर फैक्टरी में हमारे भी अपने टेस्टिंग लैब हैं।'

उच्च स्तर बनाए रख पाना कठिन काम होता है। लेकिन इससे ज्यादा व्यापार मिलने में आसानी भी होती है, खासकर बहुराष्ट्रीय स्तर पर। फिलौर में क्रेमिका फैक्टरी में तैयार बिस्किट, कैडबरी आईटीसी सनफीस्ट द्वारा बेचे जाते हैं।

'हम अपने ब्रांड--मिसेज बेक्टर'स क्रेमिका फूड्स--के तहत भी बिस्किट, सॉसेज और मसाले बेचते हैं।'

बिजनेस का पैमाना और आकार दोनों ही लगातार बढ़ रहे हैं। 2006 से, क्रेमिका 100 करोड़ रुपए की कमाई कर रहा है, जो प्रतिवर्ष 30 प्रतिशत की दर से बढ़ रहा है। गोल्डमैन सैच्स ने 50 करोड़ में कंपनी के 10 प्रतिशत शेयर खरीदे हैं। उस राशि का उपयोग कंपनी के आगे के विस्तार में किया जा रहा है।

'अब हमारी ग्रेटर नोएडा और मुंबई में भी एक-एक यूनिट हैं। सभी पूरी तरह से आधुनिक और स्वचालित प्लांट हैं।'

5000 टन प्रति महीने की क्षमता वाला एक और नया प्लांट अभी हाल ही

में हिमाचल प्रदेश के ऊना में लगाया गया। 2011-12 में, क्रेमिका की वार्षिक आय 650 करोड़ थी। भिन्न-भिन्न जगहों पर नियुक्त कंपनी के कर्मचारियों की संख्या अब 4,000 से ऊपर है।

हर महत्वपूर्ण स्तर पर बहुत दक्ष प्रोफेशनल काम कर रहे हैं।

'साफ कहूं तो... मैं अब लगभग रिटायर हो चुकी हूं,' रजनी कहती हैं। 'बच्चे बिजनेस को बहुत अच्छी तरह संभाल रहे हैं।'

हालांकि अभी भी एक चीज है, जिसकी जांच वह निजीतौर पर करती हैं--नए उत्पाद और नई रेसिपी। आखिरकार, स्वाद और गुणवत्ता ही तो क्रेमिका के आधार स्तंभ हैं।

'मैं बिस्किट और बेकरी सेक्शन में ज्यादा व्यस्त रहती हूं। अभी भी वहा देखने को खड़ी रहती हूं क्या बन रहा है, कैसे बन रहा है, कुछ नया प्रयोग करें क्या--इससे बेहतर बना सकते हैं क्या!'

71 वर्ष में, रजनी को स्वास्थ्य से जुड़ी परेशानियों का भी सामना करना पड़ रहा है--जैसे कमर दर्द--जो उसे अपनी लंबी छलांग की बदौलत मिला।

'मैंने कभी खुद का ध्यान नहीं रखा... बहुत से ऐसे दिन थे जब मैं बमुश्किल 3-4 घंटे ही सो पाई। मैं सबके साथ संतुलन बनाती गई--रिश्ते, मेरा परिवार, काम, सबकुछ...।'

नतीजे तो अद्‌भुत थे। इससे पहचान भी मिली। सरकार और उद्योग जगत से मिलने वाले अवॉर्ड की तो मानो झड़ी ही लग गई।

'मुझे इतने अवॉर्ड मिले कि अब मैंने गिनना ही छोड़ दिया,' वह मुस्कुराती हैं।

हालांकि उन्हें उनमें से एक बहुत अच्छी तरह याद है, जो उन्हें 2005 में, भारत के राष्ट्रपति, अब्दुल कलाम के हाथों मिला।

अब्दुल कलाम ने कहा था, 'ओह... तो आप ही आइसक्रीम लेडी हैं, न?'

कोई फर्क नहीं पड़ता कि क्रेमिका ने क्या हासिल किया, पर जैसे भी किया उसके लिए रजनी को हमेशा याद किया जाएगा।

एक महिला जो अपनी रसोई में रहकर ही उसकी सीमाओं से परे निकल गई।

क्योंकि एवोलूशन ही रेवलूशन है।

और यह कहीं भी शुरू हो सकता है, चाहे आप कहीं भी हों।

*

महिला उद्यमी की सलाह

आप काम जरूर करें, लेकिन अपने परिवार को भी प्राथमिकता दें। जब आपके बच्चे अपनी देखभाल करने लायक हो जाएं, तभी शुरुआत का सही समय होता है।

अपने समय को बच्चों, परिवार और काम के बीच विभाजित करें। काम का समय तभी नियत करने की कोशिश करें जब आपके बच्चे स्कूल में हो या देर रात/जल्दी सुबह। यकीनन, आपको मेहनती और केंद्रित होना होगा।

घर के सदस्यों की मदद लें। व्यवसायिक मामले में मैंने हमेशा अपने पति की सलाह और मदद चाही।

व्यापार को व्यापार की तरह ही करें। खाद्य व्यापार में, आपको सामग्री के लिए बहुत चयनित होना होगा--आप जो भी व्यापार करें, पर कभी गुणवत्ता से समझौता न करें।

धर्मवीर सिंह (पति):

आदमियों को हमेशा महिलाओं की प्रतिभा को प्रोत्साहित कर उनका साथ देना चाहिए, न कि उनसे ईर्ष्या करनी चाहिए। वास्तव में, पूरे परिवार को सहयोग की जरूरत होती है।

मुझे याद है कि रजनी रात रातभर काम किया करती थीं, रात को दो बजे भी। मैं उनकी प्रतिभा और लगन की प्रशंसा करता हूं। इसलिए हम चाहते हैं कि उनका नाम हमेशा आगे रहे।

मैं हमेशा मानता हूं कि अगर पूरी लगन से, अच्छे उद्देश्य से कोई काम किया जाए तो वह जरूर सफल होगा। क्रेमिका के साथ भी, कोई अद्वितीय शक्ति कहीं काम कर रही है... मुझे पूरा यकीन है।

हम साथ-साथ हैं

निर्मला कंडलगांवकर
विवाम एग्रोटेक

एक छोटे से शहर की गृहिणी, निर्मला ने बच्चों के बड़े होने के बाद 'कुछ करने' की ठानी। अपनी विज्ञान और सामाजिक ज्ञान की पृष्ठभूमि का इस्तेमाल करते हुए उन्होंने असामान्य से बिजनेस वर्मिकम्पोस्टिंग (जैविक खाद) में सफलता पाई।

नागपुर में टीआईई के वार्षिक सम्मेलन में गुरुराज देशपांडे के मुहूर्त संभाषण के बाद बोलने वाली पहली वक्ता निर्मला कंडलगांवकर ही थीं।

'वैसे मायके से मैं देशपांडे हूं,' उनके पहले शब्द थे।

निर्मला ने 30 मिनट की प्रस्तुति मराठी भाषा में दी, उस भाषा में जिसमें वे सबसे ज्यादा सहज हैं। अपने विषय पर विश्वस्त पकड़ रखते हुए उन्होंने कीड़ों से खाद बनाने और बायोगैस की जटिलताओं के बारे में बताया। और उसमें विश्वास रखने वाले उद्यमी के जुनून के बारे में। विश्व को बदलने का यह उनका अपना तरीका है।

निर्मला ने 10 साल पहले इस अनोखे व्यवसाय की शुरुआत 50 साल की असामान्य उम्र में की थी।

'बच्चे बड़े हो गए तो मैंने सोचा कि अब मैं कुछ करूं!'

महिलाओं की पसंद के सामान्य छोटे बिजनेस--अचार और पापड़ बनाना--से अलग, कुछ ऐसा जो ग्रामीण भारत के काम आ सके। जहां वे जन्मीं और पली-बढ़ी, और जहां से उन्हें सामाजिक कार्यों का अनुभव हासिल हुआ।

'बचपन से ही मेरा सपना था कि मराठवाड़ा क्षेत्र जो इतना पिछड़ा है, उसके लिए मुझे कुछ करना चाहिए।'

निर्मला शिक्षित हैं, लेकिन उनमें वैसी दुनियादारी नहीं है। सिंथेटिक साड़ी, लाल बड़ी बिंदी, मंगलसूत्र और कुछ बिखरे से बालों में वे उन अनगिनत मध्यवर्गीय औरतों की याद दिलाती हैं, जिन्हें मैं मुंबई की लोकल ट्रेनों में सफर करते देखती हूं। जिस तरह से वे जल्दी उठकर, घर के काम निबटाकर, बाहर पूरे दिन काम करने के लिए दौड़ लगाती हैं।

और फिर भी जब वे घर लौटती हैं तो उनके पास अपने परिवार की देखरेख की ऊर्जा होती है।

क्योंकि परिवार ही हर ऊर्जा का स्रोत है।

यह अस्तित्व की नींव है, सहयोग की आधारशिला।

अगर सब हमें साथ मिल जाएं, तो दुनिया को हरा सकते हैं।

हम साथ-साथ हैं

निर्मला कंडलगांवकर
विवाम एग्रोटेक

निर्मला का जन्म महाराष्ट्र के हिंगोली जिले के म्हालाकोली गांव में हुआ।

'छोटे से गांव में मेरा जन्म हुआ... मेरे मां-बाप दोनों शिक्षक थे।'

वह बड़ा संयुक्त परिवार था। लेकिन लड़के और लड़कियों दोनों के लिए शिक्षा अनिवार्य थी।

'स्कूल के बाद, मैं उच्च शिक्षा के लिए औरंगाबाद गई।'

निर्मला ने बायोलोजी में बीएससी करने के बाद सामाजिक कार्यकर्ता की नौकरी की। उन्होंने अखिल भारतीय विद्यार्थी परिषद नाम के एक संगठन के साथ भी काम किया। वहीं, उनकी मुलाकात उनके पति गिरीश से हुई।

'उनकी माताजी मेरी टीचर थीं। हम एक-दूसरे को पसंद करते थे; उन्होंने शादी का प्रस्ताव रखा और मैंने मान लिया।'

वर्ष 1978 में उनकी शादी हुई। नवदंपत्ति के घर जल्द ही 1979 में बेटे, नीलेश का जन्म हुआ। बेटी नेहा 1984 में और छोटे बेटे, कैवल्य का जन्म 1986 में हुआ।

हर नई मां की तरह, निर्मला भी पूरी तरह से बच्चों के लालन पालन में व्यस्त हो गईं।

'हमने निर्णय लिया कि मुझे काम नहीं करना चाहिए, बच्चों की परवरिश अच्छी होनी चाहिए।'

गिरीश बेम्को स्लीपर नाम की कंपनी में नौकरी करते थे, जो रेलवे को स्लीपर सप्लाई करती थी।

कंडलगांवकर परिवार छोटे शहर का ठेठ मध्यवर्गीय परिवार था, फिर एक दिन निर्मला ने तय कर लिया कि अब 'कुछ करने' का समय आ गया है।

'वो ऐसे शुरू हुआ कि बच्चे पढ़-लिखकर बड़े हो गए। और फिर उनकी जिम्मेदारी मेरे ऊपर उतनी नहीं रही।'

'तो फिर मैंने सोचा कि कुछ अच्छा काम करूं।'

सवाल था--क्या? निर्मला को सिर्फ सामाजिक कार्यों का अनुभव था, जिसमें गांव-गांव जाकर औरतों को भिन्न मामलों की जानकारी मुहैया कराना शामिल था।

'मैंने फैसला किया कि जो भी करूंगी वह गांवों के लिए ही करूंगी। और चाहे मैं जो भी उत्पादित करूं या बेचूं, उसका सकारात्मक प्रभाव होना चाहिए।'

उसी समय, गिरिश की नियुक्ति एक ऐसी फैक्टरी में हुई, जो ग्रामीण क्षेत्र के अंतर्गत आती थी। इससे किसानों की जीवनशैली और समस्याओं को देखने-परखने का मौका मिला। स्पष्टतः उनके सामने सबसे बड़ी समस्या आर्थिक व्यवहार की थी।

'हमने देखा कि ज्यादातर किसानों का धंधा घाटे में चल रहा है।'

इसका मुख्य कारण था कि वे बीज और रासायनिक खाद खरीदने में अपना काफी पैसा निवेश करते थे। इसके अतिरिक्त, किसान खेतों में अपना खून-पसीना भी एक कर देते थे। लेकिन, अपनी फसल की कीमत तय करने का अधिकार उनके पास नहीं था। सरकार ही कीमत तय करती थी।

निर्मला ने जैविक खाद द्वारा इस समीकरण को बदलने की ठानी।

'पारंपरिक पद्धति में किसान खुद अपनी खाद बनाते थे। लेकिन आधुनिकता के नाम पर उन्होंने यह सब छोड़ दिया था।'

विचार बिल्कुल सीधा थाः प्राकृतिक खाद को फिर से प्रचलन में लाना। और इसके लिए पहला कदम था पीढ़ी दर पीढ़ी मिली तकनीक का गहराई से अध्ययन करना।

'पारंपरिक पद्धति के अनुसार जमीन में एक गड्ढा खोद देते हैं। उसमें सब अपशिष्ट डाल देते हैं और केचुएं छोड़ देते हैं।'

पद्धति कारगार तो थी, लेकिन बहुत वैज्ञानिक नहीं। आप नहीं जानते कि निश्चित तौर पर कितने केचुएं प्रयुक्त होने चाहिए। और आप कितने उत्पादन की उम्मीद कर सकते हो, और यह कब तक तैयार हो पाएगा।

विज्ञान की पृष्ठभूमि पर अपनी समझ का तड़का लगाते हुए, निर्मला ने

'प्रयोग' करने शुरू किए।

'परिणाम मापने के लिए मुझे नियंत्रित वातावरण की जरूरत थी। लिहाजा, जमीन के गड्ढे के बजाय, मैंने धातु के डिब्बे या 'पिंजरे' का इस्तेमाल किया।'

कोशिशों और खामियों से गुजरते हुए, निर्मला धीरे-धीरे केंचुओं के उत्सर्जन के पूरे विवरण को समझ गईं। अच्छी मात्रा और गुणवत्ता में ऑर्गेनिक खाद उत्पादन का सही तापमान और मिट्टी की वाजिब स्थिति को उन्होंने पूरी तरह से आत्मसात कर लिया।

'इस काम में पूरा एक साल लग गया...' वह मुस्कुराती हैं।

गिरीश ने इसमें अपनी तकनीकी दक्षता का सहयोग दिया। खाद बनाने की 'प्रणाली' एक स्टील का डिब्बा है, जिसके भिन्न विभाग चेन से बंधे होते हैं। इसकी बड़ी चुनौती संपर्क स्थलीयता है।

'हमें जल्दी ही महसूस हुआ कि डिब्बे का वजन कम और वह मुड़ने योग्य होना चाहिए।'

निर्मला अपने विचार बतातीं और गिरीश बनाने की तकनीक। शुरुआत में, डिब्बे नजदीक की वर्कशॉप में ही बनाए गए।

'हमारा शुरुआती निवेश 20-25,000 रुपए था,' गिरीश बताते हैं। 'हमारे पास गांव में जमीन का छोटा सा टुकड़ा था, तो हमने वहीं खाद बनाना शुरू किया।'

प्रयोग सफल रहा, और उसकी चर्चा होने लगी।

'आजू-बाजू के लोग आकर कहने लगे, हमें भी चाहिए।'

तो निर्मला ने कुछ पीस बनाकर उन्हें लागत की कीमत पर ही बेच दिए। यह क्रय-विक्रय की कसौटी का समय था।

'उत्पाद ठीक है, चल रहा है, लोगों को पसंद है मेरा विश्वास बढ़ गया।'

जैसे-जैसे मांग बढ़ी। आखिरकार, निर्मला ने निर्णय लिया कि अब व्यवसायिक रूप से काम करना है। 5 जून 2001 को 'विवाम एग्रोटेक' नाम से एकल स्वामित्व वाली कंपनी का जन्म हुआ।

हालांकि, उसका मकसद व्यवसाय से ज्यादा लोगों में यह 'धारणा' प्रचारित करना था कि ऑर्गेनिक खाद ज्यादा लाभदायक है।

'लोग जानते ही नहीं थे कि वे भी खाद बना सकते थे। खुद अपने आप, और फायदे तो कमाल के थे। पहले उनके दिमाग को तैयार करना पड़ा, उनका मन जीतना

‘करोड़ों का टर्नओवर होना चाहिए, ऐसा मेरे ध्यान में ही नहीं था। बस यह था कि जो करूंगी, कुछ अलग करूंगी।’

पड़ा।’ निर्मला याद करते हुए बताती हैं।

किसानों को नमूना दिखाया गया। उन्हें कीटों की खाद को छूकर देखने के लिए बुलाया गया। और, यकीनन, उन्हें मुफ्त सैंपल बांटे गए।

‘मैं खाद के छोटे-छोटे पैकेट बनाकर उन्हें देती और उनसे कहती कि छोटे गमले में इसका इस्तेमाल करके परिणाम देखो।’

उनमें से काफी लोग वापस आए और चमत्कारी कहानियां बताईं।

‘मैंने यह खाद अपने घर के तुलसी के पौधे में डाली। तीन दिनों में ही उस पौधे की पत्तियां और भी हरी हो गईं!’

योजना थी कि उत्पाद की एक इकाई को गांव में ही बेचा जाएगा। लेकिन ऐसा करने के लिए, आपको ग्रामीण इलाकों में जाकर लगातार नमूने दिखाने होते थे। इसने निर्मला को हताश नहीं किया, आखिरकार, वह ऐसा ही काम सामाजिक कार्यकर्ता के दिनों में भी कर चुकी थी।

‘मेरा काम था गांव-गांव जाकर शराब और गुटखे की आदत को छुड़वाना।’

इसलिए निर्मला के लिए उनका विश्वास जीतना अपेक्षाकृत आसान था। साथ ही साथ, विवाम एग्रोटेक ने उन्हें पूरे दिन का काम थमा दिया था। हर यूनिट में--200 क्यूबिक फुट बॉक्स, केंचुए की कीमत के साथ यातायात और लगवाना फ्री था। ग्राहक के घर जाकर प्रशिक्षण देना भी इसी का हिस्सा था।

‘हमें पूरे सब्र से ग्राहक को सिखाना पड़ता है,’ निर्मला बताती हैं। ‘खाद तैयाद करने में दो-तीन महीने लगते हैं।’

प्रत्येक सेट की कीमत 20,000 रुपए थी, जो ग्रामीण बैंकों के नजरिए से बहुत ज्यादा थी। बैंक लोन आसानी से उपलब्ध भी नहीं थे, लेकिन निर्मला के पास किस्तों में सेट देने की व्यवस्था भी थी।

‘हमें पैसा वापस मिलने में कोई दिक्कत पेश नहीं आई। लोग अच्छे थे, कभी धोखा नहीं दिया।’

वास्तव में, वर्मिकम्पोस्टिंग प्रणाली जल्द ही अपने लिए पैसे देने लगती है। एक

टन रासायनिक उर्वरक के लिए एक बार में 3000 रुपए देने पड़ते थे। निर्मला की प्रणाली से किसानों को पहले ही साल में 8-9 टन उत्पादन होने की अपेक्षा होती है। शुरुआती निवेश से ही 4-7,000 रुपए का सीधा लाभ।

इन जाहिर फायदों के अतिरिक्त, बिक्री भी धीमी गति से आगे बढ़ती रहती है।

'पहले साल में, मैं 3 यूनिट ही बेच पाई, वो भी बड़ी मुश्किल से,' बड़ी सी मुस्कान के साथ वह बताती हैं। 'मेरा पूरे साल का टर्नओवर था 40 हजार रुपए।'

दूसरे साल में चीजें और भी बेहतर हुईं, जुबानी प्रचार से और भी ग्राहक आने लगे। लगभग 25 यूनिट बिकीं, जिनकी बदौलत सालाना आय थी करीब 5 लाख रुपए।

'और फिर से ऐसे ही बढ़ता गया।'

यद्यपि कंपनी के पास निर्मला के अतिरिक्त एक ही कर्मचारी था, और इस व्यवसाय में श्रम शक्ति की उतनी जरूरत भी नहीं थी।

इसमें इच्छाशक्ति और निर्भीकता की आवश्यकता थी। जिसकी निर्मला में कोई कमी नहीं थी।

2002 में, वे गिरीश के साथ व्यवसायिक दौरे पर दिल्ली गईं। एक सनक में निर्मला ने कृषि मंत्रालय जाने का फैसला किया। वह किसी जान-पहचान या मिलने का समय तय किए बगैर वहां गईं और वरिष्ठ आईएएस ऑफिसर, वंदना द्विवेदी से मुलाकात की।

'महिला हैं तो मैंने सोचा बात कर लेती हूं। मैंने उन्हें अपने उत्पाद के बारे में बताया और ये भी बताया कि मैं क्या करती हूं। बस उतना ही।'

तीन दिन बाद, निर्मला को एक सुखद आश्चर्य हुआ। निर्मला के काम की प्रशंसा में, वंदना द्विवेदी ने एक फैक्स भेजा। और उन्हें 14-27 नवंबर 2002 के बीच प्रगति मैदान में चलने वाले अंतर्राष्ट्रीय व्यापार मेले के एग्रीकल्चर पेवेलियन में मुफ्त में एक स्टॉल लगाने की पेशकश दी।

'मैं कभी प्रगति मैदान नहीं गई थी, कभी किसी प्रदर्शनी में भाग नहीं लिया था,' वह हंसती हैं।

लेकिन निर्मला ने मौके को दोनों हाथों से कसकर पकड़ लिया। वह अपनी बेटी नेहा और पति गिरीश के साथ अपने अनुभवों को समेटते हुए तैयारियों में जुट

'बायोगैस में एक अकेली महिला हूं। मुझे कहने में बहुत गर्व होता है कि पूरे भारत में कचरे से इलेक्ट्रीसिटी बनाने का काम किसी महिला ने नहीं किया है।'

गईं।

'बाद में, मैंने जाना कि अन्य कंपनियों ने वहां आने के लिए लाख रुपए से ज्यादा राशि अदा की है।'

प्रदर्शनी में भारत भर से आए लोगों ने बहुत से सवाल पूछे। विवाम एग्रोटेक सरकारी रडार पर आ गया था। ऑरगेनिक खेती वह विचार था, जिसका प्रचार करने की कोशिश सरकारी एजेंसी कर रही थीं, लिहाजा 2004 में किसानों को विवाम एग्रोटेक से वर्मिकम्पोस्ट सिस्टम खरीदने के लिए सब्सिडी मिलने लगी।

'इससे ग्राहकों के लिए इसकी कीमत 20,000 रुपए से 15,000 रुपए हो गई,' गिरीश समझाते हैं। 'सरकार ने हमें अंतर के 5000 रुपए अदा किए।'

विवाम को सहयोग देने का कारण इसकी वैज्ञानिक पद्धति थी। केंचुओं की प्रवृति फिसलने की होती है--जाली लगाने से इस समस्या का निदान किया गया। पानी ज्यादा होने की स्थिति में वे डूबकर मर भी जाते हैं, इसलिए पारंपरिक पद्धति में खाद का उत्पादन कम हो जाता था।

'विवाम की प्रणाली का एक और फायदा यह है कि इसके पास किसी को बैठे रहने की जरूरत नहीं है। इसे ऐसे बनाया गया है कि खड़े रहकर भी काम किया जा सके।'

ग्राहक के दर्द को समझने से उत्पाद अच्छे से बेहतर हो गया। और यह कामगार रहा।

जुबानी प्रचार आज भी विवाम के प्रचार का मुख्य माध्यम है। लेकिन गांव-गांव जाने की बजाय, निर्मला ने स्थानीय प्रदर्शनियों में भाग लेना शुरू कर दिया। जहां स्टॉल वाजिब कीमत पर उपलब्ध होते हैं। प्रदर्शनियों के लिए अक्सर गिरीश भी निर्मला के साथ सफर करते हैं, खासकर सप्ताहंत और छुट्टियों के समय।

'वहां पर क्या समस्या आती है, क्या नहीं... थोड़ा सा गाइड करने के लिए।'

शांत, अविरल नैतिक सहारा।

2004 में, गिरीश का तबादला वापस शहर के दफ्तर में हो गया। औरंगाबाद में, निर्मला के पास आसपास के बंगलों के मालिक पूछताछ के लिए आते हैं। क्या यह प्रणाली उनके बगीचे में भी कारगर है?

'क्यों नहीं!' निर्मला कहतीं।

उन्होंने वर्मिकम्पोस्टिंग सिस्टम में कुछ बदलाव किए, उसे कम आकार का बनाया।

'मैंने मॉडल में और बदलाव करके उसे इस लायक बनाया कि फ्लैट की खिड़की के पत्थर पर भी रखा जा सके,' वह बताती हैं।

शहरी बिक्री आधार लाइन में एक जिंदादिली लाई। 2005 तक, विवाम एग्रोटेक की सालाना आय 20 लाख रुपए होने लगी। कंपनी ने अब पांच जिम्मेदार आदमियों की भी भर्ती की, जिनका काम जगह-जगह यूनिट लगाना और ग्राहकों को प्रशिक्षण देना था।

बिजनेस और कर्मचारी बढ़ने का मतलब ज्यादा खर्चे भी था। पहली बार निर्मला ने बैंकों की तरफ रुख किया।

'हमने अपनी जमा पूंजी के 3 लाख रुपए इसमें निवेश किए थे और काम चल रहा था,' गिरीश कहते हैं। 'लेकिन अब हमें इसे अगले स्तर तक ले जाना था।'

अगले स्तर में काम के नए क्षेत्र भी शामिल हैं, जैसे म्यूनिसिपल अपशिष्ट निष्कासन प्रबंधन। गीले कचरे या रसोई के कचरे का सही इस्तेमाल।

'हमारे ध्यान में आया कि वर्मिकम्पोस्ट के साथ हम बायोगैस उत्पादन भी कर सकते हैं,' निर्मला ने बताया।

जबकि ग्रामीण क्षेत्रों में सामान्यतया गोबर गैस का इस्तेमाल होता है, तो रसोई के अपशिष्ट से बनी बायोगैस नई धारणा रहती। विवाम एग्रोटेक ने मिनी बायोगैस 'प्लांट' बनाया, जिसे छत पर भी लगाया जा सकता है--सिंटैक्स टंकी की तरह। प्रयोग की शुरुआत उसी इमारत से हुई जहां खुद निर्मला और गिरीश रहते हैं।

'हुआ ये कि कचरा डालने के लिए बहुत दूर जाना पड़ता था। तो सोसाइटी वालों के लिए ज्यादा आसान यह था कि छत पर जाओ और अपनी रसोई का कूड़ा बायोगैस यूनिट में डाल दो।'

फिर से, यह पारंपरिक पद्धति का अनुकूलन ही था। लेकिन कम आकार का और ज्यादा प्रभावशाली।

'हमारे घर में खाना बनाने वाली दूसरी कोई नहीं आती है। मैं ही बनाती हूं। तो जल्दी-जल्दी पूरा करके फिर 8-10 घंटे विवाम के काम में लगाती हूं।'

यकीनन, वह छोटी सोसाइटी थी तो बमुश्किल 2-3 किलो कूड़ा प्रतिदिन निकलता था। जिससे एक परिवार के उपयोग लायक गैस पैदा हो जाती थी। लेकिन बड़ी सोसाइटी में, ज्यादा लाभों की संभावना थी। विवाम इसका प्रचार दूसरी हाउसिंग सोसाइटी में भी करने लगा।

'आपको पता नहीं चलेगा कि बायोगैस है या एलपीजी। कोई बदबू नहीं आती,' निर्मला प्रसन्नता से बताती हैं।

बाद में, काम का पैमाना और क्षेत्र दोनों ही बढ़ने लगे। 2006 में, गिरीश ने नौकरी छोड़ने का फैसला लिया और इन उत्पादों के सलाहकार बन गए।

'मेरे पास अब ज्यादा समय था तो मैं विवाम के कामों में और व्यस्त हो गया।'

बायोगैस का विचार औरंगाबाद म्यूनिसिपल कॉर्पोरेशन को बहुत प्रभावशाली लगा। क्या इसे बड़े पैमाने पर लगाया जा सकता है? जवाब था हां, ऐसी कोई तकनीक होगी जिसे अपनाया जा सके। निर्मला और गिरीश भाभा एटोमिक रिसर्च सेंटर (बीएआरसी) आए, उस पवित्र मृगतृष्णा की तलाश में।

'बीएआरसी के पास तकनीक तो थी मगर वो लागू नहीं कर सकते थे,' उन्होंने बताया।

तिहरी साझेदारी जल्दी ही रंग लाई। बीएआरसी की आधी जानकारी का उपयोग करते हुए, विवाम ने कॉर्पोरेशन के सामने एक बायोगैस प्लांट लगाने की पेशकश रखी जो एक कॉलोनी को अपनी सेवा मुहैया कराता। एक कॉलोनी से प्रतिदिन 2-3 टन रसोई अपशिष्ट निकलता। इस अपशिष्ट को शहर से 20-25 किमी. बाहर ले जाकर जमा करके, समय को भी बचाया जा सकता है।

बायोगैस सहज और सुलभता से उपलब्ध समाधान था। विवाम का पहला बायोगेस प्लांट 2006 में चंदरपुर आया।

चंदरपुर की प्रणाली प्रतिदिन 1.5 टन अपशिष्ट का प्रयोग कर सकती थी। हालांकि समस्या यह थी कि निवासी अपना सूखा और गीला कूड़ा अलग एकत्रित

करने को तैयार नहीं थे।

'हमने फिर स्वयं सेवक समूह की मदद से कूड़े को अलग करने का काम करवाया।'

बायोगैस प्लांट के लिए जमीन एक महिला हॉस्टल के पास उपलब्ध करवाई गई। पूरी परियोजना का खर्च था 12 लाख रुपए, जिसमें प्लांट लगवाना और प्रशिक्षण देना भी शामिल था। कीमत म्यूनिसिपल कॉर्पोरेशन द्वारा दी गई।

इस तरह के बड़े-बड़े प्रोजेक्ट करने से विवाम की सालाना आय में उछाल आया। 2009 तक, कंपनी की सालाना आय 90 लाख रुपए थी।

'हमने विभिन्न निगमों के लिए 15 बड़े पैमाने के प्लांट लगवाए,' गिरीश ने कहा।

पुणे के कोंधवा में एक बड़े प्रोजेक्ट से 300 स्ट्रीटलाइट को बिजली सप्लाई होती है! महाराष्ट्र के रत्नागिरी जिले के चिपलुन गांव के पास भी विवाम ने बिजली उत्पादन का ऐसा ही प्रोजेक्ट लगाया है।

'बीएआरसी अध्यक्ष, अनिल काकोदकर ने खुद उसका मुहूर्त किया,' निर्मला गर्व से बताती हैं।

विवाम का अब 70 प्रतिशत व्यवसाय बायोगैस का ही है। अब निर्मला की टीम में 15 होशियार कर्मचारी हैं जो साइट पर जाकर काम और प्रशिक्षण देखते हैं, साथ ही प्रोडक्ट की रख-रखाव भी संभालते हैं। कर्मचारी अनुबंध आधारित हैं, जबकि मजदूरों को दिहाड़ी पर रखा जाता है।

वर्मिकम्पोस्ट बिजनेस में अभी भी बड़े कॉन्ट्रेक्ट मिलते हैं।

'यूरोपियन देश अपनी मांग में बहुत विशिष्ट हैं, वे रासायनिक खाद में विकसित हुए फल या सब्जी नहीं खाना चाहते,' गिरीश कहते हैं। 'तो हम एक्सपोर्ट के लिए भी यूनिट बनाते हैं, जो 100 टन प्रति महीने के हिसाब से खाद उत्पादन करते हैं।'

2006 में बड़े बेटे नीलेश ने अपनी बहन नेहा के साथ मिलकर इस व्यवसाय में काम करना शुरू किया। विवाम के अब बहुत से ऑफिस बन गए हैं--एक औरंगाबाद में, दूसरा पुणे में और तीसरा मुंबई में, जहां छोटा बेटा कैवल्य अभी पढ़ाई कर रहा है। उत्पादन का आधार अभी भी औरंगाबाद ही है।

विवाम अब कमीशन के आधार पर एजेंटों को नियुक्त करता है, ताकि वे 'स्वरूप' ब्रांड के अंतर्गत यूनिट का प्रचार और बिक्री कर सकें।

'स्वीमिंग करती हूं, ड्राइविंग करती हूं, योग करती हूं। मानसिक और शारीरिक तौर पर चुस्त रहती हूं तो बच्चे भी खुश रहते हैं।'

'मैं सोचता हूं कि भविष्य में जैविक खाद के लिए बड़ी मशीन लगानी पड़ेगी,' गिरीश बताते हैं। 'तब, हम प्रतिदिन सैकड़ों टन मिश्रित कूड़े का इस्तेमाल कर पाएंगे।'

हालांकि ऐसी परियोजनाओं के लिए बड़े पैमाने पर निवेश की आवश्यकता होती है। बैंक इसके लिए उतने उत्साही नहीं हैं। विवाम अभी स्टेट बैंक ऑफ इंडिया से मिली 15 लाख रुपए की ओवर ड्राफ्ट सीमा से ही काम चला रहा है, लेकिन यह भी औरंगाबाद के परिवार के रिहायशी फ्लैट के दम पर ही मिल पाया है।

'हमें काम के ऑर्डर के लिए ओवर ड्राफ्ट चाहिए,' निर्मला आह भरती हैं।

तब तक, जब भी जरूरत पड़ती है, विवाम अनौपचारिक स्रोतों से पैसे ले लेता है।

'जैसे अभी हाल ही में हमें पंडरपुर म्यूनिसिपल काउंसिल के लगभग 2.5 करोड़ के बड़े प्रोजेक्ट के लिए बोली लगानी पड़ी,' गिरीश कहते हैं। 'हमें प्राइवेट फाइनेंस से ही पैसा उठाना पड़ा।'

विवाम की आधारभूत जरूरत है कार्यशील पूंजी। व्यवसाय में मुनाफे का अंतर लगातार कम होते हुए 10-15 प्रतिशत तक आ गया है। भुगतान भी अक्सर देरी से होता है--सरकारी एजेंसियों के साथ काम करने में यह सिरदर्द बना ही रहता है।

एक और 'आवश्यक बुराई' है चाय-पानी।

'देना पड़ता है...' निर्मला सहमति जताती हैं।

हालांकि महिला को देखकर लोग सीधे मांगने में हिचकिचाते हैं, पर उनका रवैया फिर ढीला-ढाला हो जाता है, और वे ऑर्डर पास नहीं होने देते।

यद्यपि समग्र रूप से निर्मला इस व्यवसाय का भविष्य उज्ज्वल मानती हैं। पर्यावरणीय समस्या बढ़ने से इस ओर काफी लोगों का ध्यान आकर्षित हो रहा है, और अपशिष्ट प्रबंधन में अभूतपूर्व वृद्धि की संभावना है।

'दो-चार साल लग सकते हैं पर आगे स्कोप बहुत है,' निर्मला को उम्मीद है।

विवाम की वार्षिक आय अब लगभग 1 करोड़ रुपए है, जिसमें से मुनाफा

लगभग 12 लाख रुपए है। कंपनी ने हाल ही में डाबर की मातहत कंपनी, आयुर्वत के साथ अपने उत्पादों के प्रचार का करार किया है। और निर्मला अब इसे अपने प्रभुत्व वाली 'प्राइवेट लिमिटेड' कंपनी में बदल रही हैं।

यह एक गंभीर व्यवसाय, प्रोफेशनल व्यवसाय की निशानी है। जिसमें प्रतिभा की जरूरत होती है।

'श्री प्रसाद दहापुटे ने अभी हमारे साथ काम करना शुरू किया है। उन्हें फाइनेंस और पावर प्रोजेक्ट्स का काफी अनुभव है... तो अब मुझे भरोसा है कि हमारे सामने फाइनेंस की मुश्किलें नहीं आएंगी,' निर्मला मुस्कराकर कहती हैं।

अगली पीढ़ी अपने योग्य कंधों पर इस कंपनी को आगे ले जाने के लिए तैयार है। दरअसल, छोटा बेटा कैवल्य फाइनेंस में एमबीए कर रहा है, उन पहलुओं और प्रयोगात्मक तथ्यों को ध्यान में रखते हुए, जो उसने विवाम के जरिए समझे।

'उसने देखा है कि दस साल में मां की कितनी भाग-दौड़ हो रही है पैसे के लिए,' निर्मला कहती हैं।

यह कोई शिकायत न होकर बस एक तथ्य है। भाग-दौड़ ऐसी चीज है जिसे निर्मला अपनी जिंदगी के ही एक भाग के रूप में देखती हैं। आखिर जिंदगी की सारी जिम्मेदारी पूरी जो करनी है।

'सवेरे साढ़े चार बजे से रात ग्यारह बजे तक मैं खड़ी रहती हूं... करना पड़ता है, कोई बड़ी बात नहीं है।'

निर्मला के दिन की शुरुआत एक घंटा योग और प्राणायाम से होती है। फिर वे नाश्ता और दोपहर का खाना तैयार करने में जुट जाती हैं।

'दस बजे तक सब पूरा करके फिर बिजनेस का काम शुरू हो जाता था। मेरा ऑफिस हमेशा से घर में ही रहा है।'

बढ़िया है, लेकिन डाकिया, धोबी, आजू-बाजू वालों से कैसे बचा जाए। क्या वाकई में 'गृहिणी' के बटन को बंद कर पाना इतना आसान होता है?

'वो सही बात है मगर माहौल तो बनाना पड़ता है।'

जो काम निर्मला ने अपने लिए चुना उसमें सफर करना भी शमिल है। और उन्हें इससे कोई तकलीफ नहीं है।

'मेरे पास गाड़ी थी--ओमनी वैन। ख़ुद चलाकर मैं गांव-गांव जाती थी।'

कभी-कभी उन्हें लौटने में रात के ग्यारह बज जाते थे।

'इनका अच्छा सहयोग था। बच्चों ने भी खूब साथ दिया। वो कुछ तकरार करते ही नहीं थे। उनको ऐसा लगता था कि मम्मी जो कर रही है वो अच्छा कर रही है।'

'उस दिन मैं दो समय का खाना बनाकर चली जाती थी। बच्चे सो जाते थे!' उन्होंने सहजता से कहा।

और परिवार ने पूरा सहयोग दिया। कोई रूढ़िवादी भारतीय उम्मीदें नहीं की मेज पर गर्म-गर्म रोटियां ही परोसी जाएं। न ही घर-परिवार को अनदेखा करने की फालतू की किट-किट।

'हमारा आपसी तालमेल अच्छा था। मेरी सासुजी का भी और मेरी मम्मी का भी।'

गिरीश चुपके-चुपके मुस्कुरा रहे थे।

'साथ तो देना ही चाहिए। थोड़ी आर्थिक सहायता, तो थोड़ी घर में। नहीं तो आगे नहीं बढ़ पाएंगी।'

औसत भारतीय पति में यह समस्या आम होती है। बीवी की उपलब्धियां उसकी खुद की उपलब्धियों से ज्यादा...

'जब मैंने कमाना शुरू किया तो इनको अच्छा लगा। जब मेरा नाम हुआ इनको और अच्छा लगा।'

समझ और प्रोत्साहन लंबे सफर के साथी होते हैं। नीलेश के जन्म के बाद गिरीश ने ही उन्हें कार चलाना सीखने के लिए प्रोत्साहित किया। यह आगे भी देखने को मिला, जब उन्होंने एक पारिवारिक शादी को खुद संभालते हुए निर्मला को मुंबई जाने दिया। मुंबई में महिला उद्यमियों के सम्मान में पुरस्कार समारोह चल रहा था।

'रिश्तेदारों को थोड़ा बुरा लगा तो सही कि बाहर के प्रोग्राम को घर के प्रोग्राम से ज्यादा महत्व दे रही हूं।'

लेकिन जब वास्तव में निर्मला ने टीआईई की तरफ से *स्त्री शक्ति* पुरस्कार जीत लिया तो सब माफ कर दिया गया। और गिरीश ने बड़े गर्व से पत्नी को मिला एक लाख का चैक अपने सभी दोस्तों और परिवार को दिखाया।

'तीस साल में कभी झगड़ा भी नहीं हुआ है न... दोनों के बीच में,' कहते हुए

निर्मला शरमा जाती हैं।

मैंने गिरीश से पूछा कि सबसे पहले उन्हें निर्मला की किस बात ने आकर्षित किया कि उन्होंने उनके सामने शादी का प्रस्ताव रखा।

'इनका जो स्वभाव है, रख-रखाव है... बहुत अलग है। सबके लिए अच्छा करना चाहती हैं, सबको खुश रखना... और होशियार भी हैं। तो ये सब मुझे बहुत अच्छा लगा।'

निर्मला प्यार से उन्हें छेड़ती हैं, 'अच्छा हुआ आपने पूछा... इतने साल तो मुझे कभी नहीं बताया।'

हर बात को कहने की जरूरत नहीं होती।
जब उसे गहराई तक समझ लिया गया हो।
हर चीज के लिए संघर्ष नहीं करना पड़ता।
जब वह आपके दिल, दिमाग और चेतना में हो।

❋

महिला उद्यमी की सलाह

कुछ न कुछ करना चाहिए। सामाजिक कार्य करो या व्यवसाय करो, या घर से कुछ करो या पढ़ाई करो।

समय निकालना चाहिए और नौकरी भी करती हैं तो वह भी मन लगाकर करनी चाहिए।

आप शुरू कीजिए, काम अच्छा है तो साथ देने वाले लोग तैयार हो जाते हैं। ये मेरा खुद का अनुभव है।

अपने परिवार को समझाइए कि यह काम मेरे खुद का, एक का नहीं है, परिवार के लिए है।

हर एक महिला जब दिल लगाकर काम करती है तो सफल होती ही है। ये मेरा 100 प्रतिशत विश्वास है।

हम जब बच्चों के लिए काम करते हैं, अपने परिवार के लिए काम करते हैं तो कितने विश्वास से काम करते हैं। उसी तरह से व्यवसाय भी सच्चे दिल से करो। सिर्फ मुनाफे के लिए नहीं।

मेरे व्यवसाय में पहले पांच साल बिल्कुल ही मुनाफा नहीं हुआ। पैसा डालती गई डालती गई और बस यह देखती गई की प्रोडक्ट अच्छा है, लोगों का फायदा हो रहा है।

पैसा और नाम आता रहता है... वो तो हमारे काम के पीछे-पीछे आता है।

हम पंछी एक डाल के

रंजना नाइक
स्वान सूइट्स

रंजना ने अपने पति के काम को बढ़ाने के लिए कॉल सेंटर की शुरुआत की। लेकिन यह सुपर-सेल्सविमेन बाद में हॉस्पिटैलिटी के व्यवसाय में आईं और अब उनका सपना है कि *स्वान सुइट* को सर्विस अपार्टमेंट का 'ताज' बना दें।

एक महिला यह कर ही नहीं सकती। दुनिया की सोच महिलाओं के बारे में ऐसी ही है। वह घर से बाहर आकर अपनी प्रतिभा तो दिखा सकती हैं, लेकिन इसके साथ ही उन पर एक बोझ भी काबिज रहता। पछतावे का बोझ।

'क्या मैं अपने बच्चे को अनदेखा कर रही हूं?'

'कहीं मैं अपने पति को ही अनदेखा तो नहीं कर रही?'

'क्या सच में मैं अपने सपनों को सच कर पाऊंगी?'

रंजना नाइक एक पत्नी हैं, एक मां हैं और साथ ही कठोर व्यवसायी महिला भी हैं।

'मैं डिलीवरी के 40 दिनों बाद ही काम पर जा पहुंची, मुझे करना ही पड़ा। लेकिन वह मुझे बुरा नहीं लगा। मैंने पूरी तैयारी कर ली थी।'

रंजना स्पष्ट है, केंद्रित है और उनमें कोई लाग-लपेट नहीं है। वह बहुत महत्वाकांक्षी हैं और हमेशा आगे बढ़ाना चाहती हैं। कंपनी को भी और खुद को भी।

मेल-जोल बढ़ाना, अध्ययन, निरीक्षण करना और यहां तक की कोर्स भी करना। आईएसबी का *10,000 महिला उद्यमी* प्रोग्राम उनके लिए काफी मददगार रहा।

'फाइनेंस मेरे लिए बहुत मुश्किल था--नंबर मेरी आंखों के सामने डांस किया करते थे,' वह याद करती हैं।

अब वह बैलेंस शीट, नफा-नुकसान, बैंक और संस्थानों से पैसा उठाने के विवरण को घोटकर पी चुकी हैं। और मैं अपने आपसे पूछती हूं--क्यों हममें से ज्यादा लोग ऐसा नहीं कर पाते? हम एक दूसरे को सहयोग, प्रोत्साहन और प्रेरणा क्यों नहीं दे सकते? जिससे हम ज्यादा से ज्यादा सीखें, समझें और विश्वास कर पाएं।

निश्चिंत, दोष मुक्त और आलीशान जीवन जी पाएं।

हम कर सकते हैं, हमें करना है और हम करेंगे।

हम पंछी एक डाल के

रंजना नाइक
स्वान सूइट्स

'मेरी मां स्कूल टीचर थीं और पिता आईडीपीएल में कार्यरत थे। आईडीपीएल निजी क्षेत्र की फार्मा कंपनी है। मेरे परिवार में ज्यादातर डॉक्टर और इंजीनियर हैं।'

डटकर पढ़ाई और अच्छा प्रदर्शन रंजना ने उम्मीद के मुताबिक ही किया। लेकिन, जिंदगी ने उनके लिए कुछ और ही सोच रखा था।

'मैं हमेशा बिजनेस परिवारों से आए अपने दोस्तों को पसंद करती थी। दरअसल, मैं तो चाहती थी कि 10वीं में ही अपनी पढ़ाई छोड़कर खुद का बिजनेस शुरू करूं!'

बेशक उनके पिता ने उन्हें यह नहीं करने दिया।

'फिर मैंने कहा, ठीक है, 12वीं के बाद मैं रेग्युलर कॉलेज नहीं जाऊंगी, कोई बिजनेस शुरू कर लूंगी।'

अंततः रंजना ने वनिथा महाविद्यालय में माइक्रोबायोलोजी में बीएससी में दाखिला ले ही लिया। लेकिन, अंतिम वर्ष में आते-आते, एक बार फिर से उन पर बिजनेस का भूत सवार होने लगा।

'मेरी पब्लिक रिलेशन में बहुत दिलचस्पी थी, तो मैंने भारतीय विद्या भवन से कोर्स किया। और मैंने अपनी फर्म शुरू करने के बारे में भी सोचा।'

रंजना ने दोस्तों के साथ मिलकर एक समूह बनाया, बहुत सी बातों पर चर्चा हुई। लेकिन कुछ बात नहीं बनी।

'हमने तुरंत ही कपड़ों का बिजनेस शुरू करने का सोचा।'

इस बार, उन्होंने कपड़ा खरीदा, उसे रंगवाया, सिलवाया। यहां तक की उसकी एग्जीबिशन लगाने की तारीख भी तय की। लेकिन जैसे उनकी स्नातक पूरी हुई, समूह बिखरने लगा। कुछ को नौकरी मिल गई, कुछ की शादी हो गई।

'हमने जो बनाया था उसे अपने ही दोस्तों में बेच दिया और इस तरह से हमारा बिजनेस वहीं खत्म हो गया!'

रंजना के सामने सवाल था--अब मैं क्या करूं? यद्यपि उनका दिल उन्हें व्यवसाय की तरफ ही खींच रहा था, पर उन्होंने सेल्स जॉब करने का फैसला लिया।

'मैंने सोचा इससे मुझे वास्तविक दुनिया को और समझने का मौका मिलेगा।'

'एपेक्स इंस्टीट्यूट ऑफ प्रोफेशनल सेलिंग' की नौकरी थी--इसमें 'हाउ टू सेल' प्रोग्राम भी शामिल था। ज्यादातर कार्यकर्ता कॉलेज जाते, कंपनियों में जाते और वहीं काम करने लगते। रंजना को काम में मजा आ रहा था, तो वह वहीं काम करती रहीं और दो साल में उनकी प्रोन्नति करके उन्हें 'सेंटर हैड' बना दिया गया।

'मैं थोड़ी आक्रामक किस्म की थी,' रंजना ने बताया। 'अगर टारगेट हो कि 50 लोगों से बात करनी है तो मैं अपना टारगेट 150-200 रखा करती थी।'

इस तरीके से उनका काम अपनी पहचान छोड़ता गया।

उसी दौरान, रंजना अपने होने वाले पति, नितिन से मिलीं। वह उनके भाई के साथ काम करते थे। साथ ही साथ, वह हाल ही में नौकरी छोड़कर स्टेंडर्ड चार्टर्ड बैंक के डायरेक्ट सेल्स एसोसिएट बने थे। उनका काम था बैंक के लिए क्रेडिट कार्ड के ग्राहक बनवाना, अपने दम पर।

'मैं तो बहुत ही रोमांचित थी! मुझे याद है कि मैं उनके साथ काम करने की भीख मांग रही थी, ताकि मैं समझ सकूं कि बिजनेस कैसे करते हैं।'

हालांकि यह तो नहीं हो सका, पर जो हुआ वह था एक-दूसरे से शादी का फैसला। 1997 में--24 साल की उम्र में--रंजना और नितिन शादी के बंधन में बंध गए। लेकिन, रंजना ने नौकरी करना जारी रखा।

'मेरे पति उनके साथ मेरे काम को लेकर सहज नहीं थे। उन्होंने कहा--तुममें पब्लिक रिलेशन की समझ है, जिसमें तुमने काम करना शुरू किया था। तुम्हें यही करना चाहिए।'

वास्तव में, रंजना के ससुर ने भी उन्हें अपना काम शुरू करने के लिए प्रोत्साहित किया। इतने बेशकीमती समर्थन के बाद भी कुछ चीज रंजना को रोक रही

थी।

'मैं अभी भी सोच रही थी... देखते हैं, क्या कर सकते हैं।'

इस बीच रंजना ने कंपनी बदली--पहले एनआईआईटी गईं, फिर पेंटाफॉर। काम वही था--सेल्स और मैनेजमेंट की सेंटर हैड। लेकिन कई प्रमोशन और अवसर उनके पास आए। इसके साथ पेंटाफॉर के हैदराबाद सेंटर से रंजना उसके आंध्र प्रदेश के ग्राहकों को भी संभाल रही थीं।

'मुझे मलेशिया में नई ब्रांच खोलने का मौका भी मिला... लेकिन मैंने मना कर दिया। मैं हैदराबाद में ही रहना चाहती थी, मेरे पति का काम भी यहीं पर था। मैं उन्हें छोड़कर नहीं जा सकती थी।'

इस दौरान, नितिन को कई चुनौतियों का सामना करना पड़ रहा था। अब तक का जो काम था, उसमें गली दर गली भटकना था--लोकप्रिय शॉपिंग एरिया में जाना, लोगों को रोक-रोककर फॉर्म भरवाना। इससे ग्राहक तो मिलते थे, लेकिन इसमें मेहनत भी बहुत थी। डीएसए बिजनेस को बढ़ाने का कोई इससे बेहतर तरीका तो होगा?

'हमने सोच विचार किया कि ज्यादा से ज्यादा ग्राहक कैसे बनाएं जाएं। एक ख्याल जो निकलकर आया वह था टेलीमार्केटिंग।'

उस समय नितिन बैंगलोर गया अपने डीलर से मिलने और सीखने कि कॉल सेंटर कैसे डीएसए के लिए काम करते हैं।

वह वापस आया और रंजना से बोला, 'अपना कॉल सेंटर शुरू करते हैं। तुम सेल्स बैकग्राउंड से हो, तो इसे तुम ही संभाल लेना।'

रंजना ने तुरंत ही नौकरी छोड़कर इसमें छलांग लगा दी। हालांकि यह नितिन के बिजनेस का ही हिस्सा था, लेकिन इसका अलग सेटअप था, अलग जगह पर।

'हमने पंजागट्टा में एक अपार्टमेंट किराये पर लिया और स्वान फिनमार्ट की शुरुआत की। देखा जाए तो, उस समय, इस प्रकार का बिजनेस शुरू करने के लिए बहुत ज्यादा पैसों की जरूरत नहीं थी--बस कुछ स्टाफ और टेलीफोन लाइन।

दंपत्ति ने अपने पैसे ही लगाए, इस विश्वास के साथ कि वे जल्दी ही दोबारा

'मैं या तो नौकरी करती या घर बैठकर अपना बिजनेस। मैं बस ऐसे ही घर पर खाली नहीं बैठ सकती थी।'

'इसके लिए प्रचार की जरूरत थी... बहुत सा प्रचार। जब मैं बिस्तर पर थी, तो मुझे बहुत बुरा लग रहा था कि इस समय मेरा काम था अलग-अलग कंपनियों से मिलना, जो जरूरी भी था।'

कमा लेंगे। और रंजना इसे सुनिश्चित करने के लिए अपना पूरा सामर्थ्य लगा रही थीं। बड़ी चुनौती थी--भावी क्रेडिट कार्ड कस्टमर का डाटा इकट्ठा करना।

साल 2000 वह समय था जब *शॉपर्स स्टॉप* और *लाइफ स्टाइल* जैसे रिटेल चेन अपने स्टोर खोल रहे थे। रंजना ने उनसे मुलाकात की, और वे सकारात्मक थे।

'हमारे पास कस्टमर डाटा है लेकिन वह कागजों पर है--क्या तुम उसे हमारे लिए डिजिटाइज कर सकती हो?'

काम मेहनत भरा था, गधा पचीसी का पर रंजना राजी हो गईं।

'मुझे याद है कि हम बैग और सूटकेस में भर-भरकर डाटा अपने ऑफिस में लाते थे। लेकिन इस तरह से हमारे पास लगभग 25,000 लोगों की जानकारी एकत्र हो गई थी।'

एक तीर से दो शिकार।

रंजना ने डाटा-एंट्री ऑपरेटर को डिजिटाइजेशन का काम सौंप दिया। टेलीमार्केटिंग टीम इस ब्योरे का इस्तेमाल करके संभावी ग्राहकों को क्रेडिट कार्ड बेचने लगी। लेकिन सिर्फ बेदम कॉल करके बेस्ट की कामना करना ही उनका लक्ष्य नहीं था। उनका तरीका जुनून और जोश से भरा था।

'भुगतान स्वीकृत कार्ड एप्लीकेशन के आधार पर होना था। तो हम बहुत बारीकी से हर कस्टमर के ब्योरे पर चर्चा करते कि कहां से ज्यादा से ज्यादा *हां* की संभावना है।'

रंजना ने बैंक से उन कस्टमर का डाटा मांगने की विनती की, जिन्हें क्रेडिट कार्ड मिल चुका था। उसे अपने डाटा से मिलाकर जल्द ही एक आकार उभरने लगा। उदाहरण के लिए, वे सॉफ्टवेयर कंपनी के कर्मचारी थे, जो जल्द ही क्रेडिट कार्ड ले लेते थे।

'हर एप्लीकेशन को आगे भेजने से पहले हम उसकी बैंक की सभी मापदंडों के आधार पर जांच करते थे फिर वो चाहे उम्र हो, आय, उसकी कंपनी या और

भी कुछ।'

जल्द ही स्वान फिनमार्ट के स्वीकृत फॉर्मों का प्रतिशत बढ़ने लगा। जिसका मतलब मोटा कमीशन था।

'उस साल हमने स्टैंडर्ड चार्टर्ड डीएसए नेटवर्क से सबसे ज्यादा कार्ड बनवाए थे।'

स्वान फिनमार्ट तेजी से बढ़ने लगा। 2004 तक कंपनी का ऑफिस 2000 वर्गफीट में फैल गया था और इसके 50 कर्मचारी थे। 35 महिलाकर्मी टेलीकॉलिंग के लिए और 15 पुरुषकर्मी डॉक्यूमेंट्स और साइन लाने के लिए। सालाना आय 1 करोड़ रुपए थी, और औसतन हर महीने 1500-2000 एप्लीकेशन बैंक से पास हो जाती थीं।

फिर चीजें बदलना शुरू हुईं। बैंक ने अपनी नीतियों और कमीशन के प्रारूप में बदलाव करके काम को कम मुनाफेवाला बना दिया। और दूसरी तरफ कीमतें बढ़ रही थीं।

'जीई ने हैदराबाद में एक कॉल सेंटर की स्थापना की--वे हमारी अपेक्षा तीन गुणा ज्यादा वेतन अदा कर रहे थे। तो, हमने कई बेहतरीन लोगों को खो दिया।'

किसी तरह एक साल तक रंजना ने बिजनेस की बागडोर थामें रखी, लेकिन वह लगातार कम होता जा रहा था। आखरी रास्ता था कि बिजनेस को जीई के स्तर तक ले जाया जा सके। लेकिन इसमें निवेश और जोखिम बहुत ज्यादा था। तब उन लोगों ने कुछ और बिजनेस करने का निर्णय लिया।

एक दोस्त ने बंगलौर में सर्विस अपार्टमेंट का काम शुरू किया था, और वह अच्छा चल रहा था।

'तुम ऐसा ही कुछ हैदराबाद में क्यों नहीं करतीं?' उसने कहा।

वास्तव में, उसने एक उदार प्रस्ताव भी रखा।

'पार्टनरशिप में बिजनेस शुरू करते हैं। अगर चला तो, मेरे साथ काम चालू

'ईशानी ने कभी मुझसे कोई शिकायत नहीं की, शायद इसलिए मैंने भी खुद को कभी दोषी नहीं माना। तो मैं कह सकती हूं कि वह बहुत मिलनसार है।'

'अगर आपके मां-बाप कामकाजी हों तो उसकी भी एक बढ़त आपको मिलती है—मैं एक संयुक्त परिवार में अपने दादा-दादी के पास पली बढ़ी हूं। इससे मुझमें आत्मनिर्भरता आई।'

रखना, नहीं तो तुम अपने रास्ते मैं अपने रास्ते।'

साझेदारी के काम में कुछ दम तो था। बंगलौर की टीम ग्राहकों को लेकर आती, जबकि रंजना हैदराबाद में ग्राउंड ऑपरेशन संभालतीं। वास्तव में कंपनी ने नई ब्रांच खोलने में मदद के लिए एक 'रेजिडेंट मैनेजर' को भेजा।

'मैंने उससे बहुत कुछ सीखा--अपार्टमेंट लेना, उन्हें सजाकर उनका रखरखाव देखना, और भी बहुत कुछ।'

सर्विस अपार्टमेंट बिजनेस में पैसे की बहुत जरूरत होती है। आपके पास अच्छी-खासी पूंजी होनी चाहिए और 1 लाख रुपए प्रति कमरे* के हिसाब से साज-सज्जा में निवेश। काम शुरू करने के लिए कम से कम 20 कमरे तैयार होने चाहिए। फिर महीने का किराया और स्टाफ खर्च। दोनों साझेदारों ने बराबर पूंजी लगाई--लगभग 23 लाख रुपए।

'हमने शुरुआत एक अच्छे कॉम्प्लेक्स से की जिसमें स्वीमिंग पूल और ऐसी ही अन्य सुविधाएं भी थीं। हैदराबाद में इस तरह के कॉम्प्लेक्स तब बनना शुरू ही हुए थे।'

पहले छह महीने अच्छे गुजरे, हमारे 80 प्रतिशत कमरे भरे हुए थे। जब लगने लगा कि अब सब ठीक चलने वाला है, अचानक ही हैदराबाद में बिजनेस कम होने लगा। साझेदारों की राह अलग हो गई और बाद में बहुत सा विश्लेषण हुआ।

'हमसे कहां गलती हुई?'

मार्केट का सर्वे करने के बाद, रंजना को महसूस हुआ कि हैदराबाद की मार्केट को रियल स्टेट वाले दबा रहे हैं। ये एजेंट खाली अपार्टमेंट को कम से कम खर्च पर सजाते हैं और फिर उनका इस्तेमाल 'गेस्टहाउस' की तरह करते हैं। और वे 'प्रतिदिन' के हिसाब से पैसे नहीं लेते बल्कि 'महीने' के हिसाब से लेते हैं। और सिर्फ कमरा नहीं बल्कि तीन बेडरूम वाला अपार्टमेंट होता है।

* अब प्रति कमरे की साज-सज्जा 1.5 लाख रुपए है।

'मुझे लगा कि हैदराबाद की मार्केट बंगलौर की मार्केट से अलग है। हमें बंगलौर के ऑफिस पर ही निर्भर न रहकर हैदराबाद में कुछ प्रचार करना चाहिए था।'

हर व्यवसाय में कठिन समय आता है। जब साझेदार अलग हुए तो रंजना ने हैदराबाद में अपार्टमेंट किराये पर लेकर उन्हें संवारने का काम जारी रखा। लेकिन उनका ज्यादा किराया और उनमें रहने के लिए कम लोग मिल पाने के कारण व्यवसाय में घाटा होता रहा। इसी के साथ टेलीमार्केटिंग का व्यवसाय भी कठिनाइयों से गुजर रहा था।

'हम अपने लक्ष्य को पूरा नहीं कर पा रहे थे, तो हमने अपनी टीम के साथ बैठकर चर्चा की।'

फिर, जिंदगी की एक और चुनौती ने दस्तक दी। सात साल की शादी में रंजना पहली बार मां बनने वाली थीं और यह प्रेग्नेंसी बहुत कठिनाई भरी थी।

'चूंकि मैं हाई ब्लडप्रेशर की मरीज थी, तो डॉक्टर ने मुझे 3 महीने बिस्तर पर आराम करने का निर्देश दिया। लेकिन उस दौरान भी मैंने फोन से काम करना जारी रखा।'

इस समय के दौरान, रंजना का मुख्य लक्ष्य था कम किराये वाली जगहों को अपने पास सुरक्षित करना। कमरों के इन नए सेटों को पुराने सामान के साथ सजाया जाने वाला था। सफाईकर्मी और सर्विस स्टाफ पर भी हमेशा नजर बनाए रखनी पड़ती थी।

'बेटी के जन्म के ठीक 40 दिन बाद मैं काम पर पहुंच गई थी, लेकिन हमारे हाथों से जरूरी छह महीने फिसल चुके थे।'

पर देखा जाए तो, अब उनके पास 50 प्रतिशत ग्राहक थे। रंजना जानती थी कि अगर उसे 70 प्रतिशत ग्राहक मिल जाएं तो वह इस काम से कुछ समय के लिए ब्रेक ले सकती थी। लेकिन ऐसे ही छोड़ देना सही विकल्प नहीं था--वह इस व्यवसाय में पहले ही लगभग 25 लाख रुपए का निवेश कर चुकी थीं।

'मैंने बहुत से नुकसान झेले हैं,' रंजना मुस्कुराती हैं। 'फिर भी, मैं मानती थी कि यह बस समय का फेर है, जल्दी ही बिजनेस में उछाल आ जाएगा!'

एक सर्विस अपार्टमेंट की शोहरत संपत्ति की लोकेशन और उसमें उपलब्ध सेवाओं के दम पर होती है। एक गेस्ट की जरूरतों को पूरा करने के लिए, एक सुपरवाइजर, दो रसोइए, साफ-सफाई का स्टाफ, रूम सर्विस के लिए--शिफ्ट में काम

'शुरुआत में मुझे संदेह होता था--क्या मैं सही कर रही हूं, क्या यह सही काम है? आईएसबी प्रोग्राम के बाद मैं और भी ज्यादा विश्वस्त हो गई।'

कर सकने वाले 8-10 लोगों की टीम, की जरूरत होती है।

'मैं खुशकिस्मत थी कि साझेदारी के दिनों वाला सुपरवाइजर ही दोबारा मेरे साथ काम करने लगा। दीपेन बहुत मेहनती और वफादार था, वह रसोइए का काम भी कर लेता था!'

रंजना नौकरानी के मामले में भी खुशकिस्मत रहीं, वह उनकी पूरी मदद किया करती थी। प्रेग्नंट होने पर उन्होंने फुल-टाइम मेड रख ली और उसे पूरी तरह से प्रशिक्षण देते हुए सारी जिम्मेदारी सौंप दी।

'मेरी सास भी हमारे साथ रहती थीं, लेकिन उन्हें समय-समय पर हमारे पुश्तैनी घर या फिर ऑस्ट्रेलिया जाना पड़ता था, जहां मेरे जेठ रहते हैं। मैं उन्हें बांधकर नहीं बैठा सकती थी।'

एक उद्यमी मॉम 6 महीने की मैटरनिटी लीव नहीं ले सकती। लेकिन बच्चे के लिए वह पूरे करियर में रोज थोड़ा-थोड़ा समय निकाल सकती है। रंजना बच्चे के सोने और खाने के समय अपने काम को बाहर ही छोड़ देती थीं।

'मैं अक्सर अपने स्टाफ के पास अचानक पहुंचकर उन्हें चौकन्ना रखती थी। लेकिन ज्यादा काम ऑनलाइन या फोन से ही होता था।'

एक कामकाजी मां 24 घंटे अपने बच्चे के साथ उसकी हर जरूरत को पूरा करने के लिए नहीं रह सकती। क्या कभी इसका अफसोस होता है--उन शुरुआती सालों को गवां देने का?

'मैंने कभी उसके व्यवहार में कुछ असामान्य बदलाव नहीं देखे कि वह मुझे याद कर रही है या मुझसे ज्यादा ही चिपक रही है... मुझे लगता है कि वह इसके प्रति सहज है, तो मैं कह सकती हूं कि वह बहुत सपोर्टिव है!'

इन सब सहयोगों के साथ, रंजना आगे बढ़ती गईं। इस बिजनेस का मूलमंत्र था, बेहतर दाम और ज्यादा ग्राहक। कुछ ऐसे ग्राहकों से करार जो कमरे तिमाही या सालाना आधार पर ले लें। लेकिन कॉरपोरेट डील अभी तक उनके हाथ नहीं आ

पा रही थी।

'मुझे लगा कि ऐसे सौदे हासिल करने के लिए हमें एचआर मैनेजर्स के हाथ गर्म करने चाहिए।'

रंजना को कुछ समझ नहीं आ रहा था कि ऐसे मामलों से कैसे निबटा जाए। हाल के लिए, उन्होंने अपना ध्यान फुटकर ग्राहकों पर ही केंद्रित रखा। लेकिन इन अलग-अलग ग्राहकों तक भी कैसे पकड़ बनाए रखी जाए?

'मैंने इवेंट मैनेजर से करार करने का निर्णय लिया। वे मेरे पास ऐसे लोगों को 3-4 दिन के लिए भेज देते थे, जो या तो एग्जीबिशन के सिलसिले में या ट्रेनिंग के लिए आते थे।'

इसके अलावा, फुटकर ग्राहक अपना भुगतान नकद में करते थे, जबकि कॉरपोरेट वाले 45 दिन (या ज्यादा भी) की उधारी की अपेक्षा करते थे। छोटी कंपनी के लिए, पैसों के पीछे भागना और भी मुश्किल होता है।

'जब आप पैसे की दिक्कतें झेलते हैं तो सोचते हैं कि यह बिजनेस सही है भी या नहीं... एक तरह से तो फुटकर ग्राहक ही सही होते हैं।'

इस तरह, धीरे-धीरे कंपनी बढ़ने लगी। इस बीच, दो कॉरपोरेट सौदे भी उनकी झोली में आ गिरे और उनके पास 85 प्रतिशत तक ग्राहक हो गए। रंजना ने इसे बढ़ाने का फैसला किया और 2008 तक, स्वान सुइट्स के पास 28 कमरे देने के लिए थे। फिर भी, रंजना खुद को अकेला और असमंजस में पाती थीं।

'मुझे लगता था कि न तो मैं बिजनेस परिवार से हूं और न ही मेरे पास बिजनेस की कोई औपचारिक शिक्षा है। तो, क्या मैं सब सही और सही तरीके से कर भी पा रही हूं?'

रंजना ने उद्यमियों के संपर्क में आने के लिए कई गूगल समूहों में भी खुद को रजिस्टर कराया। क्योंकि जो लोग समान राह पर चल रहे हो उनसे बहुत कुछ जाना और समझा जा सकता है। एक दोस्त की सलाह पर रंजना ने आईएसबी हैदराबाद के '10,000 महिला उद्यमी' के प्रोग्राम में आवेदन भरा। और उन्हें उसमें दाखिला मिल गया।

'मैंने इस मौके का फायदा उठाते हुए जितना हो सकता था खुद को सीखने में झोंक दिया!'

प्रोग्राम में बहुत सी थ्योरी भी थी, लेकिन ज्यादा जोर प्रयोगात्मक शिक्षा पर

ही था। रंजना के लिए सबसे ज्यादा महत्वपूर्ण यह सीखना था कि 'समझौता वार्ता कैसे की जाए'।

'हमारे प्रोफेसर बहुत ही बढ़िया थे, जो हमें अलग-अलग भूमिका देकर समझाते थे। तो, मैं समझ पाई कि सामने वाला व्यक्ति कैसे सोचता है और किसी भी समझौते से पहले खुद को कैसे तैयार करना चाहिए।'

रंजना ने कक्षा में सीखे ज्ञान का इस्तेमाल अपनी 'ड्रीम प्रॉपर्टी' को सुरक्षित करने में किया। एक ऊंची इमारत, जो पहले दूसरी सर्विस अपार्टमेंट कंपनियों के पास थी। पर रंजना की नजर हमेशा से उस पर थी।

'मैं जानती थी कि अच्छे ग्राहक पाने के लिए अच्छी जमीन का होना भी जरूरी है। तो मैं हर हफ्ते *डेक्कन क्रॉनिकल* के विज्ञापन देखा करती थी।'

एक दिन रंजना की नजर एक विज्ञापन पर पड़ीः 'सर्विस अपार्टमेंट करार' बिक्री हेतु। यह उसी बिल्डिंग में से था जो रंजना की चुनिंदा सूची में शामिल थी।

'जब मैंने फोन किया तो, सर्विस अपार्टमेंट कंपनी ने काफी भारी रकम मांगी--एक करोड़ रुपए डिपोजिट और 30 कमरों के लिए हर महीने 40 लाख रुपए।'

जानते हुए भी कि यह रकम बहुत ज्यादा थी, रंजना ने कंपनी मालिक से खुद बात करने का फैसला लिया। उन्होंने खुलासा किया कि अगले महीनों में सर्विस अपार्टमेंट कंपनी वह जगह खाली करने वाली है। ज्यादा किराये की वजह से बिजनेस में घाटा हो रहा था।

'दूसरी कंपनियां प्रत्येक अपार्टमेंट के लिए 70,000 रुपए दे रही थीं, जबकि वे 35,000 ही दे रहे थे। तो मुझे अपने कदम वापस रोकने पड़े।'

सौदा आखिरकार 40,000 प्रति अपार्टमेंट पर पूरा हुआ।

मार्केट रिसर्च भी ऐसा क्षेत्र था जिसमें रंजना कभी सहज नहीं थीं।

'पहले मैं अपने ग्राहकों से बचा करती थी, ये सोचकर कि वह मुझे कोई शिकायत या परेशानी बताएंगे,' रंजना हंसकर कहती हैं।

आईएसबी में, रंजना ने जाना की मार्केट के बारे में ज्यादा से ज्यादा ग्राहकों से बात करके ही जाना जा सकता है--वो भी साल में एक बार नहीं, पर लगातार। क्योंकि ऐसे ही आप बढ़ोगे, सीखोगे और सुधारोगे।

और आखिरकार, रंजना ने अपनी सबसे बड़ी कमजोरी पर काबू पा लिया--फाइनेंस। बिजनेस से जुड़ी बहुत सी अन्य महिलाओं की तरह ही, वह भी

हिसाब-किताब में कच्ची थीं।

'नंबर मेरी आंखों के सामने डांस किया करते थे,' वह याद करके बताती हैं।

आईएसबी के कार्यक्रम से पहले रंजना अपनी कंपनी का अकाउंट संभालने के लिए नितिन पर निर्भर रहती थीं। अब वह इस विषय में काफी समझ गई हैं।

'सर्विस इंडस्ट्री वालों को, बैंक या अन्य संस्थानों से पैसा मिलने में काफी दिक्कतें पेश आती हैं। लेकिन मैंने सीखा कि कैसे बहीखातों को संभालकर रखा जाए, और उनमें आवश्यक वैधानिक जानकारी को कैसे भरा जाए।'

आज रंजना अपनी कामकाजी पूंजी का हिसाब-किताब संभाल सकती हैं। बैंक जाकर अपना ओवर ड्राफ्ट ले सकती हैं।

'वास्तव में, अब तो फाइनेंस के कुछ क्षेत्रों में तो मैं नितिन से भी ज्यादा जानती हूं!'

इस दौरान, एक बार फिर से नितिन के काम में दिक्कतें आईं। 2006 में, स्टैंडर्ड चार्टर्ड ने क्रेडिट कार्ड के बिजनेस को और पेचिदा बना दिया, तो नितिन ने बार्कले के लिए काम करना शुरू कर दिया। हालांकि बार्कले की कई बड़ी योजनाएं थीं, लेकिन सितंबर 2008 में, आर्थिक मंदी के प्रभाव के कारण उसे अपने कदम वापस खींचते हुए योजनाएं निलंबित करनी पड़ीं।

'देखा जाए तो, बिजनेस में बाहरी तथ्य बहुत मायने रखते हैं। तो इस बार उसने इसे छोड़ने का मन बना लिया।'

फरवरी 2009 में, नितिन अपने मार्केटिंग बिजनेस को छोड़कर औपचारिक रूप से स्वान सुइट्स से आ जुड़े। उन्होंने 100 प्रतिशत जमीनी काम संभाल लिए, जबकि रंजना ने अपना ध्यान मार्केटिंग पर केंद्रित किया। जिसकी बिजनेस की तरक्की और प्रसार में बहुत जरूरत थी।

'नितिन के जॉइन करने से पहले, बहुत सी गड़बड़ियां थीं--मेरे लिए हर चीज पर नजर बनाए रखना मुश्किल था। इसके अलावा, हमें पता था कि अभी बहुत सी और संभावनाएं हैं जिनका हम फायदा उठा सकते हैं।'

इस बात को अब तीन साल गुजर चुके हैं। स्वान सुइट्स अब 24 कमरों से बढ़कर 125 कमरों का हो गया है। ज्यादातर पैसा निजी संग्रह से है और एक दोस्त ने भी इसमें छोटा सा निवेश किया है। लेकिन कुछ भी कहो यह रंजना और नितिन की संयुक्त ऊर्जा है। अतिरिक्त प्रबंधन और टीमवर्क ने मिलकर इस बिजनेस को

बढ़ाया है।

लेकिन क्या साथ काम करना इतना आरामदायक हो पाता है?

'अगर आपके रोल अलग-अलग हैं तो कोई दिक्कत नहीं है। लेकिन कभी-कभी कुछ मतभेद तो हो ही जाते हैं,' वह सहमति जताती हैं।

हर कोई सामने वाले को हठी मानता है। 'अगर सेल्स (मेरे क्षेत्र) से कोई सुझाव ऑपरेशन (नितिन का क्षेत्र) को दिए जाएं, तो हमेशा ही विरोध होता है। और इसके विपरीत क्रम में भी ऐसा ही होता है।'

लेकिन आपस में विचार-विमर्श करके ही किसी निर्णय तक पहुंचा जाता है। जो भी कंपनी के हित में हो।

स्वान सुइट्स के पास अब 46 स्टाफ कर्मचारी और एक वरिष्ठ प्रबंधन टीम है, जिसमें एक जनरल मैनेजर भी है। निकट भविष्य में रंजना कंपनी का विस्तार हैदराबाद के बाहर भी देख रही हैं। बजट दर बजट हॉस्पिटैलिटी व्यवसाय 70 प्रतिशत की दर से बढ़ रहा है, स्कोप काफी अच्छा है।

'चाइना में 'ब्रांडेड सर्विस अपार्टमेंट' का प्रचलन है। मुझे लगता है भारत में भी ऐसा होना चाहिए।'

स्वान सुइट्स को सर्विस अपार्टमेंट का 'ताज' बनाने का सपना है। बिजनेस के सिलसिले में सफर करने वालों की पहली पसंद बनाना।

'सर्च रिपोर्ट के अनुसार हर महीने 6000 लोग गूगल पर स्वान सुइट्स को सर्च करते हैं। अब हमें इसे भारत के और शहरों में भी चालू करना चाहिए।'

इस सबके बीच, एक परिवार के रूप में साथ बिताने का समय कब मिलता है? रंजना अब नियत समय पर चल रही हैं। वह सुबह 8.30 बजे ऑफिस पहुंचती हैं और 4.30 बजे वापस चली जाती हैं।

'ईशानी अब 6 साल की हो गई है और अब ज्यादा समय चाहती है। मैं चाहती हूं कि ज्यादा से ज्यादा समय उसके और उसकी पढ़ाई के साथ बिताऊं।'

नितिन के साथ घर पर ऑफिस की कम से कम बात करती हूं। फिर भी देर रात तक फोन और ई-मेल आते ही रहते हैं।

'मैं अपने काम से प्यार करती हूं... ये सब तो चलता ही रहता है,' वह मुस्कुराती हैं।

प्यार हर इंसान में फूल की तरह महकता है।
अगर महिला की महक काम है, तो उसे गंभीरता से फैलाओ।
और अपने घर, दफ्तर और पूरे विश्व को इससे महका दो।

*

महिला उद्यमी की सलाह

महिलाएं बहुत कुछ कर सकती हैं। हम खुद को कम आंकती हैं। अगर आप अपनी क्षमता का कुछ अंश भी बाहर निकाल पाएं तो वह भी काफी होगा।

एक मददगार परिवार होना बहुत जरूरी है लेकिन हमें मदद की दिशा में प्रयासरत रहना भी चाहिए, तब भी जब आप कहती हों कि 'मुझे सहयोग नहीं मिल पाता।'

तो एक बार जब सहयोग मिल जाए, आप घर से बाहर निकल जाएं, खासकर अगर आपके परिवार में बच्चे भी हों तो आपकी जिम्मेदारियां और भी बढ़ जाती हैं। आप एक मिनट भी बर्बाद नहीं कर सकतीं।

यह निश्चित कर लें कि आपके पास घर में काम करने की कोई मदद हो। जैसे खाना बनाना, अगर आप किसी को खाना बनाने के लिए रख सकें, तो रख लें! भारत में रहते हुए हमें यह सहूलियत है तो इसका फायदा उठाते हुए हमें अपना बोझ कम कर लेना चाहिए।

अपनी कामवाली को मूल्यवान कार्मिक की तरह ही महत्व दें।

एक कामकाजी महिला बच्चों के लिए भी ठीक रहती है। जो विश्वास, स्वतंत्रता उन्हें मिलती है वह महत्वपूर्ण है। क्या मेरी मां पास होते हुए मुझे यह दे पातीं। मैं जो चाहती थी वह मुझे नहीं मिला।

एक समय था जब मेरी बेटी छोटी थी और बिजनेस भी छोटा था। मैं बहुत परेशान रहा करती थी। अब मैं बहुत मेहनत करती हूं लेकिन मुझे आराम करना भी आ गया है।

ब्लू पॉट्री

लीला बोर्डिया
नीरजा इंटरनेशनल

मारवाड़ी परिवार की बहू सामाजिक कार्य करने के उद्देश्य से जयपुर की झोपड़पट्टी में गईं। उनके जुनून और कल्पना ने *ब्लू पॉट्री* की पारंपरिक कला को फिर से जीवित कर उनके कारीगरों की जिंदगी में भी रंग भर दिए।

खुद को किसी पारंपरिक मारवाड़ी परिवार की बहू के रूप में रखकर देखो। छूट सिर्फ इतनी कि आपको घूंघट नहीं करना, बल्कि सिर पर पल्लू रखना है।

इस समुदाय में महिलाओं को इज्जत तो दी जाती है, लेकिन उसके कुछ निश्चित दायरे हैं। उनकी जगह घर में है, रसोई में, पूजा घर में।

अब कल्पना करो कि ऐसे परिवार की बहू, झोपड़पट्टी में जाती है। गर्मी में, जमीन पर कारीगरों के साथ बैठती है। उनके साथ मिलकर आकर्षक ब्लू पॉट्री बनाकर विदेशों में बेचती है।

'35 साल पहले मैंने इसे सामाजिक कार्य की तरह शुरू किया था। लेकिन यह धीरे-धीरे बढ़कर व्यवसाय की शक्ल लेता रहा।'

और ऊपर से आकर्षक भी। जयपुर में, नीरजा इंटरनेशनल शोरूम में, मिट्टी से बने एक से एक आइटम सजे हुए है। जिन पर सुंदरता से नीला और पीला रंग उभारा गया है। कप, टाइल, हुक, बीड्स, लैंप--जो आप सोच सकते हैं, वह आपको यहां मिल जाएगा।

'मैं अभी भी नए-नए डिजाइन में और प्रोडक्ट गढ़ती रहती हूं,' लीला कहती हैं।

ग्रामीणों को अपना गांव भी नहीं छोड़ना पड़ा। और उनकी पारंपरिक कला भी उनके जीवन से जुड़ी रही।

यह सिर पर पल्लू रखने वाली एक महिला की ताकत थी।

उसने बेबाकी से नई राह पर कदम बढ़ाया।

ब्लू पॉट्री

लीला बोर्डिया
नीरजा इंटरनेशनल

लीला का जन्म राजस्थान में हुआ लेकिन लालन-पालन कोलकाता में।

'मेरे पिता हिंदुस्तान मोटर्स में काम करते थे और मां (नगीना देवी) गृहिणी थीं, लेकिन ज्यादातर सामाजिक कार्यों में व्यस्त रहती थीं।'

लीला को अच्छी तरह से याद है कि वह अपनी मां का हाथ पकड़कर कोलकाता की झुग्गियों में जाया करती थीं, साथ में साड़ी में लिपटी एक महिला भी हुआ करती थीं, जिनके चेहरे पर हमेशा सौम्य सी मुस्कान रहती थी। काफी बाद में, उन्होंने जाना कि वह महिला मदर टेरेसा थीं।

नगीना देवी दहेज प्रथा, पर्दा प्रथा और हर किस्म के भेदभाव के खिलाफ प्रचार किया करती थीं।

'मेरी मां ने बेटा-बेटी या अमीर-गरीब में फर्क को कभी मान्यता नहीं दी।'

हालांकि लीला का जन्म एक संपन्न परिवार में हुआ, पर उन्हें साधारण स्कूल में ही पढ़ने के लिए भेजा गया। उन्हें बिना लंच दिए भेजा जाता था, ताकि वे अन्य बच्चों के साथ ही चाय-ब्रेड खा सकें। ऑफिसर की बेटी होने का तमगा उन्हें कभी नहीं लगा।

'मुझे समानता और न्यायप्रिय होना सिखाया गया।'

लीला ने भी तय कर लिया था कि वह भी बड़े होकर कुछ करेंगी। लेकिन मां के जल्दी ही देहांत के बाद उन पर अपने तीन बहन-भाइयों की जिम्मेदारी आ पड़ी।

'मैं पढ़ाई में उतनी होशियार नहीं थी, और वह भी मुझे बीच में ही छोड़नी

पड़ी।'

हालांकि बाद में, उन्होंने अपना स्नातक पूरा किया। 1974 में, लीला शादी करके जयपुर आ गईं।

'शादी घरवालों की पसंद से हुई थी। मेरे पति कंस्ट्रक्शन लाइन में थे। न तो लंच का कोई समय तय था, न ही डिनर का। क्योंकि यह लाइन ही ऐसी है।'

लीला ने सोचा कि शिकायत करने के बजाय अपने समय को कहीं लगाना ही सही होगा। उन्होंने पड़ोस के ही स्कूल में मॉन्टेसरी टीचर की नौकरी कर ली। लेकिन सामाजिक कार्य का कीड़ा उन्हें कचोटता ही रहा, तो एक दिन लीला अपने घर के पास ही की झुग्गी में गईं। जो भी उन्होंने देखा उसने उन्हें हिलाकर रख दिया।

'हीदा की मोरी, झुग्गी गांव से काम की तलाश में आए औरतों और आदमियों से भरी पड़ी थी। वे बहुत ही खराब परिस्थितियों में, मात्र जीने के लिए ही संघर्ष कर रहे थे।'

लीला ने नियमित रूप से जाना शुरू किया और वह हमेशा अपने साथ कुछ ले जाती थीं--पैसे, खाना, कपड़े। लेकिन उन्होंने पाया कि वह भी कम था।

'जैसे मैंने देना शुरू किया, उनकी मांग बढ़ती गई।'

यकीनन, मदद का कोई बेहतर तरीका होगा? लीला की नजर झोपड़ी में कम जगह में मिट्टी के सुंदर-सुंदर बर्तन बनाते झुग्गीवालों पर पड़ी। उनमें से कुछ तो बहुत ही सुंदर और आकर्षक थे।

'यह पारंपरिक कला थी, उनके पूर्वजों से मिली हुई। लेकिन शहर के लोगों में इसकी कोई कद्र नहीं थी।'

1960 में महारानी गायत्री देवी के इस कला को संरक्षण देने से इसमें उछाल आया। लेकिन ब्लू पॉट्री का बाजार सीमित था। कारीगर जो भारी-भारी बर्तन, प्लेटें, गुलदस्ते इत्यादि बना रहे थे, उनकी बहुत मांग नहीं थी। लेकिन इस कला और खासकर इसके नीले रंग में संभावनाएं बहुत थीं।

'मैंने उन्हें बताया, आप इसे थोड़ा बदल दीजिए।'

लेकिन कुम्हार अड़े हुए थे--हमेशा से इसी तरीके का इस्तेमाल होता आया था।

1976 में, लीला ने अपनी बेटी अपर्णा को जन्म दिया। लेकिन उनका झुग्गी में जाना बरकरार रहा। इसके पीछे कोई स्पष्ट सोच नहीं थी सिवाय लोगों की और खुद की मदद करने के। यकीनन, यह बिजनेस तो नहीं था।

दो साल से भी ज्यादा समय तक, लीला कुम्हारों को कुछ नया बनाने के लिए मनाती रहीं। आखिरकार, कैलाश नाम का एक युवा कुम्हार उनके साथ काम करने को तैयार हो गया। साथ मिलकर दोनों ने चक्के पर नए प्रयोग किए।

इसी दौरान, किस्मत के पहिये ने भी मोड़ लिया--लीला बोर्डिया और ब्लू पॉट्री, दोनों के भविष्य ने। जिस स्कूल में वह पढ़ाती थीं वह एक एक्सपोर्ट हाउस (जिसे अब *अनोखी* के नाम से जाना जाता है) से जुड़ा। यहीं 1977 में, लीला फ्रांस से आए खरीदार, पॉल कोमर से मिलीं।

'जब पॉल मेरा काम समझने आए, तो उन्होंने बहुत तारीफ की। और उन्होंने मुझे कुछ नए आइडिया भी दिए।'

उन्होंने लीला से पूछा, 'क्या तुम इस तरह के कुछ बीड्स बना सकती हो? मैं फ्रांस में बीड्स के बने परदे बेच सकता हूं।'

हालांकि लीला नहीं जानती थीं कि वे कैसे बनते हैं, लेकिन वह राजी हो गईं। वह कई हफ्तों तक अपने कुम्हार मित्र कैलाश के साथ बैठीं, ताकि सही आकार, नाप और रंग के बीड्स बन सकें।

'हीट का क्या तापमान हो, उन्हें हर दिशा से कैसे पकाएं--हमने बार-बार करके यह सीखा।'

जब परदे तैयार हो गए, लीला ने गर्व से उन्हें फ्रांस के लिए पैक कर दिया। पॉल ने भी उतने ही प्यार से भुगतान कर दिया और लीला खुशी से झूम उठीं--उनके कुम्हार मित्र को आखिरकार वह मदद मिल गई थी, जिसका उन्हें बड़ी बेसब्री से इंतजार था।

'हमारी पूरी खेप फ्रांस में रिजेक्ट हो गई थी क्योंकि उसकी गुणवत्ता तो खराब थी ही, साथ ही आकार भी एक जैसा नहीं था। माल बस कूड़े के भाव बेचना पड़ा था।'

लीला ने माना कि उनमें अनुभव की कमी थी। वह ऑर्डर मिलने से बहुत उत्साहित थीं और इसलिए बस उसे पूरा कर दिया। उसकी बारीकी पर ध्यान नहीं दिया। पर फिर भी, पॉल ने कुछ नहीं कहा। वास्तव में, वह अगले साल फिर आए और बोले, 'चलो फिर से कोशिश करते हैं।'

दूसरा आविष्कार था दरवाजे का दस्ता। एक बार फिर से, आइडिया पॉल का था और लीला अपने कुम्हार के साथ बैठकर आंगन में ही काम करने लगीं। लेकिन

'मुझे ये था कि लोगों की मदद करनी है... बिजनेस का तो क ख ग भी नहीं मालूम था।'

इस समय कुछ अलग था। हर कोई सुन चुका था कि बाईजी को विदेश से ऑर्डर मिला है, कुछ अच्छा ही होगा।

'कारीगर खुद ब खुद आगे आकर कहने लगे--हम आपके साथ काम करना चाहते हैं।'

ऐसा ही एक कारीगर था लालाराम, जो जयपुर से 50 किमी. दूर गांव कोटज्वार से था। लेकिन क्यों ये लोग अपना गांव छोड़कर झोपड़ों में रहते हैं, वही काम करते हैं, जो वे आसानी से अपने गांव में भी कर सकते हैं?

'मैंने लालाराम से कहा, तुम अपने गांव वापस जाओ, मैं आपके साथ जुड़ूंगी। काम वहीं से होगा।'

इसका मतलब था कि लीला को गांव में जाना पड़ेगा--बदहाल रास्तों से, चाहे धूप हो या बारिश। लेकिन यह फैसला उन्होंने सोच-समझकर किया था, यही मील का पत्थर साबित हुआ।

'मैंने अपनी रणनीति बनाई कि जो भी काम आएगा, मैं गांव में जाकर दूंगी और लोगों की जितनी मदद हो सकेगी करूंगी।'

और इस तरह, पॉल के विश्वास से, लीला की कल्पना से और लाला राम की कला से, 'सेरेमिक डोरनॉब' ने जन्म लिया।

'यह उत्पाद सफल रहा और यहां तक कि आज भी हमारी इसमें विशेषज्ञता है!'

इस समय तक, मैक्सिको में रह रही लीला की बहन, मंजू लोढ़ा ने उनसे कहा, 'मैंने वैसी पॉट्री यहां भी देखी है। तुम मैक्सिको आकर देख क्यों नहीं लेतीं कि वे कैसे बनाते हैं?'

लीला को बात अच्छी लगी। 1979 में, उन्होंने मैक्सिको में एक महीना बिताया, उनके पॉट्री स्टाइल को समझने में। इसके लिए लीला को रोज मैक्सिको शहर से 100 किमी. दूर पुएबला गांव जाना पड़ता था।

'गांव बहुत छोटा था और रात में रुकने की नजरिए से सुरक्षित नहीं था,

खासकर तब जब मैं उनकी भाषा भी नहीं जानती थी।'

लेकिन कला को शब्दों की जरूरत नहीं होती। लीला अपना पूरा दिन उनके काम को देखने में बितातीं, उनकी तकनीक, रंग चढ़ाना। इसका कोई औपचारिक कोर्स नहीं था, आपको जो समझना था, खुद ही पकड़ो।

लीला भारत लौटीं और अगले ही साल उन्होंने बेटे को जन्म दिया। काम भी अपनी रफ्तार से जारी था। तो उन्होंने दो छोटे बच्चों की जिम्मेदारी, बीवी और बहू के कर्तव्यों और अपने काम के जुनून में कैसे संतुलन बिठाया?

'मेरी सास और पति बहुत सहयोग देते थे। इसके अलावा, हमारे काम की गति भी धीमी थी।'

तब न तो कोई फैक्स हुआ करते थे, न ही कोई टेलेक्स। न ही ई-मेल या फोन ही। काम का भी उतना दबाव नहीं था--तुम चाहो तो हफ्तों में खत्म कर दो, चाहे तो महीने लगा दो। लेकिन धीरे-धीरे पर दृढ़ता से चीजें आगे बढ़ रही थीं।

जैसे बात चली, कारीगर बाईजी के पास काम के लिए आने लगे।

लीला मार्केट के लिए सामान भेजती थीं तो उन्हें पता था कि क्या बिकेगा। मांग के आधार पर, ज्यादा सामान बनाकर बाजार में भेजा जाने लगा।

'एक ऐसी चेन बनती गई और इस तरह से हमारा काम चलता गया।'

कोटज्वार के लोगों का सहयोग कमाल का था। पहले लाला राम का परिवार जुड़ा, लेकिन एक-एक करके अन्य परिवार भी इस परियोजना से जुड़ते चले गए। हर परिवार एक स्वतंत्र इकाई था, तो इस तरह आठ परिवारों की आठ यूनिट थी।

1978 में लीला ने अपना स्वामित्व रजिस्टर कराया--क्योंकि सामान एक्सपोर्ट करने में इसकी जरूरत थी। उन्होंने फर्म का नाम, अपनी बहन के नाम पर 'नीरजा इंटरनेशनल' रखा। लेकिन 1983-84 में उन्हें अहसास हुआ कि यह सामाजिक कार्य से कुछ ज्यादा बन गया था।

'मुझे लगा कि मैंने बिजनेस का एक आधार तैयार कर लिया था और अब मुझे ज्यादा व्यावसायिक होना होगा।'

इस जगह पर कहानी ने एक मोड़ लिया। पारंपरिक रूप से, जयपुर की इस कला में मिट्टी के बर्तन एक खास प्रकार के पत्थर से बनाए जाते थे। इसमें कोबाल्ट ऑक्साइड ने विशिष्ट फिरोजी रंग का प्रभाव जोड़ दिया। तो विशेषकर आपके पास काम करने के लिए दो रंग थे--नीला और सफेद।

'मैंने दुनियाभर से बहुत सी तकनीक सीखीं लेकिन मैंने मूल सामग्री को कभी नहीं बदला, तो अपनी उसी अनोखी पहचान को हमने *जयपुर पॉट्री* में संभाले रखा।'

लीला ने इस मिश्रण में एक नए रंग का भी समावेश किया--धूप वाला पीला। पर पीला ही क्यों?

'ऐसा कुछ पहले से तय नहीं था... लेकिन पीला रंग ऐसा है जो राजस्थान से ज्यादा जुड़ा लगता है। और मुझे लगा कि यह नीले रंग के साथ बहुत सुंदर भी दिखाई देता है।'

लीला ने महसूस किया कि लोग अपने घर को एक ही रंग के सामानों के साथ भरना पसंद नहीं करेंगे। दरवाजे का नीला दस्ता, नीला बेडकवर, नीला लैंप--सबकुछ नीला बोरियत का अहसास कराने लगेगा। लेकिन जब आप कुछ बदलते हैं--कुछ भी--लोग जल्दी से उसे स्वीकार नहीं करते।

'बहुत से लोगों ने मेरी आलोचना की कि मैं क्या कर रही हूं। लेकिन मुझे खुद पर भरोसा था और मैंने काम करना जारी रखा।'

1984 में, नीरजा इंटरनेशनल एक छोटा सा उद्योग था, जिसकी कुल बिक्री लगभग 4 लाख रुपए थी। उसकी सालाना आय बहुत धीरे-धीरे बढ़ रही थी, क्योंकि पहले तो उत्पादन ही कम हो पाता था। हाथ से बने हर पीस को कई प्रक्रियाओं से गुजरना पड़ता है। बिल्कुल वैसे ही जैसे 100 साल पहले किया जाता था।

चूंकि कोटज्वार उत्पादन केंद्र था, तो लीला को हर सप्ताह गांव में जाना पड़ता था, ताकि तैयार माल लाया जा सके।

'सामान्यतः मैं रविवार को जाया करती थी और मेरे पति भी मेरे साथ जाते थे। मैं कुम्हारों के साथ बैठती थी तो वे चारपाई पर आराम कर लेते थे।'

मैं हैरान हूं कि कितने जीवन साथी हफ्ते दर हफ्ते ऐसा करेंगे!

एक उद्यमी का जीवन हमेशा अनिश्चितताओं में रहता है। अनिश्चितता तो इतनी है कि कहा जा सकता है--जाना था जापान पहुंच गए चीन! लेकिन यही तो इसका मजा है।

बीड्स परदे की शुरुआती असफलता का भी एक सुखद अंत हो गया था।

लीला ने बचे हुए बीड्स से आधुनिक नेकलैस तैयार किए और *अनोखी* में रखवा दिए। उस समय, *फार पेवेलियंस* फिल्म की शूटिंग जयपुर में हो रही थी।

'फिल्म की हीरोइन स्टोर में आई और उसे नेकलैस बहुत पसंद आए, उसने सारा माल खरीद लिया।'

इसी तरह, ताज होटल के सीईओ, अजीत केलकर की पत्नी को लीला का काम बहुत पसंद आया। उस समय, ताज जयपुर में रामबाग पैलेस बनवा रहा था।

श्रीमति केलकर ने कहा, 'लीला, मैं चाहती हूं कि तुम रामबाग की दीवारों पर कुछ आकर्षक डिजाइन बनाओ।'

लीला ने उस रोमांचक परियोजना में छह महीने लगाए। जो आर्टवर्क उन्होंने किया वह आज भी रामबाग के कॉफी शॉप--नील महल--में देखा जा सकता है।

'मैं श्रीमति केलकर की शुक्रगुजार हूं कि उन्होंने राजस्थानी कला और मेरे काम को संरक्षण दिया।'

एक्सपोर्ट प्रमोशन काउंसिल के अध्यक्ष कोटज्वार आए। बाद में उन्होंने नीरजा इंटरनेशनल को प्रगति मैदान और अन्य जगह भी एक्सपोर्ट प्रमोशन की प्रदर्शनी लगाने को आमंत्रित किया।

'बाद में, मुझे अहसास हुआ कि अगर आप आगे बढ़ना चाहते हैं तो अपने सामान को दिखाओ। पहली बार, मैंने अपने ब्रोशर और विजिटिंग कार्ड छपवाए!'

1988 में, लीला ने अपने पहले कर्मचारी को नियुक्त किया--निर्मला नाम की एक महिला।

'तब तक मैं खुद ही पैकिंग, पेपरवर्क और उत्पादन की देखभाल किया करती थी। लेकिन बिजनेस बढ़ने के साथ काम का बोझ भी बढ़ने लगा।'

वृद्धि के साथ पैसा आता है, पैसे के साथ 'एकाउंट' के झमेले। लीला मानती है कि बिजनेस का यह पहलू कभी भी उनके लिए आसान नहीं रहा।

'शुरुआत से ही मेरे पति बिजनेस का फाइनेंस संभालते थे। मैं इसके बारे में ज्यादा नहीं जानती थी... मैं बस अपनी पॉकेट मनी से ही खुश थी!'

बिजनेस बिना बाहर से पैसा लगवाए, संघटित रूप से आगे बढ़ रहा था।

'शुरुआत में हमने सामान खरीदने के लिए बस 500 रुपए निवेश किए थे। फिर हम जो भी पैसा कमाते उसी को बिजनेस में लगा देते।'

शुरुआत में लीला जिन भी विदेशी खरीदारों के साथ काम करती थीं, वे पैसे

'हम उनको डिजाइन बताते गए, वो काम करते गए... और इस तरह गांववालों के साथ एक ब्रिज बन गया।'

एडवांस में ही देते थे। हालांकि अब समय बदल गया है। और खुद लीला भी।

जब अंतर्राष्ट्रीय स्तर पर उनकी कला को पहचान मिली, तो लीला ने भी विदेश में सफर करना शुरू कर दिया। 1994 में, *ग्लोबस* लोकप्रिय स्विस डिपार्टमेंट स्टोर ने लीला को जयपुर पॉट्री की प्रदर्शनी लगाने के लिए आमंत्रित किया। वह उनकी मेहमाननवाजी में छह हफ्ते बर्न में ही रुकीं।

'जब भी मैं स्टोर में जाती, तो वहां का स्टाफ मेरे सम्मान में तिरंगा फहराता। मैं भारत के राजदूत की तरह महसूस कर रही थी।'

1996 में, ऑस्ट्रेलियाई लेखक माइकल कॉड्ले ने *बिजनेस इन एशिया* नाम की किताब लिखी। उसने साउथ कोरिया से हुंडई मोटर कंपनी, सिंगापुर से चैंगी एयरपोर्ट और भारत से नीरजा इंटरनेशनल के बारे में लेख लिखा।

'यह किताब ऑस्ट्रेलिया में 10वीं के छात्रों के पाठ्यक्रम में शामिल है। तो हमारे पास बहुत से शिक्षक और छात्र यहां गांव में काम को समझने के लिए आते हैं।'

इस सारी प्रक्रिया में कोई एक केंद्र में नहीं है। नीरजा इंटरनेशनल की अपनी कोई प्रोडक्शन यूनिट नहीं है। हर यूनिट किसी के भी साथ काम करने, अपना सामान बेचने के लिए फ्री है, लेकिन वे बाईजी के साथ काम करना पसंद करते हैं। क्योंकि यहां परस्पर विश्वास और फायदे हैं।

नीरजा इंटरनेशनल ऑर्डर लेती है--कारीगर ऑर्डर पूरा करते हैं, जिसका पैसा उन्हें समय पर मिल जाता है। वे उनके माल को जयपुर लाते हैं, जहां उसकी जांच होती है, फिर पैक करके आगे खरीददार के पास भेज दिया जाता है। साथ ही उन्हें बेवाड़ से कच्चा माल लाने की सिरदर्दी भी नहीं उठानी पड़ती। कंपनी उन्हें माल उपलब्ध करवाती है।

'सबसे महत्वपूर्ण है कि मैं हमेशा नए डिजाइन गढ़ने, नए उत्पाद बनाकर बेचने में लगी रहती हूं।'

बीयर मग से लेकर बाथरूम सेट तक, मेज से लेकर दीवार पर लगने वाली टाइल तक--नीरजा इंटरनेशनल के कैटलॉग में सब शामिल है। उत्पादों की विविधता

बहुत आकर्षक है। सजावट से उपयोग तक के सामान ने जयपुर पॉट्री के अनेक पहलुओं को उभारा है।

2003 में, नीरजा इंटरनेशनल ने खराब दिनों का भी सामना किया है, जब उनकी सालाना आय कम होकर मात्र आधी रह गई थी। उसका कारण आर्थिक मंदी या मांग में कमी आना नहीं था। बस थकान की अनुभूति थी। दोनों बच्चे बड़े हो चुके थे और अपने काम और शिक्षा की वजह से जयपुर छोड़कर जा चुके थे।

'बिजनेस एक बोझ की तरह लगने लगा था और जब बच्चे उसे अपनाना ही नहीं चाहते थे तो अब इसे बढ़ाने का क्या कारण था?'

उस समय अपूर्व अमेरिका में था, पढ़ाई के साथ-साथ वह एक आईटी कंपनी में काम भी कर रहा था। उसने तय किया कि वह भारत में रहेगा, और अपनी मां की उनके व्यवसाय में मदद करेगा और साथ ही अपनी सॉफ्टवेयर कंपनी भी शुरू करेगा। और एक तरह से नीरजा इंटरनेशनल के लिए यह बदलाव का समय था।

आज, कंपनी 15 गांवों से अपना सामान ले रही है, जहां लगभग 500 लोग उनके लिए काम कर रहे हैं। हर यूनिट की कमाई परिवर्तनशील है--यह उनकी मेहनत और उस समय पर निर्भर करता है, जो वह इसे दे रहे हैं। यह प्रति महीने 20,000 रुपए से लेकर 2 लाख रुपए तक हो सकता है।

इसके अलावा, नीरजा इंटरनेशनल के सिर्फ जयपुर में ही 50 कर्मचारी हैं, जो क्वालिटी कंट्रोल, पैकिंग और प्रशासनिक विभागों में हाथ बंटाते हैं। एक्सपोर्ट अभी भी महत्वपूर्ण है लेकिन भारत में होने वाली बिक्री भी कुल सकल आय का 50 प्रतिशत हो जाती है। कंपनी की सालाना आय 2 करोड़ रुपए से लेकर 5 करोड़ रुपए के बीच डोलती रहती है।

'टर्नओवर बहुत बड़ा नहीं है। यह श्रम-आधारित काम है... हाथ ज्यादा हैं।'

जरूरी यह है कि ये हाथ कोई तुच्छ काम या शहर की किसी फैक्टरी में मजदूरी नहीं कर रहे। वे खेती-बाड़ी के साथ अपनी इस कला से ऊपर की कमाई कर सकते

'मेरे साथ जिस किसी ने भी काम किया, आप देखोगे की उनकी तरक्की ही हुई है। किसी को भी पीछे मुड़कर नहीं देखना पड़ा। यही मेरी सफलता की कहानी है।'

अगर आपका घर सही तरह से चल रहा है, तो आप पूरी दुनिया में कहीं भी जीत सकते हो।

हैं। साथ ही, तीसरी-चौथी पीढ़ी के सदस्य भी इस काम में हाथ बंटाकर, शहरी जीवन की अपेक्षा पारंपरिक शैली को अपना रहे हैं।

'मेरी बेटी अपर्णा और बहू नुपूर भी मेरे साथ व्यवसाय में शामिल हो गई हैं।'

नई पीढ़ी बोले तो नई सोच, काम करने के नए तरीके। इसके तहत इंटरनेट से ऑर्डर लिए जाने लगे और ब्लू पॉट्री का सामान बेचने के लिए रिटेल स्टोर की शृंखला जगह-जगह खोली गई। पहला नीरजा स्टोर जयपुर के जेकब रोड पर खोला गया।

बच्चों के साथ काम करना बहुत ही सहज रहा।

'उन्हें मुझसे ज्यादा जानकारी है, उन्होंने दुनिया देखी है। लेकिन फिर भी वे मेरे नजरिए का सम्मान करते हैं।'

और लीला मानती हैं कि बदलाव अच्छा है, लेकिन ब्लू पॉट्री के उत्पादन में पुराना तरीका ही सर्वश्रेष्ठ है। जो 'ईआरपी' वह इस्तेमाल करती हैं, वह उनका अपना दिमाग है।

हर यूनिट के प्रमुख को ऑर्डर एक सादे पेपर पर लिखकर भेजा जाता है। यह उनकी प्रतिभा और भट्टी के आकार पर निर्भर करता है। हाथ से बनी चीजों के लिए समय सीमा तय कर पाना संभव नहीं हो पाता इसलिए लीला किसी चीज के लिए डेडलाइन तभी लेती हैं, जब उन्हें पूरा भरोसा होता है।

'मैं खरीदारों को दृढ़ता से हां या ना बोल देती हूं, मैं उन्हें लटकाकर नहीं रखती। भले ही फिर हमें ऑर्डर लेने से मना करना पड़े या पूरी रात लगकर काम करना पड़े।'

प्रतिबद्धता एक प्रवृति है, जो जीवन के हर पहलू में दिखाई देती है। जैसे लीला अपने काम की चिंता करती हैं, उसे संभालती हैं, वैसे ही वे अपने परिवार का भी ध्यान रखती हैं।

'मेरी शादी बहुत पारंपरिक समुदाय में हुई लेकिन मैं खुशकिस्मत थी कि मुझे ऐसे खुले विचारों वाली सास और हमेशा साथ देने वाले पति कमल मिले।'

कुछ लोग ऐसे भी हैं, जो पूछते हैं, 'क्या जरूरत है लीला को काम करने की?

कमल कमाते नहीं क्या?'

लीला की सास मुस्कुराकर कंधे झटक देती हैं। ज्यादा से ज्यादा वह अपनी बहू से कहतीं, 'आप काम कर रही हैं, चुपचाप करती रहिए। जब कहीं पहुंच जाए तब सबको बताइएगा।'

कभी जब काम के सिलसिले में लीला घर से बाहर होतीं और कोई रिश्तेदार आ पहुंचता।

'आपकी बहू कहां है?' वे पूछते।

मांजी लीला के ऑफिस में फोन करके कह देतीं, 'प्लीज आते हुए कुछ फल भी लेती आना। मैंने उनसे कह दिया है कि तुम बाजार गई हो।'

लीला आकर बड़ी होशियारी से सब संभाल लेतीं।

'शादीशुदा जिंदगी में 2-3 बातें बहुत जरूरी होती हैं। एक तो उसमें अहम की कोई जगह नहीं होती। दूसरा परिवार हमेशा पहली वरीयता होनी चाहिए। आपको इतना महत्वाकांक्षी नहीं होना चाहिए कि बस आगे बढ़ने की धुन सवार हो।'

जब उनके बच्चे छोटे थे तो लीला सीमित समय में ही काम किया करती थीं।

'शुरू में दो घंटे, फिर तीन और फिर चार। जब उन्होंने स्कूल जाना शुरू किया, तो उनके स्कूल के समय के बीच मैं काम किया करती थी।'

काफी सालों तक उन्होंने घर से काम किया, फिर पति के ऑफिस में ही कुछ जगह अपने लिए इस्तेमाल की। जब उनका काम अच्छा चल निकला, उसमें वृद्धि होने लगी, सिर्फ तभी उन्होंने अपनी जगह खरीदी।

वह अपनी गति से आगे बढ़ती रहीं।

'मैंने शास्त्रीय गायन सीखा क्योंकि मुझे अपने लिए कुछ बदलाव की जरूरत थी।'

जीवन का पहिया घूमता ही रहता है।

जीवन को क्या मोड़ देना है यह आपके हाथ में है।

आगे बढ़ो, अपना लक्ष्य केंद्रित करो--उसे अपने अनुसार ढालो।

*

महिला उद्यमी की सलाह

अगर आपको पैसों के लिए काम करना है तो यह अलग बात है। अन्यथा आपका घर ही आपकी प्राथमिकता होना चाहिए। अगर हम घर अच्छी तरह से चला सकते हैं, तो मैं कहती हूं हम विश्व को भी संभाल सकते हैं। हम सच में ऐसा कर सकते हैं। लेकिन, हमारा पहला कर्तव्य या जिम्मेदारी, तुम जो चाहे मानो, हमारा घर ही है।

आजकल लड़कियां पढ़ती हैं, उन्हें समझ है... उन्हें काम करना चाहिए। लेकिन जब तुम्हारे बच्चे हों, तो अपने काम के समय को सीमित करो। जैसे-जैसे वे बड़े होने लगें तो आपको भी अपने लिए समय मिलने लगेगा। कुछ सालों बाद आप खुद ही देखोगे कि सबकुछ अपने आप ही सही जगह पर है। आपके बच्चे भी किसी लायक हो गए हैं और आप अपने काम को भी ज्यादा समय दे सकती हैं।

और दूसरी बात है अहम। आपके और आपके परिवार के बीच अहम की कोई जरूरत नहीं है। हर व्यक्ति के अलग हालात होते हैं, अलग समझ होती है, काम करने का अलग तरीका होता है।

कितने भी बड़े-बड़े काम हों, वे आराम से, धीरे-धीरे एक के बाद एक होते जाते हैं।

अपूर्व बोर्डिया (बेटा)

मेरी मां ने जो भी हासिल किया मुझे उस पर गर्व है। लेकिन हां, जब मैं बड़ा हो रहा था, तो कभी-कभी सोचा करता था कि मेरी मां औरों की मां जैसी क्यों नहीं है। वह काम क्यों करती हैं?

एक खरीदार था, जब भी वह आता था तो मां को देर तक काम करना पड़ता था। जब मुझे पता चलता कि वह आ रहा है तो मैं बहुत नाराज हो जाता था।

अब मुझे अहसास हुआ कि वह बहुत ही खास काम कर रही थीं। हमारे समुदाय में 30 साल पहले किसी औरत का यह काम करना बहुत ही उल्लेखनीय था। मुझे अपने पिता और दादी पर भी बहुत फख्र है कि उन्होंने मेरी मां का साथ दिया।

साहसी महिला

हान ची वा
ग्वांग्झोउ ग्वानयी गारमेंट
लेबल एक्सेसरीज लिमिटेड

16 साल की उम्र में हान ची अपने परिवार के भरण-पोषण के लिए जिआंगशी टाउन में घूम-घूमकर केक बेचा करती थीं। 1999 में वह लेबल-मेकिंग व्यवसाय से जुड़ीं और अपने परिवार के सहयोग से कंपनी की सालाना आय 5,000 डॉलर से 250,000 डॉलर तक पहुंचा दी।

मैं कभी चीन नहीं गई लेकिन जानती थी कि वह संपन्न है, भारत की अपेक्षा ज्यादा ताकतवर और सफल।

और ऐसा ही कुछ चीनी महिलाओं के बारे में भी कहा जा सकता है।

2012 की 'चीन के 100 धनी व्यक्तियों' की *फोर्ब्स* लिस्ट में 8 महिलाओं का नाम था। इनमें से 6 खुद के दम पर बनी करोड़पति हैं।

मुझे नहीं लगता कि भारत में इससे मिलते-जुलते कोई आंकड़े हैं। और फिर भी, मैं हैरान थी कि क्या यह एक पुरानी संस्कृति और सभ्यता में बदलाव की निशानी है?

वह संस्कृति--हम दोनों देशों की--जहां पुरुषों ने हमेशा महिलाओं को दबाया है।

हान ची वा की कहानी बहुत मर्मस्पर्शी है। यह आपको याद दिलाती है कि बदलाव आता है, पर अक्सर सतही। आज चीन में एक महिला के सुदृढ़ और सफल होने के बहुत से अवसर हैं। पर फिर भी उसे अपनी 'जगह' नहीं भूलनी चाहिए।

तभी पुरुष, परिवार, उपभोक्ता और पूरा विश्व--खुश रहेंगे।

गर्व की अति भी परिवार की वृद्धि पर अंकुश लगा देती है।

सौम्यता से चलो, सहजता से बढ़ो।

यह इंटरव्यू शिवी सबरवाल ने गुआंगजु, चीन में लिया था और अनुवाद उनकी सहयोगी, शैरी और ईली ने किया। उन तीनों को मेरा हार्दिक आभार।

साहसी महिला

हान ची वा
ग्वांग्झोउ ग्वानयी गारमेंट
लेबल एक्सेसरीज लिमिटेड

हान ची वा का जन्म 1967 में, चाओशान (गुआंग्दोंग जिला) के पास जेइयांग शहर में हुआ।

'मेरे पिता एक फैक्टरी में मजदूरी करते थे, जबकि मां गांव में ही हमारी छोटी सी जमीन पर खेती करती थीं।'

बहुत कठिन जीवन था, परिवार गरीब था और उनके पास खाने को काफी नहीं था। यहां तक कि घर को ठंड से बचाने के भी साधन नहीं थे। हान का बचपन अन्य बच्चों की अपेक्षा ज्यादा कठिनाई भरा था, क्योंकि वह घर की बड़ी बच्ची थीं।

'हमेशा से मेरे दिमाग में था कि मुझे घर के काम के साथ-साथ अपने भाई-बहन का ध्यान भी रखना है। ताकि मैं अपने परिवार का बोझ कुछ हल्का कर सकूं।'

उनके पास सिर्फ रात को 8 से 10 बजे का समय खाली था, ताकि वह पड़ोस में अपने हमउम्र बच्चों के साथ खेल सकें।

हान को अपने बचपन की जो खुशनुमा याद है वह उनके भाई का जन्म है। पारंपरिक चीनी समाज में लड़का लड़की की अपेक्षा कहीं ज्यादा मूल्यवान है।

'मैंने अपने मां-बाप को पहली बार इतना खुश देखा था।'

हान 9 साल की उम्र में पहली बार प्राथमिक स्कूल गईं, उन्होंने अपने भाई के साथ पहली कक्षा में दाखिला लिया। चूंकि उनकी मां बहुत व्यस्त थीं तो भाई की देखभाल करना हान की जिम्मेदारी थी और एकसाथ एक ही कक्षा में पढ़ना दोनों के लिए सही था।

हान ने 5वीं कक्षा तक पढ़ाई की लेकिन उनका कहना है कि उन्हें 'ज्ञान' तीसरी कक्षा तक का ही था। तो उन्होंने स्कूल जाना बंद कर दिया।

'हालांकि मुझे पढ़ना अच्छा लगता था, लेकिन वह मेरी क्षमता से परे था। मुझे क्लास में टीचर की बात ज्यादा समझ नहीं आती थी।'

जबकि वास्तविक कारण था कि परिवार को अब अधिक आय की आवश्यकता थी। और हान ने हमेशा से अपने परिवार को पहले स्थान पर रखा।

उन दिनों चीन में नौकरी ढूंढ़ पाना आसान नहीं था। आप में धैर्य होना चाहिए और उसे बचाए रखने के लिए भी कड़ी मेहनत की आवश्यकता होती थी। लेकिन हान शिकायत करने वालों में से नहीं थी। उन्होंने ज्यांगशी टाउन में कुछ दुकानों और फैक्टरी में छोटी-मोटी नौकरी की।

एक दिन गली में चलते हुए, हान ने ध्यान दिया कि कुछ साइकिल पर चलने वाले विक्रेता घर की बनाई मिठाइयां बेच रहे थे। वो घर गईं और अपनी मां से पूछा, 'क्या हम भी यह नहीं कर सकते?'

हान की मां ने सोचा कि वह पागल हो गई हैं, और उनकी बात नहीं मानी। लेकिन हान अपनी बात पर अड़ी रहीं।

'तुम राइस केक बना दो, और मैं बेच आऊंगी।'

आखिरकार घरवालों को मानना ही पड़ा और 16 साल की हान ने सड़कों पर राइस केक बेचना शुरू कर दिया। यह व्यवसाय का उनका पहला पाठ था।

हर रोज, नाश्ते के बाद, हान अपनी साइकिल लेकर गलियों में, ग्राहक की तलाश में निकल पड़तीं। अगर केक नहीं बिकता, तो वह दूसरे गांव की तरफ बढ़ जातीं, और फिर उससे आगे। जब तक की वह अपना आखरी राइस केक तक भी न बेच डालतीं।

'हर रोज मैं 60 पीस बेचती, हर पीस 0.1 आरएमबी* (87 पैसे) का था। यह मैंने दो साल तक किया।'

फिर हान को शानतोउ शहर में एयरपोर्ट के पास एक हार्डवेयर फैक्टरी में काम मिल गया। काम बहुत मुश्किल था और परिस्थितियां दुष्कर।

'जब भी कोई जहाज जाता तो जमीन कुछ देर के लिए हिल जाती थी, और जहाज का शोर अलग।'

ज्यादातर कर्मी वहां से एक-दो हफ्ते में भाग जाते थे, लेकिन हान आसानी से

* 1 आरएमबी (चीनी मुद्रा) 8.72 रुपए के बराबर होता है।

हार मानने वालों में से नहीं थी। बड़ी मुश्किलों से उसके पिता ने उसे शानतोउ शहर भेजने के लिए 30 आरएमबी इकट्ठा किए थे। खाली हाथ वापस लौट जाना बहुत शर्मनाक होता।

'मैंने उस फैक्टरी में एक महीने काम किया। इतने लंबे समय तक वहां काम करने वाली मैं अकेली थी।'

अपने 200 आरएमबी (17,500 रुपए) की तनख्वाह मिलने के बाद वह नौकरी छोड़कर घर आ गईं। उन्होंने पूरी कमाई अपने पिता के हाथ में रख दी।

'मैंने पहली बार इतनी बड़ी रकम देखी थी और मैं बहुत खुश थी कि अपने परिवार के किसी काम आ सकी।'

1990 में, जब हान 23 साल की थीं, तो उनके एक कजिन ने उन्हें शेन्झेन के डिपार्टमेंट स्टोर की नौकरी के बारे में बताया। वहां उन्हें सिगरेट, वाइन, चीनी, चावल इत्यादि लेने आए ग्राहकों को संभालना था।

'मुझे वह नौकरी काफी पसंद आई, वहां मैंने धैर्य, शांत रहना और विनम्रता सीखी।'

शेन्झेन का अनुभव हान के लिए काफी नया और उत्साहजनक था। अपने शहर की तुलना में तो यह 'विदेश' जैसा ही था, बहुत ही आधुनिक। हालांकि वहां पर सुबह 6 बजे से आधी रात तक कि नौकरी भी हान को फैक्टरी के काम की अपेक्षा आसान लगी।

वहां बस एक परेशानी थी। बॉस की छोटी बहन, जो बहुत खडूस थी और जब देखो स्टाफ से लड़ती रहती थी। हान के बहुत से साथियों ने इस महिला की बदतमीजी से तंग आकर नौकरी छोड़ दी थी। लेकिन हान वहीं टिकी रहीं।

बेशक वह महिला हान के साथ भी बहुत सख्त थी, लेकिन हान का स्वभाव ही कोई शिकायत या गप्पे मारने का नहीं था।

'मैं हमेशा अपने बॉस के प्रति आभारी थी कि उन्होंने मुझे एक नई जिंदगी जीने का मौका दिया।'

आखिरकार वहां ढाई साल बिताने के बाद हान ने वह नौकरी छोड़ दी। वह वहां सबसे लंबे समय तक काम करने वाली स्टाफ सदस्य थीं।

'जब मैंने नौकरी छोड़ी, तो मेरे बॉस बहुत उदास थे, और उनकी बीवी भी रो पड़ी थीं। दोनों का व्यवहार मेरे साथ बहुत अच्छा था और आज भी हमारे बीच दोस्ताना व्यवहार है।'

शेन्झेन में एक और महत्वपूर्ण घटना घटी--वहां हान अपने होने वाले पति,

'मेरा स्वभाव शांत था तो मैं अक्सर कस्टमर पार्ट संभालती थी। लेकिन मैं जानती सबकुछ थी, मशीन चलाना तक भी।'

वू डा जिआन, से मिलीं। गांव में, उनके परिवार की गरीबी के चलते कोई उनके पास नहीं आता था, न ही उन्हें पसंद करता था। लेकिन शेन्झेन में, वह नौकरी की तलाश में आए लाखों युवक-युवतियों में से ही एक थीं।

'मैं 1991 में अपने पति से मिली। उनकी कजिन बहन ने हमें मिलवाया था, वह मेरे ही गांव की थी। यह पूरी तरह से ब्लाइंड डेट थी।'

वू डा जिआन कसाई का काम करते थे और वह और हान 1992 में शादी करने से पहले सिर्फ 4 बार मिले थे।

'मुझे वे जिम्मेदार आदमी लगे और शादी के लिए सही पसंद भी।'

जीवन धीमी गति से आगे बढ़ रहा था, न तो हान, और न ही उनके पति के कोई बड़े-बड़े सपने थे।

'हम बस काम करते, और बहुत आगे की नहीं सोचते थे।'

नवयुगल झुहई में रहने के लिए चला गया और कुछ महीने बाद ही उनकी पहली बेटी, वू हुई टिंग का जन्म हुआ, उसके बाद जल्दी ही एक बेटी और बेटा भी आ गए।

1994 से 1998 तक हान घर में रहकर बच्चों की देखभाल कर रही थीं, जबकि उसके पति टैक्सी चलाकर अपना गुजारा कर रहे थे। इस समय के दौरान आय बहुत ही कम थी और खर्चा ज्यादा था। लेकिन, वह अपना काम चला रहे थे।

90 का दशक चीन में छोटे उद्योगों के लिए 'उछाल' का समय साबित हुआ। उसके पति के बचपन के दोस्त ने उन्हें खुद का बिजनेस शुरू करने का विचार दिया।

'उसने हमें बताया कि लेबल बनाने के काम में अच्छा पैसा है और उसने यह भी भरोसा दिलाया कि अगर कुछ घाटा हुआ तो, वह प्लांट बिकवाने में उनकी मदद करेगा।'

लेबल मशीन की कीमत 60,000 आरएमबी (5.2 लाख रुपए) थी, और प्लांट और माल का खर्च अलग। कुल मिलाकर 100,000 आरएमबी (8.7 लाख रुपए) से ज्यादा खर्च होने वाले थे। हान ने दोस्तों और रिश्तेदारों से पैसे जुटाए।

'इस बिजनेस को शुरू करने के लिए उनके पुराने बॉस और उनकी बीवी ने भी फ्रेंडली लोन के तौर पर उन्हें कुछ पैसे दिए।'

ग्वांग्झोउ से लेबल-मेकिंग मशीन मंगवाई गई और 1 मई 1999 को हान ने एक छोटे से कमरे में अपना बिजनेस शुरू किया। हान सुबह छह बजे से रात के एक-दो बजे तक फैक्टरी में रहतीं। उनके पति भी उनकी सहायता करते, लेकिन ज्यादा काम वह खुद संभालतीं।

इसके साथ ही वह बच्चों की देखभाल भी कर रही थीं।

'मेरा बेटा एक साल तीन महीने का था, छोटी बेटी तीन साल की थी। हमारा घर फैक्टरी के पास ही था, बस किसी तरह मैं दोनों संभाल रही थी।'

एक फैक्टरी चलाना आसान काम नहीं था। मशीन चलाने वाला सुपरवाइजर चोर और धोखेबाज निकला, तो हर महीने उनके पैसे कम होते गए।

'मुझे लगा कि मुझे बिना किसी की सहायता के मशीन चलानी आनी चाहिए।'

अगर आप पर किसी चीज का दबाव पड़े तो आपमें उससे निबटने की शक्ति भी आ जाती है। हान और उनके पति ने भी उसी शक्ति के सहारे अपने काम को आगे बढ़ाया।

पहला मुनाफा आने में 3 महीने लग गए। साल खत्म होते-होते न तो उन्होंने अधिक कमाया था न ही गवाया। वास्तव में, कंपनी कुछ घाटे में ही थी। फिर भी, दंपत्ति ने उसे बचाए रखा।

'हम दोनों ने अपनी नौकरी छोड़ दी, कुछ रुपए उधार लिए और बस जुट गए।'

अप्रैल 2000 में, बीजिंग शहर में भयानक आग लग गई। परिणामस्वरूप, आग से सुरक्षा, चिंता का मुख्य विषय था। ग्वांग्झोउ के शहरी प्रशासन विभाग ने छोटे-छोटे उद्योगों का निरीक्षण शुरू कर, उनमें से बहुतों को बंद करवा दिया। झॉन्गडा टैक्सटाइल होलसेल मार्केट में बस हान का प्लांट ही रह गया था।

'मुझे इंस्पेक्शन से बचने के लिए रात को काम करना पड़ता था।'

लगातार दबाव बढ़ता ही जा रहा था। वित्त को संभालना, जांच और फिर मशीन भी--सब एक ही समय पर--संभाल पाना मुश्किल हो रहा था। उसी समय, उनके पति की सेहत भी गड़बड़ाने लगी। हान ने पीछे हटते हुए बिजनेस छोड़ देने का निर्णय लिया।

वह वापस उसी दोस्त के पास वापस गईं, जिसने मुश्किल के समय मदद देने

'बिजनेस में हमेशा एक नियम बहुत जरूरी होता है–
अच्छी क्वालिटी और लगन।'

'मैं परिवार के लिए काम करती हूं।
और दिल से प्यार करती हूं।'

का वादा किया था। वह उस समय काफी धनी था और उसने बड़ी सी जायदाद भी बनाई थी। यद्यपि, जब हान ने उसे सामान की लिस्ट दी, वह उससे 3,000 आरएमबी (25,000 रुपए), जैसे छोटी सी रकम के लिए पूछताछ करने लगा।

'मैं यह जानकर सदमे में थी कि वह हमारी कोई मदद नहीं करने वाला। मुझे बिजनेस चलाना ही होगा, अपने दम पर, कोई फर्क नहीं पड़ता कि वह कितना मुश्किल हो।'

उस समय हान का भाई हान हाई उनके साथ काम करने को तैयार हो गया। साथ मिलकर उन्होंने कई परेशानियों का सामना किया।

मशीन चलाने के लिए, उन्होंने मशीन कंपनी से सलाह ली और उन्हीं का बताया हुआ कर्मचारी रख लिया। हान ने उत्पादन और डिलिवरी का काम अपने भाई और पति पर छोड़ दिया, जबकि खुद कस्टमर को लाने और उन्हें संभालने का काम लिया।

दर्जनों फैक्टरी लेबल बनाने का काम कर रही हैं, तो हान को अन्यों से ज्यादा काम कैसे मिला? यह संबंधों, अच्छी गुणवत्ता और लगन पर आधारित था।

'मेरा पहला ग्राहक जिसकी ऐक्सेसरीज मार्केट में दुकान थी। वे अभी भी मेरे साथ काम कर रहे हैं, और अब हमारी मित्रता हो गई है।'

2002 तक, लगभग सभी परेशानियों पर नियंत्रण हो गया था और कंपनी तेजी से विकसित हो रही थी। 'वास्तव में यह हमारी योजनाओं, हमारी सोच से भी बड़ी हो गई थी।'

हर सीजन के बाद, हान और उनके पति अपनी कमाई का हिसाब किताब लगाते, और नए प्रचलन और नई मशीनों पर चर्चा करते। हमेशा अपनी कमाई को ही बिजनेस में लगाकर, उन्होंने कभी लोन नहीं लिया।

कुछ मशीनों के साथ एक बड़ी यूनिट के बाद, हान ने एक और बड़ी फैक्टरी लगवाई। मांग बढ़ी और 2003 में उन्होंने तीसरी फैक्टरी भी लगा ली। उनके पास 70 से ज्यादा कर्मचारी काम कर रहे हैं।

'हमारे पास बहुत काम था तो मैंने अपनी बहन, दूसरे भाई, पति के भाई को भी बिजनेस में हमारी मदद करने के लिए लगा लिया।'

उस समय, हान ने एक नया 'स्विंग टैग' बनाया, जो बहुत ही लोकप्रिय रहा। 2005 में, उन्होंने अपने कजिन को बिजनेस संभालने को दे दिया, क्योंकि उनके पास ज्यादा समय नहीं था।

आखिरकार, एक बिजनेस को चलाने का उद्देश्य क्या होता है? अपने परिवार की खुशी और देखभाल। लेकिन क्या यह दोनों हो पाना आसान है?

'हां, जब हमने बिजनेस शुरू किया था तो मेरे पति लड़ा करते थे, बहुत सी बहस हुईं। लेकिन हमने हमेशा बातों से मामला सुलझाया क्योंकि हम दोनों ही एक-दूसरे की बहुत इज्जत करते हैं।'

वृद्धि के साथ, उनमें परिपक्वता भी आई, और अब सब पहले की अपेक्षा ज्यादा आसान था।

परिवार के अन्य सदस्य अपनी-अपनी जिम्मेदारी निभा रहे हैं--एक भाई 'हैंग टैग' की फैक्टरी संभाल रहा है, जबकि बहन प्रिंटिंग का काम। हान लेबल, कस्टमर रिलेशन और पूरा वित्त देख रही हैं।

सभी मामलों में आखरी निर्णय हान का ही होता है, फिर भी वह सभी को प्रमुखता देती हैं।

'मैं कभी अपने रिश्तेदारों के सामने यह जाहिर नहीं होने दे सकती कि वे मेरे नीचे काम कर रहे हैं।'

विनम्रता उनके खून में और पालन-पोषण में है। यह तो महिलाओं की नैसर्गिक सुगंध है।

1999 में 5000 यूएसडी की सालाना आय से 2012 में हान की कंपनी की सालाना आय 250,000 यूएसडी (1.4 करोड़ रुपए) है। वर्तमान में यह इतनी मुनाफे वाली नहीं लगती, लेकिन हान संतुष्ट हैं।

'पूरी दुनिया में उत्पादकों के लिए मुश्किल समय चल रहा है, चीन में भी। यह सब देखकर, मुझे लगता है कि हम उतने खराब भी नहीं हैं।'

वर्तमान में उनके 150-200 कर्मचारी हैं। उनकी योजना ट्रेड या एक्सपोर्ट लाइन में जाने की है, लेकिन 4-5 साल बाद, जब उनके बच्चे भी इससे जुड़ सकें।

'अभी भी वे स्कूल और यूनीवर्सिटी में हैं। एक बार वे तैयार हो जाएं तो मैं उन्हें खुद ही निर्णय लेने दूंगी।'

आखिरकार, उन्होंने भी हान का संघर्ष देखा और झेला है। जब हान पूरी तरह से बिजनेस में व्यस्त थीं तो बच्चों ने घर पर खाना बनाना और कामकाज देखा था।

'मेरी बड़ी बेटी ग्रेवी बनाती, बेटा चावल और छोटी बेटी बर्तन साफ कर देती।

इसी तरह हमने मैनेज किया, अब हमारे पास कामवाली है।'

हान अभी भी युवा और ऊर्जा से परिपूर्ण हैं। अभी उनकी काम से छुट्टी लेने की कोई योजना नहीं है।

रिटायरमेंट का मतलब होगा कि अब उनकी जिंदगी किसी काम की नहीं रही।

'मैं काम करते हुए ही मरना पसंद करूंगी।'

*

महिला उद्यमी की सलाह

अपने दिल की सुनो और हमेशा खुश और सकारात्मक रहने की कोशिश करो। व्यवसाय में अगर आपकी लगन सच्ची है और आप काम और ग्राहकों के प्रति ईमानदार हैं तो आप कभी असफल नहीं हो सकते।

सहनशील, मेहनती, हठी और खुली सोच रखने की कोशिश करें।

अगर आपने उच्च शिक्षा नहीं भी ली है, तो भी आप बिजनेस कर सकते हैं। बस मेहनत और दृढ़ता जरूरी है।

अधिकांश चीनी लोग महिलाओं से ज्यादा पुरुषों को तवज्जो देते हैं (हालांकि चीनी महिलाएं अब पुरुषों से अच्छा काम कर रही हैं।)

बिजनेस में फायदाः अगर महिला और पुरुष में बराबर की योग्यता है तो ग्राहक पुरुष की अपेक्षा महिला का चयन करेगा, क्योंकि वे उत्तम, जिम्मेदार और सावधान होती हैं।

वू हुई टिंग (बेटी)

मेरी मां बहुत ही विनम्र हैं। क्योंकि वह अपने परिवार के बारे में बहुत सोचती है, अपने दोस्तों और साझेदारों के बारे में भी।

वह बहुत दृढ़ निश्चयी हैं और मन लगाकर अपना काम किया करती हैं। उन्होंने उसी बॉस के पास रहते हुए अन्य लोगों से ज्यादा पैसे कमाए हैं। उन्होंने बस इतना तय किया था कि वे जो भी करेंगी उसमें अपना सर्वश्रेष्ठ देंगी। और उन्होंने वाकई में श्रेष्ठ काम किया।

वह बहुत धार्मिक हैं। वह अपने मां-बाप की देखभाल करती हैं। जब भी उन्हें समय मिलता है, वह अक्सर उनके घर जाकर उनसे बातें करती हैं। वह अपने मां-बाप की आर्थिक सहायता भी करती हैं। उनके लिए उनकी पसंद का सामान भी खरीदती हैं।

उन्हें अपने दोस्तों से बात करना पसंद है, भले ही वे उनसे कम उम्र के क्यों न हों। उनका दिल जवान है।

वह अब कुछ किताबें पढ़ती हैं और टीवी पर कुछ ऐतिहासिक नाटक देखती हैं। इससे उन्हें और सीखने में मदद मिलती है। उन्हें सफल लोगों से प्रेरणा मिलती है।

एवरेस्ट भी दूर नहीं

प्रेमलता अग्रवाल

पर्वतारोही

मई 2011 में, जमशेदपुर की 48 वर्षीय गृहिणी माउंट एवरेस्ट पर चढ़ने वाली सबसे बड़ी उम्र की भारतीय महिला हैं। प्रेमलता के साहस और दृढ़ता ने दिखा दिया कि कुछ भी हासिल करने में उम्र कोई बंधन नहीं है।

मैं बहुत सी प्रेमलता को जानती हूं। उनमें मेरी आंटी हैं, और पास दूर की कजिन बहनें भी हैं। अग्रवाल लड़कियां जिनके वैवाहिक विज्ञापन में उन्हें 'गेहुंआ' और 'घरेलू' बताया जाता है। वे लड़कियां हमारे समाज को खुश करने के लिए खुशी-खुशी इस लबादे को ओढ़ लेती हैं। प्रेमलता ने भी अपने मां-बाप की इच्छा का मान रखते हुए, 18 साल की उम्र में अपने मां-बाप की मर्जी से शादी कर ली। उन्होंने भारतीय गृहिणी के कर्तव्य निभाते हुए अपने पति, ससुराल वालों और बच्चों की देखभाल की।

कभी अपने लिए कोई सपना नहीं देखा।

जब तक कि प्रसिद्ध पर्वतारोही बछेंद्री पाल ने एक दिन उनकी पहाड़ पर चढ़ने की कला को परख न लिया। और उन्हें विश्वास दिलाया कि 35 साल की उम्र में भी वे पहाड़ पर चढ़ने का साहसिक कार्य कर सकती हैं।

उन्होंने अपनी छोटी सी दुनिया के घेरे से बाहर निकलकर पहाड़ की चोटी पर अपना निशाना साधा।

'कभी सोचा ना था कि एक मारवाड़ी लड़की और वो भी इस उम्र में, ये सब कर सकती है।' पर एक बार सोचा तो फिर करके दिखाया।

13 साल बाद, प्रेमलता अग्रवाल ने माउंट एवरेस्ट की चोटी पर अपने कदम रखे। 48 साल की उम्र में, वह इस अतुलनीय मुकाम पर पहुंचने वाली सबसे बड़ी उम्र की भारतीय महिला हैं। कहीं भी, किसी के लिए भी वे प्रेरणा बन सकती हैं, जो सोचते हैं कि क्या मुझमें भी यह है? लेकिन 'गेहुंआ' और 'घरेलू' महिलाओं की तो वे ज्यादा ही प्रेरणा हैं।

आप उस लेबल से कहीं ज्यादा हैं, जो आपको दिया गया है।

एवरेस्ट भी दूर नहीं

प्रेमलता अग्रवाल

पर्वतारोही

प्रेमलता का जन्म दार्जिलिंग के पास एक छोटे से कस्बे सुखिपोकरी में हुआ।

'हम सात बहनें और दो भाई हैं। बहनों में मैं दूसरे नंबर की हूं।'

प्रेमलता नेपाली माध्यम के स्कूल में 12वीं क्लास तक पढ़ी हैं।

'मेरे पिता मुझे आगे पढ़ाना चाहते थे लेकिन घरवालों ने कहा--क्या करोगी पढ़कर। नौकरी करनी है क्या?'

तो 1981 में, 18 साल की उम्र में, प्रेमलता एक नए जीवन की शुरुआत करने जमशेदपुर आ गईं। उनके पति मारवाड़ी व्यापारी परिवार से थे। लेकिन उतने रूढ़िवादी नहीं थे।

'हमारा परिवार दूसरे मारवाड़ी परिवारों की तरह पुराने ख्यालों का नहीं है। जब मैंने आगे पढ़ने की इच्छा जाहिर की तो ससुरालवालों ने आपत्ति नहीं की।'

लेकिन एक साल में ही प्रेमलता ने एक बेटी को जन्म दिया और पढ़ाई की योजना आई गई हो गई। प्रेमलता अपनी जिंदगी में पत्नी, मां और बहू की भूमिका में रमकर, पूरे परिवार की देखरेख करती रही। अपनी दोनों बेटियों के लिए 'सर्वश्रेष्ठ' कर पाना उनकी पहली वरीयता थी। शिक्षा, खेल--संपूर्ण विकास।

'शाम को मैं अपनी बेटियों को टेनिस सीखने के लिए जे आर डी खेल परिसर में ले जाती थी। जब वे खेलतीं तो मैं वहीं बैठकर इंतजार करती, तो उस दौरान मैंने महिला जिम में दाखिला ले लिया--खासकर योग क्लासों के लिए।'

जे आर डी स्पोर्ट कॉम्प्लेक्स में प्रेमलता को 'डालमा हिल्स वॉकिंग कंपीटिशन' के बारे में पता चला। जिसकी प्रबंधक पर्वतारोही बछेंद्री पाल थीं। उन्होंने इसमें भाग

लिया--अचानक--और तीसरा स्थान प्राप्त किया।

'जब मैं सर्टिफिकेट लेने बछेंद्री जी के ऑफिस गई, तो मैंने माउंट एवरेस्ट पर खड़े उनका फोटो देखा। मैंने उनसे प्रभावित होकर कहा--मैं अपनी बेटी को भी एडवेंचर लाइन में डालना चाहती हूं।'

बछेंद्री ने जवाब दिया, '*बेटी ही क्यों*? तुम खुद क्यों नहीं कोशिश करतीं?'

प्रेमलता हैरान थीं। 36 साल की उम्र में? एक गृहिणी? यह कैसे हो सकता है?

'उम्र कोई बंधन नहीं है,' बछेंद्री ने कहा। 'अगर कुछ करना है तो किसी भी उम्र में कर सकते हैं।'

और इस तरह 1999 में प्रेमलता का पर्वतारोहण का करियर शुरू हुआ। सबसे पहले उत्तरकाशी में नेहरू इंस्टीट्यूट ऑफ माउंटिनिरिंग से 21 दिन का बेसिक कोर्स किया। ज्यादातर प्रशिक्षार्थी--जिनमें प्रेमलता की बेटी भी थी--उनसे आधी उम्र के थे।

इंस्ट्रक्टर ने मजाक बनाया, 'इस उम्र में माउंटिनिरिंग करने आई हो? तुम ये नहीं कर पाओगी।'

प्रेमलता ने जवाब दिया, 'बछेंद्री जी ने मुझे भेजा है, कुछ सोचकर ही भेजा होगा।'

'यह जमशेदपुर का डालमा पहाड़ नहीं है,' इंस्ट्रक्टर ने कहा। और यकीनन यह उससे बहुत अलग था। एक महीने के कोर्स में 13,000 फीट ऊंची हिमालय श्रृंखला पर चढ़ना भी शामिल था। प्रशिक्षार्थियों के लिए 'ए' ग्रेड लाना जरूरी था, नहीं तो उन्हें फिर से कोर्स करना पड़ता। सबको चकित करते हुए प्रेमलता ने न सिर्फ ए ग्रेड हासिल किया, बल्कि 'बेस्ट ट्रेनी' अवॉर्ड भी जीता।

'*हूं तो मैं दार्जिलिंग की*, तो मुझे पहाड़ों पर चलने की आदत थी,' वह मुस्कुराकर कहती हैं। 'लेकिन मैंने कभी पर्वतारोहण में शामिल होने के बारे में नहीं सोचा था!'

पहला महीना, पहली जीत, विश्वास में पहली छलांग। प्रेमलता दार्जिलिंग में हिमालयन माउंटिनिरिंग इंस्टीट्यूट से एडवांस कोर्स करने गईं।

'*मेरा हौसला बढ़ता गया*। फिर मैं बछेंद्री जी के साथ पर्वतारोहण के अभियान पर गई।'

ये वार्षिक अभियान--21 दिन से एक महीने तक के--प्रेमलता को कराकोरम पास, स्टॉक कांगड़ी (लद्दाख) और आइसलैंड पीक (नेपाल) तक ले गए। शुरुआत

में ससुरालवालों से परमिशन मिल पाना भी एक मसला था। लेकिन उनके पति हमेशा उनके साथ चट्टान की तरह खड़े थे।

'तुम चिंता मत करो--हम सब संभाल लेंगे,' वह कहते।

किस्मत से, ऐसे अभियान हमेशा मई महीने में होते थे, जब बच्चों के स्कूल बंद होते हैं। तो लड़कियां भी सामान पैक करके अपनी नानी के घर पहुंच जाती थीं।

'एक बात तो तय थी कि उनकी पढ़ाई पर कभी असर नहीं पड़ा।'

प्रेमलता ने एक और छोटे पहाड़ को तय कर लिया था अपनी पसंद के कपड़े पहनकर। और यह काफी पहले वास्तविक पहाड़ पर चढ़ने से पहले हो गया था।

'जब मेरी शादी हुई तो मैं सिर्फ साड़ी पहन सकती थी, वो भी सिर पर पल्लू रखकर।'

जमशेदपुर की गर्मी में यह भी एक सजा है। तो एक दिन उनके पति ने कहा, 'तुम सिर पर पल्लू मत रखा करो।'

समय के साथ सलवार-कमीज सामान्य जीवन का हिस्सा बनते जा रहे थे। प्रेमलता भी रोज के जीवन में इन्हें अपनाना चाहती थीं। लेकिन उनकी सास को आपत्ति थी।

'दादीजी को यह अच्छा नहीं लगेगा।'

दादीजी भी सामने बैठी थी तो मासूमियत से प्रेमलता ने उन्हीं से पूछ लिया, 'मेरे सलवार-कमीज पहनने से आपको कोई ऐतराज है?'

दादी प्रेमलता को बहुत चाहती थीं, तो वो दुविधा में थीं। वह ऐतराज तो नहीं कर सकती थीं, पर हां भी नहीं कह सकती थीं--तो वे चुप ही रहीं।

'दोनों एक दूसरे का मुंह ताक रहे थे, मैं जल्दी से अंदर जाकर सूट पहनकर आ गई।'

साफ दिल, साफ उद्देश्य से किए गए काम का परिणाम भी सही होता है।

'मेरी शादी जल्दी ही हो गई थी तो मैं ज्यादा दुनियादारी नहीं जानती थी,' वह हंसीं। 'मैं हमेशा आमने-सामने की बात पर यकीन रखती हूं।'

एक बार प्रेमलता ने पर्वतारोहण शुरू किया तो फिर वह पैंट पहनने लगीं।

**'जबसे मैं शादी करके यहां आई साड़ी पहनती थी।
और पल्लू भी ढके रखना पड़ता था।'**

'उस समय सुनकर तो बहुत ही हैरानी हुई इस उम्र में और एक हाउसवाइफ के लिए एडवेंचर स्पोर्ट्स जॉइन करना।'

लेकिन इस बार उतना बवाल नहीं था। अब सवाल था तो खेल को दिए जाने वाले समय को लेकर था। हमेशा उसे संतुलन रखने को कहा जाता।

'अक्सर मैं जिम में 2-3 घंटे की ट्रेनिंग करके आती और आकर सीधा रसोई में घुस जाती।'

अपना ट्रैक सूट और जूते तक बिना बदले।

'मेरे पति अक्सर कहते कि तुम जो करना चाहती हो करो, बस ध्यान रहे की मां-बाउजी की अनदेखी न हो। उन्हें समय से खाना मिलना चाहिए।'

यह कैसे होता है, यह प्रेमलता की समस्या थी। एक सुगढ़ भारतीय गृहिणी की तरह उसने यह सब संभाले रखा।

यद्यपि दुविधा अब भी बरकरार थी। 2004 में, जब उन्होंने आइसलैंड अभियान पूरा किया तो बछेंद्री पाल ने प्रेमलता से कहा, 'तुम पूरी तरह से फिट हो। अब माउंट एवरेस्ट की तैयारी करो।'

'मैं हंसकर रह जाती थी,' प्रेमलता ने कहा।

उनकी दोनों बेटियां स्कूल में थीं और वे ऐसे में महीनों घर से बाहर नहीं रह सकती थीं। जिसकी एवरेस्ट की ट्रेनिंग में जरूरत होती है। तो उन्होंने यह बात घर पर कभी छेड़ी ही नहीं। पांच साल बाद, माउंट किलीमंजारो के अभियान के दौरान बछेंद्री पाल ने उनके सामने फिर से वही बात दोहराई। इस बार परिस्थितियां अलग थीं।

'मेरी बड़ी बेटी की शादी हो चुकी थी और छोटी बेटी 12वीं करके जमशेदपुर से बाहर कॉलेज में पढ़ाई कर रही थी।'

इस बार, प्रेमलता ने अपने पति से पूछा, 'बछेंद्री जी मुझे माउंट एवरेस्ट पर चढ़ने की ट्रेनिंग के लिए कह रही हैं। क्या मैं तीन महीने के लिए घर से जा सकती हूं... शायद उससे ज्यादा भी?'

प्रेमलता के पति ने तुरंत ही कहा, 'हां! तुम्हें जरूर जाना चाहिए।'

उनके ससुर ने भी सहमति जताई, 'बेटी, तुम जा सकती हो। मेरा आशीर्वाद तुम्हारे साथ है।'

उसी पल प्रेमलता जान गई थीं कि उन्हें यह करना ही होगा। जरूर करना होगा। वह तब 47 साल की थीं।

जिम में सुबह शाम के कड़े सत्र शुरू हो गए। जॉगिंग, वेट्स, योग, प्राणायाम, ऐरोबिक्स--सबकुछ। यही दार्जिलिंग में हिमालयन माउंटेनिरिंग इंस्टीट्यूट के दूसरे एडवांस कोर्स में भी कराया गया। तकनीकी रूप से, प्रेमलता इस कोर्स के लिए योग्य नहीं थीं, क्योंकि इसकी अधिकतम आय 35 साल थी।

'मैंने उन्हें अपनी उम्र 35 साल बताई, और उन्होंने मान ली।'

फिर दिसंबर 2010 में, प्रेमलता 'स्नो क्लाइम्बिंग' और 'आइस क्लाइम्बिंग' के लिए सिक्किम गईं। इसमें 8-10 घंटे की ट्रेकिंग--उसी दिन चढ़ना और उतरना--शामिल थी। जिस शेरपा के साथ वह ट्रेनिंग कर रही थीं, उसने कहा--'तुम एवरेस्ट के लिए तैयार हो!'

बहुत से पर्वतारोही बेस कैंप में पहुंचे। यहां से शिखर तक जाने के लिए सहनशक्ति की जरूरत थी।

'जब आप ऊंचाई पर जाते हैं तो ऑक्सीजन बहुत कम हो जाती है, और अपने साथ कुछ ले भी नहीं जा सकते। तभी आप तेज गति से चल पाने में सक्षम हो पाते हैं।'

प्रेमलता को भरोसा था--वह कर लेगी। 25 मार्च 2011 को, वह काठमांडू और उसके आगे लूकला जाने के लिए जहाज में बैठीं। यहां पर समुद्र तल से 8000 फीट ऊपर एवरेस्ट की चढ़ाई शुरू होती है। पूरे सफर में लगभग तीन महीने का समय लगता है।

'पहले हमने एवरेस्ट पूर्व अभियान के रूप में आइसलैंड पीक और काला पत्थर की चढ़ाई की। फिर आखिरकार एवरेस्ट के बेस कैंप में पहुंचे।'

यहां से असली एडवेंचर की शुरुआत होनी थी। एवरेस्ट के रास्ते में 4 कैंप हैं। पर्वतारोही को एक कैंप से दूसरे में जाने के लिए 45 दिनों तक उसी वातावरण में रहकर खुद को अनुकूल करना पड़ता है। एक रात ऊंचाई पर बिताकर फिर नीचे आना। यही खतरनाक होता है।

'हर रोज मैं 20 किलो भार उठाकर जॉगिंग के लिए जाती। एवरेस्ट के लिए आपको वैसा स्टेमिना बनाना पड़ता है।'

'किसी भी चढ़ाई में आप चोटी को देखते हैं तो वह आपको बहुत दूर दिखाई देती है, लेकिन मुझे ऐसा कुछ महसूस नहीं होता था।'

कैंप 1 में पहुंचने के लिए आपको जोखिमभरे हिम दरारों को हल्की सी अल्यूमीनियम की सीढ़ी से पार करना होता है। सीढ़ी हवा में झूलती रहती है और पर्वतारोही को संतुलन बनाए रखना होता है। यह काम प्रेमलता के लिए बहुत मुश्किल हो रहा था, क्योंकि बचपन में उनके टखने में चोट लग गई थी।

'मुझे संतुलन बनाने में बहुत दिक्कत पेश आ रही थी, खासकर उतरते वक्त ज्यादा। एक समय वह भी होता है, जब सीढ़ी खत्म हो जाती है और आपको बस छलांग लगानी होती है। वो तो और भी मुश्किल था।'

जो शेरपा उनके ग्रुप के साथ था वह हमेशा ताने मारता रहता था, 'तुमने कहां से कोर्स किया है? अगर तुम ठीक से पैर नहीं जमा सकतीं तो यहां क्यों आई हो?'

वास्तव में, काठमांडू से शेरपा को संदेह होने लगा था। प्रेमलता की बड़ी बेटी उन्हें वहां तक छोड़ने आई थी। उसके जाने के बाद, शेरपा ने पूछा, 'आपकी बेटी कहां गई? उसे एवरेस्ट पर नहीं चढ़ना था?'

प्रेमलता ने जवाब दिया, 'नहीं, एवरेस्ट पर मैं चढ़ूंगी।'

शेरपा को झटका लगा--एक भारतीय महिला, इस उम्र में, यह करने जा रही है? बाकी सारे ट्रिप में वह प्रेमलता को निरुत्साहित और कम आंकता रहा। लेकिन, वह किसी और ही मिट्टी की बनी थीं।

'मैं जानती थी कि मेरा लक्ष्य क्या है। कुछ भी हो जाए, कैसे भी हो, मिशन को पूरा करना है।'

शेरपा लगातार बोलता रहा, 'तुम यहां क्यों आईं, तुम यह नहीं कर सकतीं!'

लेकिन प्रेमलता का पूरा ध्यान खुद पर लगे बहुत से लोगों के विश्वास पर था।

'मुझे परिवार का बहुत साथ मिला है, पति का घरवालों का। टाटा स्टील ने मेरी ट्रेनिंग पर बहुत पैसा खर्च किया था। बछेंद्री दीदी को मुझसे बहुत उम्मीदें थीं। वो सारा विश्वास, सारी शक्ति मुझे आगे बढ़ा रही थी।'

हम सभी में कोई शक्ति होती है, जो कहीं छिपी रहती है। वह किसी चुनौती, मुश्किल या असंभव काम के समय सामने आ जाती है।

'जब भी मुझे मुश्किल होती थी, मैं हनुमान चालीसा पढ़ती। मैं हजारों बार उसे

दोहरा चुकी हूं।'

छह पर्वतारोहियों के समूह में, जिसमें पुलिस फोर्स से एक जोड़ा पति-पत्नी, एक दूसरी महिला जो सीधे कैंप 2 में पहुंची थी। दोनों महिलाओं को कैंप 2 में ही ऑक्सीजन लेनी पड़ी थी, जबकि प्रेमलता 24,000 फीट ऊपर कैंप 3 में जाने का इंतजार कर रही थी। लेकिन यहां से मौसम खराब होना शुरू हो गया था। माउंट एवरेस्ट का मौसम बहुत ही अप्रत्याशित होता है और अचानक ही यह बद से बदतर हो जाता है।

'एकदम से आंधी-तूफान आ गया, 100 किमी प्रति घंटे की रफ्तार से हवाएं चल रही थीं। हर तरफ बर्फ उड़ रही थी, जो सीधे हमारे चेहरे पर वार कर रही थीं...'

अगला कदम आपके जिंदगी के सफर को वहीं खत्म भी कर सकता था, लेकिन फिर भी पर्वतारोही बढ़ रहे थे। क्योंकि वे तकरीबन पहुंचने ही वाले थे। लेकिन तभी शेरपा को सेटेलाइट फोन से खबर मिली की मौसम के और भी बिगड़ने का अनुमान है। पर्वतारोहियों ने विरोध किया--वे बढ़ने को तैयार थे।

शेरपा ने कहा, 'एवरेस्ट यहीं रहेगा, जान बचेगी तो फिर चढ़ लेंगे...'

ग्रुप बेमन से कैंप 3 की तरफ उतरने लगा, यह सोचकर कि वे 2 रातें वहां बिताकर मौसम सही होने पर आगे बढ़ लेंगे। लेकिन कैंप 3 के सारे टैंट तूफान में उड़ चुके थे। अब कैंप 2 (21,500 फीट) की तरफ उतरने के सिवाय कोई दूसरा रास्ता नहीं था। और फिर वहां से वापस बेस कैंप (17,500 फीट) की तरफ।

'हमारे पास ऑक्सीजन, राशन नहीं था, तो हमारे पास कोई विकल्प नहीं था... ऐसा लग रहा था मानो हमारा एवरेस्ट अभियान वहीं खत्म हो गया था।'

प्रेमलता को पानी की कमी हो गई थी, वह तीन दिन तक टैंट में लेटी रहीं। फिर उन्होंने सेटेलाइट फोन से अपने पति से बात की।

उन्होंने कहा, 'सभी अखबारों में छपा है कि तुम शिखर तक जाए बिना लौट आईं... कोई बात नहीं, तुम सही-सलामत आ गईं, यही बहुत है। इससे ज्यादा जरूरी

'घरवालों का, बछेंद्री दीदी का, टाटा स्टील का, सबका जो विश्वास था वो ऊपर तक लेकर गया। मुझे बस यही याद था कि कैसे भी लक्ष्य तक पहुंचना ही है।'

'मुझे लगता है कि हमारे अंदर इतनी शक्ति है... जिसका 10 प्रतिशत भी रोजमर्रा की जिंदगी में इस्तेमाल नहीं होता।'

कुछ नहीं है।'

लेकिन बात खत्म करने से पहले उन्होंने कहा, 'लेकिन फिर भी देख लेना... मतलब ट्राई करना।'

प्रेमलता ने दार्जिलिंग में अपने भाई से बात की। उसने कहा, 'अपने जीवन को खतरे में मत डालना... लेकिन मौसम कुछ सुधरे तो, देखना...'

वास्तव में मौसम में सुधार आ रहा था।

उनकी बड़ी बेटी ने भी उत्साह बढ़ाया, 'मम्मी, आप कर सकती हो!'

आखिरकार उनके पिता ने कहा, 'जब एक कदम आगे बढ़ाया है कुछ करने के लिए तो पीछे क्यों हटना। मौत तो कभी भी, कहीं भी आ सकती है। सड़क दुर्घटना में, या रेल दुर्घटना में भी। मौत से मत डरो!'

इन शब्दों ने प्रेमलता को शक्ति दी और उन्हें राजी कर लिया कि पीछे मुड़कर देखना ही नहीं है। टीम लीडर ने चेतावनी दी कि मौसम बहुत अच्छा तो नहीं है, लेकिन वे दूसरा प्रयास करना चाहें तो कर सकते हैं। ग्रुप ने आगे बढ़ने का निर्णय लिया। एक बार फिर उन्होंने चढ़ना शुरू किया। इस बार, कैंप 4 (27,000 फीट) पर परेशानी आई। प्रेमलता की सांस उखड़ने लगी।

'शेरपा मेरे आगे चल रहा था। मैं डर रही थी कि मैंने उसे कहा तो वह कहेगा--वापस चलो, अभी के अभी।'

तो प्रेमलता ने खुद ही समस्या से निपटने का निर्णय किया। उन्होंने वाशर हटाकर उसकी जगह पर कॉटन टिशु पेपर लगा लिया। उसने समस्या को और बढ़ाकर सांस लेना और मुश्किल कर दिया। अपने जीवन का यादगार कदम उठाने से पहले ग्रुप कुछ पल आराम करने के लिए रुका। प्रेमलता ने अपना ऑक्सीजन मास्क ठीक करने की कोशिश की, लेकिन मोटे दस्तानों की वजह से उनकी उंगलियां काम नहीं कर पा रही थीं।

'मैंने दाएं हाथ का दस्ताना उतारकर जमीन पर रखा। एक ही पल में, वह हवा से उड़ गया...'

बिना ऑक्सीजन के, बिना दस्ताने के प्रेमलता की हालत बहुत ही नाजुक हो

गई थी। 27,000 फीट की ऊंचाई पर, माइनस 45 डिग्री तापमान पर आपकी उंगलियां बिना किसी सुरक्षा की वजह से मिनट में नीली होने लगती हैं। प्रेमलता को लगा कि अब उनका अंत नजदीक था। फिर भी अपने परिवार के शब्द, बछेंद्री दीदी का विश्वास, देश की उम्मीदें--उसे बांध रही थीं।

'बस यही ख्याल आया कि मुझे कैसे भी चढ़ना है।'

जैसे ही उन्होंने अगला कदम बढ़ाया तो मानो चमत्कार ही हुआ। उनके सामने क्रीम रंग का ऊनी दस्ताना जमीन पर पड़ा था। उस पर कोई कवर नहीं चढ़ा था, वह उस मौसम के लिए उपयुक्त नहीं था, लेकिन फिर भी यह डूबते के लिए तिनके का सहारा था।

'मैंने दस्ताना पहन लिया और इससे मुझे इतनी शक्ति मिली कि मैं शिखर तक जा पहुंची।'

प्रेमलता 20 मई 2011 को सुबह 9.30 बजे माउंट एवरेस्ट पर थीं। उन्होंने विश्व के शिखर पर अतुलनीय 20 मिनट बिताए। मानो चारों तरफ स्वर्ग।

'मैं दो कैमरे ले गई थी--जल्दी से हमने कुछ तस्वीरें लीं। यह शिखर तक पहुंचने का सबूत था!'

प्रेमलता कुछ वीडियो रिकॉर्डिंग भी करना चाहती थीं लेकिन शेरपा ने जोर दिया कि अब उन्हें उतरना शुरू कर देना चाहिए--मौसम का मिजाज फिर से गड़बड़ा रहा था। प्रेमलता में झीना सा जो साहस और दृढ़ता आई थी, वह भी अब जाने लगी थी। अब दर्द और थकान फिर से सिर उठा रही थी।

'हमारा बिस्किट और चॉकलेट का कोटा खत्म हो गया था... मेरा पेट खाली था, क्योंकि मैंने पिछले 24 घंटे से कुछ नहीं खाया था!'

एक और चमत्कार विदेशी पर्वतारोही के रूप में सामने आया, जिसने अपनी लिक्विड चॉकलेट हमारे साथ बांटी थी। जिसके दम पर प्रेमलता ने उतरना शुरू किया। जैसे उसने अपना आखरी थर्मस का पानी पिया, तो अब साझा करने की बारी उसकी थी।

'वहां काफी सारे पर्वतारोही थे, सब एक-एक घूंट पानी के लिए तरसते हैं वहां।'

बांटने से थर्मस जल्दी ही खाली हो गया। शेरपा ने प्रेमलता को उसकी बेवकूफी के लिए झाड़ा। लेकिन तब तक वह समझ गया था कि जितना वह समझता था, वह उससे कहीं ज्यादा मजबूत हैं। ग्रुप कैंप 2 और फिर बेस कैंप पहुंच गया। तब प्रेमलता

'अभी भी बहुत लोग समझ नहीं पाते कि एवरेस्ट चढ़ने का *फायदा* क्या है। कोई ईनाम मिला? या फिर भगवान मिला।'

ने अपने दस्ताने उतारे और उन्हें पता लगा कि उनकी उंगलियां नीली पड़ गईं थीं।

साथ ही, उनके जूते भी परेशान कर रहे थे, तो उन्होंने उन्हें उतारने का निर्णय लिया।

'मैं लूकला तक स्लीपर पहनकर ही आई।'

काठमांडू में, प्रेमलता के पति, बेटियां और भैया-भाभी उन्हें लेने के लिए आए थे।

'मेरी सफलता सिर्फ मेरी नहीं थी... सबका साथ था।'

प्रेमलता के पति भी खुशी से बताते हैं, 'मेरा कुछ रोल नहीं है... बस मैंने उन्हें कभी रोका नहीं।'

और वे उसके साथ खड़े रहे, जब भी समाज या परिवार में किसी ने कोई आपत्ति जताई।

'मुझे लगा कि अगर मैं जीवन में कुछ बड़ा नहीं कर पाया तो कम से कम मुझे उसे कुछ हासिल करने से नहीं रोकना चाहिए।'

और जुस्तजू जारी है। 2012 में, प्रेमलता रूस के माउंट अल्बर्स पहुंचीं और साउथ अमेरिका के माउंट अकोनकागुआ। उनका सपना है कि वह सातों द्वीपों के सातों शिखर पर पहुंचे। जो करने वाली वे पहली भारतीय महिला होंगी।

और प्रेमलता अपना फिटनेस सेंटर शुरू करना चाहती हैं। जहां वे जमशेदपुर की महिलाओं को योग, एरोबिक्स और प्राणायाम सीखा सकें। वह मारवाड़ी समुदाय की महिलाओं के लिए एक महीने का ट्रेनिंग कैंप चलाती हैं। और इससे उनके नजरिए में फर्क भी आया है।

बहुत से लोग उनकी सास से पूछते थे, *'प्रेमलता पहाड़ों पर क्यों जाती है? कितना पैसा कमाती है?'*

प्रेमलता की सास जवाब देतीं, 'पैसे के लिए नहीं... बल्कि हमें तो ट्रेनिंग के लिए पैसा देना पड़ता है।'

और वे घबरा जाते।

'मेरे साथ एक महीने की ट्रेनिंग करके उनमें बहुत एनर्जी आ जाती। और फिर

उन्होंने ऐसे सवाल पूछने बंद कर दिए।'

जब प्रेमलता माउंट एवरेस्ट से वापस आईं तो उन्हीं महिलाओं ने स्टेशन पर उनका आरती की थाली और फूलों की माला से स्वागत किया। अब शायद वे समझ गए थे कि वे यह क्यों कर रही हैं।

कुछ भी, चाहे वह कितना ही छोटा क्यों न हो, उसे कम नहीं समझना चाहिए।

'एक शाकाहारी होने की वजह से, मुझे दाल-चावल से ही काम चलाना पड़ा। वो भी ऊपर कड़े-कड़े बनते हैं।'

कोई फर्क नहीं पड़ता कि आपने कपड़ों की कितनी परतें पहन रखी हैं, आप हमेशा ठंडे ही रहते हैं।

'जैसे फ्रीज के अंदर सो रहे हैं,' प्रेमलता हंसीं।

इससे भी कोई फर्क नहीं पड़ता कि आपने कितनी ट्रेनिंग ली है, आखिरकार नदी में उतरकर ही उसके बहाव को समझा जा सकता है।

'हर रोज बर्फ फिसल जाती है, रास्ते बदल जाते हैं... हर दिन सीढ़ी को सही जगह लगाया जाता है, लेकिन यह सब मन की तसल्ली के लिए ही होता है।'

प्रेमलता की आंखों के सामने, एक शेरपा हिम दरार में गिर गया था। उसका शरीर वहीं गायब* हो गया, फिर वह कभी नहीं मिला।

'पर्वतारोही की सुरक्षा की जिम्मेदारी शेरपा की होती है... वे अपना काम अच्छी तरह करते हैं। लेकिन वे आपका हाथ पकड़कर आपको नहीं ले जा सकते।'

खुद ही जाना पड़ता है--हर आदमी, हर औरत को अपना रास्ता खुद ही बनाना होता है।

एवरेस्ट पर चढ़ना, जिंदगी जीने के समान ही अप्रत्याशित हैं।

अपने लक्ष्य के हिसाब से आप किसी भी पहाड़ का चुनाव कर सकते हैं।

*

* वर्ष 2011 में, 10 पर्वतारोही माउंट एवरेस्ट पर चढ़ते समय अपनी जान से हाथ धो बैठे।

महिला उद्यमी की सलाह

मैं तो यही बोलूंगी सभी महिलाओं से... महिलाएं ही क्यों, पुरुषों से भी।

दुनिया बहुत सुंदर है। उसके लिए आप अपने शरीर को फिट रखिए और सकारात्मक सोच में रहिए, तो आप दुनिया का एक-एक पल जी सकते हैं। आप वर्तमान में जिएं। अतीत या भविष्य को भूल जाइए और हमारे अंदर एक शक्ति है... ऐसी शक्ति है कि हम कुछ भी हासिल कर सकते हैं।

अगर आप दिल से चाहते हो कुछ करना और उसमें 100 प्रतिशत लगाओगे किसी भी क्षेत्र में, आप जरूर सफल होंगे। अगर उसमें आप सफल कहीं भी नहीं होते हैं तो आप दिल से उसको पाना नहीं चाहते हैं और उसमें आप अपना 100 प्रतिशत नहीं लगा रहे।

एक और चीज है कि कभी भी कोई भी सफल होता है... तो अकेले उसके बस की बात नहीं होती, बहुत लोगों का साथ चाहिए। इसलिए सबको, परिवार को, साथ में लेकर ही आगे बढ़ना चाहिए।

दुर्गा

परिस्थितियों ने इन महिलाओं को काम करने और जीने के संघर्ष के लिए मजबूर किया। उन्होंने चुनौतियों का सामना किया, और शोषण को नकार दिया। उस शक्ति को सामने लाईं, जो हम सबमें कहीं छिपी हुई है।

मैं रहूंगी

पेट्रीशिया नारायण

केटरर

शराबी पति ने पेट्रीशिया को उसके खोल से बाहर निकलकर दुनिया का सामना करने को मजबूर किया। मरीना बीच पर एक स्टॉल के रूप में शुरू किया गया बिजनेस अब फूड चेन में बदल गया है, जिसने साबित कर दिया है महिलाएं चाहें तो कुछ भी कर सकती हैं--बस वे अपने दिल और आत्मा में ये बात बैठा लें।

कमरे में साधारण सी साज-सज्जा थी। दीवार पर एक सुंदर से फ्रेम में जीसस क्राइस्ट की फोटो लगी थी।

पेट्रीशिया ने साधारण से कपड़े पहन रखे थे। उनकी आंखों के नीचे गहरे काले घेरे थे, जो उनके कठिन जीवन की कहानी बयां कर रहे थे।

19 साल की उम्र में एक ऐसे आदमी से शादी, जो बाद में शराबी और पत्नी को पीटने वाला बन गया, उन्हें दो बच्चों की परवरिश करने के लिए बाहर आकर नौकरी करने पर मजबूर कर दिया। अपने मां-बाप पर आर्थिक रूप से बोझ न बनने के निश्चय के कारण उन्होंने कमाने का निर्णय लिया।

'मुझे खुद को साबित करने के लिए कुछ करना था। मैं नहीं चाहती थी कि लोग कहें कि देखो अपनी मर्जी से शादी करके अब पछता रही है,' वह शांति से कहती हैं।

भले ही इसके लिए उन्हें रात-दिन काम करना पड़े, अपने नाजुक कंधों पर इतनी बड़ी जिम्मेदारी उठानी पड़े--तो पड़े। भले ही उनका लक्ष्य अलग हो लेकिन संघर्ष वही था।

पेट्रीशिया जैसी लाखों महिलाएं हैं, जो चुपचाप सब बर्दाश्त करती जाती हैं। लेकिन वे उतनी बेबस नहीं हैं, जितना वे खुद को महसूस करती हैं। आर्थिक शक्ति बहुत से समीकरण बदल सकती है। आदर, आत्म-सम्मान और पहचान लेकर आती है।

दूसरे मदद के लिए हाथ या रोने के लिए कंधा दे सकते हैं। लेकिन इसका सही समाधान तो यही है कि अपने दुपट्टे से आंसू पोंछ डालो और अपने लिए नया जीवन और नए लक्ष्य गढ़ो। क्योंकि तुम्हारे नाजुक हाथों में उससे कहीं ज्यादा शक्ति है, जितना तुम सोचते हो...

मैं रहूंगी

पेट्रीशिया नारायण
केटरर

पेट्रीशिया का जन्म तमिलनाडु के कन्याकुमारी जिले के छोटे से शहर नगरकोइल में हुआ। उनके मां-बाप दोनों सरकारी कर्मचारी थे, इसलिए उनका लालन-पालन चेन्नई में हुआ।

'मैं एक रूढ़िवादी ईसाई परिवार से हूं। मैं सबसे बड़ी हूं। मेरा एक छोटा भाई और छोटी बहन है।'

वास्तव में, वह एक संयुक्त परिवार था, जिसमें दादा-दादी, चाचा- चाची सब साथ रहते थे। सब एक-दूसरे के बहुत करीब थे। सेंट थॉमस कॉन्वेंट, सेंथॉम से स्कूली शिक्षा पूरी करने के बाद पेट्रीशिया ने क्वीन मेरी कॉलेज में बीए में दाखिला लिया। लेकिन कॉलेज के दूसरे साल--1977 में--कुछ हुआ। पेट्रीशिया को प्यार हो गया।

'वह मेरे कॉलेज के सामने रेस्टोरेंट चलाता था। मुझे आधा प्यार उस आदमी से और आधा उसकी रसोई से हो गया था।'

बचपन से ही पेट्रीशिया को कुकिंग के प्रति गहरा लगाव था।

'मैं हमेशा कुछ न कुछ करती रहती थी, नए-नए खाने बनाती रहती थी। तो मेरे लिए, प्यार के रोमांच से ज्यादा, कमर्शियल किचन में घुसने का रोमांच भी था।'

उन दिनों, कटलेट या छोले-भटूरे चेन्नई में नए थे। कुछ बहुत ही दुर्लभ--या कि--आप घर पर बनाते हों। पेट्रीशिया रोज लंच के समय रेस्टोरेंट में जाती, बस यह देखने की वहां क्या हो रहा है।

एक दूसरी चीज, जिससे आप बच नहीं सकते थे वो था 'अफेयर'।

'3-4 महीने में ही मैंने शादी का निर्णय ले लिया।'

दोनों परिवार ही इस शादी के खिलाफ थे--पेट्रीशिया ईसाई थी और लड़का हिंदू। तो जोड़े ने रजिस्टर मैरिज कर ली।

'शादी के दो महीने बाद तक मैं शांति से घर पर बैठी थी। मुझमें किसी को बताने की हिम्मत नहीं थी।'

लेकिन ऐसी बातें भला कब तक छिप सकती थीं? बात निकल आई और बहुत मन मारकर पेट्रीशिया के परिवार को लड़के को अपनाना पड़ा। उन्होंने पूरे रिवाज से शादी का आयोजन किया।

शादी होने पर उनके पिता ने कहा, 'मैंने अपना फर्ज निभा दिया है, अब अपना तुम जानो।'

'मैं जानती हूं कि उन्होंने मेरे लिए बहुत सपने देखे थे। मैंने उन सबको बिखेर दिया। लेकिन तब मैंने सोचा, कोई बात नहीं, कम से कम मैंने शादी उस लड़के से की है, जिसे मैं प्यार करती हूं।'

लेकिन क्या सिर्फ प्यार ही काफी होता है? इस मामले में तो नहीं। जल्दी ही पेट्रीशिया को अहसास हो गया कि उसने जिससे शादी की है उसमें बहुत सी परेशानियां हैं। गंभीर मामले जैसे ड्रग और शराब की लत। शारीरिक और मानसिक प्रताड़ना रोज का काम हो गया था।

'उस पल मुझे लगा कि मेरी जिंदगी खत्म हो गई, कोई भी राह नहीं बची थी। मैं जान गई थी कि इस आदमी से शादी करके मैंने दुनिया की सबसे बड़ी बेवकूफी कर दी है।'

काले अंधेरे में रोशनी की कोई किरण थी तो वह थी उनकी मां।

'सबकुछ बहुत तेजी से हुआ... मैं प्रेग्नंट थी। उस मुश्किल समय में मेरी मां मेरे साथ चट्टान की तरह खड़ी थी। अगर मैं आज यहां बैठकर आपसे बात कर पा रही हूं, तो यह उनका ही अहसान है।'

पेट्रीशिया ने मां के सामने अपना दिल खोलकर रख दिया। और बिना किसी निर्णय, बिना कोई दोष दिए उनकी मां उन्हें अपने घर पर वापस ले आईं।

'मेरे पिता रात की शिफ्ट में काम करते थे, तो किसी तरह मेरी मां ने मुझे, मेरे पति और बच्चे के वहीं ठहरने का इंतजाम कर लिया। और उन्होंने कहा, हम

इसकी सारी बुरी आदतें छुड़वा देंगे।'

भावुक समर्थन की कोई कमी नहीं थी, लेकिन पैसों की थोड़ी तंगी थी। अपनी जिंदगी में पहली बार पेट्रीशिया ने कमाने की इच्छा महसूस की। जिसमें भूख और चाहत ने ईंधन का काम किया।

'शादी के दिन तक मुझे परेशानियों का मतलब नहीं पता था। मुझे सब्जी, दाल की कीमत तक नहीं पता थी। पैसे के न होने का मतलब मैं जानती तक नहीं थी। अब मैं जानती थी कि मुझे कमाने जाना होगा।'

19 साल की लड़की, जिसने अपनी पढ़ाई बीच में ही छोड़ दी हो वह क्या काम कर सकती थी? तब कॉल सेंटर और मॉल भी नहीं हुआ करते थे।

'मुझे जानकारी भी बहुत कम थी और मैं बहुत भटकी हुई भी थी। लेकिन यह करो या मरो वाली परिस्थिति थी... मुझे जीने के लिए कुछ करना ही था। सिर्फ मेरे लिए नहीं, मेरे बच्चों के लिए भी।'

तो पेट्रीशिया ने अपनी एकमात्र कला की तरफ रुख किया--खाना बनाना। चूंकि उनकी मां ऑफिस में काम करती थीं, तो वहां बहुत से ऐसे लोग थे जो घर के बने सामान पर जान छिड़कते थे।

'उससे मुझे हौसला मिला। और मैंने सोचना शुरू कर दिया--और क्या, क्या किया जाए?'

पेट्रीशिया का एक और भी शौक था--आर्टिफिशियल फूल बनाना। उन्होंने अपनी प्रतिभा को निखारने के लिए एक कोर्स में दाखिला लिया, और होटलों के लिए ऐसे फूल बनाकर भेजने लगीं।

'मैं पूरी रात जगकर फूल बनाया करती थी, मुझे वह बहुत पसंद थे,' पेट्रीशिया याद करके बताती हैं। 'लेकिन, आप तो जानते ही हैं कि उसमें बहुत पैसा नहीं है।'

तब उनके पारिवारिक मित्र--एक डॉक्टर--ने एक सुझाव दिया। डॉक्टर अपंग बच्चों के एक स्कूल से जुड़ा हुआ था। वह जानता था कि सरकार लोगों को बाहर स्टॉल लगाने की अनुमति दे रही है--सिर्फ एक शर्त पर--कि स्टॉल का मालिक उन

'उस समय मुझे लगता था कि खुद को खत्म कर लूं, लेकिन मेरा छोटा बच्चा भी था। मैंने खुद से कहा--मुझे इस परेशानी का सामना करना ही होगा।'

'पहले स्टॉल का अप्रूवल मिलने में सालभर लग गया लेकिन मैंने संघर्ष जारी रखा... मैंने किसी को भी अपनी प्रेरणा पर हावी नहीं होने दिया।'

अपंगों को प्रशिक्षण देकर उनमें से किसी को काम पर रखें।

पेट्रीशिया ने तुरंत ही कहा, 'मैं तैयार हूं!'

'लेकिन तुम अपना स्टॉल लगाओगी कहां?' डॉक्टर ने पूछा।

'मरीना बीच,' उन्होंने बेझिझक जवाब दिया। उस जगह से वे परिचित थीं, वे जानती थीं कि वहां वीकेंड पर काफी भीड़ आती थी।

'और मेरे लिए एक बात यह भी थी कि मैं हमेशा चाहती कुछ थी, सोचती कुछ और थी, जिसका मुझे पूरा भरोसा था कि मैं कर सकती थी। लेकिन इस चीज के बारे में मुझे कोई आइडिया नहीं था। यहां तक कि कहां शुरू करूं।'

पीडब्ल्यूडी (लोक निर्माण विभाग) से परमिशन ली जानी थी। मृदुभाषी, नाजुक सी पेट्रीशिया के लिए यह काम एवरेस्ट की चढ़ाई जैसा था।

'मैं सचिव से मिलने गई, उनका ऑफिस आठवें माले पर था। आप यकीन नहीं करोगी कि मैं लिफ्ट में घुसने तक से डरती थी, इसलिए मैं सीढ़ियां चढ़कर गई!'

उनके साथ छोटा बच्चा भी था। लेकिन अभी एक और को भी आना था।

सचिवृने कहा, 'आप ऐसे ही आकर किसी ऑफिसर से नहीं मिल सकतीं। उनसे मिलने के लिए पहले समय लेना पड़ता है या कम से कम किसी का संदर्भ तो हो।'

पेट्रीशिया ने कहा, 'मैं तो किसी को नहीं जानती... मेरी कोई जानकारी भी नहीं है... लेकिन मुझे उनसे मिलना ही है।'

वह बोली, 'ठीक है। लेकिन 3.30 बजे तक उनकी एक मीटिंग है। तुम्हें इंतजार करना पड़ेगा।'

पेट्रीशिया वहां घंटों बैठी रहीं। आखिरकार, आईएएस माधवन शर्मा वहां आए।

उन्होंने अपनी सचिव से पूछा, 'बाहर बच्चे के साथ कौन महिला बैठी हैं?'

और उसने मिलने का समय या संदर्भ लेकर पहुंचने वाले लोगों से पहले पेट्रीशिया को बुलाया। पेट्रीशिया की कहानी और उनकी गुजारिश सुनने के बाद, ऑफिसर ने संबंधित एक्जीक्यूटिव इंजीनियर को बुलाया और कहा, 'मैं इस महिला

को तुम्हारे पास भेज रहा हूं। जो भी इनके लिए बन सके कर दीजिएगा।'

जल्दी तो कुछ नहीं होता--एक टेबल से दूसरी तक भागते-भागते एक साल लग गया। लेकिन पेट्रीशिया को भरोसा था, और उन्होंने उसे बनाए रखा।

'यह इस तरह था कि भगवान तो तुम्हें आशीर्वाद देना चाहता है, पर पुजारी अंदर जाने नहीं दे रहा... लेकिन मैं हताश नहीं हुई। मैंने सारी प्रक्रिया पूरी की, बहुत से लोगों से मिली।'

जब भी कोई ऑफिसर बुलाता तो पेट्रीशिया बेझिझक उनसे मिलने जातीं।

'लेकिन एक बात साफ है कि मैंने कभी रिश्वत के लिए एक भी पैसा खर्च नहीं किया। और आखिरकार मुझे हरी झंडी मिल ही गई।'

मरीना बीच पर शाम 3 से रात 11 बजे तक वे स्नैक्स और शर्बत बेच सकती थीं। मेन्यू में कटलेट, समोसा, भेल, चाय, कॉफी और आइसक्रीम शामिल थी।

'हमने 20 अप्रैल 1981 को शुरू किया--शुक्रवार का दिन था। मैं पूरी सुबह खाना बनाने में व्यस्त थी--मैंने लगभग 80 कप कॉफी भी तैयार की।'

और वे वहां खड़ी होकर ग्राहकों का इंतजार करने लगीं।

कोई नहीं आया।

'आखिरकार शाम लगभग 7.30 बजे, एक सज्जन आए और उन्होंने 50 पैसे की एक कप कॉफी पी। वह पहले दिन की मेरी इकलौती कमाई थी!'

पेट्रीशिया घर जाकर फूट-फूटकर रोने लगीं।

उनकी मां ने उन्हें सांत्वना दी, 'उम्मीद मत छोड़ो, कुछ समय तो लगेगा ही!'

अगला दिन शनिवार था और जिस पल पेट्रीशिया ने स्टॉल लगाया, तभी से धड़ाधड़ खाना और ड्रिंक बिकने लगे।

'मेरे पास सांस लेने की भी फुर्सत नहीं थी!' वह मुस्कुराईं।

वादे के मुताबिक, पेट्रीशिया ने दो युवा छात्रों को सहायक के तौर पर काम पर रखा--दोनों ही मूक और बधिर थे।

'मैंने उन्हें सबकुछ सिखाया, प्याज छीलने तक से लेकर। वे बहुत ही होशियार थे, और जल्दी ही सीख जाते थे।'

अपने पैरों पर खड़े होने का अनुभव ही मजेदार होता है। और ऐसे में जब आप दूसरों की भी मदद कर रहे हों, तो इससे बड़ी संतुष्टि कुछ नहीं होती।

मरीना बीच पर क्लार्क स्नैक बार जल्दी ही लोगों के आकर्षण का केंद्र बन

'मैं कभी कैटरिंग कॉलेज में नहीं गई, तो हर दिन मैं काम पर ही कुछ नया सीख रही थी।'

गया। समय के साथ, पेट्रीशिया को और भी सुविधाएं मिलीं, जैसे परमानेंट बिजली आपूर्ति।

'तो मैंने जूस और आइसक्रीम भी बेचना शुरू कर दिया।'

पेट्रीशिया में ग्राहकों को समझने का कौशल था।

'मेरी याददाश्त अच्छी थी। तो अगर कोई कुछ खास चीज दो-तीन बार ले लेता, तो अगली बार मैं पहले से ही उनके लिए वह तैयार कर लेती थी!'

और लगातार कुछ नए आइटम पेश करती रहती थीं, लोगों के स्वाद को समझते हुए अपने मेन्यू को बदलती रहती थीं।

'जब आप लोगों को खाते हुए देखते हैं, उसका लुत्फ उठाते देखते, हैं तो भले ही वे आपसे कुछ न कहें। उन्हें देखकर ही आप समझ जाते हो। इससे मुझे बहुत प्रोत्साहन मिला।'

अगर आप अपना दिल और दिमाग किसी चीज में लगा दें--भले ही वह काम कितना ही छोटा क्यों न हो--वह अपनी जगह बना ही लेता है। कुछ बड़ा हो ही जाता है।

मरीना बीच की एक 'वाकर एसोसिएशन' है। उच्चस्थ नौकरशाही, मंत्री और सीईओ वहां हर सुबह आते हैं, उनमें से कुछ पेट्रीशिया के स्टॉल के नियमित ग्राहक हैं। उनमें से एक ने उनके सामने और नई संभावनाएं खोलीं।

'वह अधिकारी स्लम रीहबिलटैशन बोर्ड में काम करता था और वे एक केटरर के तलाश में थे।'

उसने कहा, 'आपका खाना अच्छा है, आप उसके लिए कोशिश क्यों नहीं करतीं?'

स्लम बोर्ड का केटरर न सिर्फ अधिकारियों के लिए बल्कि वहां आने जाने वाले लोगों के लिए भी खाना बनाता था। बुधवार और शुक्रवार जन शिकायतों के दिन होते हैं--उन दिनों 2000 से ज्यादा लोगों का वहां आना-जाना रहता है। वो अच्छा बिजनेस हो सकता था।

तो पेट्रीशिया ने फॉर्म भर दिया और उन्हें कॉन्ट्रेक्ट मिल भी गया।

'उन्होंने मुझे अच्छे से काउंटर के साथ एक बड़ी सी रसोई भी दी मेरे साथ कुछ और लोग भी जुड़ गए और जल्दी ही अच्छी कमाई होने लगी।'

मरीना बीच का स्टॉल भी बढ़िया काम कर रहा था।

'एक दिन की सबसे ज्यादा कमाई 15,000 रुपए थी। मुझे याद है उस दिन सार्वजनिक बंद था।'

स्टॉल को अपने योग्य सहायकों के हाथों में छोड़कर, पेट्रीशिया ने अपना सारा ध्यान केटरिंग के नए बिजनेस पर लगाने में केंद्रित किया। बस एक ही परेशानी थी, उनका पति।

'कभी-कभी वह आ धमकता और अच्छा-खासा तमाशा खड़ा कर देता, या डिब्बे से सारे पैसे लेकर भाग जाता। अगर मैं उसे पैसे नहीं देती तो वह मुझे मारता, गालियां देता...'

लेकिन चाहे जो भी हो, पेट्रीशिया ने बेमन से परिस्थितियों को स्वीकार कर लिया था।

'मुझे लगता कि यह अपने मां-बाप की बात न मानने की सजा है। मैं इसी लायक थी।'

उनकी एकमात्र ख्वाहिश, एकमात्र प्राथमिकता अब अपने बच्चों की देखभाल ही थी।

'1982 में, मेरी बेटी सेंड्रा का जन्म हुआ। मेरे दोनों बच्चों की परवरिश मेरी बहन, भाई और मां कर रहे थे, जबकि मैं दिन-रात काम में व्यस्त थी।'

कैंटीन में नाश्ता, दोपहर का और रात का खाना परोसा जाता। साथ ही स्नैक्स भी। तो तैयारियों में रात 3 बजे से ही लगना पड़ता था।

'बहुत ही थकान भरा काम था। लेकिन फिर भी, जब आप अपने काम से प्यार करने लगते हो तो आपको थकान महसूस नहीं होती। बस मुझे यही लगता था कि दिन के 24 घंटे भी कम होते हैं।'

एक रसोई संभालना--भले ही वह कितनी भी बड़ी हो--आसान था। लेकिन अकाउंट संभालना बहुत ही टेढ़ी खीर साबित हो रहा था।

'मुझे सच में नहीं पता था कि मेरे पास क्या बच रहा है, मेरा ध्यान तो बस मेरे काम पर था, और बस मेरी जरूरतें भी पूरी हो ही रही थीं।'

'मैं काम के समय बहुत कठोर थी--मेरे कर्मचारी मुझसे डरते थे। वे जानते थे कि मैं रसोई में किसी भी तरह की बकवास बर्दाश्त नहीं करती थी।'

बहुत उकसाने के बाद, पेट्रीशिया ने अंदाजे से अनुमान लगाया।

'मुझे लगता है मरीना बीच वाला स्टॉल हर महीने 1.5 से 2 लाख रुपए की कमाई कर रहा था...'

उन दिनों के हिसाब से यह काफी अच्छी रकम थी!

'हां, लेकिन मैं अपना बिजनेस भी बढ़ा रही थी। कैंटीन के काम के लिए मुझे अपने सामान खरीदने थे। तो बस में अपने नए बिजनेस में पैसा निवेश कर रही थी।'

अगला ऑफर बैंक ऑफ मदुरई से आया। और पेट्रीशिया को मुश्किल निर्णय लेना पड़ा।

'बैंक अलग क्षेत्र में था, तो मुझे सोचना था कि किसके साथ काम करना है। स्लम बोर्ड अच्छा था, लेकिन मैंने सोचा कि बैंक का माहौल ज्यादा बेहतर होगा, अच्छे ग्राहक मिलेंगे... मैं अपने खाने की कीमत भी थोड़ी बढ़ा सकती थी!'

तो 1986 में, पेट्रीशिया ने बैंक ऑफ मदुरई की माउंट रोड स्थित शाखा में अपना कैंटीन शुरू किया। जब उनके व्यावसायिक जीवन का सुनहरा सूरज उग रहा था, तभी उनके निजी जीवन पर दुख के बादल छा रहे थे।

'मेरे बच्चे स्कूल में थे, और पति वैसे ही थे। मैं उन्हें शराब की लत छुड़वाने के लिए सेंटर में ले गई। लेकिन वह बहुत ढीठ था, उसने कभी भी इलाज पूरा ही नहीं किया।'

इस सबके अलावा, पेट्रीशिया बहादुरी से आगे बढ़ती रहीं। और, नए रास्ते खुलते गए।

'मैंने अपने अंकल से सुना कि नेशनल इंस्टीट्यूट ऑफ पोर्ट मैनेजमेंट (एनआईपीएम) एक नए केटरर की तलाश कर रहा है। तो एक अच्छे दिन, मैं बस में सवार होकर वहां चल दी।'

एनआईपीएम चेन्नई शहर से बाहर 25 किमी. दूर ईस्ट कोस्ट रोड पर स्थित

है। रोज इतनी दूर सफर करना अव्यवहारिक था। पर फिर भी, पेट्रीशिया के मन में था कि 'मुझे वहां जाना है।'

जिस समय वह वहां पहुंचीं, ऑफिस बंद हो चुका था। लेकिन प्रशासनिक स्टाफ अंदर मौजूद था, वे भले लोग थे और उनसे मिलने के लिए तैयार हो गए।

'उन्होंने मुझे कैंटीन दिखाया--वह 5 स्टार होटल के किचन जैसा था! वहां सबकुछ बहुत बड़ा था--बॉयलर, फ्रीजर सब।'

पेट्रीशिया सदमे और उत्साह से मानो जड़ हो गई थीं।

'जिस तरह से वह मुझसे बात कर रहे थे, ऐसा लग रहा था मानो मुझे अगले ही दिन से काम शुरू करना है...'

ऑफिसर ने पूछा, 'क्या तुम यहां काम कर पाओगी?'

पेट्रीशिया ने अपने पूरे बल को इकट्ठा करते हुए विश्वास से जवाब दिया, 'हां, मैं कर सकती हूं।'

ऑफिसर ने उसे रेट दे दिए--वे सब्सिडाइज़ थे, चूंकि एनआईपीएम उन्हें जगह और उपकरण भी दे रहा था।

'मैं घर गई और सारा हिसाब समझा। मुनाफा बहुत कम था लेकिन मौका बहुत बड़ा था, रोमांचक भी! मैं यह करना चाहती थी।'

अगले दिन पेट्रीशिया चेयरमैन से मिलीं। बड़े से ऑफिस में बैठा बड़ी उम्र का आदमी। पेट्रीशिया खुद को छोटा और घबराया हुआ महसूस कर रही थीं। वह बड़े से सोफे के किनारे पर बैठी थीं, उनकी टांगें लगभग कांप रही थीं।

चेयरमैन ने पूछा, 'क्या तुम जानती हो कि तुम्हें यहां किसके लिए खाना बनाना है? हमारे पास स्कूल से निकले युवा लड़के हैं। वे 5 से 7 के बीच में बहुत कठिन शारीरिक ट्रेनिंग करेंगे।'

7.30 बजे उनके नाश्ते का समय है।

'वे जंगल से आए शेर के समान होंगे, इसलिए सामने परोसी हुई किसी भी चीज पर टूट पड़ेंगे!'

चेयरमैन को संदेह था कि पेट्रीशिया इस दबाव को झेल भी पाएंगी या नहीं।

'यह एक गृहिणी के बस की बात नहीं है।'

पेट्रीशिया ने जवाब दिया, 'नहीं, सर--मैं सब संभाल लूंगी। मुझे एक ट्रायल देने को तो मौका दीजिए!'

'मैं एक बात में पूरी तरह साफ थी कि हर महीने की 5 तारीख को मुझे अपने कर्मचारियों को पगार देनी ही है। इसमें कभी एक दिन की भी देरी नहीं हुई।'

सहसा ही चेयरमैन उठा और बोला, 'आपसे मिलकर अच्छा लगा, अब आप जा सकती हैं।'

पेट्रीशिया निराश होकर बाहर आ गईं। प्रशासनिक अधिकारी ज्यादा सहानुभूति पूर्ण था।

'मैं देखता हूं, क्या कर सकता हूं।'

कुछ दिन बाद, अधिकारी और कुछ स्टाफ बैंक ऑफ मदुरई में आए। लेकिन कुछ नहीं हुआ। महीनों गुजर गए, जब अचानक अप्रैल 1991 में, पेट्रीशिया को एनआईपीएम से एसओएस मिला।

'हमें अपने केटरर के साथ कुछ दिक्कतें पेश आ रही हैं, क्या तुम काम संभाल पाओगी?'

वह सोमवार की सुबह थी, और वे चाहते थे कि पेट्रीशिया शुक्रवार से काम शुरू कर दे!

ऑफिसर ने जोड़ा, 'तुम्हें काम देने से मेरे सिर पर भी तलवार लटकी हुई है। प्लीज मुझे निराश मत करना!'

पेट्रीशिया ने उसे भरोसा दिलाया कि सब बड़े आराम से हो जाएगा। बुधवार को उन्होंने कर्मचारियों के लिए विज्ञापन दिया। गुरुवार को उनका इंटरव्यू लिया। और शुक्रवार को वह अपने स्टाफ के साथ एनआईपीएम में कमान संभालने के लिए तैयार थीं।

'उस रात खाना देने के बाद, पुराना वाला केटरर वह जगह छोड़कर जा चुका था--वहां सबकुछ बहुत ही उलझा हुआ था!'

किस्मत से पुराने स्टाफ में से दो आदमी वहीं रुक गए थे। पेट्रीशिया के पास अपना स्टाफ भी था। पूरी रात उन्होंने किचन साफ करके अगले दिन के खाने की तैयारी की।

'सुबह 5.30 बजे हमें बेड कॉफी देनी थी, जिसे मैंने बिना परेशानी के संभाल

लिया था।'

सप्ताहांत पर कुछ राहत रही, सोमवार सुबह तक कोई विशेष परेशानी नहीं हुई। शेर आए, अपना खाना देखा और तृप्त होकर गए।

'हां वे सच में ही भूखे शेर थे (हंसते हुए)। सबकुछ असीमित था, वे एक समय पर 10-12 फुल्के खाते थे!'

ऐसे 500 पेटों को भरना एक बड़ी चुनौती थी, जिसका समाधान हो गया था।

'चेयरमैन बहुत सतर्क था। फुल्के फुल्के ही होने चाहिए, पापड़ नहीं। उसे कभी शिकायत का मौका नहीं मिला!'

फिर भी, यह बैंक ऑफ मदुरई नहीं था।

'मुझे एनआईपीएम में दिन-रात रुकना होता था, तो मैंने दूसरी कैंटीन अपने स्टाफ के हाथों में छोड़ दी। मेरे पति वहां जाते, बैठते--लड़के सब काम संभालते।'

हालांकि खाने में कोई समस्या नहीं थी, लेकिन बैंक सुपरवाइजरी प्रबंध से खुश नहीं था।

'मेरे पति बहुत ही बददिमाग होते जा रहे थे। अब तो उसके पास पैसा भी था तो उसकी बतमीजियां काफी बढ़ गई थीं।'

एनआईपीएम का काम लेने के एक महीने के बाद बैंक ऑफ मदुरई ने उन्हें बुलाया और कहा, 'अगर आप काम करना चाहती हैं तो आपके लिए हमारे दरवाजे खुले हैं। लेकिन हम आपके पति को अंदर आने नहीं दे सकते।'

वह जब तब आकर माहौल को खराब कर देता था। तो भरे मन से पेट्रीशिया को बैंक की कैंटीन छोड़नी पड़ी। और अब वह बहुत ही कठोर बिजनेस महिला बन गईं।

'तब तक, मैं कॉन्ट्रेक्ट में अपने पति का नाम ही इस्तेमाल करती थी, क्योंकि मुझे लगता था कि आदमी के नाम से एक सहारा मिलता है, फिर वह पेपर पर ही क्यों न हो।'

पुरुषों के अभिमान को चोट नहीं लगनी चाहिए!

'लेकिन वह हमेशा परेशानी ही बढ़ाता रहा, अब मैं यह सब नहीं झेल पा रही थी। तो मैंने एनआईपीएम का कॉन्ट्रेक्ट अपने नाम से बनवाया।'

और पेट्रीशिया अपने नाम को लेकर बेहद सतर्क थीं।

'मेरा मुख्य लक्ष्य बेहतर गुणवत्ता देना था।'

'आप इसे माइक्रोमैनेजमेंट कह सकते हैं लेकिन मैं हर छोटी सी छोटी बात को जानना चाहती थी।'

यह मुश्किल था, क्योंकि उसे प्रतिव्यक्ति एक निश्चित रकम मिलती थी, लेकिन खाने की मात्रा असीमित थी। फिर भी, पेट्रीशिया ने कभी समझौता नहीं किया।

'जैसे अगर कुछ गलत हो जाता तो मैं एक भी पल सोचने में बर्बाद नहीं करती थी। मैं असानी से 300-400 लीटर ग्रेवी नाले में फेंक देती और लड़कों से दोबारा बनाने को कहती।'

पेट्रीशिया अपने खाने में डलने वाले सामान के बारे में भी बहुत सतर्क थीं।

'मैं सुबह 4 बजे बीच पर जाती और बोली लगाकर खुद मछली खरीदती। मैं हमेशा महंगी और स्वादिष्ट किस्म ही खरीदती और हमेशा उसका मध्य भाग ही परोसती।'

समुद्र के पास रहने वाले हट्टे-कट्टे आदमी तो एक बार में 6-7 पीस निगल जाने के लिए जाने जाते हैं।

'मैं परेशानी से उनके पास खड़े होकर देखती रहती थी। क्योंकि बस कम नहीं पड़ना चाहिए... लेकिन उन्हें मजे लेकर मेरा बनाया खाना खाते देखने से बड़ी कोई संतुष्टि नहीं हो सकती।'

हैरानी की बात थी कि उनके विदाई समारोह में चेयरमैन खुद पेट्रीशिया के पास आया और उसकी प्रशंसा की।

'तुमने कमाल का काम किया है--हमें तुम पर गर्व है।'

यकीनन, पेट्रीशिया की कमाई प्रशंसा से ज्यादा थी। एनआईपीएम का कॉन्ट्रेक्ट 1 करोड़ रुपए से ज्यादा का था। पेट्रीशिया के किचन स्टाफ में 70 लोग थे, और एक मैनेजर और एकाउंटेंट भी था।

'हां, लेकिन मेरा लक्ष्य तो हमेशा काम ही था।'

तनाव का एक कारण उस जगह की दूरी भी था।

'पहले में रोज बस से जाती थी। फिर, उन्होंने मुझे रहने के लिए क्वार्टर दे दिया, जहां में 2-3 दिन रहती थी, और फिर घर आकर सप्ताहांत पर बच्चों को भी वहीं ले जाती थी।'

बड़ा सा प्राइवेट बीच और भागने के लिए बहुत सी जगह होने के कारण बच्चे वहां आकर बहुत खुश होते थे।

'काम के समय के साथ मैं कोई समझौता नहीं कर सकती थी। बच्चे ज्यादातर मेरी मां के संरक्षण में रहते थे, और भाई-बहन भी उन्हें रखने में मदद किया करते थे।'

1992 में, आखिरकार पेट्रीशिया ने तलाक की अर्जी दे ही दी। दोनों पहले से अलग रहते ही थे, बस बच्चों की खातिर कानूनी कार्यवाही करनी जरूरी थी।

'मैं रोज आना-जाना करती थी। सड़कों की हालत बहुत खराब थी। एक दिन मेरी एक सहेली ने कहा--तुम्हें कुछ हो गया तो क्या होगा? जो कुछ भी तुमने कमाया है, सब तुम्हारे पति को मिल जाएगा, तुम्हारे बच्चों के हाथ कुछ नहीं आएगा!'

छुटकारे की जरूरत पेपर से ज्यादा दिमाग को होती है। लेकिन कभी-कभी पेपर ही वो अंतिम जरिया होते हैं जो तुम्हारी आत्मा को मुक्त करते हैं। ताकि आप और भी लय से चल सकें।

'मैंने मेडिकल कॉलेज और डेंटल कॉलेज का कॉन्ट्रेक्ट भी ले लिया। दोनों एनआईपीएम के गेट के बाहर ही थे।'

यकीनन, उनके रेट कम थे और खाना सीमित, लेकिन पेट्रीशिया 500 और पेटों को खिलाकर खुश थीं। और अब उनके पास रसोई में अपने उपकरण लगाने का भी मौका था। और उन्हें अपने तरीके से रखने का भी।

'मैंने कभी भी किसी काम को करने का औपचारिक तरीका नहीं सीखा था, मैंने अपने ही हिसाब से सब किया!'

इसमें खासतौर से खरीदारी के इंतजाम भी शामिल थे। पेट्रीशिया हर बुधवार और रविवार को बाजार जाकर खुद सब खरीदकर लाती थीं।

'रविवार को मैं राशन और सब्जियां वगैरह खरीदने जाती तो अपने साथ 407 (मैटाडोर) ले जाती। बुधवार को मैं ऑटो में जल्दी खराब होने वाला सामान ले आती।'

उस समय तक, पेट्रीशिया के पास स्थायी रूप से एक ऑटोवाला था, जो उन्हें घर से काम और काम से घर भी घुमा लाता था।

'मुझे देर रात को बस में सफर करना सुरक्षित नहीं लगता था, तो मैं ऑटो कर लेती थी। तब मुझे लगा कि मैं रोज ऑटो में 300-400 रुपए खर्च कर रही थी।

'मुझे हमेशा बच्चों को अनदेखा करने का बुरा लगता था, लेकिन मेरा बेटा जानता था कि मैं किस दौर से गुजर रही हूं। वह सब समझता था।'

तो किसी ने मुझे सलाह दी की मैं अपना वाहन खरीदकर उस पर एक ड्राइवर रख लूं।'

तो पेट्रीशिया ने एक सैकंड हैंड गाड़ी खरीद ली। लेकिन यह निजी आराम से ज्यादा सुविधा के लिए थी।

'एनआईपीएम में बहुत से शॉर्ट कोर्स भी कराए जाते हैं, तो हर हफ्ते खाना खाने वालों की संख्या बदल जाती थी। तो मैं हर समय मेन्यू और उसके लिए क्या-क्या खरीदना है यही सोचती रहती थी।'

न ध्यान देने पर दूध उबल-उबलकर गैस पर निकल जाने जैसी घटनाएं होती ही रहती थीं।

'प्रमुख रसोइए की अचानक से छुट्टी, या रसोई में कोई छोटी-मोटी घटना जैसी चीजें चलती ही रहती हैं। यह तो जीवन का हिस्सा है, तुम्हें इनसे निबटना आ जाता है।'

लेकिन 1996 में बहुत ही अनपेक्षित घटना घटी। एनआईपीएम ने ने केटरर के कॉन्ट्रेक्ट के लिए टेंडर भरवाने का निर्णय लिया। पेट्रीशिया से उन्हें कोई शिकायत या परेशानी नहीं थी, लेकिन कुछ लोग उनकी सफलता से जलने लगे थे।

'पहले लोग मुझे बस या ऑटो में आते हुए देखते थे, फिर सैकंड हैंड कार। और अब मेरे पास नई कार थी। तो वो टिप्पणी करते--ओह हो तुम तो मोटी कमाई कर रही हो--बिना मेरी कड़ी मेहनत को देखे।'

वैसे भी उस समय तक, ईस्ट कोस्ट रोड चेन्नई के आउट सर्किट पर नहीं आता था। एनआईपीएम ने खुद का भी विस्तार किया, केटरिंग वालों के लिए अब वह बहुत आकर्षक था।

'सबसे कम बोली मेरे रेट से 10 प्रतिशत कम थी। उन्होंने मुझसे कहा कि अगर मैं उस रेट पर काम करने को तैयार हूं तो मैं काम कर सकती हूं।'

लेकिन पेट्रीशिया ने मना कर दिया।

'मैं पहले ही सबसे कम दाम में बेस्ट क्वालिटी दे रही थी। मैं कहां समझौता करती?'

सात साल तक जिस किचन में काम किया हो उसे छोड़ना बहुत मुश्किल होता है। लेकिन अपने उसूलों को त्याग करने की अपेक्षा नहीं।

इसके अलावा, पेट्रीशिया का बीच स्टॉल और तीन कॉलेजों के केटरिंग कॉन्ट्रेक्ट तो थे ही। उसी समय 1996 में, उनकी दिलचस्पी रेस्टोरेंट खोलने में बढ़ने लगी।

'वह छोटी सी जगह थी, शेफ सुजेन। वहां अलग था वहां का ओपन किचन--शीशे की दीवार वाली रसोई--हम वहां तंदूरी परोस रहे थे, जो चेन्नई में एक नई चीज थी!'

रेस्टोरेंट तो चल निकला, लेकिन वह जगह उतनी अच्छी नहीं थी।

'हम बेसमेंट में अपना काम चला रहे थे, और वहां नालियों की बुरी हालत थी। जरा सी बारिश से ही सब जगह पानी भर जाता था।'

पेट्रीशिया 50,000 हजार लगाकर भी रिपेयर करवाने को तैयार थीं। लेकिन जगह का मालिक 3 साल का करार करने को तैयार नहीं था। उसी समय उसका बेटा, प्रवीण आगे की पढ़ाई करने के लिए यूके जाने वाला था।

'तो मैंने सोचा की दुकान बंद करके उसके साथ चली जाऊं, और उसे वहां सैटल करवा दूं।'

वहां से वापस आने पर, पेट्रीशिया दूसरे रेस्टोरेंट को खोलने में व्यस्त हो गईं, इस बार वह साझेदार के रूप में काम कर रही थीं।

'मैं सिंगापुर में खाने की एक प्रदर्शनी में गई, वहां मैं एक जानेमाने रेस्टोरेंट के मालिक से मिली। जब हम कई स्टॉलों पर घूम रहे थे, तो उसने मेरे सामने एक प्रस्ताव रखा!'

पेट्रीशिया पहले तो झिझकीं, लेकिन फिर जल्दी ही उन्होंने हां कर दी। वह शाकाहारी रेस्टोरेंट था--पेट्रीशिया के लिए एक नई सोच। लेकिन, क्यों नहीं!

'मैंने डेकोरेशन में भी अपने सुझाव दिए, और वे सभी को बहुत पसंद आए। वास्तव में, मेरे पार्टनर ने मुझे बहुत सम्मान दिया, मेरे काम को देखते हुए उसने जाना कि मैं भी उसी की तरह वर्कहालिक (काम की लती) थी!'

आखिरकार जिंदगी ने निजी जीवन में भी करवट ली। पेट्रीशिया ने अपना

'जब मैंने एनआईपीएम कॉन्ट्रेक्ट लिया तो मैंने सबकुछ प्रोफेशनली किया। हर पेमेंट चैक द्वारा होता था, मैंने एक ऑडिटर और फिल-टाइम अकाउंटेंट रख लिया था।'

फ्लैट ले लिया और अपने मां-बाप के घर से चली गईं।

'मैं हमेशा एक ही साथ रहना चाहती थी लेकिन मेरे बच्चे अब बड़े हो रहे थे। उन्हें अपने लिए जगह चाहिए थी। तो मैंने अलग रहने का फैसला किया।'

जब बेटी सैंड्रा कॉलेज में थी, तो बेटा प्रवीण मर्चेंट नेवी में ऑफिसर था। अपने बच्चों को ऐसे सैटल देखना एक मां के लिए कितने गर्व की बात होती होगी?

पेट्रीशिया का एक और सपना पूरा हो रहा था--फूलों की एक छोटी सी दुकान।

'मैं उनमें से हूं जो उपहार में फूल लेना-देना पसंद करते हैं। मैं हमेशा एक ही दुकान में जाती और सोचती थी कि यहां प्रकृति की सुंदरता में बैठना कितना अच्छा लगता होगा न।'

एक दिन पेट्रीशिया के पास दुकान की मालकिन का फोन आया।

उसने कहा, 'मैं देश छोड़कर जा रही हूं--क्या तुम मेरी दुकान खरीदना पसंद करोगी?'

पेट्रीशिया ने उस मौके को झट से पकड़ लिया।

'वास्तव में मैं इस दुकान को बिजनेस के रूप में नहीं देख रही थी। मैंने तो यह बस जाकर कुछ देर बैठने के लिए ली थी। थोड़ी देर फूलों की सुगंध में उन्हें छूते हुए समय बिता सकूं!'

फूलों की इस झाड़ी में एक काटा भी था--पेट्रीशिया का पति।

हालांकि उनका तलाक हो चुका था, लेकिन एक बार फिर से वह उसके पास जाने को मजबूर थीं।

'मैं जानती थी कि वह कहीं सड़क पर पड़ा होगा। अपनी लतों में जकड़ा। उसके मां-बाप भी उसे नहीं चाहते थे!'

चाहे इसे प्यार कहो, या ग्लानि, या कर्तव्य, पर पेट्रीशिया उसे ऐसी हालत में नहीं देख पा रही थीं।

'मैंने उसके लिए घर लिया, उसे सुधार केंद्र में भी भेजा।'

फिर भी, 11 सितंबर 2002 को उसकी हार्टअटैक से मृत्यु हो गई। और इस तरह से एक मुश्किल अध्याय का समापन हुआ।

'हमने सारी क्रियाएं पूरी कीं। मैं सोचती हूं कि मैं अच्छी बीवी थी। हां मैं उसे बदलने में कामयाब नहीं हो पाई...' वह आह भरती हैं।

उसी साल प्रवीण की शादी हो गई। 2004 में, बेटी सैंड्रा ने अपनी पढ़ाई पूरी कर ली। पेट्रीशिया ने उसके फाइनल एग्जाम के कुछ दिन बाद ही उसकी शादी पक्की कर दी।

'29 अप्रैल 2004 का दिन था। सब ठीक-ठाक चल रहा था। मैं बहुत खुश थी... मैंने दो शादियां निपटाईं थीं, दोनों बच्चों को सैटल कर दिया था!'

और यहां कहानी खत्म हो जानी चाहिए थी, एक परी कथा की तरह। लेकिन जिंदगी में जहां एक दिन खत्म होता है, वहीं कोई दूसरा तूफान तुम्हारी राह देख रहा होता है। और पेट्रीशिया के लिए यह तूफान तबाही लाया था।

'मेरी बेटी हनीमून से वापस आ रही थी, वह दिनदूकल से लौट रही थी, कुछ रिश्तेदारों से मिलते हुए। मैंने करीब शाम 5:30 बजे उससे बात की थी...'

ठीक आधे घंटे बाद पेट्रीशिया के पास एक फोन आया।

'एक एक्सीडेंट हुआ था।'

चारों सवारी, सैंड्रा और उसका पति भी, उसी जगह पर मर गए। पेट्रीशिया और प्रवीण घटनास्थल की तरफ भागे--जो वहां से ढाई घंटे की दूरी पर था। मृतकों को अस्पताल ले जाया चुका था।

वह दुख और तकलीफ जो एक मां के फटे कलेजे से निकली होगी, उस खालीपन को बताने के लिए कोई शब्द नहीं हैं। यहां तक कि उस बात को सात साल बीत जाने के बाद भी, उस घटना का जिक्र करते हुए पेट्रीशिया का चेहरा आसुंओं से भर गया था।

'मैं प्रार्थना करती हूं कि मेरे बुरे से बुरे दुश्मन को भी वह न झेलना पड़े जो मैंने झेला।'

उसके अगले कुछ महीने, अगले कुछ साल धुंधला से गए।

'मेरा बेटा शादी के लिए घर आया था--वह कभी वापस नहीं जा सका।'

पेट्रीशिया न तो खा पाती थीं, न सो पाती थीं। जो हुआ वह उसे स्वीकार ही नहीं कर पा रही थीं।

'क्यों? क्यों उसने मेरी बेटी को छीन लिया??' वह भगवान से शिकायत करतीं।

लेकिन कोई जवाब नहीं था। एक साल इसी कशमकश में बीता। आखिरकार प्रवीण ने बिजनेस की कमान अपने हाथ में लेने का फैसला किया।

'मैं कोई मदद नहीं कर सकी। उसने जो भी किया वो खुद ही किया।'

जिन लोगों के साथ पेट्रीशिया काम करती थीं, भरोसा करती थीं, उन्होंने प्रवीण का बिल्कुल साथ नहीं दिया। किस्मत से, कुछ स्टाफ मेंबर की ईमानदारी अभी बाकी थी। और उनकी मदद से, प्रवीण धीरे-धीरे सब समझकर बिजनेस का विस्तार करने लगा।

'आज हम चार ब्रांड चला रहे हैं--सबके नाम मेरी बहन के नाम पर है,' प्रवीण कहता है। 'पहला है *संदीपा*--शुद्ध शाकाहारी। दूसरा है *सैन'स किचन*, जहां मांसाहारी व्यंजन परोसे जाते हैं। जूस और मॉकटेल बेचने के भी हमारे काउंटर हैं, और हमने अभी हाल ही में चाइनीज भी शुरू किया है।'

बिजनेस का मुख्य लक्ष्य अब फूड कोर्ट हैं, जो पूरे चेन्नई में 12-13 हैं।

'अब हम कैंटीन कॉन्ट्रेक्ट नहीं करते, अगर वो फूड कोर्ट फॉरमेट में न हो।'

कंपनी के पास 200 कर्मचारी हैं और लगभग रोज की कमाई 2 लाख रुपए है। प्रवीण के लिए यह पर्याप्त है।

'वह हमेशा फोन पर ही रहता है। अगर दो घंटे के लिए उसका फोन बंद कर दिया जाए तो सौ मिस कॉल उसके फोन पर होती हैं,' पेट्रीशिया परेशान होकर कहती हैं।

गाड़ी चलाते हुए प्रवीण फोन न ले, इस डर से पेट्रीशिया जहां तक होता है, उसके साथ ही जाती हैं। ऑफिस भी, और बाजार में सब्जी लेने भी--पहले की ही तरह।

'वास्तव में इतने साल मैं उनसे बाहर आने की कहता रहा, रसोई में कुछ समय बिताने की। लेकिन वे कभी राजी नहीं हुईं।'

लेकिन वह समय अब बदल गया। जनवरी 2010 में पेट्रीशिया को नए साल का एक न्यारा सा तोहफा मिला। फिक्की की तरफ से 'विमेन एंट्रीप्रेन्योर ऑफ द ईयर' का अवॉर्ड।

अवॉर्ड पेट्रीशिया को मुश्किल परिस्थितियों में उनके तीन दशकों के काम के

लिए दिया गया। अचानक ही पेट्रीशिया ने खुद को लाइम लाइट में पाया।

'अवॉर्ड फंक्शन में क्या कहना है मैं नहीं जानती थी। मैंने कोई स्पीच तैयार नहीं की थी।'

तो पेट्रीशिया ने सादगी से दिल की बात कह दी।

'भगवान का शुक्र है कि मैं घबराकर कांप नहीं रही थी। मैंने जो महसूस किया वह बता दिया, किन हालातों से मैं गुजरी। उसके बाद वह आसान ही था।'

पेट्रीशिया का प्रोफाइल रेडिफ डॉट कॉम पर आया, और इससे उनके पास बहुत से इंटरव्यू की लाइन लग गई।

'मैंने कभी अपने बारे में बात नहीं की... लेकिन शायद मेरी कहानी दूसरों के लिए प्रेरणा बन सके, तो मैंने उनसे बात की।'

बात करते-करते वे वापस अतीत में पहुंच जाती हैं। फिर कुछ सोचते हुए वहां से बाहर आती हैं। अभी भी वे भगवान से सवाल करती हैं, लेकिन अपने जीवन में कुछ अच्छा होने पर वे उनका आभार भी जताती हैं।

'मेरे पोता-पोती, दोस्त, परिवार, मेरा स्टाफ... ये भी तो अच्छी चीजें मुझे मिलीं और मैंने कभी भगवान से सवाल नहीं किया। तो मुझे सब कुछ स्वीकारना चाहिए, बुरा भी...'

और कभी-कभी, आप उसे वापस लौटा सकते हो। जिस भी तरह हो सके।

'जब सैंड्रा की मौत हुई, तो उसे अस्पताल ले जाने के लिए कोई एम्बुलेंस नहीं थी। उन्हें एंबेस्डर कार के बूट पर रखकर ले जाया गया,' वह सुबक जाती हैं।

पेट्रीशिया उस एरिया में अब एक चैरिटेबल एंबुलेंस चलवाती हैं। एक ऐसा काम, जिससे उन्होंने कितनी ही जानें बचाई हैं।

'मुख्य बात है कि इंसान चाहे जीवित हो या मृत उससे सम्मानजनक व्यवहार किया जाना चाहिए।'

सम्मान पूर्ण जीवन, जिसमें हम सिर उठाकर चल सकें।

*

महिला उद्यमी की सलाह

सबसे पहले आप में किसी खास काम के प्रति लगाव होना चाहिए। अगर आप अपने काम से प्यार करते हो तो शुरुआती परेशानियां अपने आप ही कम हो जाती हैं, और आप बेहतर परिणाम देने लगते हो।

दूसरा आपको अपने हाथ गंदे करने ही पड़ते हैं। जैसे केटरिंग बिजनेस में, आपको बर्तन मांजने से लेकर खाना बनाने तक का सब काम आना चाहिए--तभी आप दूसरों से काम करवा सकते हो।

परिवार के सहयोग के बिना किसी महिला का सफल हो पाना बहुत मुश्किल है। चाहे वह साथ पति का हो, ससुराल वालों का हो या फिर मायके का। साथ मिलने पर, महिलाएं किसी भी ऊंचाई पर पहुंच सकती हैं।

महिला होने का भी एक फायदा है। उदाहरण के लिए, महिला उद्यमी के लिए सरकार की तरफ से बहुत सी योजनाएं और लोन चलाए जा रहे हैं।

लेकिन इसी के साथ लोग भी आपका फायदा उठाने की कोशिश कर सकते हैं। खासकर तब जब उन्हें पता हो कि आपका पति नहीं है। मेरी एक ही सलाह है, ऐसी घटनाओं को अपने दिमाग से निकालकर अपना सारा ध्यान काम पर ही लगाओ।

एक और कहानी

सुदेशना बनर्जी

पीएस डिजीटेक एचआर

जब उनकी शादी टूट गई, तब सुदेशना की आंखें खुलीं। एक मध्यम सी, कम तन्ख्वाह की स्कूल टीचर की नौकरी छोड़कर उन्होंने दृढ़निश्चयी बिजनेसविमेन बनकर, पुरुष प्रधानता वाले इंजीनियरिंग सर्विस में खुद को साबित कर दिखाया।

सुदेशना में जिस चीज पर पहले नजर ठहरती है वह है उनकी बड़ी गोल बिंदी। फिर उनके सुंदर बाल और आकर्षक आंखें। जैसी आप किसी कवि, गायक या डांसर में देखते हैं।

'आप सही कह रही हैं,' वह हंसती हैं। 'पहले मैं डांस भी किया करती थी। मुझे शादी के बाद छोड़ना पड़ा।'

लेकिन सिर्फ यही चीज नहीं थी, जो उन्हें छोड़नी पड़ी। आत्मसम्मान, इच्छाएं और यहां तक कि खुद का भी त्याग उन्हें करना पड़ा था। वह भी उस आदमी के लिए जो कभी शादी के लिए प्रतिबद्ध था ही नहीं।

आखिरकार, उन्होंने उससे बाहर आने का निर्णय लिया। और विपरीत परिस्थितियों में अपने लिए दुनिया में जगह बनाई।

'एक घर किराये पर लेना... वो भी अकेली औरत होने पर... मेरे लिए सबसे मुश्किल काम था,' उन्होंने बताया, उनकी आंखों में उतरा दर्द उनकी बात की गवाही दे रहा था।

सुदेशना एक पीड़ित की तरह भी रह सकती थीं। किसी तरह अपनी टीचर की नौकरी में गुजारा करते हुए। लेकिन कहीं से उनमें यह इच्छा आई कि उन्हें सिर्फ जीना ही नहीं है बल्कि शान से जीना है। इस इच्छा ने उन्हें एक कदम उठाने पर मजबूर किया। उन्होंने नौकरी की सुरक्षा को छोड़ते हुए बिजनेस की दुनिया में कदम रखा। बिजनेस भी कोई ऐसा वैसा नहीं बल्कि पुरुषों के वर्चस्व वाला इंजीनियरिंग सर्विस।

इंजीनियर का प्रशिक्षण न होने के बावजूद।

'मुझे विश्वास था, मैं जो करना चाहती थी वह कर सकती थी।'

सुदेशना मृदुभाषी हैं, उनकी बोली में बंगाली का टच है। उनकी आवाज में कोई कड़वाहट नहीं है। जब वे अपने जीवन की घटनाओं के बारे में बताती हैं, तो सुनने वाला भी बहुत दुखी हो जाता है। लेकिन वह दिल से हंसती है, और मैं उनकी हंसी के साथ हंसती हूं।

क्योंकि एक महिला अगर चाहे तो शक्तिशाली हो सकती है और जुनूनी भी ।

लेकिन असली ताकत है--अपनी बात पर टिके रहना।

शोषण से परे, औरत पन से भी परे, वह साक्षात काली के अवतार में सामने थीं।

एक और कहानी

सुदेशना बनर्जी
पीएस डिजीटेक एचआर

सुदेशना का जन्म दक्षिण कोलकाता के संतोषपुर में शिक्षकों के परिवार में हुआ।

'मेरे पिता कलकत्ता विश्वविद्यालय में प्रोफेसर और बिजॉय कृष्णा गर्ल्स कॉलेज के बीएड विभाग के प्रमुख थे। मेरी मां एक स्कूल में बंगाली पढ़ाती थीं। मेरा एक छोटा भाई भी है।'

सुदेशना डॉक्टर बनना चाहती थीं, लेकिन जब वह उसकी प्रवेश परीक्षा पास नहीं कर पाईं तो उन्होंने बीएससी में दाखिला ले लिया। उसके बाद लॉजी में मास्टर की डिग्री हासिल की।

'मैं एमएससी करने के लिए बिहार की मुजफ्फरपुर यूनीवर्सिटी गई, जहां मैं होस्टल में रुकी।'

सुदेशना ने बीएड के साथ ही कंप्यूटर एप्लीकेशन में पोस्ट ग्रेजुएट डिप्लोमा भी पूरा कर लिया।

'मैंने एक स्कूल में पढ़ाना शुरू कर दिया लेकिन मैं करियर को लेकर बहुत सीरियस नहीं थी,' वह मानती हैं।

छह साल के लंबे अफेयर के बाद, सुदेशना शादी करके बेहद खुश थीं। वह 27 साल की थीं।

'मैं अपने पति के साथ बंगलौर रहने चली गई। वहां मैं एक स्थानीय स्कूल में बायोलोजी और कंप्यूटर पढ़ाती थी।'

कुछ समय बाद अतानु (बदला हुआ नाम) को एक नई नौकरी मिल गई और

उसका ट्रांसफर वापस कोलकाता में हो गया।

'हम वापस उसके गोल्फग्रीन घर में आ गए। मुझे अपने सास-ससुर के साथ रहना पसंद था और वहां से मेरे मां-पापा का घर भी बस पांच मिनट की दूरी पर था।'

सुदेशना ने फिर से लोयोला हाईस्कूल में पढ़ाने की जिम्मेदारी संभाल ली, जहां वे पहले से ही लोकप्रिय और सम्मानित टीचर थीं। वे एक थियेटर ग्रुप से भी जुड़ गईं।

'वास्तव में, मैं बचपन से ही कथकली और ओडिसी डांसर थी और अपनी परफॉर्मेंस दिया करती थी। लेकिन शादी के बाद सब बंद हो गया।'

घर की बहू डांस करे, ये अच्छा नहीं लगता है।

लेकिन सुदेशना कभी उसका बवाल नहीं मचाया। लेकिन उन्हें जिस बात से आपत्ति थी, वह कोई और ही बात थी।

'शादी के पहले दिन से ही मुझे अहसास हो गया कि मेरे पति के किसी और महिला से संबंध हैं।'

और यह सब शायद उसके लिए आम था... या कि अफेयर की पूरी शृंखला ही थी।

'हर बार मैं सोचती थी कि वह बदल जाएगा।'

वह जहर का घूंट पीकर भी उस शादी को निभाए जा रही थीं।

2001 में, उनकी सास को कैंसर हुआ। सुदेशना पूरे तन-मन से मां की सेवा की--जिन्हें वे वाकई में बहुत प्यार करती थीं।

'इस समय मुझे बहुत ही बड़ा धक्का लगा। मुझे पता लगा कि मेरे पति का मेरी बहुत ही अच्छी दोस्त के साथ चक्कर चल रहा है, जो खुद भी शादीशुदा थी। हम लोग तो कई बार छुट्टियों पर भी साथ गए थे।'

जब अतानु से पूछा गया तो उसने बहुत ड्रामा किया। ऐसे जताया मानो सुदेशना की ही सोच खराब हो।

इस ड्रामे के बीच ही 2002 में मां चल बसीं।

'उसके बाद ही हमें पता चला कि मेरे ससुर को भी कैंसर है। तो अब मैं उनकी देखभाल में व्यस्त हो गई।'

जब सुदेशना ने अपनी हालत के बारे में अपने मां-बाप को बताया, तो उनके

पिता ने जवाब दिया, 'जो भी हो, तुम्हें वहीं रहना है। वापस यहां मत आना।'

तो उन्होंने अपने पति से बात की।

'अगर तुम उसे प्यार करते हो, तो उससे शादी कर लो। तुम्हें अपनी पूरी जिंदगी मेरे साथ गुजारने की कोई जरूरत नहीं पड़ेगी।'

लेकिन वह उनके पैरों पर गिरकर रोने लगा, 'नहीं... नहीं... मैं तुम्हारे बिना नहीं रह सकता। वह बस आकर्षण था। अब सब खत्म हो गया है।'

वही घिसी-पिटी बातें, क्योंकि कुछ ही महीनों के बाद सुदेशना को पता चला कि उनकी वह दोस्त मां बनने वाली है। और उस बच्चे का बाप अतानु था।

'वे मेरे पास आए और कहने लगे, इस बच्चे की परवरिश हम चारों लोग मिलकर करेंगे।'

एक बीवी के भरोसे का आखरी तार भी टूट चुका था।

'हां, मेरा कोई बच्चा नहीं था और अतानु बच्चा गोद लेने के खिलाफ था। लेकिन बात अब हद से ज्यादा गुजर गई थी... बहुत ज्यादा!'

उस समय, सुदेशना के ससुर अपनी मृतशैया पर थे, और उन्हें कुछ नहीं पता था कि क्या हो रहा है।

'उन्हें नहीं पता था कि मेरे पति का किसी और महिला से संबंध है। लेकिन... वह उनका बेटा था और मां-बाप की आंखें बच्चों की गलती की तरफ से थोड़ी बंद ही रहती हैं।'

उसके कुछ समय बाद उनका भी देहांत हो गया। सुदेशना एक बार फिर अपने मां-बाप के पास गई और उन्हें सब हालात बताए।

उनके पिता ने फिर से कहा, 'नहीं... नहीं... तुम अपने पति के साथ ही रहो। इसमें तुम्हारी भी गलती होगी।'

इस दौरान, बच्चे का जन्म हो चुका था।

सुदेशना अपनी दोस्त के पास गईं और कहा, 'यह बच्चा नाजायज नहीं कहलाया जाएगा। उसे उसके मां और बाप का नाम मिलेगा।'

और उन्होंने अपनी शादी तोड़ दी।

'मैं और एक पल श्रीमति भट्टाचार्य के लेबल में नहीं जी सकती थी।'

अपनी पहचान, अपने सम्मान को बचाए रखने के जन्मसिद्ध अधिकार के साथ उसे अब अपने सिर पर एक छत की जरूरत थी। उसे अहसास हो गया कि एक

'मेरे पति में ईगो बहुत थी... उन्होंने कभी सोचा भी नहीं था कि मैं उन्हें छोड़कर चली जाऊंगी।'

अकेली महिला के लिए, टीचर की आय में, कोलकाता में घर लेना कितना मुश्किल होता है।

एक मकान मालिक ने पूछा, 'तुम किस समय जाओगी और कब आओगी?'

सुदेशना ने जवाब दिया, 'मैं आपको जाने का समय बता सकती हूं लेकिन वापस आने का समय कैसे बता सकती हूं!'

एक दूसरी महिला ने तो मुंह खोलकर पूछ ही लिया, 'ओह, तो तुम अकेली रहोगी... तो, तुम वैसी टाइप की हो।'

बहुत सी तलाश और मिन्नतों के बाद, सुदेशना को किराए पर एक घर मिल ही गया। लेकिन जिस दिन वह घर छोड़कर जाने वाली थीं, अतानु ने एक और ड्रामा कर दिया।

'उसने नींद की बहुत सी गोलियां खा लीं और एक पत्र लिखा--मैं जा रहा हूं... यह दुनिया छोड़कर... प्लीज मुझे माफ कर देना।'

सुदेशना उसे बाथरूम में खीचकर ले गईं और शावर के नीचे डाल दिया। जब उसे होश आया, तो उन्होंने उसे नमक का पानी दिया, ताकि वह उल्टी करके सारा जहर बाहर निकाल दे। फिर, उन्होंने फैमिली डॉक्टर को फोन किया।

डॉक्टर ने उन्हें बताया, 'वह तुमसे झूठ बोल रहा है। अगर उसने सच में पच्चीस गालियां खाई होतीं तो अब तक वह मर चुका होता। मुझे लगता है उसने ज्यादा से ज्यादा 3-4 गोलियां खाई होंगी।'

लेकिन यह सब नाटक क्यों?

'वह मुझे वहां रखना चाहता था, वह उसे भी अपने साथ रखना चाहता था... वह सबकुछ चाहता था।'

एक बिगड़े हुए बच्चे कि तरह उसे हर बात मनमानी चाहिए थी।

'जैसे ही मैं जाने लगी, उसने कहा--अगर तुम चली जाओगी तो मेरे लिए खाना कौन बनाएगा, मुझे सुबह की चाय बनाकर कौन देगा?'

सुदेशना हंसते हुए बरस पड़ीं।

'तुम्हारी नई बीवी आ रही है... वह तुम्हारी देखभाल करेगी! साथ में खुशी-खुशी रहना, कम से कम बच्चे के वास्ते।'

और इस तरह सुदेशना का नया जीवन शुरू हुआ। एक ऐसा जीवन जिसमें संघर्ष, मेहनत और दृढ़ता थी।

'मेरी आय 10,000 रुपए मासिक थी। मैं एडवांस और महीने का किराया बमुश्किल दे पाती थी।'

ऐसे भी दिन थे जब उनके पास रात के खाने के पैसे नहीं हुआ करते थे।

'मैं एक वेफर्स खरीदती और पानी पीकर सो जाती।'

लोग कहते--अपने मां-बाप के पास जाओ, अपने पति से आर्थिक मदद देने को कहो। सुदेशना ने इन सबको नकार दिया। लेकिन मदद का हाथ बढ़ाया प्रोसेनजीत दत्ता ने, एक संगीतज्ञ मित्र, जिसे वह थियेटर के दिनों से जानती थीं।

'तुम मेरी कंपनी में पार्ट-टाइम काम कर लो, ऑटोकैड सिखाने का,' उसने कहा।

शादी से पहले सुदेशना ने एक आईटी फर्म में मार्केटिंग परसन की हैसियत से कुछ समय काम किया था, वहीं उन्होंने ऑटोकैड के बारे में जाना था। थोड़े समय में ही वे उसे पूरी तरह समझ गई थीं।

'अप्रैल 2006 में, मैंने 3000 रुपए प्रति महीने आय पर काम करना शुरू किया। हर रोज मैं स्कूल के बाद वहां जाकर क्लास लिया करती थी।'

लेकिन कंपनी की शेप बहुत ही बुरी थी। दोनों मालिक--एक व्यवसायी और एक मैकेनिकल इंजीनियर--इसे चलाने की बहुत कोशिश भी नहीं कर रहे थे।

'मार्केटिंग करने के लिए कोई भी नहीं था,' सुदेशना याद करके बताती हैं।

जून में, सुदेशना की नौकरी चली गई। जुलाई आते-आते कंपनी बंद होने की बातें होने लगीं। तभी प्रोसेनजीत एक नया विचार लेकर आया।

'चलो इस कंपनी को अपने पास रखकर चलाते हैं।'

प्रोसेनजीत को विश्वास था कि सुदेशना एक अच्छी पार्टनर साबित होंगी। उसके दो कारण थे--उनका दृढ़ निश्चय और ईमानदारी।

'मैं जानती थी कि हमें कभी भी वैसे टिपीकल मसलों से नहीं उलझना पड़ेगा, जो अक्सर पार्टनरों के बीच हो जाते हैं।'

दोनों ने मालिक को उसके उपकरण लीस पर देने के लिए राजी कर लिया,

'मैं हमेशा आदर्शवादी रही, एक शिक्षक के तौर पर मैंने कभी ट्यूशन करके ज्यादा पैसे कमाने का लालच नहीं किया।'

और उनका इस्तेमाल कैड फ्रैंचाइज के लिए करने लगे।

'चूंकि प्रोसेनजीत दूसरी कंपनी में काम कर रहे थे, तो उन्होंने मुझे अकेले ही सब संभालने को कहा। हमने कंपनी का नाम रखा *डिजीटेक एचआर*।'

निवेश और कामकाजी पूंजी के तौर पर डिजीटेक एचआर को 3 लाख रुपए की जरूरत थी। प्रोसेनजीत ने आईसीआईसीआई बैंक से पर्सनल लोन लिया, जबकि सुदेशना ने अपने आधे गहने बेच दिए। आधे वह पिछले साल ही बेच चुकी थीं, जब उन्हें अपने छोटे से फ्लैट के लिए डाउन पेमेंट और स्टाम्प ड्यूटी देनी पड़ी थी।

'गहने और होते किसलिए हैं। यह महिला के कठिन समय में काम आने के लिए ही होते हैं। मैंने तो अपने गहने अच्छे काम के लिए बेचे थे!'

डिजीटेक एचआर का काम अब गंभीरता से चालू हो गया था। हालांकि शुरुआत में, सुदेशना और प्रोसेनजीत दोनों ही अपनी नौकरियां भी कर रहे थे।

'हमने जयजीत नाम के लड़के को काम पर रखा। उस समय उसने कॉमर्स से ग्रेजुएशन पूरी की थी और काम देख रहा था। बचपन में उसके सिर से बाप का साया उठ चुका था, और मुझे पता था कि वह बहुत जिम्मेदार इंसान था।'

जयजीत ने अकांउट और प्रशासनिक काम संभाला, उसके पास बस एक और जूनियर स्टाफ था। कंपनी का मुख्य लक्ष्य ऑटोकैड और स्टाडप्रो ट्रेनिंग शुरू करना था, लेकिन ज्यादा जोर मार्केटिंग पर भी था।

'पहले साल (2006-07) में हमारी सालाना आय 9 लाख रुपए थी,' सुदेशना बताती हैं।

सुदेशना के लिए अब अपनी टीचर की नौकरी छोड़ने की सही वजह थी। कुछ महीनों बाद प्रोसेनजीत ने भी कंपनी में फुल टाइम काम करना शुरू कर दिया। जल्दी उनके सामने एक नया अवसर आया।

'जो लोग हमारे पास से ट्रेनिंग लेते उनका कहना था कि उनके पास बहुत सी ड्रॉइंग हैं, जिन्हें वे सॉफ्ट कॉपी में बदलवाना चाहते हैं।'

इस तरह से डिजीटेक एचआर ने डिजीटाइजेशन की सर्विस देनी भी शुरू कर दी।

'2008 में, हमारे पास कई अच्छे क्लाइंट थे, जैसे स्टुवर्डस एंड लॉयड, बीओसी और मिलीटरी इंजीनियर्स।'

काफी क्लाइंट इंडस्ट्री में प्रोसेनजीत के कॉन्टेक्ट की वजह से आए। लेकिन वे वहां रुके और उन्हें अतिरिक्त काम दिया डिजीटेक के काम की संतुष्टि की वजह से।

इसी दौरान, कोलकाता के एक जाने-माने बिजनेमैन ने उनके सामने साझेदारी का प्रस्ताव रखा।

'हमने सोचा कि वो अच्छे लोग हैं और हमारे साथ काम करना चाहते हैं, तो क्यों नहीं!'

साल्ट लेक के ऑफिस में एक नई कंपनी शुरू की गई।

'उसकी बस एक ही शर्त थी कि उसका बेटा हमारे साथ काम करेगा।'

लेकिन यह एक बहुत बड़ी गलती साबित हुई।

'बेटे ने मेरे साथ खेल खेलना शुरू कर दिया, वह सबके सामने मुझे नीचा दिखाता। वास्तव में वह यह नहीं पचा पाया कि एक महिला उससे ज्यादा काबिल है।'

सुदेशना और प्रोसेनजीत ने उनसे अलग होने का फैसला किया।

मार्च 2008 में, सुदेशना रायपुर में एक ट्रैनिंग सेशन के सिलसिले में गईं, जो बहुत ही सफल रहा। उसके बाद स्टुवर्ट एंड लॉयड ने डिजीटेक से उनकी कंपनी के लिए 'डिटेल्ड इंजीनियरिंग' प्रोजेक्ट पर काम करने को कहा।

'इसका मतलब था प्लांट लेआउट ड्राइंग, उपकरणों की लेआउट ड्राइंग, डायग्राम--सब कुछ।'

सुदेशना ने इस प्रोजेक्ट के लिए 7-8 डिटेलर्स को नियुक्त किया। और वह एक बार फिर रायपुर गईं। इस समय वे और भी सफल रहे और उन्हें काफी काम मिला।

'मुझे *मॉनेट इस्पात, जिंदल स्टील एंड पावर* और *हीरा ग्रुप ऑफ इंडस्ट्री* से ऐसे ही ट्रेनिंग सेमिनार आयोजित करने के लिए फोन आए।'

एक फोन और भी आया--कोलकाता पुलिस से। उनके पार्टनर ने सुदेशना और

'हम तकनीक के साथ काम कर रहे थे, लेकिन कोई भी तकनीक मानव संसाधन के बिना पूरी नहीं हो सकती। किसी भी कंपनी के लिए सबसे महत्वपूर्ण संपत्ति यही है।'

प्रोसेनजीत के खिलाफ एक एफआईआर दर्ज कराई थी कि वे दोनों 65 लाख रुपए चुराकर भागे हैं।

सुदेशना रायपुर से सीधा पुलिस स्टेशन पहुंचीं।

'हम दोनों पुलिस ऑफिसर के सामने बैठे और कहा--आप जाकर ऑफिस चैक कर सकते हैं। आपको वहां सिर्फ हार्डवेयर और सॉफ्टवेयर ही मिलेगा। हम वहां से कुछ नहीं ले गए।'

आखिरकार, केस रद्द हो गया। और अब कुछ और सकारात्मक विकास हुए। *एसीसी सीमेंट, भिलाई इंजीनियरिंग कॉर्पोरेशन* और *बीके इंजीनियरिंग* जैसे क्लाइंट उनके खाते में आए। ट्रेनिंग और इंजीनियरिंग सर्विस दोनों के सिलसिले में।

मार्च 2009 तक, कंपनी ने 20 कर्मचारी नियुक्त कर लिए और उनकी सालाना आय 27 लाख रुपए तक पहुंच गई।

'हालांकि हमारे काम में अच्छा मुनाफा है, लेकिन सेलेरी भी खासी बड़ी होती है, क्योंकि हम अच्छे क्वालीफाई इंजीनियर्स को ही काम पर रखते हैं।'

ऑटोकैड डिजीटेक के साथ-साथ उन्होंने प्रोजेक्ट मैनेजमेंट ट्रेनिंग भी शुरू कर दी।

'प्रोसेनजीत और मैंने प्रोजेक्ट मैनेजमेंट इंस्टीट्यूट से सर्टीफिकेशन पूरा किया।'

और फिर एक बड़ा अवसर सामने आया। डिजीटेक ने जमूल और सिंदरी में सफलता से *एसीसी* प्लांट में प्राइमावेरा* प्रोजेक्ट ट्रेनिंग के सत्र संभाले। कंपनी ने अब हिमाचल प्रदेश में क्लिंकर बल्क लोडिंग प्लांट स्थापित कर लिया है।

'मैं मुंबई में एमडी, मिस्टर सुमित बनर्जी से मिली। वे हमारे ट्रेनिंग प्रोग्राम के बढ़िया फीडबैक से प्रभावित थे।'

* एक लोकप्रिय प्रोजेक्ट मैनेजमेंट सॉफ्टवेयर

एमडी ने कहा, 'क्या आप हमारे नए प्लांट पर प्रोजेक्ट मैनेजमेंट असाइनमेंट ले सकते हैं?'

हां, हां, हां! यह वही मौका था जिसका इंतजार सुदेशना कब से कर रही थी।

'हमारे काम की लिस्ट में पहले से ही मिलिट्री इंजीनियर्स का नाम शामिल था। हमने उनके लिए बुलेट प्रूफ बंकर का डिजाइन बनाया था, जिसे उन्होंने लागू भी किया था।'

लेकिन *एसीसी* के साथ काम करना ऐसा था मानो यश चोपड़ा की फिल्म में काम करना।

मतलब वाकई कुछ खास।

'हमने इससे पहले कभी इतने बड़े प्रोजेक्ट पर काम नहीं किया था, लेकिन हमें विश्वास था कि हम कर सकते हैं।'

प्रोजेक्ट मैनेजमेंट के लिए इंजानियरों को प्लांट पर ही रहकर काम करना होगा। ये इंजीनियर प्लान बनाएंगे, उसे लागू करवाएंगे, शेड्यूल बनेगा और उस पर निगरानी रखी जाएगी।

'यकीनन मैं और प्रोसेनजीत बारी-बारी से वहां जाकर प्रोजेक्ट पर नजर बनाए रखते।'

एसीसी प्रोजेक्ट 5 महीने में पूरा हुआ। उसके पूरा होने की अंतिम तिथि थी 15 नवंबर 2010। हालांकि डिजीटेक ने उसे 10 दिन पहले ही खत्म कर दिया।

'क्योंकि हमने अच्छा काम किया था, तो एसीसी ने हमसे केमोर और चंद्रपुर के प्रोजेक्ट संभालने को भी कहा।'

लेकिन एसीसी इतने जरूरी काम के लिए किसी बाहर की एजेंसी से क्यों काम करवाएगा? क्योंकि एक थर्ड पार्टी हर काम को निष्पक्ष नजर से परख सकती है और क्लाइंट और कॉन्ट्रेक्टर के मध्य एक पुल का काम भी कर सकती थी।

'हमने प्रणालीगत तरीके से प्रोजेक्ट को भागों में बांटा और कॉन्ट्रेक्टर पर सही काम करने का दबाव बनाया!'

क्या हो रहा है, क्या होना चाहिए।

'जब हम ट्रेनिंग देते थे, तो हम अपेक्षित से ज्यादा किया करते थे। जो हमारे पास ऑटोकैड ट्रेनिंग के लिए आते थे, उन्हें हम इंडस्टीरियल डिजाइन भी सिखाते थे। जिसकी जरूरत उन्हें अपने काम में होती थी।'

'मेरे आदर्श, प्रबंधन शक्ति और ईमानदारी--सब मुझे मेरे माता-पिता और छोटे भाई से मिले हैं।'

एक अच्छा शिक्षक सिलेबस पूरा कराता है। महान शिक्षक उससे भी आगे जाकर, छात्र की खूबियों को उभारता है।

'वही बात हमने अपने बिजनेस में भी अपनाई। हम हमेशा कड़ी मेहनत करके, जो कहा गया हो उससे भी बेहतर पेश करते थे।'

2011 में डिजीटेक न सिर्फ एसीसी सीमेंट का आधिकारिक रूप से मॉनिटरिंग पार्टनर बना, बल्कि उसने *अंबुजा* और *एल एंड टी* के साथ भी काम किया। मार्च 2011 में कंपनी की सालाना आय 1 करोड़ रुपए से ज्यादा थी।

'मई 2011 में हमने इसे प्राइवेट लिमिटेड कंपनी में बदलकर इसका नाम *पीएस डिजीटेक एचआर* कर दिया। पीएस का मतलब था प्रोजेक्ट सोल्यूशन।'

जबकि प्रोसेनजीत डिजीटेक का तकनीकी नाम था, तो सुदेशना इसकी दिल और प्राण थीं, जो कंपनी की मार्केटिंग और एचआर संभाल रही थी। कंपनी में उनका औपचारिक पद है मैनेजिंग डायरेक्टर और चेयरपर्सन, जबकि प्रोसेनजीत एग्जीक्यूटिव डायरेक्टर और सीईओ हैं।

'हमने सीनियर प्रोफेशनल्स को नियुक्त किया जैसे जीएम (प्रोजेक्ट), जीएम (एचआर) और डिजाइन हैड।'

डिजीटेक इंजीनियरिंग और प्रोजेक्ट मैनेजमेंट फील्ड से प्रोफेशनल को लेने के लिए एडवाइजरी बोर्ड से भी सलाह लेता है।

वर्ष 2011 में डिजीटेक ने विदेश का रुख करके दुबई और ऑस्ट्रेलिया से भी प्रोजेक्ट लिए। अभी हाल ही में कंपनी को श्रीलंका से एक प्रोजेक्ट मिला है।

'मैं वहां अवसर की तलाश में गई थी। मैं लोगों से मिली, उनसे बातें कीं और हमें आईआरसीओएन (इंडियन रेलवे कंस्ट्रक्शन) से एक प्रोजेक्ट मिला। यह रेलवे लाइन थी, जो 8 साल पहले सूनामी में तबाह हो गई थी, लेकिन दोबारा नहीं बन सकी थी...'

सुदेशना काम के सिलसिले में महीने में 15-20 दिन बाहर रहती हैं, और कहीं भी कभी भी सहजता से पहुंच जाती हैं।

'मैं फर्स्ट क्लास एसी में सफर करती हूं, जहां मैं। कंपार्टमेंट में अकेली महिला भी होती हूं। पर मुझे कभी कोई परेशानी नहीं हुई।'

और ऐसे ही ट्रेनिंग सेमिनार, कॉन्फ्रेंस और क्लाइंट के पास जाते हुए भी, महिला होने के नाते--अक्सर अकेली महिला--कभी कोई समस्या नहीं हुई। अर्जुन की तरह, सुदेशना का ध्यान भी मछली की आंख पर ही है।

'मैं पूरी तरह से इस कंपनी को समर्पित हूं--इसे बढ़ाकर नई ऊंचाइयों पर ले जाना।'

यह निजी आराम की बात नहीं है, न ही पैसों की। यहां तक कि मुनाफा तो काफी बाद में आया।

'पहले हम कंपनी को देते हैं, तभी हम लेते हैं... यहां तक कि प्रोसेनजीत की बीवी, शीला भी यह समझती हैं और साथ देती हैं। वह मेरी अच्छी दोस्त भी हैं।'

मार्च 2012 में, डिजीटेक एचआर की सालाना आय 1.5 करोड़ रुपए थी, जिसमें कुल मुनाफा 25 लाख रुपए था। और भविष्य में उनके पास और भी महत्वाकांक्षी योजनाएं हैं।

'5 सालों में मैं अपनी कंपनी का टर्नओवर 60 करोड़ तक पहुंचाना चाहती हूं। साथ ही इसे मल्टीनेशनल कंपनी बनाना चाहती हूं!'

मैं सोचती हूं कि कहीं गहराई में, अपने एक्स पति को कुछ साबित करके दिखाने की इच्छा भी होगी--'देखो, मैं कितनी तरक्की कर सकती हूं!'

'वह मेरे लिए अब कुछ नहीं है, तो मैं उसे क्या साबित करना चाहूंगी? उसने उस लड़की से शादी कर ली और अब हमारा कोई संबंध नहीं है।'

लेकिन हां, वह मानती हैं कि तकलीफों ने उन्हें ज्यादा मजबूत, लचीला और बेहतर इंसान बनाया। समाज की नजरों में 'अकेली' पर अपने आपमें संपूर्ण।

'मैं सोचती हूं... जब भी मुझे थोड़ा समय मिलेगा... फिर से डांस करना शुरू कर दूंगी,' सुदेशना कहती हैं।

उनकी आंखें अभी से नाच रही थीं। मन भी अनसुनी धुनों पर थिरक रहा था।

वे खुद की रचयिता, नृत्य निर्देशक और कलाकार भी हैं।

निजी मौलिक तांडव नृत्य।

*

महिला उद्यमी की सलाह

हर किसी में कुछ करने की काबिलियत है। कभी भी 'ना' मत कहो।

जब मैंने टीचर की नौकरी छोड़कर, बिजनेस शुरू किया तो मेरे रिश्तेदार, परिवारवाले और दोस्त सभी इसके खिलाफ थे। क्या होगा अगर तुम असफल हो गईं तो?

मैंने कहा, मैं सुनिश्चित हूं कि मैं सफल होंगी। अगर कोई एक व्यक्ति तरक्की कर सकता है, तो वह व्यक्ति मैं हूं। तो सकारात्मक सोच बहुत जरूरी है।

हर समय मेरे सामने कोई परेशानी आई, मैंने कहा मुझे यह करना ही पड़ेगा। मैंने उससे बाहर आने का रास्ता ढूंढ़ निकाला। संघर्ष, संघर्ष और संघर्ष... आज भी मैं संघर्ष से बाहर नहीं आई हूं। मैं अभी भी संघर्ष किए जा रही हूं।

लेकिन, मैं जानती हूं, एक दिन जीत मेरी ही होगी।

कांस्य कलाकृति में महिला

जसु शिल्पी
मूर्तिकार

जसु शिल्पी अपने व्यवसाय में स्वभाव से ही आ गईं, क्योंकि माइकलेंजलो ने कहा था कि मूर्तियां तराशना 'महिलाओं का काम नहीं है।' आज, महात्मा गांधी, मार्टिन लूथर किंग और राणा प्रताप के उनके द्वारा बनाए गए 'लार्जर देन लाइफ' स्टेचू देश और विदेश में शोभा पा रहे हैं।

उनके हाथ मिट्टी से सने थे। माथे पर शिकन थी। 24 फीट के बुत के सामने बैठकर काम करते हुए वह अपनी ही दुनिया में गुम थीं।

हमारे चारों ओर 'शरीर के अंग' बिखरे पड़े थे। एक हाथ यहां, सिर वहां। एक पूरे आकार की महात्मा गांधी की कांस्य प्रतिमा।

'ये वाला अमेरिका जा रहा है,' जसुबेन शिल्पी चहकते हुए बताती हैं। 'एयर इंडिया के लोग यहां आकर इसे लेकर जाएंगे।'

जसु शिल्पी का फार्महाउस बहुत छोटा है। छोटा सा फार्म और छोटा सा हाउस। अधिकांश भाग में उनकी वर्कशॉप और कांस्य प्रतिमाओं का संग्रह है, जो उनकी विरासत है। इस कला को समर्पित जो जीवन उन्होंने जिया, उसकी श्रद्धांजलि।

पहले, अपने पति मनहरभाई, अपने जीवनसाथी और जीवन और काम के पार्टनर के साथ। फिर, एक जवान विधवा के रूप में दो बच्चों के लालन-पालन में। अब, समाज की जरूरतों और भूमिकाओं से परे।

अपनी शर्तों पर, अपने लिए जी रही हैं। और अपनी प्रतिमाओं के लिए।

2004 में अपने परिवार से अलग होकर, जसु और भी खुलकर आगे बढ़ीं। उनके काम का आकार और पैमाना आगे बढ़ा, राष्ट्रीय और अंतर्राष्ट्रीय स्तर पर। और वैसे ही आंतरिक खुशी और शांति।

'पहले लाइफ की जिम्मेदारी निभा रही थी। अब मैं सचमुच जिंदगी जी रही हूं।'

जितना मैं उनकी कृतियों की सराहना करती, उतना ही उनके स्वतंत्र रहने के संकल्प का। यह अधिकारों की बात है।

खुद को बंधनों से मुक्त करने का अधिकार।

ऐसा चमत्कारी व्यक्तित्व बनना, जो अपने अंदरूनी प्रकाश से रौशन होता है।

कांस्य कलाकृति में महिला

जसु शिल्पी
मूर्तिकार

जसुमति आशरा का जन्म अहमदाबाद में हुआ। उद्यम उनके खून में ही था।

'मेरा परिवार दानी लिमदा में डाई और प्रिंटिंग का काम करता था। मेरी मां 35 कारीगरों वाली फैक्टरी को अकेले संभालती थीं, जबकि मेरे पिता मार्केटिंग के लिए जाते थे।'

जसु मांडवी-नी-पोल में पली-बढ़ीं और आरबीएमके गर्ल्स हाईस्कूल से शिक्षा प्राप्त की।

जब वे 13 साल की थीं, तो उनके स्कूल में एक प्रदर्शनी लगी। उनकी ड्रॉइंग टीचर ने कहा, 'जसु, तुम अच्छी ड्राइंग करती हो--तुम कुछ प्रदर्शनी के लिए क्यों नहीं तैयार करतीं?'

जसु पूरे तन-मन से 6 फीट के कनवास पर पेंटिंग बनाने में जुट गईं। जिसका नाम उन्होंने रखा--'सीता चरित।'

'वह पेंटिंग बहुत पसंद की गई और मुझे स्कूल से 500 रुपए का नकद प्राइज भी मिला। ये पचास साल पहले की बात है!'

तब के हिसाब से यह काफी बड़ी रकम थी (तब सोने की कीमत 80 रुपए प्रति 10 ग्राम थी)। जसु बेहद खुश थीं।

'मैंने सोचा कि चलो--आर्ट की लाइन लेकर कुछ आगे बढ़ूं!'

सीएन फाइन आर्ट कॉलेज से 'ड्रॉइंग टीचर सर्टिफिकेट' के छात्र के तौर पर, जसु स्टडी टूर पर गईं। ग्वालियर में, वे 'झांसी की रानी' के बुत से बहुत प्रभावित

हुईं। रानी एक घोड़े पर बैठी थी, जिसके आगे के दोनों पैर हवा में थे।

वह हैरान थीं, 'कारीगर ने यह कैसे बनाया होगा? घोड़े ने ऊपर बैठी रानी का भार कैसे संभाला होगा?'

सबसे ज्यादा, वह हैरान थी कि प्रतिमा बनाता कौन होगा।

क्या मैं भी ऐसा कर सकती हूं?

तभी जसु ने अपने जीवन के बारे में निर्णय ले लिया था।

'मैंने मूर्तिकार बनने का निर्णय किया।'

एक महिला के लिए बेहद असामान्य व्यवसाय।

18 साल की उम्र में, जसु अहमदाबाद के महिपात्रम आश्रम में पेंटिंग सिखाने लगीं। यहीं वह मोहम्मदभाई से मिलीं, जो लड़कियों को लकड़ी और धातु की कलाकृतियां बनाना सिखाते थे।

वे एक-दूसरे को बस जानते भर थे।

इस दौरान बॉम्बे के जे जे स्कूल ऑफ आर्ट्स से पढ़े लड़के का रिश्ता जसु के लिए आया। हालांकि लड़का-लड़की दोनों ने एक-दूसरे को पसंद किया था, पर उनकी शादी नहीं हो सकी।

जसु के लिए यह बड़ा धक्का और निराशा थी।

इसी दौरान, वे मोहम्मदभाई के संपर्क में रहीं। उनका रिश्ता गहरी दोस्ती में बदल गया। और एक दिन जसु को अहसास हुआ कि यही वह आदमी है, जिसके साथ वे अपनी सारी जिंदगी बिता सकती हैं।

इसका तो ख्याल भी मोहम्मदभाई के दिमाग में कभी नहीं आया था। वह साधारण, शर्मीले आदमी थे। और वे अनाथ भी थे। वे तो जसु जैसी लड़की को पाने की बात सपने में भी नहीं सोच सकते थे।

बस वही थीं जो इसे साकार कर सकती थीं।

हर रोज मोहम्मदभाई लक्कड़ियां ब्रिज--जिसे अब एलिसब्रिज कहते हैं--पार करके घर से काम पर जाते थे। एक शाम, उन्हें अपने पीछे किसी की आहट सुनाई दी। वह मुड़े तो देखा कि वह उनकी सहकर्मी जसु थी।

जसु ने साफ-साफ कह दिया, 'क्या तू मेरे साथ शादी करेगा?'

जसु को उन्हें यह भरोसा दिलाने में 15 दिन लग गए कि वे उनके सादे से मकान में खुशी-खुशी रह सकती हैं। 24 जुलाई 1970 को जसु ने भागकर मोहम्मदभाई

से महमदाबाद कोर्ट में शादी कर ली।

उस समय, मुस्लिम धर्म मानने वाले मोहम्मद अपना धर्म बदलकर हिंदू--मनहरभाई--बन गए। उन्होंने एक बार फिर से अहमदाबाद के आर्यसमाज मंदिर में शादी की कसमें खाईं।

जसु का परिवार बहुत नाराज था, वे शादी की किसी रस्म में शामिल नहीं थे। सच पूछो तो, उन्होंने उन्हें कभी मान्यता भी नहीं दी।

'मैंने अंबावाड़ी में एक कमरे के घर में अपने शादीशुदा जीवन की शुरुआत की,' जसु मुस्कुराकर बताती हैं। 'हनीमून तो नहीं हुआ, लेकिन प्यार की कोई कमी नहीं थी!'

जसु और मनहर ने 'शिल्पी' (मूर्तिकार) उपनाम को अपना लिया और इसी काम की शुरुआत मनहर ने कर दी। उन्होंने अपने घर पर ही काम करना शुरू कर दिया। जसु उनकी मदद करती थीं, लेकिन वे एक इंग्लिश मीडियम स्कूल में पेंटिंग सिखाने भी जाया करती थीं।

'उस टाइम पैसे की बहुत तंगी थी।'

जसु की शादी की साड़ी कंबल के रूप में इस्तेमाल हो रही थी। यहां तक कि फिल्म देखने जाना भी बहुत मुश्किल होता था। लेकिन युवा जोड़ा पूरी तरह से एक-दूसरे की देखरेख में खोया हुआ था।

अगस्त 1971 में, ध्रुव का जन्म हुआ। 18 महीने बाद ही उसकी बहन धारा भी आ गई। घर और काम को संभाल पाना अब चुनौती बनता जा रहा था। जब जसु काम पर जातीं तो मनहरभाई घर पर बच्चों को संभाल लेते थे।

लेकिन, जसु के सपने और महत्वाकांक्षाएं और भी बड़ी थीं।

'हमारा अच्छा बड़ा स्टूडियो और स्कल्पचर वर्कशॉप होवे, बड़े स्केल पर काम करें... ऐसा मैं चाहती थी।'

1974 में, नए साल के दिन जसु अपने बच्चों के साथ अपने मां- बाप से मिलने

'जब मैं 16 साल की थी, तो मैंने माइकलेंजलो पर एक किताब पढ़ी, जिसमें कहा गया था--मूर्तियां बनाना महिलाओं का काम नहीं है--मैंने तभी सोच लिया था कि मुझे यही करना है।'

'कोई बात नहीं, मैं भी कमाऊंगी, शादी करेंगे तो दोनों साथ काम करेंगे। जिंदगी बन जाएगी।'

गईं। पहले तो वे अच्छे से मिले, लेकिन फिर किसी पुरानी बात पर लड़ाई हो गई। जसु का बेहद अपमान हुआ और उन्होंने कभी मायके न जाने की कसम खाई।

'उस दिन मुझे अहसास हुआ कि हमारा समाज बस पैसेवालों को ही पूजता है। मैंने प्रण किया कि मैं भी बहुत पैसा कमाऊंगी।'

जसु अपनी नौकरी छोड़कर मनहर के लिए अच्छे काम की तलाश में लग गईं। वह अखबारों में सरकारी विज्ञापन और टेंडर देखतीं। इससे कुछ छोटे-छोटे काम और ऑर्डर मिलने लगे।

1975 में, राजकोट की नगर पालिका ने बुतों के लिए एक टेंडर जारी किया। जैसे ही जसु को इस बारे में पता चला वह अपना बजाज स्कूटर उठाकर चल पड़ीं।

'मैं हर जगह स्कूटर से ही जाती थी--पूरे गुजरात में,' उन्होंने कंधे झटकते हुए बताया।

जैकेट, टोपी और मफलर लगाए वे किसी आदमी की तरह ही नजर आती थीं।

'मैं हाइवे पर सजग रहती थी। लेकिन हां उन दिनों आज जितना ट्रैफिक भी तो नहीं हुआ करता था।'

राजकोट में वे मेयर, अरविंदभाई मनियार से मिलीं।

'आप इतनी दूर स्कूटर पर चलकर आईं?' उसने पूछा।

जसु के पास काम का उतना अनुभव नहीं था, लेकिन उनके साहस से प्रभावित होकर उन्होंने जसु को कॉन्ट्रेक्ट देने का फैसला लिया। बाबा साहेब अंबेडकर के फुल-साइज बुत के लिए उन्हें 25,000 रुपए दिए जाने वाले थे।

अब सामने था सबसे बड़ा सवाल--इतना बड़ा बुत बनाते कैसे हैं? मनहरभाई ने अब तक छोटे पीस बनाए थे, वहीं जसु ने बुत तो बनाए थे पर इतना बड़ा नहीं।

'मुझे कोई प्रैक्टिकल नॉलेज तो थी नहीं। हम इधर-उधर जाकर सबकुछ शुरू से सीखने लगे!'

एक बड़ोदा रहने वाले कारीगर, कोल्हातकार जो आधा बुत बनाता था, ने कुछ

मदद की। लेकिन एक दूसरे जाने-माने कलाकार ने तो इनसे मिलने तक से मना कर दिया।

'हम बस उसकी वर्कशॉप देखना चाहते थे, कुछ गाइडेंस के लिए। उन्होंने बाहर से ही भगा दिया।'

जब साहस और स्पष्टता का मिलन होता है तो भगवान अपने फरिश्ते को मदद के लिए भेज देते हैं। हमीदुज्मान, बांग्लादेश का कारीगर, जसु के घर पहुंचा। वह कांस्य प्रतिमा बनाने में माहिर था और एक ही हफ्ते में उसने उन्हें सबकुछ सिखा दिया।

पहले मिट्टी का क्या करते है, फिर मोम--जमाने से लेकर जोड़ने तक सबकुछ।

'इस तरह हम नए काम में मास्टर हो गए।'

तकनीक भी जरूरी है, लेकिन असली मूर्तिकार वही है जो दिल से काम करता है। एक अच्छा बुत वही है जो व्यक्ति की शारीरिक भाव-भंगिमाओं को दिखा सके। और बेहतर वह है जो पूरा व्यक्तित्व ही सामने रख दे।

'हमारे पहले बुत की बहुत सराहना हुई और उसे राजकोट शहर के मेन रोड पर लगाया गया।'

तब से काम की कोई कमी नहीं हुई। शिबपुर, हिम्मतनगर और फिर जल्दी ही पूरे गुजरात से ऑर्डर मिलने लगे। सिर्फ एक ही परेशानी थी कि जसु और मनहर की कोई सही वर्कशॉप नहीं थी। झलाई और ढलाई बाहर से करानी पड़ती थी, जो बहुत बड़ी परेशानी थी।

'यहां तक कि एडवांस लेकर भी कई बार हम समय पर अपना काम खत्म नहीं कर पाते थे,' वह याद करके बताती हैं।

यह वह समय था जब जसु हाथ गाड़ी पर अपना सामान डालकर एक वर्कशॉप से दूसरी वर्कशॉप में घूमा करती थी। और एक बार तो वे खुला हुआ गैस सिलेंडर लेकर भी घूम रही थीं।

आखिरकार, उन्होंने रायपुर में एक छोटी सी जगह किराए पर ले ली, जो वहां

'जहां भी काम मिलेगा मैं अपना स्कूटर उठाकर पहुंच जाती थी। यहां तक कि दूर राजकोट और सोमनाथ भी।'

'स्कूटर लेकर घूम रही है, मतलब उसके अंदर एक हिम्मत है, तो भले वो अभी पहला-पहला काम है, लेकिन हमें उसको एक चांस देना चाहिए।'

से कुछ ही दूर थी। लेकिन सांचे को एक जगह से दूसरी जगह ले जाना बहुत मुश्किल काम था। और उनकी गैरहाजिरी में बच्चों का ध्यान कौन रखता?

जसु ने एक बार फिर से एक बड़ा कदम उठाया।

'मैंने थोड़ी हिम्मत की और वस्तरपुर में जमीन खरीद ली।'

इसके लिए दंपती ने दोस्तों और बैंक से पैसा उधार लिया। पहले उन्होंने अस्थायी छत के साथ एक कमरा और रसोई तैयार की।

'हमने अपने हाथों से घर बनाया। यहां तक कि बच्चों ने भी रेत भरकर और ईंटें पकड़ाकर मदद की।'

धीरे-धीरे सपना सच होने लगा था। घर के पिछवाड़े में एक वर्कशॉप और भट्टी भी बना ली। कुछ कारीगर भी रख लिए। लेकिन कुछ ही समय में काम काफी कम हो गया।

'लोन की रकम 1.65 लाख रुपए थी और हम तीन महीने की किस्तें जमा नहीं करवा पाए थे।'

बैंक ने एक खत भेजा जिसमें प्लॉट पर कब्जा कर लेने की चेतावनी थी। जसु बैंक मैनेजर से मिलने गईं और छह महीने तक की मोहलत ले ली।

यह परिवार के लिए मुश्किल और नाजुक हालात थे। क्योंकि मूर्तियों के काम में ज्यादा नहीं मिल पा रहा था, तो जसु पेंटिंग का काम भी लेने लगीं। केवड़िया कॉलोनी और सेंट्रल गुजरात में उकाई डैम की दीवारों पर पेंटिंग का काम उन्हें मिला था।

'काम में अच्छा पैसा तो था, लेकिन स्कूटर से इतनी दूर आना-जाना एक समस्या थी।'

दोनों ने 25,000 रुपए में सैकंड हैंड एंबेस्डर कार खरीदने की योजना बनाई। इस तरह जसु आसानी से अपना सामान साइट पर ले जा सकती थी। वह पूरा दिन काम करती और देर रात को घर लौटती।

'मेरे पति गर्म पानी से मेरे पैर धुलवाते, और बच्चे उनकी मालिश करते। फिर

हम सब मिलकर खाना बनाते।'

तीन महीने ऐसे ही बीते, कड़ी मेहनत और कम आराम। लोन पूरा चुका दिया गया था और आखिरकार अब जमीन सुरक्षित थी।

'पूरी जिंदगी में वो आखरी बार था कि जब मैंने लोन लिया था,' जसु कहती हैं।

अब जिंदगी थोड़ी आसान थी, थोड़ी आरामदायक। परिवार ने तीन कमरों का घर बना लिया था। जसु ने सब्जियों का छोटा सा बगीचा भी बना लिया था। जब उनकी सहेली उर्मि उनसे मिलने आती तो वे घंटों व्यस्त रहतीं। उन दिनों बच्चे ताजी सब्जियां तोड़कर शाम का खाना बना लेते थे।

'मैंने अपने दोनों बच्चों को स्वतंत्र और खुद पर निर्भर रहने का प्रशिक्षण दिया है।'

कहानी तब कि है जब धारा छोटी बच्ची थी और वह जम्पिंग बोर्ड से कूदने में डर रही थी। जब जसु को पता चला तो वह उसे लेकर 16 फीट की सीढ़ी पर चढ़ीं और उसे ऊपर से पानी में फेंक दिया।

'जिंदगी में आपको मजबूत बनना पड़ता है!' उन्होंने चिल्लाकर कहा।

और निश्चित रूप से उसी मजबूती ने जसु की हर मोड़ पर मदद की। जब लग रहा था कि सब ठीक चल रहा है, शायद मजे में चल रहा है, तभी परिवार को एक आपदा का सामना करना पड़ा। मनहरभाई को कैंसर हो गया। जिंदगी एक बार फिर से भंवर में थी।

जसु अपना बिजनेस और पति दोनों को संभाल रही थीं। हर कोशिश के बावजूद मनहरभाई 1989 में चल बसे।

'धक्का तो बहुत लगा। फिर क्या करें...' उन्होंने कहा।

अपनी मौत से एक दिन पहले मनहरभाई ने उनसे कहा था, 'मेरे ऊपर खर्च मत करो, तुम्हें दो स्कूल जाने वाले बच्चों को पालना है।'

उन्होंने कहा, 'एक विधवा की तरह मत जीना। अपनी चूड़ियां पहनना और

'किसी ने थोड़ी सी दिशा बताई, फिर मैंने अपनी सोच और मगज से काम किया और उसके अंदर डूब गई।'

'जिस मेज पर हम मूर्तियां बनाते थे वह रात को हमारे खाने की मेज बन जाती थी। लेकिन वह काफी मजेदार था।'

अपना जीवन वैसे ही बिताना जैसे आज बिताती हो।'

अपने पति की मौत के तीन दिन बाद जसु वर्कशॉप में आ गई थीं। क्योंकि जिंदगी तो चलती ही रहती है। लेकिन वह आसान नहीं था। जसु को काम और घर पर अपने पति की कमी खलती थी।

'अब मुझे सब खुद करना था, मिट्टी मिलाने से लेकर, कारीगरों की पगार तक। सब।'

इससे भी बुरा, कोई नहीं था जिसके पास बच्चों को छोड़कर जाया जा सके। जसु उन्हें घर में बंद कर देती थीं, इस वादे के साथ कि वह दो घंटे में लौट आएंगी। लेकिन सरकारी अधिकारियों से मिलने में अक्सर देर हो ही जाती थी।

'एक मां के तौर पर मैं खुद को बेबस महसूस करती थी, लेकिन कोई विकल्प नहीं था।'

जसु की दृढ़ता काम आई। मनहर की मौत के कुछ ही समय बाद, उन्हें उनका ड्रीम प्रोजेक्ट मिला--दस फीट ऊंचा, दस फीट लंबा, शिवाजी महाराज का बुत। किसी भी महिला मूर्तिकार ने इस आकार का बुत नहीं बनाया था।

'मैं बहुत उत्साहित थी लेकिन मुझे पता था कि इसके लिए खुद को तैयार भी करना होगा।'

जसु ने इतिहास की किताबें छान मारीं और अपने स्टूडियों की दीवारों को शिवाजी की तस्वीरों से भर दिया। वह उन जगहों पर भी गई, जहां उनके बुत लगे थे। लेकिन आदमी से ज्यादा, उन्हें घोड़े की चिंता थी जिसे भागते हुए दिखाया गया था।

'मुझे समझ नहीं आ रहा था कि तस्वीरों के हिसाब से घोड़े को कैसे ढालें।'

जसु ने समस्या के समाधान के लिए जीवित नमूने को इस्तेमाल करने का निर्णय लिया। उन्होंने पुलिस चीफ को फोन लगाया, जिसे वह जानती थीं।

'सर मैं आपके एक घोड़े को 15 दिन के लिए उधार लेना चाहती हूं।'

और इस तरह से 3.25 टन का कांस्य प्रतिमा आखिर तैयार हुई। इसे पूरी

धूमधाम से राजकोट शहर के रेसकोर्स रोड पर लगाया गया।

लेकिन जिंदगी का सफर बहुत दूर तक आसान नहीं रहता। 1994 में, जसु और उनकी बेटी का भयानक एक्सीडेंट हुआ। उनके दायें घुटने और बायें कंधे की हड्डी टूट गई। हालांकि पैर ने कुछ ही दिनों में काम करना शुरू कर दिया, लेकिन कंधे में प्लेट डालने की जरूरत थी।

'तुम्हें कुछ दिन काम नहीं करना चाहिए,' डॉक्टर ने सलाह दी।

यकीनन, जसु ने उनकी बात नहीं मानी और दर्द झेलती रहीं। और बहुत से ऑपरेशन के बीच उन्होंने 11 फीट ऊंचा महाराणा प्रताप का बुत भी बनाया। वे इसे कैसे जाने दे सकती थीं?

'मुझे एक हाथ से काम करना पड़ा, किसी तरह चबूतरे पर चढ़कर, लेकिन मैंने बुत पूरा कर लिया,' वह मुस्कुराती हैं।

आखिरकार, एक शुभचिंतक की सलाह पर, उन्होंने बॉम्बे के जाने-माने हड्डियों के डॉक्टर, डॉक्टर के टी ढोलकिया से मुलाकात की। अच्छे इलाज और आराम से, जसु पूरी तरह ठीक हो ही गईं।

'मुझे मां अंबा में पूरा विश्वास है। वो मेरी मां हैं, दोस्त हैं, गुरु हैं और मेरा मार्गदर्शन करती हैं।'

जसु को जब भी कोई बड़ा ऑर्डर मिलता है, तो वे चोटिला मंदिर में दर्शन के लिए जाती हैं।

'मैं 800 सीढ़ियां चढ़कर मंदिर जाती, यहां तक कि जब मेरे हाथ में प्लास्टर था और पैर भी टूटा हुआ था, तब भी मैं सीढ़ियां चढ़ीं,' वह याद करके बताती हैं।

एक सुबह जसु ने राजकोट नगरपालिका से मिला पत्र खोला और खुशी से डांस करना शुरू कर दिया। उन्हें झांसी की रानी का बुत बनाने का काम मिला था। वही रानी, जिसके बुत से प्रेरित होकर उन्होंने मूर्तिकार बनने का निर्णय किया था।

उनका एक और बड़ा सपना जल्द ही सच होने वाला था। जसु एक अवॉर्ड

'मैंने अपने काम या बोझ को विभिन्न देवताओं को सौंप दिया। एक भगवान मेरे ऑर्डर्स संभालते और दूसरे मेरी सेहत। इस तरह मैं सहज और आराम की स्थिति में थी।'

'अपनी प्रॉपर्टी खरीदने के लिए मैंने बहुत संघर्ष किया लेकिन जब प्रॉपर्टी अपने साथ इतने झमेले लाई, तो मैंने सोचा कि अच्छा होता अगर यह मेरे पास होती ही न।'

लेने यूनाइटेड स्टेट गईं। उन्होंने अमेरिका के गुजराती समुदाय की मेहमाननवाजी में वहां 25 दिन बिताए।

'मुझे इतना प्यार और सम्मान मिला, बहुत अच्छा लगा।'

इस बीच ध्रुव और धारा भी बड़े हो चुके थे, उनकी भी शादी हो गई, घर बस गए। अब जसु शांति से रिटायरमेंट ले सकती थीं, लेकिन बड़े परिवार के साथ रह पाना उनके मिजाज के अनुकूल नहीं था।

'यकीनन मैं हमेशा अपना काम किया करती थी लेकिन घर में हमेशा किच-किच और टेंशन का माहौल रहता था।'

अब सवाल पुरुष अहं का भी खड़ा होने लगा था।

'छोकरे की जात है ना... अपनी बहन होगी, मां होगी, तो वो आगे निकल जाएगी ना? वो सहन नहीं कर पाते। मेरे बेटे के साथ यही हुआ।'

जसु मानसिक और भावनात्मक रूप से परेशान रहने लगीं। घर का माहौल ऐसा था कि उनके लिए काम पर ध्यान दे पाना मुश्किल हो गया था। इस मोड़ पर, उन्होंने फिर एक बड़ा कदम उठाया।

'2004 में, मैंने अपनी जायदाद, गहने और पैसे को बेटा-बेटी में बांट दिया। फिर मैं शहर से बाहर तारापुर में रहने लगी।'

एक बड़े से प्लॉट पर, जसु ने फिर से अपना नया घर और वर्कशॉप बनाया। उनका कहना है कि यहां वे सच में अपनी जिंदगी का लुत्फ उठा रही हैं।

'मुझे लगता है कि जबसे मैं अपने फॉर्महाउस में आई हूं, मेरा फिर से नया जन्म हुआ है। अब मैं पहले से 10 गुणा ज्यादा काम करती हूं, यहां तक कि मेरा हुनर भी 10 गुणा बढ़ गया है।'

जसु खुली हवा और प्रकृति का आनंद लेती हैं। उनका दिन सुबह 6.30 बजे शुरू होकर रात के 10 बजे खत्म होता है। किसी भी समय उनकी वर्कशॉप में 10-12 बुत देखे जा सकते हैं, जो तैयारी की भिन्न-भिन्न स्तर पर होते हैं।

किसी भी बुत का खास पहलू उसके चेहरे की भाव-भंगिमा होता है। इसे जसु खुद संभालती हैं, मिट्टी और वैक्स से काम करते हुए। मेटलवर्क--जिसमें ढलाई और फिनिशिंग शामिल है--पूरी तरह से उनका स्टाफ संभालता है।

'मेरे पास 15 लोगों का स्टाफ है। मैं खुद के लिए और उनके लिए काम करती हूं। मेरा काम आर्ट भी है और बिजनेस भी।'

घर बदलने के बाद से, उनका काम और भी फला-फूला है। गांधीजी के बुत के लिए अमेरिका से भी ऑर्डर आने लगे हैं। और तो और बुत लगाने के समय, अमेरिकी चाहते हैं कि मूर्तिकार खुद यहां मौजूद हों।

'वे कलाकर की बहुत इज्जत करते हैं। मेरा नाम वहां लिखा हुआ है--*यह बुत जसु शिल्पी ने बनाया है*--इंडिया में कहीं नहीं लिखते।'

यह असहनीय अपमान है। इसलिए जसु कांस्य कृतियों को समर्पित एक संग्रहालय बना रही हैं। जिनमें अब्राहम लिंकन से लेकर अमिताभ बच्चन तक जैसे व्यक्तित्व शामिल हैं।

'सभी मुस्कुरा रहे हैं, मुझे मुस्कुराता हुआ पोज ही पसंद आता है।'

वे दिल से हंसती हैं।

जितने बड़े वे बुत बनाती हैं, उतनी ही बड़ी उनकी मुस्कान है। जसु अपनी हालिया विजय का जिक्र करती हैं--28.5 फीट ऊंचे पंचमुखी हनुमान का बुत।

'मैंने कभी इतने बड़े साइज का बुत नहीं बनाया, इसे पूरा करने में पूरा साल लग गया।'

बुत को अनेक टुकड़ों में सड़क से राजस्थान ले जाया गया। जहां आखिरकार उन्हें आपस में जोड़कर पूरा बुत खड़ा कर दिया गया।

'बहुत मजा आया, सबने खूब तारीफ की।'

और जसु को अच्छा पैसा भी मिला। ऐसे बुत की कीमत 16 लाख (8 फीट ऊंचे मार्टिन लूथर किंग के लिए) से 1.2 करोड़ (हनुमान के लिए) तक होती है। ज्यादा खर्च कांस्य धातु की खरीद का ही होता है, बाकी तो कारीगर की कुशलता और शारीरिक मेहनत ही है।

'कुछ करने के लिए कुछ सहन भी करना पड़ता है।'

'जब मेरी मां का एक्सीडेंट हुआ तो मैंने उनकी सेवा की थी, मेरे भाई ने नहीं। स्त्री ऐसी ही होती हैं, जिम्मेदारी वही निभाती हैं।'

कई साल पहले, जसु ने डुंगरी के प्यार में साड़ी का त्याग कर दिया और अपने बालों को बहुत ही छोटा कटवा लिया। जिससे वे 65 साल की उम्र की हिसाब से काफी युवा नजर आती हैं।

'काम जितना करती हूं और जवान लगती हूं,' जोर से हंसकर बताती हैं।

जसु को चश्मा लगाने की जरूरत नहीं है और वे कहती हैं कि उनकी हड्डियां भी पहले से ज्यादा मजबूत हो गई हैं। वे ऑर्गेनिक सब्जियां खाती हैं, गाय का दूध पीती हैं और ताजी हवा में सांस लेती हैं। इसमें उनके स्टाफ के प्यार और सहयोग का भी साथ है।

'मेरे कारीगर मेरे बच्चे जैसे हैं।'

हां, उन्हें एक छोटा सा अफसोस है। उनका 'जिगर जान' दोस्त, उनका पति मनहर यह सब देखने के लिए जिंदा नहीं है।

'जब वह जिंदा था, तब हमने गुजरात के बाहर एक पीस भी नहीं बेचा। और आज--मैं दुनिया भर में घूम रही हूं!'

लेकिन मन से, वह आज भी उनके साथ है।

'हमारे 19 साल के विवाहित जीवन में, कभी एक टाइम भी झगड़ा नहीं हुआ। इतना प्यार था। तो उस प्यार की वजह से मैं जी रही हूं...'

जसु के जीवन में न तो कोई दूसरा आदमी आया है, न आ सकता है। उनकी दूसरी शादी उनका काम है।

'जीवन में कभी मैंने हार नहीं मानी। जिंदगी जीने का नाम है, जीती रही, जीती रही, जीती रही।'

जीवन अनुभवों का संग्रह है।

हर पल को जीना और उसे पूरी तरह स्वीकार करना ही कला है।

शान से जीने की कला और कभी 'बूढ़ा' नहीं होना।

*

उपसंहार

मैं नवंबर 2012 में, तारापुरगाम में जसु शिल्पी से मिली--सारखेज गांधीनगर हाइवे पर उनके फार्महाउस-कम-वर्कशॉप पर। हमने सादा घर का बना खाना खाया और उन्होंने मुझे अपनी कृतियों का संग्रहालय दिखाया--उनका नया प्रोजेक्ट भी।

जसु बेहद उत्साहित थीं--जीवन और भविष्य की योजनाओं से भरीं। और शारीरिक रूप से स्वस्थ।

इस किताब के प्रिंट में जाने से दो दिन पहले, मुझे एक दुखद समाचार मिला कि जसु शिल्पी नहीं रहीं। वे 14 जनवरी 2013 (मकर संक्रांति) को हार्ट अटैक की वजह से चल बसीं।

वह 64 साल की थीं।

मैं उनकी कहानी बिना एक भी शब्द बदले छाप रही हूं, क्योंकि वे यही चाहती थीं।

मेरा दिल भारी है लेकिन मैं जानती हूं कि वे जीवित रहकर दूसरों को प्रेरित करती रहेंगी--अपने जीवन, अपने काम और अपनी कला द्वारा।

महिला उद्यमी की सलाह

एक दिशा लेकर बैठ जाना चाहिए। फिर प्लानिंग करनी चाहिए। उसके ऊपर पूरा-पूरा ध्यान देना चाहिए।

फिर उसमें जरा सी गड़बड़ हो गई, तो हार नहीं माननी चाहिए। पहले-पहले जब मैं कास्टिंग करती थी न, तो कभी-कभी मेरा कास्टिंग फेल हो जाता था। कोई बात नहीं, मैंने फिर से किया और सीख लिया।

अपने पति को बताना पड़ेगा कि मुझे कुछ करना है। आप इसमें मेरी मदद करो। मतलब दोनों साथ में बैठकर, साथ में चले, आनंद से चले--तो गाड़ी बहुत अच्छी चलती जाती है और आगे जल्दी से पिकअप हो जाता है।

जब कुछ करना है औरत को तो रूटीन लाइफ को छोड़ना पड़ता है। लेकिन अभी क्या है, लड़कियां सोचती हैं, बस, पैसे वाला छोकरा है, बैंक बेलैंस है, गाड़ी है, बंगला है--कर लो शादी। ऐसा मैंने सोचा होता तो मैं आज कहां होती?

एकला चलो

दिपाली सिकंद
लेस कॉन्सीएर्श

दिपाली ने शुरुआत में राजनीति और कॉरपोरेट में भी दिलचस्पी दिखाई फिर निजी जीवन की त्रासदी ने उन्हें उद्यमी बनने की ओर प्रेरित किया। राकेश झुनझुनवाला उनकी कंपनी लेस कॉन्सीएर्श में एक निवेशक हैं। यह बिजनेस अपने आपमें अनोखा और ऊंचा फायदेमंद है।

दिपाली सिकंद अपने जीवन को एक सोप ओपेरा कहती हैं।

मैं भी इससे असहमत तो नहीं हूं।

हमारे डेली सोप उन महिलाओं के बारे में होते हैं, जो चुपचाप सब सहती रहती हैं, अपने नसीब को स्वीकार कर लेती हैं।

दिपाली उनसे अलग हैं।

उन्होंने एक खराब शादी से बाहर निकलकर एक नए जीवन की शुरुआत की। फिर अकेले ही अपने बच्चे और अपने बिजनेस दोनों को बड़ा किया।

'मैंने यह अपने बच्चे और खुद के लिए किया--मैं अपने मां-बाप पर आर्थिक बोझ नहीं डालना चाहती थी,' वे कहती हैं।

अपनी लगन और दृढ़ता से उन्होंने अपने छोटे से विचार को बड़े बिजनेस में बदल दिया। एक ऐसा बिजनेस जो न सिर्फ पैसा बनाता है, बल्कि लोगों को खुश भी रखता है।

अच्छाई आपको दुख से बाहर निकालती है।

ताकत मुश्किल परिस्थितियों से उबारती है।

तो हां, उनका जीवन सोप ओपेरा है।

लेकिन जिसका प्रसारण होना अभी बाकी है।

शायद वे डरते हैं। अगर उन्होंने दिपाली जैसी महिला को टीवी पर दिखाया, तो कुछ महिलाएं आसानी से अपने नसीब को अपना लेंगी, लेकिन अधिकांश मजबूती और दृढ़ता से कुछ करके अपने जीवन में सुधार लाएंगी।

क्योंकि उन्हें अहसास होगा 'मेरा खुद पर पूरा अधिकार है।'

कुछ भी करने का सामर्थ्य।

एकला चलो

दिपाली सिकंद
लेस कॉन्सीएर्श

दिपाली का लालन-पालन कोलकाता में हुआ, एक ऐसा शहर जिसका अपना ही रूबाब है।

'जिंदगी उतनी मुश्किल भी नहीं थी, हैप्पी गो लक्की की तर्ज पर सब चल रहा था। उन दिनों टीवी और मोबाइल फोन नहीं हुआ करते थे।'

दिपाली ने ला मार्टिनियर गर्ल्स कॉलेज में दाखिला लिया, वे हमेशा अपनी शरारतों की वजह से मुश्किलों में फंस जाती थीं।

'मैं हमेशा से शरारती, शोर करने वाली और बिंदास थी।'

कोलकाता जैसे शहर में चंचल दिपाली के करने के लिए बहुत सी चीजें और माहौल था।

'बंगाली परिवेश हमेशा औरतों के लिए सुरक्षित रहा है, तो हमारे मां-बाप हमें और हमारी स्वतंत्रता को लेकर आश्वस्त थे।'

दिपाली के पिता एक शिपिंग कंपनी के मैनेजिंग डायरेक्टर थे और मां गृहिणी, जो यूनीसेफ के लिए काम किया करती थीं। मां-बाप दोनों ने दिपाली को साहसी और अपरंपरागत होने के लिए प्रेरित किया। तो एक बार गर्मियों की छुट्टियों में--9 वीं क्लास के बाद--दिपाली ने ट्रेवल एजेंसी के साथ काम किया और ट्रेवल बिजनेस की बारीकियों को समझा।

'मेरे पिता ने इसे मनोरंजन के तौर पर लिया--जाओ और देखो क्या होता है।'

इसी भाव से उन्होंने 10 वीं क्लास के बाद सामान पैक करके उन्हें एवरेस्ट

बेस पर भेज दिया। हिमालयन माउंटियरिंग इंस्टीट्यूट से उन्होंने प्रसिद्ध तेंजिंग नोर्गे के प्रशिक्षण में ट्रेनिंग ली।

'इससे मुझमें आत्मविश्वास बढ़ा होगा, क्योंकि ये सब गतिविधियां बढ़ती उम्र में थीं!' वह स्वीकार करती हैं।

जिस साल दिपाली ने 12वीं पूरी की, कोलकाता यूनिवर्सिटी ने उनके दाखिले में देर कर दी। हालांकि उनके अन्य साथी विदेशों में पढ़ाई के लिए एप्लाई कर रहे थे, वहीं दिपाली देश को छोड़ना नहीं चाह रही थीं। बल्कि उन्होंने बॉम्बे में सेंट जेवियर कॉलेज में दाखिला ले लिया।

'मैंने जेवियर से 1983 से 86 में पढ़ाई की, मैं मरीन ड्राइव के बदनाम सावित्री बाई फुले हॉस्टल में रहती थी। हमने वहां बहुत सी पागलपन की चीजें कीं!'

एक यादगार घटना तो वह है, जब लड़कियों ने हॉस्टल में अच्छा खाना न मिलने के लिए एक मंत्री का घेराव किया था।

'*मिडडे* के मुख पृष्ठ पर मेरी तस्वीर छपी थी,' दिपाली चहकते हुए बताती हैं।

कॉलेज के फाइनल ईयर में दिपाली छात्र संघ से जुड़ गईं, जो उस समय एनएसयूआई से जुड़ा था। स्नातक के बाद उन्होंने सक्रिय राजनीति में हाथ-पैर मारने की सोची, और दिल्ली में युवा कांग्रेस के साथ काम करने लगीं।

'मॉम-डैड ने मेरा उत्साह बढ़ाया--अपने सपने पूरे करो! तो, मैंने वही किया।'

दिपाली ने युवा कांग्रेस के अध्यक्ष आनंद शर्मा के नेतृत्व में काम किया। माहौल में नए और युवा प्रधानमंत्री, राजीव गांधी के साथ काम करने की ऊर्जा और आशावाद था।

'यह स्वयंसेवा का काम था, पैसे से ज्यादा मुझे आत्मविश्वास मिला। समाज के आधार की समझ मिली।'

लेकिन समाज को एक दिन में नहीं बदला जा सकता। आशावाद और आदर्शवाद के साथ-साथ, वहां *नेता टाइप* के लोग भी थे। ऐसे ही एक राजनेता--कोई बिहारी सज्जन--ने दिपाली और पार्टी की एक अन्य महिला कार्यकर्ता से बदतमीजी करने की कोशिश की।

'मैंने पलटकर उसे सबके सामने थप्पड़ मार दिया।'

दिपाली की सुरक्षा के लिए दो ब्लैक कैट कमांडर नियुक्त किए गए थे, जो उनके साथ-साथ चलते थे। लेकिन उस घटना ने उन्हें आत्मविश्लेषण करने पर

मजबूर किया।

'मैं हमेशा सोचा करती थी कि मैं सबके समान हूं, लेकिन सचाई कुछ और ही थी। मैं कितने नेताओं को बदलने की कोशिश करती, कितनों को थप्पड़ मारती?'

राजनीति से मोहभंग होने पर दिपाली बॉम्बे वापस लौट आईं, जहां वह एक दोस्त से टकराई जो एस्सार इंडस्ट्री में काम करता था। कंपनी में एचआर की जरूरत थी--क्या उसकी दिलचस्पी थी?

'मैंने एचआर के लिए कोई औपचारिक प्रशिक्षण नहीं लिया था, लेकिन सोचा कि एचआर का काम लोगों से मिलने-जुलने का होता है, तो मैंने एप्लाई कर दिया।'

दिपाली का सिलेक्शन हो गया और 1989 में वे नियुक्ति विभाग में शामिल हो गईं। उनकी जल्दी ही तरक्की हुई और वे चेयरमैन ऑफिस में काम करने लगीं। अब उनके सामने अवसरों की लाइन लगी थी।

'हर कोई सोचता है कि एचआर में नियमों और निजी नीतियों से काम होता है लेकिन मैं एस्सार के नए विस्तार--ग्रीनफील्ड प्रोजेक्ट पर काम कर रही थी।'

उदाहरण के लिए, मोबाइल तकनीक। कोई नहीं जानता था कि उसके लिए कैसे बंदों को नियुक्त किया जाए, उनकी क्या योग्यताएं होनी चाहिए। यही चुनौती थी--यही उत्साह। एक और प्रोजेक्ट था मॉरशियस में टैक्सटाइल मिल स्थापित करना।

हालांकि इसमें एचआर टीम की भूमिका कम ही थी, पर दिपाली को यह पूरा काम सौंप दिया गया। और यह सही कैसे साबित हुआ।

लेकिन जहां वह व्यावसायिक पहलू पर उत्साहित थी, वही उनका निजी जीवन डांवाडोल हो रहा था। 1992 में, दिपाली ने उस आदमी से शादी कर ली थी, जिसे वह कई सालों से जानती थीं। अब वह मां बनने वाली थीं। लेकिन हालात कुछ इस कद्र बदले कि उन्होंने शादी तोड़ने का फैसला लिया।

'मैं बंगलौर में अपने मां-बाप के पास रहने आ गई। मैंने वहीं रहकर, काम करने और बच्चे को पालने का निर्णय लिया।'

जनवरी 1996 में आदित्य का जन्म हुआ, इमरजेंसी सी सेक्शन में। लेकिन

'नहीं तो आप दुकान में बैठे रहो, और आप कभी अपने कस्टमर को नहीं समझ पाओगे, और न ही कभी ऊपर उठ पाओगे।'

'आज भी हमारा कोई मार्केटिंग डिपार्टमेंट नहीं है। बिजनेस हमेशा मुंह जुबानी प्रचार से ही आया।'

अभी इससे भी बुरा होना बाकी था।

'जब मैं ऑपरेशन थियेटर से बाहर आई तो पता चला कि मैंने जो भी कमाया था, सब खत्म हो गया। क्योंकि मेरा जॉइंट अकाउंट था मेरे पास कुछ नहीं बचा था, सिवाय मेरे कुत्ते, मेरे बेटे और खुद मेरे।'

यह आत्ममंथन का पल था। दिपाली जानती थी कि उन्हें लड़ना होगा--अपने और अपने बच्चे के लिए।

'मैं किसी पर आर्थिक बोझ नहीं डाल सकती थी,' उन्होंने संकल्प लिया।

डिलीवरी के दस दिन बाद, दिपाली वापस ऑफिस में आ गई थीं। बंगलौर में उन्होंने जेटीएम मोबाइल नेटवर्क को सेट करवाने में मदद की। काम काफी कम था, जिससे आसानी से काम और मातृत्व को संभाला जा रहा था। लेकिन जल्दी ही दिपाली इससे उकता गईं।

'मैं नौ सालों से एचआर में थी, मुझे कुछ और करना था।'

जब उनके पास चाइनीज टेलीकॉम नेटवर्क के साथ काम करने का ऑफर आया तो उन्होंने तुरंत ले लिया। हालांकि नौकरी सिंगापुर में थी। दिपाली अपनी मां को भी यहां ले आईं और उनके साथ ही रहने लगीं। यद्यपि जीवन अभी भी मुश्किल था।

'सब कुछ संभालना बहुत मुश्किल हो रहा था--घर का सामान खरीदना, बिजली का बिल भरना, खाने के बाद अपने बर्तन धोना।'

भारत में, हमेशा कोई न कोई काम संभालने के लिए होता है। तब दिपाली को अहसास हुआ कि उसके जैसे कितने ही लोग इन परेशानियों का सामना कर रहे होंगे। इस तरह से इस ख्याल का कीड़ा उनके दिमाग में घुस गया। क्या कोई है इन छोटे-छोटे कामों को संभाल ले और इसे ही अपना बिजनेस बना ले?

'इस तरह लेस कॉन्सीएर्श का जन्म हुआ।'

एक बार आपको बीज मिल जाए, तो उसे पनपने देने के लिए उपजाऊ मिट्टी की जरूरत पड़ती है।

भारत में अपनी वार्षिक छुट्टियों के दौरान, दिपाली ने अपनी बिल्डिंग के एक

सज्जन को पकड़ लिया, जो आईगेट* में एक वरिष्ठ पद पर था। उन्होंने सादे तरीके से अपना विचार बताए, जैसे होटल में सब सामान मिल जाता है।

'यह तो बढ़िया है,' उसने कहा। 'क्या आप इसे हमारी कंपनी में शुरू कर सकती हैं?'

उस आदमी ने दिपाली को अपने एडमिन हैड, मि. जोसफ से मिलवा दिया। वह भी बहुत उत्साहित लगा। और इस तरह से लेस कॉन्सीएर्श का पहला डेस्क सामने आया। और इस पर दिपाली ने खुद काम किया, बिल्डिंग के वॉचमैन की मदद से। वह इधर-उधर भागने को तैयार था।

प्रतिक्रिया लाजवाब थी। एक महीना देखते-देखते गुजर गया और दिपाली ने निर्णय लिया कि यही वह काम है जो वह करना चाहती हैं।

'मेरे डैड ने सोचा कि मैं पागल हो गई थी जो अपनी अच्छी-खासी नौकरी छोड़कर यह काम कर रही थी!'

खुशी खासकर इस बात की थी कि इससे लोगों के जीवन में भी खुशी आ रही थी। कर्मचारी यह देखकर खुश थे कि बिल भर गया है, ड्राइक्लीन से कपड़े आ गए हैं। इससे उनके जीवन में बहुत राहत आई।

आईटी रेवोल्यूशन अभी शुरू ही हुआ था। कंपनियां दूसरे से ज्यादा फायदे देने की होड़ में थीं। इसका मतलब था कि जो एक कंपनी शुरू करेगी, उसकी नकल दूसरी कंपनी भी करेगी। और इसका फायदा लेस कॉन्सीएर्श को भी हुआ।

'मेरे दूसरे कस्टमर थे विप्रो और वे एक ही बार 14 लाइफ केयर डेस्क लगवाना चाहते थे। तो, मैंने एक ही समय में 14 लोगों को नियुक्त कर उन्हें ट्रेनिंग दी।'

जल्दी ही तरक्की होने लगी और यह सब बस मुंह जुबानी प्रचार से ही था। पहला साल खत्म होते-होते कंपनी के पास 140 कर्मचारी थे।

'मैंने एस्सार में बड़े पैमाने पर नियुक्ति का काम संभाला था, तो लोगों को काम पर रखते हुए मुझे चिंता नहीं हुई।'

दिपाली जानती थीं कि ऐसे व्यवसाय में रेडीमेड काम नहीं होता। इसमें मुख्य नियम है कि कभी भी किसी को 'ना' न कहा जाए। इस धंधे की डिक्शनरी में ना शब्द होता ही नहीं है। जहां तक विनती की बात है, उसे पूरा ही किया जाना चाहिए।

* आईगेट को मास्कट सिस्टम के नाम से भी जाना जाता है।

'मैंने अपने स्टाफ से कह दिया था कि उन्हें बस *हां* कहना है, और समाधान ढूंढ़ना है। *ना* का तो कोई सवाल ही नहीं उठता।'

तो आपको ऐसा स्टाफ चाहिए था जो पूरी तरह से कस्टमर केंद्रित हों, जो उनके काम के लिए अपनी सीमाओं से पार जा सके।

'मूल रूप से मैं नाइस लोगों को ढूंढ़ रही थी। क्योंकि मैं किसी को अच्छा होने की ट्रेनिंग नहीं दे सकती, बस मैं आपको काम करने के तरीके सिखा सकती हूं।'

इस क्षेत्र में दिपाली पूरी तरह से विश्वस्त थीं। लेकिन हर क्षेत्र ऐसा नहीं था, जैसे फाइनेंस।

'मुझे बस एक ही चिंता थी कि बैंक में मेरे पास कम पैसे बचे थे--महीने के आखिर में मैं सबको पैसे कैसे दूंगी!' वह याद करके बताती हैं।

किस्मत से उन्हें कुछ बड़े क्लाइंट मिल गए, जैसे आईबीएम जिन्होंने तीन महीने के पैसे एडवांस में दे दिए। 1998 में, नए बिजनेस के लिए यह बड़ी मदद थी। अभी भी बैलेंस शीट, इंकम टैक्स और जरूरी कानूनी प्रक्रिया सिरदर्द बनी हुई थी। लेकिन दिपाली के पिता ने आगे बढ़कर यह संभाल लिया।

नया बिजनेस भी नवजात शिशु की तरह हर वक्त तुम्हें सिर पर खड़े रहने की मांग करता है।

'करने के लिए बहुत कुछ था, बहुत कुछ सीखना था, मुझे याद नहीं पड़ता कि मैं कभी एक रात भी पूरी तरह सो पाई हूं।'

हर दिन नई और अलग मांग होती, जिसका पहले से सेट प्रोसेस नहीं था। किसी को पासपोर्ट चाहिए था, किसी को टेनिस सीखना था, किसी की सास को एयरपोर्ट से लाना था। आपको बस उस काम को हाथ में लेकर उसके लिए तुरंत सप्लायर ढूंढ़ना था।

'शुरू में बस पेन, पेपर और टेलीफोन से ही काम होता था। समय के साथ हम ऑर्गेनाइज होते गए और तकनीक के प्रयोग से हमारा काम आसान हो गया।'

शुरुआती सालों में, क्लाइंट कंपनी का नाम भी ठीक से नहीं बोल पाते थे। वे अक्सर कहते 'लैस' कॉन्सीएर्श और दिपाली उन्हें विनम्रता से याद दिलाती--'हम कम नहीं हैं, ज्यादा हैं!' और यही इस उद्योग के बारे में अक्षरशः सही साबित हुआ।

एक क्लाइंट जो बंगलौर से हमारे साथ जुड़ा था उसने हमसे यह काम और भी जगह करने को कहा। साल 2000 तक, लेस कॉन्सीएर्श मुंबई और चेन्नई में भी काम करने लगा। जल्दी ही दिल्ली, कोलकाता, पुणे, हैदराबाद और अहमदाबाद में भी काम शुरू हो गया।

'हमें अहसास हुआ की और भी कई ऐसे तरीके हैं जिससे हम इसी कंपनी से काम कर सकते थे।'

शुरुआती सेवाओं में कंपनी ने ऐसे भी प्रोडक्ट बनाए जो उनके कर्मचारियों को 'रिवार्ड एंड रिकॉगनाइज' कर सकें। ऐसे ही हिंदुस्तान लीवर और स्टैंडर्ड चार्टर्ड बैंक जैसी कंपनियों के लिए कस्टमर लॉयल्टी प्रोग्राम रखा गया। हालांकि कंपनी की रोजी-रोटी तो इसके 'लाइफ केयर' डेस्क ही थे।

'हम कंपनियों से लगभग 20,000 से 25,000 रुपए महीना लेते थे, उनके परिसर में अपनी सेवाएं देने के लिए। कुछ सेवाओं के लिए कर्मियों को अलग से भुगतान करना होता था।'

लेस कॉन्सीएर्श ने अपने चौथे साल में अपना 200वां 'लाइफ केयर डेस्क' खोला। और शायद यह इसी तरह बढ़ते रहते लेकिन 2004 में एक बड़ा परिवर्तन आया। कंपनी में निवेशक के रूप में राकेश झुनझुनवाला ने कदम रखा।

'मैं नहीं जानती कि वो मुझ तक कैसे पहुंचे, शायद स्टैंडर्ड चार्टर्ड बैंक में किसी ने उन्हें मेरे बारे में बताया--कि यह बहुत अलग तरह का काम है, निजी कस्टमर तक संबंधित।'

उस समय तक लेस कॉन्सीएर्श के लगभग 200 डेस्क खुल चुके थे और उनकी सालाना आय थी 3 करोड़ रुपए। राकेश का विश्वास था कि कंपनी में बहुत आगे जाने की संभावनाएं हैं।

'बड़ी बात यह थी कि अब मुझे हर महीने तनख्वाह देने की चिंता नहीं थी। अब हम और भी ज्यादा और नए काम करने लगे थे।'

उस समय तक दिपाली को सामान्य तौर पर टर्म शीट, परफॉर्मेंसेस क्लॉजेस और लगने वाले पैसे का कुछ पता नहीं था। तो यह निवेश एक तरह से चमत्कार ही था।

'मैं कहूंगी कि मिस्टर झुनझुनवाला भले और होशियार निवेशक हैं, कभी वे ढाल की तरह खड़े हैं, तो कभी वे आपके काम में दखल नहीं देते।'

'पिछले साल हमने 3,00,000 रुपए का इंकमटैक्स रिटर्न भरा--उस समय यह विश्वास कर पाना मुश्किल था कि हमने इतना लंबा सफर तय कर लिया है।'

बोर्ड में और निवेशकों* के आने से कंपनी की तरक्की तेजी से हुई और इसका एक सिस्टमेटिक चेहरा उभरा। लेस कॉन्सीएर्श ने अपने ट्रेडमार्क की सीआरएम तकनीक विकसित की जिससे उसकी सेवाओं के स्तर में सुधार लाया जा सके। कंपनी एक नया प्रोडक्ट, एमएस मनीपेनी--द परफेक्ट रिसेप्शनिस्ट--खोला।

सामान्य डिलीवरी वाले अच्छे आदमी थे, लेकिन मिस मनीपेनी उनसे एक कदम आगे थी।

'हमने हर बात स्पष्ट की उसके पहनावे से लेकर फोन कितनी घंटी पर उठना चाहिए तक सब। और अगर वह अनुपस्थित है, तो एक अस्थायी मिस मनीपेनी को वहां भेजा जाता है।'

आज, लेस कॉन्सीएर्श की भारत भर में 300 'मनीपेनी' कार्यरत हैं।

लेस कॉन्सीएर्श का तीसरा उभरता हुआ बिजनेस है 'लाइव'। एक तरफ तो कंपनी कस्टमर का पूरा डाटाबेस तैयार रखती है। तो दूसरी तरफ ब्रांड खुद अपने कस्टमर तक पहुंचना चाहते हैं। जैसे कैडबरी एक एक्टीविटी करवाना चाहता है, जहां कर्मचारी खुद अपना 'बॉर्नविले' कमा सकेंगे।

'हम यह काम ब्रांड के लिए करते हैं और इसमें कस्टमर के लिए मनोरंजन भी होता है।'

2008 में, लेस कॉन्सीएर्श ने दुबई में 'क्लब कॉन्सीएर्श' बनाकर अंतर्राष्ट्रीय परिसर में भी कदम रख दिया। इस सेवा में रोजमर्रा के कामों से भी आगे सेवाएं दी गई हैं, जैसे--यात्रा, खाने का प्रबंध और हर प्रकार की असामान्य मांगों को पूरा करना।

'किसी को ऑस्ट्रीच का फीदर बैग चाहिए, तो किसी को महाराजा के साथ पोलो खेलना है। एक बार तो हमने एक शादी के प्रस्ताव के लिए एक जोड़ा बतखों का भी बंदोबस्त किया!'

* 2008 में यूएस की अकासिआ रेडवुड पार्टनर्स ने लेस कॉन्सीएर्श के 13.7 प्रतिशत शेयर खरीद लिए।

इस तरह की सेवाएं एक डेस्क के जरिए नहीं चलाई जातीं, बल्कि कॉल सेंटर से काम होता है। वास्तव में, लेस कॉन्सीएर्श अब मल्टी मिलियन डॉलर के वार्षिक कॉन्ट्रेक्ट पर मध्य पूर्व और अफ्रीका में भी अपनी सेवाएं दे रहे हैं।

वर्ष 2010-11 में पूरे भारत वर्ष में कॉन्सीएर्श डेस्कों की संख्या 1,300 हो गई है, उनकी सालाना आय है 56 करोड़ रुपए।

'हम बिजनेस को आगे बढ़ाने में अपने पैसे को उसी में निवेश करते रहते हैं।'

लेस कॉन्सीएर्श का 40-45 प्रतिशत बिजनेस अभी भी आईटी कंपनियों से आता है, जिसमें बंगलौर आगे है। लेकिन सेवाएं औरंगाबाद, जयपुर, नासिक और यहां तक कि गुजरात में बंदरगाह शहर मुंदरा तक भी फैली हुई हैं।

कस्टमर की मांग के साथ विस्तार होता रहता है। बिजनेस का आधार और उसकी दीवार कंपनी में बैठा हुआ वह व्यक्ति है जो ग्राहकों की जरूरतों के साथ डील कर रहा है। लेकिन इसके लिए पीछे से मजबूत आधार की भी जरूरत है, वे स्पेशलिस्ट जो जानते हैं कि काम को कैसे अंजाम देना है।

'हमारे पास आरटीओ विशेषज्ञ, पासपोर्ट विशेषज्ञ, फूल और मनोरंजन विशेषज्ञ, लाइव शो का प्रबंध... सब मौजूद है। आप बस नाम लो।'

लेस कॉन्सीएर्श के 1700 कर्मी है... जो लगातार बढ़ ही रहे हैं।

'यह काम अपेक्षाकृत कम संघर्ष भरा था,' दिपाली ने कहा। 'क्योंकि आपके काम से काफी लोगों को खुशी मिल रही है, इस काम में संतुष्टि है।'

लेस कॉन्सीएर्श का 75 प्रतिशत स्टाफ महिलाओं का है, इसलिए काम का माहौल मित्रवत रहता है। आदमी और महिलाओं दोनों के लिए काम के सुविधाजनक घंटे हैं। क्योंकि अच्छा काम देने के लिए जिंदगी में खुश रहना जरूरी है।

भले ही आप दुख के कितने ही घने बादल से क्यों न घिरें हों, रोशनी की किरण कभी तो निकलेगी ही।

'मेरे पिता की मौत बहुत ही असामान्य परिस्थितियों में हुई,' दिपाली बताती हैं। 'उन्हें खांसी हुई थी और वे काफी असहज महसूस कर रहे थे, तो मैंने उन्हें अस्पताल ले जाने की सोचा।'

उस दिन अभिनेता राजकुमार के अपहरण के शोक में सारा बंगलौर बंद था।

'कभी भी अपने सामने वाले इंसान की शक्ति को कम नहीं आंको।'

'मैं बता चुकी हूं कि मैं दुनिया की सबसे फिट फैट इंसान हूं। आप कितना खुश रहते हैं या कितना सहज यह सब आपकी सोच पर निर्भर करता है।'

नजदीक के एक अस्पताल में स्टाफ की भारी कमी थी। दिपाली अपने पिता को रिसेप्शन हॉल में बिठाकर कागजी कार्यवाही पूरी करने लगी।

'जब मैं वापस आई वह जा चुके थे... इस दुनिया को छोड़कर, हमेशा के लिए।'

नर्स ने उन्हें सीटी स्कैन के लिए ले जाने वाला कोई इंजेक्शन लगाया था। जिसका प्रभाव शरीर पर घातक हुआ।

'वह मेरी जिंदगी का सबसे कठिन पल था... जिसे मैं कभी नहीं भूल सकती। आप बस जोर से रोकर, सब सामान तोड़ सकते हो। आप अंदर से चिल्लाना चाहते हो--तुम्हारी हिम्मत कैसे हुई!'

लेकिन फिर आप हार मान जाते हो कि सच में कुछ नहीं किया जा सकता। जबकि तुम्हें करना पड़ता है... करना पड़ता है।

पुलिस आई, कुछ कागजी कार्यवाही करनी थी। जिस समय दिपाली अपने घर पहुंची, खबर पहले ही मां को मिल गई थी। वह सदमे में थीं।

'मेरा बेटा आदित्य उस समय मुश्किल से 4 साल का था। अपने नानू के अलावा उसे और कोई पापा नहीं पता थे। उसे समझ नहीं आ रहा था कि वह क्या करे।'

जब दिपाली घर पहुंची तो आदित्य घर पर दिखाई नहीं दे रहा था। कड़ी तलाश के बाद वह उसे पार्क में एक अजनबी के साथ बैठा दिखाई दिया।

'आप कौन हो? मेरे बेटे के साथ यहां क्या कर रहे हो?' उन्होंने उस आदमी से पूछा।

'यह बच्चा परेशान लग रहा था। मैंने इससे पूछा की इसके मां-बाप कहां हैं, लेकिन इसने कुछ नहीं कहा,' जवाब आया।

इस तरह दिपाली राजीव से मिलीं। वे दोस्त बन गए। और आदित्य भी इस भले आदमी से काफी घुलमिल गया।

'मैंने कभी दोबारा शादी के बारे में नहीं सोचा था... यह बस अचानक हो गया।'

2006 में, दिपाली ने बेटी को जन्म दिया। यह भी एक चमत्कार ही था, 41 साल की उम्र में।

'मेरे आसपास के लोग दंग थे--मेरा वजन बहुत ज्यादा था, और जरूरत से ज्यादा खिंचा हुआ। लेकिन मेरे डॉक्टर को यकीन था कि मैं कर लूंगी और मैंने कर दिखाया!'

कुछ लोग ऐसे होते हैं, जो बहाव के साथ बहते हैं लेकिन कुछ ऐसे लोग होते हैं, जो धारा का रुख अपने हिसाब से मोड़ते हैं। दिपाली ऐसे ही लोगों में से हैं जो हर चीज को 'हां' कहती हैं।

अगस्त 2008 में, बंगलौर शहर में लाइव म्यूजिक परफॉर्मेंसेस पर प्रतिबंध लग गया था।

'बहुत सी प्रतिभाएं इससे प्रत्यक्ष और अप्रत्यक्ष रूप से जुड़ी हुई थीं। राजीव भी एक म्यूजिशियन था। हमने कुछ करने की सोची।'

बैन से बचने के लिए दिपाली ने अनोखा रास्ता निकाला--एक 'थियेटर-कम-फाइन-डाइन रेस्टोरेंट।' इसे करने के लिए वह सिंगापुर गईं और वहां से थियेटर के लिए 'एशिया पेसेफिक लाइसेंस' हासिल किया। इस लाइसेंस के बाद, दिपाली ने स्थानीय पुलिस से शराब का लाइसेंस भी ले लिया।

आखिरकार बंगलौर वासियों को वह मिल गया जो वह चाहते थे--हर रात लाइव म्यूजिक प्रोग्राम।

'यह बहुत लंबी और थकाऊ प्रक्रिया थी लेकिन इससे संगीत और संगीतज्ञों की मदद होने वाली थी। और इससे राजीव और उनके दोस्त बहुत खुश हुए!'

अक्टूबर 2008 में, इंदिरानगर में केरा ने अपने कदम रखे। दिपाली ने किसी तरह पुलिस कमिश्नर को पहले दिन वहां आकर कराओके में गाने के लिए मना लिया था।

केरा* की सफलता से प्रोत्साहित होकर दिपाली ने गिगबॉक्स भी खोल दिया। यह कंपनी कलाकारों का प्रतिनिधित्व करती और बंगलौर और पूरे भारत में हर महीने म्यूजिक कॉन्सर्ट कराती थी।

'हम पूरे विश्व से श्रेष्ठ बैंड को ढूंढ़कर लाए, जैसे पिंक फ्लॉयड, और हमने अपने कॉन्सर्ट से उनके जादू में दोबारा जान डाल दी।'

* केरा की अनुमानित मासिक आय 45 लाख रुपए है (एंट्रीप्रीन्योर मैग्जीन, मार्च 2010 के सौ. से)

'लोग खराब बॉस की वजह से नौकरी छोड़ देते हैं, ऐसा ही घरेलू नौकरों के साथ भी होता है। तो हमेशा सबसे विनम्र व्यवहार करो।'

दिपाली का 16 साल का बेटा सोचता है कि यह बहुत ही कूल बिजनेस है।

'मैं क्लास में अकेला किड हूं जो अपनी मॉम के साथ कॉन्सर्ट में धूम मचा देता हूं,' वह मजाक में कहता है।

आदित्य बैकस्टेज भी मदद करवाना पसंद करता है, खासकर साउंड में।

तो दिपाली सब कैसे संभालती हैं? हर महिला के लिए ऐसा कर पाना कैसे संभव हो सकता है?

'मेरे पास मदद के बहुत ही भरोसेमंद हाथ है--मेरी मां सच में मेरा आधार हैं,' दिपाली मानती हैं।

74 साल की उम्र में, मीरा सिकंद न सिर्फ नानी की भूमिका अच्छी तरह से निभा रही हैं बल्कि अपना बिजनेस भी अच्छी तरह से देख रही हैं--कॉरपोरेट गैस्टहाउस की देखभाल करना।

'मेरा बिजनेस उतना बड़ा नहीं है, मुझे तो बस व्यस्त रहना पसंद है,' मीरा कहती हैं।

हालांकि बच्चों की मां और नानी दोनों की घर से बाहर रहती हैं, पर बच्चों को हमेशा किसी न किसी का साथ मिल ही जाता है। और वही घर दिपाली की पिछले 20 सालों से मदद कर रहा है, तो उस ओर से कोई परेशानी नहीं है!

'लेकिन देखो, मैं कभी असंभव लक्ष्य नहीं रखती। मुझे परफेक्ट बीवी या परफेक्ट मां या परफेक्ट बिजनेस वूमन का तमगा नहीं चाहिए।'

दिन की शुरुआत सुबह 6 बजे से होती है, जब दिपाली बच्चों को उठाकर स्कूल के लिए तैयार करती हैं। वह उन्हें 7.15 बजे स्कूल छोड़ती हैं और वहां से ऑफिस के लिए निकल जाती हैं। ऑफिस में शाम को 6.30 बज जाते हैं। परीक्षा या प्रोजेक्ट के समय दिपाली ही बच्चों को स्कूल से लाती हैं और बैठकर पढ़ाई करवाती हैं।

'बस उन पर नजर रखने और उनके सवालों के जवाब देने की बात है।'

दिपाली मानती हैं कि अपने बच्चों की काबिलियत में विश्वास ही उन्हें बेहतर काम करने को प्रेरित करता है। तो 'कितना पढ़ा?' या 'अगले एग्जाम कब हैं?' जैसे सवालों से परेशान मत हों।

लेकिन ऐसा नहीं है कि इस परिवार में सिर्फ काम ही है, और खेल के लिए कोई जगह नहीं है। इस परिवार में 2 अलसेशियन, 2 लेब्राडॉर्स, एक साइबेरियन हस्की और एक छोटा सा पग भी है। 'चिल आउट' के लिए ये सब शनिवार को बंगलौर से बाहर फार्म पर चले जाते हैं। जहां वे साथ-साथ काम, आराम और खेलते भी हैं। वहां उनकी कंपनी के लिए और भी जानवर मिल जाते हैं!

'काम को स्विच ऑफ नहीं किया जा सकता। आप उसे बंद नहीं कर सकते... बस आराम कर सकते हो।'

लेकिन ज्यादा आराम भी और नए विचारों को जन्म दे देता है। ठीक तभी, जब लगता है सब आराम से चल रहा है, कुछ ऐसा होता है जो सोच से भी परे होता है। दिपाली ने निर्णय किया है कि यह समय कुछ और नया करने का है। जनवरी 2012 में, मिस्र में छुट्टियां बिताते समय, उन्होंने यह निर्णय लिया।

'मैंने खुद को फिर से परखने का निर्णय लिया।'

भारत के काम को अपने साथियों के भरोसेमंद हाथों में छोड़कर, मई 2012 में दिपाली कायरों में रहने चली गईं। मिस्र में लेस कॉन्सीएर्श शुरू करने।

'कायरो वैसा ही है जैसा बंगलौर 14 साल पहले था--गलियों में वैसी ही महक है, लोग भी ऐसे ही हैं और काम के अवसर भी ऐसे ही हैं!'

लक्ष्य है अपने अनुभवों से यहां 24 महीने में वह खड़ा करना जिसे भारत में बनाने में 14 साल लग गए। परिवार बंगलौर में ही रह रहा है, जिनसे रोज तो स्काइप पर मुलाकात होती है और छुट्टियों में सब साथ होते हैं। एक दूसरे को समय, आजादी और नए सपने में साथ देते हुए।

'मैं चाहती थी कि खुद को परखूं कि मैं दोबारा भी कुछ कर सकती हूं या नहीं। बिना किसी नाम, पहचान या संबंध के।'

अपने को अपनी सीमाओं से परे ले जाओ। गहराई तक जाओ, क्योंकि आप तैर सकते हो। फिर चाहे पानी ठहरा हुआ हो, दलदली हो या पूरी रवानगी पर हो।

वही है जो आपको उछालता, पटकता सबसे आगे ले जाएगा।

और जिससे आप खुद को पूरी तरह से जीवंत महसूस करेंगे।

*

महिला उद्यमी की सलाह

मैं सोचती हूं कि सिर्फ दो ही नियम महत्वपूर्ण हैं।

एक तो, जो भी आप कर रहे हैं उसके प्रति सुनिश्चित हों कि वही आपका जुनून है।

दूसरा, पैसे के पीछे मत भागो। पैसा जरूरी है, लेकिन इतना नहीं कि वह आपका इस्तेमाल कर सके। आपको ऐसे विचारों के पीछे चलना चाहिए, जो एक उद्योग को जन्म दे या कुछ ऐसा करे कि जिससे पैसा बस ऐसे ही बन जाए।

यह सभी के लिए है, लेकिन महिलाओं के लिए तो और भी जरूरी।

मैं मानती हूं कि बिजनेस में महिलाओं को एक अतिरिक्त बढ़त भी मिलती है क्योंकि उनमें बेचने की क्षमता होती है, अपनी बात मनवाने की और वे तो वहां भी जा सकती हैं, जहां कोई पुरुष नहीं जा सकता। बहुत से लोग महिलाओं से खरीदना पसंद करते हैं क्योंकि हम लगन के पक्के होते हैं और अपने सौदों में ज्यादा स्पष्ट।

तो यह मत सोचो कि मैं यह नहीं कर सकती। विश्वास रखो। यही मुख्य बात है और दूसरी है--अपना विनोदी स्वभाव बनाए रखो। यही सफलता का निश्चित तरीका है।

यहां तक कि बुरे से बुरे समय में भी मैं खुद से कहती हूं--यह अंतिम नहीं हो सकता। मैंने लोगों और परिस्थितियों के बारे में आत्मनिर्भर और आलोचना से दूर रहना सीखा।

आपको खुद पर और अपने काम पर गर्व होना चाहिए। जो भी आप कर रहे हैं उसे पूरी तरह से करें, उसे आधे रास्ते में न छोड़ें। तुमने खुद उसे अपने लिए चुना है।

दिल से

पारु जयकृष्ण
असही सांगवान

जब उनका पारिवारिक टैक्सटाइल का काम ठप्प हुआ, तो पारु जयकृष्ण ने अपने दो बेटों के भविष्य को सुरक्षित करने के लिए नए बिजनेस की शुरुआत की। 230 करोड़ की असही सांगवान कंपनी एक मां के प्यार का साक्षी है।

मैं पारु जयकृष्ण के घर के ऑफिस में इंतजार कर रही थी। वह जगह बहुत ही पवित्र और शुद्ध लग रही थी।

पैसे से लगभग सबकुछ खरीदा जा सकता है, लेकिन यह पवित्रता पैसे से खरीदी गई कोई सजावट नहीं थी कि बस लिया और लगा दिया। कुछ ऐसा था जो बहुत ही निजी, स्नेही और विशिष्ट था। जैसी पारु खुद हैं।

गहरे नीले रंग के सलवार-कमीज में वह अपनी उम्र, 68 साल से काफी युवा लग रही थीं। वह चंचल और ऊर्जावान हैं। उनकी आंखों में मस्ती और शरारत झलक रही थी।

बहुत सी लड़कियों का सपना होता है, बड़े घर में शादी करना। लेकिन पारु का सपना कुछ और ही था। किस्मत उन्हें अहमदाबाद की जानी-मानी हस्ती जयकृष्णा हरिवल्लभदास के घर ले आई। लेकिन पारु हमेशा अपनी अलग पहचान बनाने को लेकर दृढ़ थीं।

शुरुआत उन्होंने ट्रेवल एजेंसी के छोटे से बिजनेस की। लेकिन 46 साल की उम्र में कुछ ऐसे वाकये हुए कि उन्हें गंभीरता से किसी काम के बारे में सोचना पड़ा।

श्री अंबिका मिल्स टैक्सटाइल बिजनेस के पतन के साथ ही पारु को अपने दोनों किशोर बेटों का भविष्य धुंधला लगने लगा। यकीनन उनके पास पैसा तो होता, लेकिन क्या पैसा ही काफी होता है? युवा दिमाग को जिंदगी में कोई काम, एक मकसद, एक जुनून चाहिए होता है।

पारु ने एक नया बिजनेस करने की सोची, कोई बड़ा बिजनेस जिससे उन सब के भविष्य सुरक्षित हो सकें। एक बिजनेस जो आदर्शों के आधार पर खड़ा हो। वे आदर्श जिन्होंने उन्हें पूरी जिंदगी रास्ता दिखाया।

असही सांगवान की कलर्स की सफलता यह साबित करती है बिजनेस करने के लिए बिजनेस का क ख ग जानना जरूरी नहीं है। बशर्ते की आप जानते हों कि आप क्या करने जा रहे हैं, और कहां जाना चाहते हैं, तो यकीनन आपको आपका रास्ता मिल ही जाएगा।

और फिर चाहे वह बिजनेस हो या पारिवारिक जीवन, वह 'मैं' या 'मुझे' के लिए नहीं होता। अगर आप भावनाओं की अर्थव्यवस्था समझ लें और दूसरों के साथ, दूसरों के लिए जीना सीख लें तो, जो आप चाहते है वह अनायास ही हो जाएगा।

चमत्कार हमारे आसपास ही है, और हर मां के दिल में तो निश्चित तौर पर है।

दिल से

पारु जयकृष्ण

असही सांगवान

पारु का जन्म अहमदाबाद के साधारण से परिवार में हुआ था।

'मेरे पिता एक शिक्षक थे, और कुछ व्यवसाय भी करते थे। पर बदकिस्मती से, जब मैं 6 साल की थी, वे हमें छोड़कर हमेशा-हमेशा के लिए चले गए।'

अब जिंदगी बेहद मुश्किल हो चली थी।

'मेरी मां हमारी देखभाल किया करती थीं--पांच बहन और भाई। हालांकि हमारे पास बहुत पैसा नहीं था, फिर भी उन्होंने सुनिश्चित किया कि हमारी पढ़ाई पूरी हो पाए।'

लेकिन सबसे महत्वपूर्ण चीज की पारु की मां ने बच्चों को अच्छे संस्कार दिए। उन्हें जैन धर्म के संस्कार दिए।

'मेरी मां *अयाम्बिल शाला* चलाती थीं--उपवास करने का विशेष स्थान। तो बहुत छोटी उम्र से ही मैं उपवास रखा करती थी। जैसे जैन धर्म में हम अत्थम (3 दिन का उपवास) और अथइस (8 दिन का उपवास) रखते हैं।'

अभ्यास से ही अनुशासन, लक्ष्य और मानसिक ताकत का निर्माण होता है। इससे आप जिंदगी में कहीं भी कुछ भी संभाल सकते हैं।

'जब मैं 16 साल की थी, तभी मेरी मां चल बसीं। मेरी पूरी जिंदगी ही बदल गई...'

स्कूल में, पारु बेहद होनहार छात्रा थी, जो हमेशा खेल और वाद-विवाद में भाग लेती थीं। उन्होंने दर्जनों अवॉर्ड और सर्टिफिकेट जीते। वह हमेशा एक डॉक्टर बनना चाहती थीं, क्योंकि वह 'परोपकार' का काम था--किसी की जिंदगी को बचाना...

'लेकिन जब मेरी मां नहीं रहीं, मुझे अपनी इच्छाओं का त्याग करना पड़ा क्योंकि पूरे घर और अपने चार बहन-भाइयों की जिम्मेदारी मुझ पर आ गई थी।'

तो पारु ने साइंस की अपेक्षा आर्ट्स लिया, जिसमें उन्होंने फिलोसफी और संस्कृत जैसे विषयों का चयन किया। लेकिन बदलाव सिर्फ यही नहीं था।

'मेरी मां की मृत्यु मेरे लिए बड़ा झटका थी। उस दिन से मैंने सिर्फ सफेद रंग पहनना ही शुरू कर दिया।'

अगले आठ सालों तक पारु सफेद सलवार-कमीज में ही सिमटकर रह गई थी--फिर चाहे कॉलेज जाना हो या शादी के समारोह में।

इसे जिद कहो, या दृढ़ता, या निजी आदर्श। एक बार पारु ने अपने दिमाग में कुछ करने की ठान ली तो उसने वह करके ही माना।

'मैंने स्नातक तक की पढ़ाई गुजराती माध्यम से ही पूरी की। एक दिन मुझे अहसास हुआ कि मैं अंग्रेजी का एक भी वाक्य सही से नहीं बोल सकती थी... मुझे बहुत शर्म आई!'

पारु ने अंग्रेजी सीखने का निर्णय लिया। और बस सीखने का ही नहीं उसमें एमए करने का।

'मैंने अच्छे से बोलना सीखा, लिखना और अभिव्यक्त करना। मैंने सोचा कि मैं अंग्रेजी साहित्य में एमए करूंगी। और मैंने किया!'

एमए डिस्टिंकशन से करने के बाद, पारु ने तीसरे वर्ष के छात्रों को अंगेजी पढ़ाना शुरू कर दिया। यह उनकी पहली नौकरी थी, उनकी आय मात्र 600 रुपए थी।

'मुझे याद है, अपनी पहली कमाई से मैंने घर में चारों सदस्यों के लिए छोटे-छोटे उपहार खरीदे। यकीनन वह कुछ नहीं था, लेकिन मुझे बहुत गर्व हो रहा था।'

और फिर, 24 साल की उम्र में पारु को प्यार हो गया। और ऐसे ही किसी से नहीं बल्कि एक करोड़पति बिजनेसमैन के बेटे से।

'म्रुगेश और मैं एक फर्म के जूनियर चेंबर में छह सालों से साथ काम कर रहे थे। मेरा भाई धनपालभाई भी वहां बहुत सक्रिय था और वह म्रुगेश का दोस्त भी था।'

किसी अच्छे दिन, एकदम ही सब हो गया।

'हम एक-दूसरे को अच्छी तरह से जानते थे। हमने सोचा तो क्यों न शादी कर ली जाए?'

लेकिन जयकृष्ण हरिवल्लभदास अहमदाबाद के अग्रणी उद्योगपतियों में से एक थे। क्या ऐसा नामी-गिरामी परिवार पारु जैसी सिंपल लड़की को पसंद करेगा?

'मैं बहुत सुंदर और फैशनेबल नहीं थी। मैं हमेशा सफेद कपड़े ही पहनती थी--न कोई मेकअप, न स्टाइल। मैं बहुत मेहनती, खिलाड़ी टाइप, बहुत साधारण किस्म की इंसान थी।'

दूसरी परेशानी यह थी म्रुगेश पटेल परिवार से था, जबकि पारु जैन थी। लेकिन कभी-कभी प्यार अपने रास्ते बना लेता है।

'मेरे ससुरालवाले बहुत ही सकारात्मक और आधुनिक सोच के थे। उन्होंने मुझे तुरंत स्वीकार कर लिया।'

पारु और म्रुगेश की शादी 7 दिसंबर 1967 को हुई। और पारु जल्दी ही अपनी नई जिंदगी में समा गईं।

'मेरे ससुर एमएलए थे, शहर के मेयर के समान ही थे। मोरारजी देसाई और इंदिरा गांधी का अक्सर हमारे घर आना-जाना रहता था... वह माहौल एकदम ही अलग था!'

इतनी विशिष्टता में वह घर की बहू बने रहने में ही मजा ले सकती थीं, पर पारु हमेशा कुछ ज्यादा और ज्यादा करना चाहती थीं।

यहां तक कि जब उनके पहला बच्चा होने वाला था, पारु ने एक डिग्री कोर्स में दाखिला लिया।

'मेरे भाई ने मुझे बताया, पारु जिंदगी में अगर तुमने लॉ नहीं पढ़ा तो कुछ नहीं किया। लॉ से तुम्हें दुनिया को देखने का एक तर्कपूर्ण नजरिया मिलता है।'

तो लॉ भी किया गया।

'मेरी शादी हो गई थी, बच्चा होने वाला था, लेकिन मैंने कोर्स किया, और अच्छी तरह से किया। हालांकि प्रैक्टिस कर पाना कभी संभव नहीं हो पाया।'

वह बड़ा संयुक्त परिवार था, जिनका बहुत बड़ा बिजनेस--श्री अंबिका ग्रुप ऑफ टैक्सटाइल मिल्स का था। ऐसे परिवार की बहू को काम करने की क्या जरूरत थी?

'मेरी सभी देवरानी-जेठानियां जिंदगी के मजे ले रही थीं, और मैं भी यह कर

'मैं जीवन के हर दौर में संघर्ष करती रही, हर काम में।'

सकती थी। लेकिन मैं बस यूं ही घर पर नहीं बैठ सकती थी। मुझे कुछ करना ही था।'

उनका दूसरा बच्चा बस कुछ ही महीने का था, लेकिन पारु अब और इंतजार नहीं कर सकती थीं। उन्होंने अपने ससुर से एक छोटा सा बिजनेस शुरू करने की आज्ञा मांगी; वह मान गए।

'मैंने ट्रेवल एजेंसी शुरू करने की सोची। इसलिए नहीं कि मैं ट्रेवल एजेंसी के बारे में कुछ जानती थी, लेकिन धीरे-धीरे सीख लिया...'

एक छोटे से ऑफिस, एक मैनेजर और दो स्टाफ के सदस्यों के साथ, पारु ने धीरे-धीरे बिजनेस शुरू कर लिया।

'मुझे पापा के संपर्कों का फायदा मिला--उनके राजनैतिक, सामाजिक और व्यापारिक संबंधों का। हालांकि मैंने उस तरह से उन्हें कभी इस्तेमाल नहीं किया, लेकिन स्वाभाविक तौर पर मुझे उससे मदद मिली।'

पारु मानती हैं कि वह बिजनेस से ज्यादा शौक था।

'उससे कभी बहुत बड़ी कमाई नहीं हुई... हम आम सा मुनाफा बना पाते थे। बस फायदा यह था कि मैं देश-विदेश में फ्री घूम सकती थी, और हम बच्चों के साथ साल में दो-तीन बार घूमने निकल जाया करते थे।'

समय के साथ, पारु ज्यादा व्यावहारिक हो गईं और बिजनेस भी बड़े स्तर पर जा पहुंचा।

'1975 से 80 के बीच वह बहुत ही अच्छा चल रहा था। अहमदाबाद शहर में स्काईजेट अच्छी ट्रेवल एजेंसियों में शुमार हो गई।'

परिवार के श्री अंबिका मिल्स जितना बड़ा तो वह नहीं था।

'कोई भी कभी उस ऑफिस में नहीं आता था, किसी ने वह देखा भी नहीं था। उसके बारे में कभी बात भी नहीं होती थी (हंसते हुए)। लेकिन मैं हर पल का मजा ले रही थी।'

और बच्चों का क्या?

'एक फायदा यह था कि हम संयुक्त परिवार में रहते थे, सब आसपास ही

थे। तो, अगर आप दो घंटे के लिए कहीं गए, या 5 घंटे के लिए, तो भी बच्चों का ध्यान रख लिया जाता था।'

तो पूरे विश्वास के साथ पारु ने दुनिया में कदम बढ़ाया नई चुनौतियों का सामना करने के लिए। और वह संसार उसके अपने संसार से बिल्कुल अलग था--क्रिकेट का क्षेत्र!

यह ऐसे हुआ।

'मेरे ससुर गुजरात क्रिकेट एसोसिएशन के अध्यक्ष थे और पति बीसीसीआई के उपाध्यक्ष। वे चाहते थे कि गुजरात में भी अंतर्राष्ट्रीय स्तर के मैच खेले जाने चाहिए, लेकिन हमारे पास उस स्तर का स्टेडियम नहीं था।'

बीसीसीआई ने कहा, 'स्टेडियम बनवाओ मैच हम तुम्हें दे देंगे।'

तो गुजरात क्रिकेट एसोसिएशन ने स्टेडियम बनाने का निर्णय लिया। लेकिन यह फैसला जनवरी 1983 में किया गया--मैच खेला जाना था नवंबर 1983 में।

लेकिन क्या एक पूरा स्टेडियम--पिच, ग्राउंड सबकुछ--क्या दस महीनों में बनाया जा सकता था?

इस समय पारु ने अपने ससुर से कहा, 'चिंता मत करो। बस मुझे प्रोजेक्ट दो, मैं इसे पूरा कर दूंगी।'

इसका मतलब था पैसे उठाने से लेकर, जमीन खरीदना और खुद निर्माण कार्य पर नजर बनाए रखना।

'मैं दिन में 18 घंटे काम करती। मैं क्रिकेट नहीं जानती थी, मैं आर्किटेक्चर नहीं जानती थी, लेकिन मैंने सबकुछ संभाला। मुश्किल था, बहुत मुश्किल लेकिन मैंने किया!'

नवंबर 1983 में, गुजरात ने पहले अंतर्राष्ट्रीय क्रिकेट की मेजबानी की, अपने नए नवेले स्टेडियम में। और जल्दी ही, पारु एक दूसरी चुनौती का सामना करने को तैयार थी।

उन्होंने एक नया बिजनेस शुरू करने का फैसला किया।

'अहमदाबाद को भारत का मैनचेस्टर कहा जाता था। लेकिन 1985 में सरकार की बदली हुई नीतियों के तहत, शहर की लगभग सभी मिलों को बंद करवा दिया गया।'

छह टैक्सटाइल मिलों के साथ जिसमें श्री अंबिका ग्रुप की मिल भी शामिल

'मेरा संयुक्त परिवार में गहरा विश्वास था। हालांकि आपको बहुत सा एडजस्टमेंट करना पड़ता है, लेकिन इसके फायदे बहुत से हैं। हर किसी को संयुक्त परिवार में ही रहना चाहिए।'

थी। परिवार अभी भी करोड़पति था, लेकिन बिना किसी बिजनेस के।

'उस समय, मेरे बेटे गोकुल और मुंजाल 16 और 17 साल के थे। मैं हैरान थी कि अब उनके भविष्य का क्या होगा?'

जब एक औद्योगिक इकाई खत्म होने की कगार पर होती है, तो मामले को बीआईएफआर के सुपुर्द कर दिया जाता है। कोर्ट केस भी अब आम हो गए थे--बैंक केस, मजदूर केस।

'मैंने सोचा कि मेरे बच्चे इस पचड़े में फसेंगे, ऐसे नकारात्मक जीवन में, इसका उन पर बुरा असर पड़ेगा। तो हमने उन दोनों को बाहर पढ़ने के लिए भेज दिया।'

इस दौरान, पारु ने सोच लिया था कि वह कुछ करेंगी। कुछ ऐसा जो उन्हें दोबारा उनका मुकाम हासिल करवा सके।

'आप देखेंगे कि पैसा ही काफी नहीं होता। हमारे पास पैसा काफी था कि हमारी चार पीढ़ियां तक बैठकर खा सकती थीं। लेकिन अगर आपके बच्चों के पास सिर्फ पैसा ही हो, कोई सही रास्ता नहीं तो, वे स्मोक करेंगे, शराब पीएंगे, जुआ और ड्रग की लत में पड़ जाएंगे। मैं ऐसा नहीं होने दे सकती थी!'

समय की मांग थी कि कुछ नया काम शुरू किया जाए, एक नई दिशा। लेकिन जयकृष्ण परिवार के लिए, जिनके पास कभी 10,000 लोग काम किया करते थे, कोई छोटा-मोटा काम शुरू करना असंभव था।

पारु के ससुर ने उन्हें कोशिश करने की इजाजत दे दी, लेकिन सिर्फ एक शर्त पर।

उन्होंने कहा, 'अगर तुम चाहो तो बिजनेस कर सकती हो, कोई दिक्कत नहीं है, लेकिन परिवार की तरफ से तुम्हें एक रुपया भी नहीं मिलेगा।'

पारु ने चुनौती स्वीकार ली। अब सबसे मुश्किल निर्णय था कि क्या किया जाए। मापदंड तो सीधा थाः प्रोजेक्ट 'बड़ा' होना चाहिए।

'मैं जानती थी कि प्रोजेक्ट मैन्युफैक्चर का ही होना चाहिए, जो भले ही लंबा

समय ले, लेकिन बढ़ने का माद्दा रखता हो। मैं इस बात में भी स्पष्ट थी कि हम 100 प्रतिशत एक्सपोर्ट की ही यूनिट लगाएंगे।'

अहमदाबाद को हमेशा से टैक्सटाइल के केंद्र के रूप में देखा गया है। लेकिन अब यह कैमिकल इंडस्ट्री का केंद्र भी बनता जा रहा था। लिहाजा, कैमिकल्स अब स्वाभाविक पसंद बन गए हैं।

'मैंने डाई से संबंधित कुछ करने का निर्णय लिया, क्योंकि उस समय पश्चिम में प्राकृतिक कारणों से बहुत से प्लांट्स को बंद किया जा रहा था। उनके पास भारत से प्रोडक्ट मंगवाना ही अब जरिया था।'

इस तरह 1989 में, पारु ने अक्षरछेम की स्थापना की। डाई से संबंधित सामान और तकनीक हर जगह उपलब्ध थी। लेकिन एक प्रोजेक्ट को शुरू करना--किसी को भी--जंगली हाथी को संभालने के समान है।

इसमें आपकी पूरी शक्ति लगती है।

'मेरे लिए पहला मसला, फाइनेंस इकट्ठा करना था।'

पारु ने दोस्तों से लगभग 21 लाख रुपए उधार लिए। एक महिला उद्यमी के तौर पर उन्हें गुजरात सरकार की तरफ से भी 5 लाख रुपए की मदद मिली। लेकिन कामकाजी पूंजी का क्या?

'मैं बैंक ऑफ इंडिया के पास गई। सोचा कि चलो उसी बैंक में जाते हैं जहां अपना अंबिका का बिजनेस चलता था। वे हमें अच्छी तरह से जानते थे।'

बैंक सकारात्मक था और प्रोजेक्ट के लिए आर्थिक सहायता देने को तैयार हो गया। लेकिन पैसे मिलने से दो दिन पहले बैंक से एक अधिकारी का फोन आया और वह पारु से मिलना चाहता था।

पारु को हैरान करते हुए उसने बताया, 'हमें हेड ऑफिस से आदेश मिले हैं। अंबिका मिल्स के साथ अभी हमारा कुछ हिसाब-किताब बाकी है, तो हम आपको उधार नहीं दे पाएंगे।'

तो पारु स्टेट बैंक ऑफ इंडिया के पास गईं और उन्हें बताया, 'देखिए, मैं कोई जमानत तो नहीं दे पाऊंगी, लेकिन मुझे पैसे की जरूरत है। मेरे पास एक अच्छा प्रोजेक्ट है!'

किसी तरह, वह मनाने में सफल रहीं। लेकिन दिक्कतें अभी और भी थीं।

एथलीन ऑक्साइड जैसा कच्चा माल, जो सिर्फ बड़ोदा में आईपीसीएल ही

‘बड़े परिवार की बहू होने के नाते मेरे लिए राह में मदद से ज्यादा रुकावटें ही आईं।’

बनाता था। इस प्रोजेक्ट में जरूरत बहुत कम मात्रा की थी, हर महीने बस एक छोटा सा टेंकर। वह मिल पाना भी असंभव हो रहा था।

‘उस रास्ते में एक बड़ा रैकेट काला बाजारी कर रहा था और मैंने रिश्वत देने से मना कर दिया था। न तो मेरे पास इन कामों के लिए पैसा था और न ही मैं इसके लिए मानसिक रूप से तैयार थी।’

पारु ने फिर आईपीसीएल के चेयरमैन से मिलने के लिए परिवार के संबंधों का इस्तेमाल किया। हालांकि वह मदद करना चाहते थे, पर वे सच में बेबस थे।

‘बेहतर है कि आप एजेंटों से काम निकलवा लें,’ उन्होंने सलाह दी।

पारु अटल थीं।

‘आप सारी इंडस्ट्री को देखो, जहां भी आप सप्लाई करते हैं, क्या इस क्षेत्र में कोई महिला उद्यमी है?’ पारु ने सवाल किया।

चेयरमैन ने माना कि उनका मामला अनूठा है।

‘देखिए, इस काम में मैं अकेली महिला हूं और इसलिए मुझे इतनी चुनौतियों का सामना करना पड़ रहा है। तो, क्या आप मेरे लिए कुछ रियायत नहीं कर सकते। प्लीज एक टैंकर का प्रबंध करवा दीजिए!’

इस बहस ने आखिरकार प्रणाली की सर्द बर्फ को तोड़ ही दिया। पारु को मिथालीन ऑक्साइड का टैंकर मिल गया था, वह भी बिना किसी की हथेली गर्म किए। और इस तरह प्रोडक्शन शुरू हुआ।

अब मसला था मार्केटिंग का। एक एक्सपोर्ट इकाई शुरू करना तो अच्छा विचार है, लेकिन समंदर पार बैठे खरीदारों से संपर्क कैसे किया जाए? बस फोन उठाकर बात करने लग जाओ।

‘मैंने मल्टीनेशनल कंपनियों के परचेज मैनेजर से बात करनी शुरू की, बताया कि मैं कौन हूं, वगैरा-वगैरा। मेरी कंपनी ये करती है। यह हमारा प्रोडक्ट है, मैं आपको बेचना चाहती हूं।’

अक्सर उनका जवाब होता, ‘मैडम, हमारे पास पहले ही अच्छे सप्लायर्स हैं।

प्लीज हमें दोबारा परेशान मत कीजिएगा!'

लेकिन पारु दृढ़ थी।

'मैं बार-बार फोन करती। फिर मैं गुजारिश करती कि प्लीज हमारा सैंपल तो देखिए।'

लगभग साल भर के इंकार के बाद एक दो कंपनियां सैंपल देखने को तैयार हो गईं। लेकिन सैंपल भी वैसे ही नकार दिए गए।

'ये बिल्कुल बेकार हैं। दोबारा हमारे पास मत आना,' वे कहते।

अभी भी पारु दृढ़ थीं। उन्हें लगा कि बस फोन पर बात करना ही पर्याप्त नहीं होगा। जरूरी है कि क्लाइंट से सामने मिलकर उन्हें मनाया जाए। लेकिन अपॉइंटमेंट मिल पाना भी खासा मुश्किल था।

'कई बार होता कि मैं वहां गई और बिना मिले लौट आई। तो इस तरह पहले तीन... चार... पांच साल बहुत ही कठिन गुजरे।'

पारु को पहला एक्सपोर्ट ऑर्डर 1996 में एक ताइवानी कंपनी, एवरलाइट केमिकल्स* से मिला।

'मेरे पहले कस्टमर,' वह चहकती हैं। 'और अभी भी मेरे श्रेष्ठ कस्टमर हैं।'

तो वे कैसे राजी हुए?

'खैर मुझे लगा कि मेरा प्रोडक्ट उतना अच्छा नहीं था, तो हमने उसकी गुणवत्ता सुधारने के लिए बहुत काम किया। लेकिन जब एक बार मुझे मौका मिला तो मैंने उनसे संबंध बना लिए। मेरा पूरा बिजनेस ही अब संबंधों की वजह से चलता है।'

यह खुला बाजार है, जहां बहुत से सप्लायर हैं। तो कोई क्यों अहमदाबाद की एक छोटी सी कंपनी से सामान खरीदेगा, वह कंपनी जो उस महिला की है जिसे इसका ज्यादा अनुभव भी नहीं है?

'मुझे लगता है कि मेरी ताकत मेरा सच ही है। वही सबसे बड़ी ताकत है। वे महिला के तौर पर मेरा विश्वास करते हैं।'

और पारु ने उस विश्वास को बनाए रखा है। वास्तव में, उनके अपने आदर्श और विश्वास हैं, जो उन्हें बनाते हैं।

एक आवर्ती उत्पाद होने के तौर पर इसकी कीमतों में हमेशा उतार-चढ़ाव

* वर्तमान में एवरलाइट डाईस्टफ का दूसरा सबसे बड़ा उत्पादक है।

'मैं बहुत छोटी थी और आगे बढ़ना चाहती थी। जब आप बढ़ना चाहते हो तो आपको कदम आगे बढ़ाना होता है। आपके पास पैसा न हो तो आप पब्लिक के पैसे का इस्तेमाल कर सकते हो। तो आईपीओ ही एकमात्र तरीका है।'

आता रहता है--और काफी। बहुत से सप्लायर्स इन उतार-चढ़ावों का फायदा उठाते हैं। वे सप्लाई का तो एक साल का कॉन्ट्रेक्ट ले लेते हैं, लेकिन कीमतों का 3 महीने के ही कॉन्ट्रेक्ट पर साइन करते हैं।

'तो होता यह है कि जब कीमत बढ़ती है तो वे बहाने बनाते हैं कि हमारे प्लांट में कुछ गड़बड़ है, आपका माल थोड़ा लेट होगा। वास्तव में, ऐसे में वे चाहते हैं कि माल नई कीमतों पर किसी और को बेचकर कुछ ज्यादा पैसे बना लिए जाए।'

पारु ने यह कभी नहीं किया। उसे एवरलाइट के साथ की एक घटना याद है।

'हमने अप्रैल, मई और जून का काम मार्च में ही पूरा कर लिया था। लेकिन अप्रैल में अचानक ही कीमतें बहुत बढ़ गईं। कुछ ज्यादा ही।'

2.4 डॉलर प्रतिकिलो से लेकर 4.2 डॉलर प्रतिकिलो तक।

परचेज मैनेजर ने पारु को फोन किया और कहा, 'दूसरा कॉन्ट्रेक्ट बना लेते हैं या तुम हमें कुछ और भेज दो।'

पारु ने बेझिझक जवाब दिया, 'मैं नहीं जानती कि आप क्यों ऐसा कह रहे हैं लेकिन मैं कॉन्ट्रेक्ट नहीं बदलूंगी। मैं समय पर माल भिजवा दूंगी--उसी कीमत पर--भले ही अभी कीमत कितनी भी क्यों न बढ़े।'

इस तरह अक्षरछेम ने पूरा ऑर्डर सही समय पर, बहुत कम कीमत में पूरा किया। एवरलाइट को अच्छा मुनाफा हुआ। एवरलाइट के चेयरमैन ने खुद पारु को फोन करके धन्यवाद कहा।

'और वे हमेशा के लिए हमारे वफादार कस्टमर बन गए!'

और एवरलाइट ने भी पारु की कंपनी को अपना मुख्य सप्लायर बना लिया।

'हम हमेशा आपको दूसरों से 5 सेंट ज्यादा देंगे,' चेयरमैन ने वादा किया।

ऐसा वादा जो हमेशा बरकरार रहा।

एवरलाइट और क्यूंजीन* के साथ काम करना हमेशा से यादगार अनुभव रहा।

'इन दोनों कंपनियों ने मुझे सबकुछ सिखाया, मैं सदा उनकी आभारी रहूंगी। यहां तक कि उनकी लैब के लोगों ने भी हमारी बहुत मदद की।'

अक्षरछेम इस तरह से हर क्षेत्र में बहुत तेजी से बढ़ा।

'हमने गुणवत्ता, पेकेजिंग और माल भिजवाने के तरीके में बहुत सुधार किया... हर पहलू पर!'

इस ज्ञान और अनुभव के साथ, पारु ने एक दूसरा प्रोजेक्ट भी शुरू किया। 1993 में उन्होंने असही--गुजरात के शहर मेहसना में, कलर पिगमेंटेशन यूनिट की शुरुआत की। फिर से छोटी सी प्रोडक्शन से शुरू करते हुए--मात्र 5 मेट्रिक टन**

'अच्छी बात यह थी कि मेरे बेटे गोकुल और मुंजाल उसी साल भारत लौट आए थे। और वे बिजनेस में शामिल हो गए... उनके पास दूसरा कोई विकल्प ही नहीं था (हंसते हुए)।'

लेकिन वे युवा थे और उनके पास कोई अनुभव भी नहीं था और फिर नया बिजनेस भी चुनौतियों भरा था।

'हालांकि यह भी कैमिकल इंडस्ट्री थी, लेकिन फिर भी कलर पिगमेंटेशन के उपभोक्ता की जरूरतें बिल्कुल ही अलग थीं!'

यहां तक कि जब पिगमेंट बिजनेस अभी चुनौतियों का सामना ही कर रहा था, पारु ने डाईछेम प्रोजेक्ट के लिए पैसे उठाने का निर्णय लिया, जो साथ-साथ ही सैटल होने जा रहा था। उस समय अक्षरछेम हर महीने 60 मेट्रिक टन का उत्पादन कर रहा था और उनकी सालाना आय लगभग 10 करोड़ रुपए थी।

जब पारु जेएम फाइनेंस के निमिष कमपानी--एक पारिवारिक मित्र--से मिलीं तो वह हैरान थे।

'यह तो बहुत ही छोटा मामला है, बस 4 करोड़ रुपए का। निमिष भाई ने मजाक किया--चार करोड़ में तो तुम्हारा बेसिक खर्चा भी नहीं निकलेगा?--आपको पता ही है कि मर्चेंट बैंकर सर्विस बहुत महंगी हैं।'

पारु ने जवाब दिया, 'चाहे जो भी हो, आपको मेरे लिए यह करना ही होगा।'

तो इस तरह से 1995 में, अक्षरछेम मार्केट में खड़ा था। उसकी क्लाइंट लिस्ट

* आज भी अक्षरछेम का 50 प्रतिशत माल इन्हीं दो कंपनियों को सप्लाई होता है।

**2010-11 में असही सांगवान का उत्पादन 1500 मैट्रिक टन था।

'पारिवारिक जीवन बहुत सहज और खुशियों से भरा हो सकता है। वह तब जब आप अहं को दरकिनार कर दें, नहीं तो अंतहीन समस्याएं सिर उठाए खड़ी हैं।'

बहुत बड़ी थी, जिसमें कई अंतर्राष्ट्रीय क्लाइंट शामिल थे, जैसे हेक्स्ट, बीएएसएफ और क्लेरियेंट। अब बात बड़ी सफलता की थी।

1996 में, कलर पिगमेंटेशन के काम में भी जबरदस्त उछाल आया, जब उन्हें एक कोरियन कंपनी--सांगवान, से साझेदारी का प्रस्ताव आया। कंपनी एक भारतीय साझेदार की तलाश में थी; काफी देखने के बाद उन्होंने पारु से संपर्क किया।

'उस समय मेरी पिगमेंट कंपनी को शुरू हुए एक या डेढ़ साल ही हुआ था। तो वे घर आए। हमारी बातचीत हुई और फिर मैं उनके चेयरमैन से मिलने कोरिया गई।'

बहुत सम्मान और सहजता से सब काम हो गया।

एक छोटा लेकिन महत्वपूर्ण तथ्य दूसरी संस्कृति से परिचित होना भी रहा था। चूंकि उनके ससुर गुजरात स्टेट फर्टिलाइजर कॉरपोरेशन के संस्थापक चेयरमैन थे, तो परिवार के हमेशा से फार ईस्ट के साथ मजूबत संबंध रहे थे।

'मुझे मूल संस्कृति की गहरी समझ है। शायद यह भी एक कारण है कि मेरे ज्यादा क्लाइंट जापान, कोरिया और ताइवान से हैं,' पारु मुस्कुराती अहैं।

इस तरह असही सांगवान कलर लिमिटेड का जन्म हुआ, एक संयुक्त उपक्रम, जिसमें तकनीक का समावेश तो था ही साथ ही 'सीपीसी ग्रीन गाइड' के लिए बाई-बैक एग्रीमेंट भी था। कोरियाई नियमों के साथ अप्रैल 1996 में समझौते पर हस्ताक्षर हो गए।

एक बार जब सांगवान ने कंपनी में निवेश कर दिया तो उसी साल कंपनी की सालाना आय 10 करोड़ रुपए हो गई थी।'

बिजनेस बहुत तेजी से बढ़ा।

'जब गोकुल और मुंजाल वापस आए, तो बिजनेस बहुत बड़ा नहीं था, लेकिन था तो। तो वे आए उन्होंने काम समझा और मेरे साथ काम किया। और फिर वे सीखकर परिपक्व होने लगे और उनके साथ-साथ कंपनी भी।'

2004 में, असही सांगवान ने काम के लिए 40 करोड़ रुपए उठाए।

'हम हर समय जेएम फाइनेंशियल के साथ काम कर रहे थे। क्योंकि मैंने जिसके भी साथ काम शुरू किया, पूरे जीवन उसी के साथ किया!'

जापानी कंपनी डीआईसी (डेनिप्पन इंक्स एंड कैमिकल्स) ने भी असही सांगवान में पैसे लगाए। जनवरी 2000 में, कंपनी को गुजरात सरकार की तरफ से आउटस्टेंडिंग एक्सपोर्ट परफॉरमेंस के लिए अवॉर्ड मिला।

'हमने अपने प्रोडक्ट की रेंज बढ़ाई और बड़ौदा, सीपीसी ब्लू में नया प्लांट लगाया।'

यद्यपि असही सांगवान और अक्षरछेम दोनों ही फलफूल रही थीं, पर फिर भी पारु ने एक और चुनौती स्वीकार ली। वह गुजरात चेंबर्स ऑफ कॉमर्स एंड इंडस्ट्री की पहली चयनित महिला सदस्य बनीं। उस बोर्ड में राज्य भर से 8000 सदस्य थे।

'आपको तो पता ही है कि कभी पप्पा गुजरात चेंबर ऑफ कॉमर्स के अध्यक्ष थे। लेकिन जब हमारी टैक्सटाइल मिल बंद हो गईं, तो हमने समाज में भी अपनी जगह खो दी।'

पारु दृढ़ थीं कि वे उस सम्मान को वापस पाकर रहेंगी।

100 ताकतवर लोगों की कमेटी में एक अकेली महिला के तौर पर, उन्हें बहुत से गतिरोधों का सामना करना पड़ा।

लोग पूछते, 'तुम क्यों आ रही हो? तुम्हारे करने के लिए यहां है ही क्या?'

वे नहीं जानते थे कि एक बार पारु पहाड़ पर चढ़ना शुरू कर दें तो उनका लक्ष्य सिर्फ शिखर ही होता है।

'मैं आठ सालों तक एग्जीक्यूटिव सदस्य और भिन्न-भिन्न कमेटी में चेयरमैन रही।'

आखिरकार, वर्ष 2007 में, पारु जयकृष्ण अध्यक्ष के पद पर चयनित हुईं। पिछले 60 सालों में इस पद पर बैठने वाली वे पहली महिला रहीं।

'वह एक बड़ी चुनौती थी। क्योंकि हमारा समाज पुरुष प्रधान समाज है और आदमी कभी भी किसी महिला से ऑर्डर लेना पसंद नहीं करते।'

वह भी, एक मजबूत महिला, जो खुद अपने निर्णय लेती है, कोई कठपुतली नहीं।

'लेकिन वह अच्छा अनुभव रहा, मैंने बहुत से प्रोजेक्ट किए, जो सब बेहद

'एक महिला को कभी अपनी कमाई की बराबरी आदमी से नहीं करनी चाहिए। इसमें कोई बुराई नहीं है, लेकिन यह जिंदगी का मकसद नहीं होना चाहिए।'

सफल रहे। हर तरफ से मेरी तारीफ हुई और मैंने इसका खूब लुत्फ उठाया।'

असही सांगवान भी तेजी से तरक्की कर रहा था। कंपनी की सालाना आय 2010-11 में 230 करोड़ रुपए के लगभग थी, जबकि टैक्स के बाद शुद्ध मुनाफा था 22.5 करोड़ रुपए।

'मुझे लगता है अगले कुछ सालों में हमारी कंपनी की सालाना आय 500 करोड़ रुपए होगी।'

जापानी और कोरियन के सहयोग के अलावा, अब असही सांगवान में जर्मन निवेश का भी सहयोग है। क्लेरिएंट ने 30 करोड़ के निवेश के साथ तकनीक और बाई-बैक एग्रीमेंट पर भी साइन किया है।

अक्षरछेम बैनर के तले डाई का बिजनेस भी खूब फलफूल रहा है, 100 करोड़ रुपए की सालाना आय के साथ।

तो इस सफलता का क्या राज है? बहुत सादा।

'हमारी गुणवत्ता अच्छी है, काम अच्छा है और बहुत ही समय से डिलीवरी करते हैं। इससे हमारे कस्टमर हमेशा हमसे जुड़े रहते हैं!'

और कभी-कभार होने वाली देरी बहुत स्वाभाविक है। पर असही सांगवान का उसूल है कि अगर माल पहुंचने में देरी होने वाली है तो कस्टमर को इसकी सूचना पहले ही मिल जानी चाहिए।

'अगर आप सच बोल देंगे, तो परेशानियां कम होंगी। अगर कस्टमर को पहले ही पता चल जाएगा तो वह उसके अनुसार अपना प्रोडक्शन शैड्यूल बदल लेगा। नहीं तो उसे घाटा उठाना पड़ सकता है!'

मजे की बात यह है कि पारु का पहला बिजनेस--ट्रेवल एजेंसी--भी आज तक छोटे पैमाने पर चल रहा है।

'कुछ भावनात्मक वजहों से,' श्रीमति पारु जयकृष्ण हंसते हुए बताती हैं।

और इन सबमें, श्री जयकृष्ण की क्या भूमिका है?

'बहुत ही महत्वपूर्ण भूमिका। मेरे पति हमेशा से प्रेरक, मार्गदर्शक, कल्पना करने वाले और आज आप जो कुछ भी देख रही हैं, उसकी आत्मा वही हैं।'

शुरुआत में म्रुगेश पारु को बिजनेस से जुड़ी छोटी-छोटी पर महत्वपूर्ण सलाह देते थे।

'वे बताते की अगर तुम फलाने से मिलो तो ऐसे बात करना। तुम उनसे यह उम्मीद कर सकती हो। वगैरह-वगैरह। उन्होंने मुझे फाइनेंस के बारे में भी समझाया, जहां मैं बिल्कुल ही जीरो थी।'

शुरुआत में म्रुगेश कभी ऑफिस नहीं आए। लेकिन अब पारु, म्रुगेश, गोकुल और मुंजाल हर सुबह साथ में प्लांट के लिए निकलते हैं और शाम को साथ ही वापस आते हैं।

'हर किसी का अलग काम है। हम साथ जाते हैं, साथ ही खाते हैं। तो, हम हर विषय पर चर्चा करते हैं--लगातार।'

लेकिन म्रुगेश तो बोर्ड ऑफ डायरेक्टर में भी शामिल नहीं हैं...

'आप सही कह रही हैं, वे बोर्ड में नहीं हैं... वह पूरी तस्वीर में कहीं नहीं हैं... सीधे तौर पर तो नहीं।'

एक आदमी के लिए यह असामान्य बात नहीं है?

'हम्म, मुझे लगता है कि जयकृष्ण परिवार की समाज में काफी इज्जत है। कहीं भी हम जाते हैं, लोग हमें जानते हैं। तो म्रुगेश को सामाजिक स्तर पर किसी पहचान की जरूरत नहीं रही।'

लेकिन क्या कभी म्रुगेश--या परिवार के किसी अन्य सदस्य ने--कभी शिकायत नहीं की कि पारु बीवी या मां के कर्तव्य को सही से नहीं निभा पा रही?

'मैंने कभी अपने परिवार को अनदेखा नहीं किया, एक मिनट के लिए भी नहीं,' पारु तर्क देती हैं। 'मेरा घर ही मेरी पहली प्राथमिकता रहा है...'

भावनाओं के धागे को जोड़ने के लिए समय या शारीरिक उपस्थिति ही

'आपको इस पल, इस दिन, सप्ताह, महीने और जिंदगी के लिए लक्ष्य निर्धारित करने चाहिए। आप कितना पढ़ना चाहते हो? घूमना? सोना? हर तरह के लक्ष्य।'

'जिंदगी में मेरा लक्ष्य बस दिमाग की शांति है। आखिर में मैं बिना किसी चिंता के बस चैन से सोना चाहती हूं।'

महत्वपूर्ण नहीं होती, उसके लिए दिल और दिमाग से जुड़े रहना ज्यादा जरूरी होता है। जयकृष्ण अभी भी अपना जीवन एक बड़े संयुक्त परिवार के रूप में जीते हैं।

'मेरी सास, पदमाबेन अब 85 साल की हैं। और अब मेरे बच्चों की भी शादी हो गई है और उनके भी बच्चे हैं। लेकिन हम सब साथ रहते हैं, साथ खाते हैं। हर कोई जानता है कि रोज क्या-क्या होना है!'

'परिवार के साथ रविवार का लंच बेहद जरूरी होता है--फिर चाहे कोई दूसरा काम कितना ही जरूरी क्यों न हो। ऐसे ही हर महत्वपूर्ण अवसर--जन्मदिन, सालगिरह, पूजा--पर उपस्थित होना भी जरूरी होता है। और तो और सभी ग्यारह लोग साल में दो बार साथ घूमने भी जाते हैं।'

लेकिन इससे क्या कभी-कभी उकताहट नहीं होने लगती? छोटे सदस्यों को नहीं लगता कि उन्हें भी कुछ वक्त मिलना चाहिए?

'आप सही कह रही हैं, लेकिन किस्मत से हमारे पास पैसा है। हम चार परिवार, चार घरों में रहते हैं लेकिन हम भावनात्मक और मानसिक स्तर पर एक दूसरे से जुड़े हुए हैं।'

दो घर तो गांधी नगर में एक-दूसरे से सटे हुए हैं, जबकि दो परिवार शाहीबाग के पुराने घर में रह रहे हैं। बच्चों के अपने अलग कमरे हैं, बहुओं की अपनी अलग इच्छाएं हैं, हर कोई अपनी मर्जी से निर्णय लेने को स्वतंत्र है। लेकिन, आधारभूत नियमों को सभी मानते हैं।

'घर के प्रमुख की बात हमेशा सबसे ऊपर रहती है।'

चाहे वो आपको पसंद आए या न आए, आपको माननी ही पड़ेगी। कोई बहस नहीं।

'मुझे बहुत गर्व है कि 44 सालों में मेरे और ससुरालवालों के बीच कोई कहा-सुनी नहीं हुई।'

यह तो सच है कि अक्सर पारिवारिक विवाद कोई बहुत बड़ी बातों को लेकर नहीं होते, ये तो छोटी सी बातों से भड़क जाते हैं।

'मुझे याद है कि जब मेरी शादी हुई ही थी, तो मैंने एक बार पीले रंग की शिफॉन साड़ी पहनी, और मैंने सोचा कि मैं बहुत अच्छी लग रही थी। लेकिन जब मेरे ससुर ने मुझे देखा तो शांति से कहा--आपने अपने आपको शीशे में नहीं देखा?'

पारु बिना कुछ बोले अपने कमरे में गईं और चुपचाप कपड़े बदल लिए।

'मैं वापस मुस्कुराते हुए आई, मुझे कोई गुस्सा या नाराजगी नहीं थी। क्योंकि मैं जानती थी कि अगर पप्पा कुछ कह रहे हैं--और वे कभी कभार ही कुछ कहते थे--तो वह ठीक ही होगा। वे मुझसे ज्यादा बुद्धिमान थे और दिल से मेरा भला ही चाहते थे।'

बाद में पारु को अहसास हुआ कि वह साड़ी कुछ ज्यादा ही पारदर्शी थी और उस समारोह के लिए ठीक नहीं थी। एक संयुक्त परिवार को संभालने के लिए के लिए एक रिंगलीडर की आवश्यकता होती ही है।

'खाने का मेन्यू तय करने का मामला ही ले लो। आप करेला पसंद करते हो, मुझे टिंडा पसंद है, उसे भिंडी पसंद है--तो कौन तय करेगा कि क्या बनाया जाए? सिर्फ मेरी सासू मां।'

नियम यह है कि आपके पास सब्जियों के दो विकल्प होंगे--उनमें से अपनी पसंद की एक ले लीजिए। लेकिन, आपकी प्लेट में कुछ जूठा नहीं बचना चाहिए।

आज के शब्दकोश में आज्ञापालन, अनुशासन और अपने बड़ों की बात पर आंखें मूंदकर विश्वास करने जैसे शब्द हैं ही नहीं। लेकिन यही नियम वह फेवीकोल है जो परिवार को एकसाथ बांधे रखता है। और इसी का प्रभाव जयकृष्ण परिवार के बिजनेस करने के तरीके में भी दिखाई देता है।

ज्यादा प्रायोगिक स्तर पर, एक बड़ा सा स्टाफ है जो घर की 'फैक्टरी' को चलाता है। 55 लोगों का स्टाफ, जिनमें ड्राइवर, रसोइए, माली और साफ-सफाईवाले सब शामिल हैं जो 35 एकड़ की पारिवारिक संपत्ति को सही आकार में रखते हैं।

इंसानी मदद के अलावा, बहुत से जीव भी उनके परिवार में शामिल हैं--4 घोड़े, 7 कुत्ते, 50 बतखें और कुछ मुर्गे भी शामिल हैं।

'हमारा स्टाफ और घर बहुत बड़ा है। बड़ा गार्डन भी है। तो उसके लिए देखभाल की बहुत जरूरत है और मैं हर काम में निजी रुचि लेती हूं। मेरे निर्देश के बिना एक तिनका भी नहीं तोड़ा जा सकता, यहां, वहां या कहीं भी।'

पारु को बागबानी का बहुत शौक है। घर के आसपास के क्षेत्र में जहां भी

हरियाली और पौधे थे, उस क्षेत्र में कंक्रीट का निर्माण नहीं किया गया है।

'यह जमीन हमने 1980 में ली थी और उस समय न तो यहां सड़कें थीं, न ही बिजली और पानी। यहां तक पहुंचने में लगभग डेढ़ घंटा लग जाया करता था।'

एक थर्मस में कोल्ड कॉफी लेकर, पारु यहां हर सप्ताह आती थीं, इस प्लॉट के विकास के काम को देखने के लिए।

'सबसे पहली चीज जो मैंने की वह थी 5000 यूकेलिप्टस के पौधों को उगाना। हर 100 में से 90 पेड़ मर जाते थे, क्योंकि यहां की जमीन बहुत ही रेतीली थी। लेकिन धीरे-धीरे हमने इसे हरा बनाया--जैसाकि आज आप इसे देख रही हैं!'

पारु का प्रकृति प्रेम उनके द्वारा स्थापित की गई दोनों औद्योगिक इकाईयों में भी देखा जा सकता है।

'वहां फूल, पेड़ ओर बगीचा तो होना ही चाहिए!'

हर चीज में सुदरता, हर किसी से सामंजस्य। यही पारु का मूलमंत्र है।

'20 सालों के मेरे व्यवसाय में मैंने कभी बुराई मोल नहीं ली,' वह मुस्कुराती हैं।

पारु यकीनन अपने पार्टनर बहुत समझदारी से चुनती हैं।

'मैं हमेशा भले लोगों के साथ काम करती हूं, बहुराष्ट्रीय स्तर पर काम करने वाले, जो कभी भी मोल-भाव नहीं करते और समय से चेक भिजवा देते हैं!'

जहां तक अपने समय की बात है, पारु अब बिजनेस को कम समय देती हैं। अगले दो सालों में--जब वह 70 साल की हो जाएंगी--तो वे खुद को इससे अलग कर लेंगी।

'पिछले 3-4 सालों से गोकुल और मुंजाल सब कुछ अच्छे से संभाल रहे हैं। तो भविष्य में मैं अपनी भूमिका एडवाइजरी के रूप में ही देखती हूं।'

लेकिन पारु अब योग, अध्ययन, बागबानी में व्यस्त हैं। और अपनी सास से प्रेरित होकर समाजसेवा में भी।

पारु हर काम को बड़ी ही होशियारी से संभाल रही हैं...

'जब मैं चेंबर प्रेसिडेंट थी, तो मैं बहुत से काम करती थी, घर और बिजनेस को संभालने के बावजूद भी। और आज भी मैं डिनर और पार्टियों में जाती रहती हूं।'

लेकिन क्या इससे थकान नहीं होती।

'अगर आपकी योजना सही हो, और परिवार की तरफ से भावनात्मक मजबूती हो, तो सब खुद ब खुद आपके अनुकूल होने लगता है।'

जिंदगी मनोरंजन है।

जिंदगी खुशी है।

'जिस पल मुझ मजा नहीं आएगा, मैं काम करना बंद कर दूंगी।'

*

युवा उद्यमी की सलाह

महिला होने पर बहुत ही उग्र या रहस्यमयी होने की कोई जरूरत नहीं है। मैं सत्यमेव जयते में विश्वास रखती हूं। अगर आप सच बोलते हैं, तो कोई परेशानी या बखेड़ा नहीं होगा। आप बस आगे बढ़ते जाएंगे।

दूसरी चीज है, सपने देखना। अलग-अलग तरह के सपने--आज का सपना, कल का सपना, एक साल का सपना, पांच साल का सपना, पूरी जिंदगी का सपना--आप क्या करना चाहते हो? अगर आप सपना देखोगे तभी तो उसे पूरा कर पाओगे।

वर्तमान में जियो। मान लो, अभी मैं आपके साथ हूं, तो ऑफिस में क्या हो रहा है इससे मुझे कोई फर्क नहीं पड़ना चाहिए। जिस पल आप जाओगे तो मैं अपना काम शुरू कर दूंगी, फोन लेना इत्यादि। लेकिन अभी कुछ नहीं।

घर और काम के बीच संतुलन बनाने में, मुझे लगता है कि महिलाओं की पहली प्राथमिकता उनका घर और उनके बच्चे ही होने चाहिए। जब बच्चे आत्मनिर्भर हो जाएं--12-13 साल में--तो आप कुछ भी करने के लिए आजाद हैं।

सच पूछो तो अगर आपको काम की जरूरत न हो, मसलन आपके पति अच्छा कमाते हैं, तो आपको पैसे की खातिर काम नहीं करना चाहिए। आपको कुछ बेहतर, कुछ रचनात्मक करना चाहिए। आप एक महिला हैं, आपके पास दिल है, भावनाएं हैं, आप परिवार बनाती हो, समाज बनाती हो, दुनिया बनाती हो।

और अगर आप सबसे ऊपर अपना करियर और प्रतिष्ठा बनाने का निर्णय लेती हो, तो आराम को भूल जाओ। उदास मत रहो कि आप अपने बच्चे को समय नहीं दे पा रहे। और परिवार, पति और सास को। क्योंकि यह तो होना ही है, या फिर आप संयुक्त परिवार में रहें।

बस याद रखो, अगर आप करोड़ों कमाती हैं और फिर भी खुश नहीं हैं, तो सब बेकार है। यह बात मैं सिर्फ महिलाओं से ही नहीं पुरुषों से भी कहना चाहूंगी।

वीसा पावर

बीनापानी तालुकदार
पेंसी एक्सपोर्ट

असम की खूबसूरत पोशाकों में लिपटी, गोवाहाटी की यह साहसी उद्यमी पूरे विश्व में सफर करती हैं। भाषा के बंधनों से परे, सुरक्षा और घर के विरोध से परे, वे अपना 'लेडी एक्सपोर्टर' का परचम लहराए रखती हैं।

बीना का सेलफोन लगातार बंद या नेटवर्क से बाहर बता रहा था। मैं हैरान थी कि यह नंबर तो सही है ना। पर मैं फिर भी कोशिश किए जा रही थी।

आखिरकार मेरा फोन लग गया। उन्होंने खेद जताते हुए कहा, 'अभी-अभी ब्राजील से लौटी हूं।'

यह बहुत असामान्य और लुभावना है।

हम रविवार की एक दोपहर को गोवाहाटी में मिले। एक पारिवारिक समारोह में। बीना मेरी कल्पना से ज्यादा युवा और प्यारी हैं। बेहद सलीके से बंधी असम सिल्क साड़ी में लिपटीं। लेकिन यह सिर्फ कपड़ों की पसंद है। वैसे वे काफी बिंदास और खुलकर बोलने वालों में से हैं।

'मैं महिला हूं और असम से हूं, तो मेरे लिए यह सब आसान नहीं है। लेकिन फिर भी मैं कड़ी मेहनत से आगे बढ़ने का रास्ता बना रही हूं।'

वह दूसरी समस्याओं के बारे में भी खुलकर और बेबाकी से बोलती हैं। घर में सामंजस्य की कमी के बारे में भी। महत्वाकांक्षाएं एक महिला के लिए कांटों का ताज हो सकती हैं।

फिर भी बीना बड़ी शान से उस ताज को पहनती हैं।

और कांटों में से गुलाब चुनना पसंद करती हैं।

वीसा पावर

बीनापानी तालुकदार
पेंसी एक्सपोर्ट

बीनापानी का जन्म और लालन-पालन गोवाहाटी में हुआ, वह पांच भाई-बहनों में सबसे बड़ी हैं।

'मेरा बचपन बहुत अच्छे से गुजरा। मेरे पिता बीएड कॉलेज में लैक्चरार थे और उन्होंने हमेशा मुझे पढ़ने और अपने लिए कुछ करने को प्रोत्साहित किया।'

वास्तव में उनका सपना था कि बीना एक डॉक्टर बने, जबकि उनकी मां चाहती थीं कि वे वकील बने। लेकिन उनकी रुचि पेंटिंग, आर्ट और क्राफ्ट में थी।

'घर में सबने कहा कि आर्ट या क्राफ्ट करके क्या फायदा।'

असमी माध्यम के गोपाल बोरो हाईस्कूल से स्कूली शिक्षा पूरी करने के बाद, बीना ने डिसपुर कॉलेज से बीए डिग्री के लिए नामांकन भरा। लेकिन 18 साल की उम्र में, जबकि वह अभी पढ़ाई ही कर रही थीं, उनकी शादी उनसे नौ साल बड़े सुकुमार तालुकदार से हुई।

'वह लव मैरिज थी।'

जुलाई 1998 में बीना ने एक बेटे को जन्म दिया। उसी साल उन्होंने एक छोटे से उद्योग का भी शुभारंभ किया--मिस पेंसी, गोवाहाटी के डायरेक्टेरट ऑफ इंडस्ट्री एंड कॉमर्स (डीआईसी) के तहत एक छोटे स्तर की इकाई।

'मेरा मार्गदर्शन डीआईसी के एमडी श्री प्रफुल्ल साक्या ने किया। क्योंकि मैं कुटीर उद्योग शुरू करना चाहती थी।'

पेंसी की शुरुआत बहुत ही छोटे स्तर से हुई। बीना बेम्बू और सूखे फूलों से

खुद ही सजावटी पीस बनाती थीं। इस बिजनेस में जाने के दो कारण थे। आर्ट और डिजाइन में काम करने से बीना को खुशी मिलती। दूसरा, उस समय घर में कुछ आर्थिक समस्याएं भी चल रही थीं।

'मैंने सोचा कि बिजनेस के जरिए--मैं दूसरी महिलाओं की मदद भी कर पाऊंगी।'

अक्टूबर 2000 में, बीना ने श्रीमति रेणु चौधरी और श्रीमति चंद्रपवा तालुकदार के साथ मिलकर असम विमेन वेलफेयर सोसाइटी में नामांकन करवाया। एनजीओ का गठन ग्रामीण महिलाओं की कच्चे माल और उत्पादन में मदद लेने के लिए बनाया गया था।

'मेरा विचार था कि मैं उन्हें डिजाइन दूंगी और वे प्रोडक्ट बना देंगे। मैं उन उत्पादों को खरीदकर मिस पेंसी के जरिए बेच दूंगी।'

बिजनेस की शुरुआत बहुत ही छोटे स्तर पर हुई, जिसमें परिवार का भी नाममात्र का ही सहयोग था। हालांकि उनके पति का नजरिया सकारात्मक था।

'शुरुआत में उन्होंने मुझे कुछ प्रोत्साहित किया। उन्हीं की वजह से मैं हैदराबाद के एनआईएसआईइटी में गारमेंट डिजाइन के सर्टिफिकेट कोर्स के लिए गई।'

सुकुमार ने उन्हें 1500 रुपए भी दिए, जिससे उन्होंने काम की शुरुआत की। लेकिन वह पहली और आखरी बार था जब उन्होंने किसी से पैसे लिए हों।

'उसके बाद से मैंने बिजनेस से कमाए पैसों का ही उसमें इस्तेमाल किया।'

सूखे फूलों की साज-संवार असम में बहुत पुरानी संस्कृति है। शिलॉन्ग, मिजोरम और नागालैंड जैसे दूरस्थ इलाकों से फूल इकट्ठे किए जाते हैं। उन्हें सूर्य की रोशनी में सुखाकर, फिर प्राकृतिक कैमिकल से सुरक्षित किया जाता है।

'इस तरह प्रीजर्व करते हैं तो फूल जैसा ही दिखता है लेकिन बहुत समय चलता है।'

इस नाजुक प्रक्रिया को हाथों से संपन्न किया जाता है। और इसलिए इसके व्यापार का स्तर हमेशा छोटा ही रहता है। 2004 में, बीना को गोवाहाटी में इंडियन इंस्टीट्यूट ऑफ ऐन्त्रीप्रीन्योरशिप (आईआईई) के कोर्स में भाग लेने का मौका मिला, और तब बीना को महसूस हुआ कि वह और ज्यादा कर सकती हैं। कोर्स से उसे मैनेजमेंट और मार्केटिंग की समझ मिली।

'आईआईई के सर, डॉ. सुनील साक्या ने मुझे बहुत प्रोत्साहित किया। कोर्स

से बिजनेस में मेरा आत्मविश्वास बढ़ा।'

उसी साल बीना ने *आवाज* नाम का एक आर्ट एंड क्राफ्ट स्कूल खोला। उन्होंने ड्रॉइंग और पेंटिंग की नए छात्रों और एडवांस लेवल की क्लासें खुद लीं। स्कूल गोवाहाटी में ही गणेशगुरी क्षेत्र में पति के पैतृक घर की इमारत में ही खोला गया।

'हम ऊपर रहते थे और स्कूल नीचे था।'

स्कूल बेहद सफल रहा। उसमें बीना को पूरे दिन व्यस्त रखने के लिए 150 से ज्यादा छात्र थे। शुरुआत में, वह तीनों बैचों में पढ़ाती थीं। 2005 में, बेटी के जन्म के बाद, बीना ने अपनी ही एक होनहार छात्रा को सहायक टीचर की नौकरी पर रख लिया। और किसी तरह वे सब संभाल रहे थे।

'बच्चे को साइड में बैठाकर मैं क्लास लेती थी, पेंटिंग भी करती थी। कभी-कभी यह बहुत रोती थी तब स्टूडेंट संभाल लेते थे।'

बीना के अपारंपरिक पालन से बच्चे को तो कोई नुकसान नहीं हुआ। लेकिन जल्द ही उनके पति और उनके संबंधों में तनाव आने लगा।

'उन्हें लगा कि मैं अपने कर्तव्य ठीक से नहीं निभा रही, बच्चों को अनदेखा कर रही हूं। उनको मेरे काम से शिकायत होने लगी।'

शांति बनाए रखने के लिए, बीना ने स्कूल बंद कर दिया। उस समय उनके स्कूल में 5 कर्मचारी थे और प्रति महीने 25-30,000 का मुनाफा उन्हें हो रहा था--गोवाहाटी में अच्छी-खासी रकम। हालांकि बीना के लिए स्कूल बिजनेस से ज्यादा शौक था।

'हम कुछ पैसे अनाथालय में दिया करते थे और कुछ एनजीओ को। बाकी मैं अपने निजी खर्चे में लेती थी, तो मैं कभी किसी पर निर्भर नहीं रही।'

बीना ने स्कूल बंद कर दिया, लेकिन खुद को नहीं। वह अपने कुटीर उद्योग--जो 1998 से चल रहा था--को और ऊंचाइयों तक ले जाने के बारे में सोचने लगीं।

'मैंने सोचा की क्यों न मैं अपने उत्पादों को एक्सपोर्ट करना शुरू कर दूं।'

सूखे फूलों को एक्सपोर्ट करना मुश्किल था। तो बीना सिल्क की तरफ मुड़ीं। असम अपने मूगा और एरी सिल्क के लिए मशहूर है, जिनके रंग और बनावट बहुत ही मशहूर होती है। अपने डिजाइनिंग कौशल का प्रयोग करते हुए बीना ने एरी सिल्क से हैंडबैग और स्टोल्स बनाए। एनएसआईसी--नेशनल स्माल इंडस्ट्री कॉरपोरेशन--के जरिए बीना को एक प्रदर्शनी में जाने का मौका मिला।

'ब्राजील में हर कोई जींस पहनता था तो मैं साड़ी में कुछ अजीब लग रही थी। फिर भी, मैंने साड़ी ही पहनी और मुझे अच्छी प्रतिक्रिया मिली।'

'एनएसआईसी के निदेशक, जे के महानता को मेरा काम पसंद आया। तो उन्होंने मुझे ब्राजील की बी2बी प्रदर्शनी में भेजा।'

यह बीना का पहला विदेशी दौरा था, जिसके बाद यह अवसर उन्हें कई बार मिला। प्रदर्शनी में साउथ अफ्रीका से आए एक खरीदार को मेरे सिल्क के हैंडबैग बहुत पसंद आए--उसने ऐसा कभी नहीं देखा था। खरीदार ने 10,000 पीस का ऑर्डर दिया।

'यह मेरी जिंदगी का पहला ऑर्डर था।'

10,000 पीस बनाने के लिए बीना को पैसे की जरूरत थी। साउथ अफ्रीकी खरीदार के परचेज ऑर्डर के आधार पर बीना ने बैंक से मिलकर लोन की व्यवस्था कर ली। हालांकि रकम बड़ी थी (एक करोड़ रुपए), तो उन्हें अपनी पारिवारिक संपत्ति को भी गिरवी रखना पड़ा।

ऑर्डर पूरा कर पाना आसान नहीं था। हर पीस में हाथ से सिलाई होनी थी और बीना के पास कोई प्रशिक्षित श्रम शक्ति भी नहीं थी।

'मैंने अपने पुराने 10-12 छात्रों को इस काम में लगा लिया और अब संभाल पाना आसान लग रहा था।'

आखिर में काम एक साल में पूरा हो ही गया। लेकिन जो खून-पसीना इस काम में लगा था, दुखद रूप से उसका सही मुनाफा नहीं मिल पाया था।

'मैंने बहुत कम दाम तय किए थे। मुझे एक्सपोर्ट की सारी औपचारिकताओं का पता भी नहीं था, पैकिंग और शिपिंग की कीमत वगैरह।'

लेकिन उन्होंने इसे सीखने के अनुभव के तौर पर लिया--परीक्षा में एक छोटी सी हार पूरी जिंदगी का सबक बन जाती है। ऐसी ही कई परीक्षाओं में वह चमकते नंबरों से पास हुईं।

'मैं असमी माध्यम से पढ़ी हूं। मुझे इंग्लिश इतनी अच्छी तरह से नहीं आती है। फिर भी विदेशों में कोई दिक्कत नहीं हुई।'

साओ पाउलो जाते हुए, बीना ने एक अक्लमंदी का काम किया। उसने एक किताब खरीदकर पुर्तगाली के कुछ महत्वपूर्ण शब्द और वाक्यांश पढ़ लिए--जो ब्राजील की कार्यकारी भाषा है। ऐसे ही, स्पैनिश और रशियन के साथ भी हुआ।

'मुझे भाषा सीखने का शौक है और इसलिए मुझे शायद बिजनेस में थोड़ा सा फायदा मिला।'

आपके शब्द गलत हो सकते हैं, उच्चारण हास्यास्पद हो सकता है, लेकिन जरूरी है कि आप कोशिश कर रहे हैं, एक सेतु बना रहे हैं। लेकिन बीना ने विदेशी देशों के लिए बस यही रियायत बरती, अन्यथा पहनावे में उन्होंने भारतीय परिधानों को ही वरीयता दी।

'मुझे पारंपरिक असम सिल्क साड़ी, बिंदी और गहने पहने देखकर लोग हैरान होते थे। मुझे लगता इससे भी उनमें मेरा स्टॉल देखने की उत्सुकता बढ़ती होगी।'

लेकिन साड़ी में लिपटी महिला को बहुत से प्रतिबंधों का भी सामना करना पड़ता है।

'शुरुआत में तो मुझे अहसास नहीं हुआ लेकिन एक महिला के तौर पर भेदभाव अब मैं साफ देख सकती हूं। बहुत बार मुझे एक्सपोर्ट प्रमोशन काउंसिल की तरफ से महत्वपूर्ण प्रदर्शनियों के लिए आमंत्रण नहीं मिला।'

शिकायत करने पर बीना को बताया गया कि पुरुषों के समूह में एक महिला को लेकर जाना एक मुसीबत है। और यह बस यहीं तक नहीं सीमित था।

'आदमी लोग समझते हैं कि पैसे के लिए आई है तो हम पैसे देकर इसको भी खरीद सकते हैं।'

इस तरह के अभद्र प्रस्ताव कई हैं। बीना को एक खरीदार याद है जिसने बहुत ही बदतमीजी से पूछा था, 'तुम्हें कितना पैसा चाहिए?'

'क्या आप ऑर्डर दे रहे हैं?' बीना ने पूछा।

बनावटी हंसी हंसते हुए उसने बीना की तरफ अश्लील इशारा किया।

'आपको 10 डॉलर में बाजार में एक मांस का टुकड़ा मिल सकता है। लेकिन

'दुनिया *मेड इन चाइना* सामान से भरी पड़ी है, इसीलिए हमारे हाथ से बने उत्पादों की और ज्यादा मांग होती है।'

‘जितना लाभ करती हूं, उतना नुकसान हो जाता है... फिर भी मैं लड़ रही हूं।’

एक भारतीय नारी को तुम 10 डॉलर तो क्या... 10 लाख डॉलर में भी नहीं खरीद पाओगे।’

काली के इस रूप में बीना ने जाते-जाते एक बात और जोड़ दी।

‘अगर मेरी इच्छा है तो मैं सीधा आपको बोलूंगी। अब दफा हो जाओ यहां से!’

मैं उनके बिंदासपन से हैरान और मोहित थी। और ऐसे कबूल कर पाना। बीना उस हकीकत की बात कर रही थीं, जो सच तो है लेकिन फिर भी कोई उसके बारे में बात नहीं करना चाहता। लेकिन कहीं न कहीं, यह मान लिया जाता है कि वह हालात औरत के खुद के खड़े किए हुए हैं।

‘घर में इसे क्या समझते हैं, यह नहीं पता मुझे। ये एक मुसीबत है हम महिलाओं के लिए।’

इस आधुनिक युग में, राम भले ही सीता से अग्नि परीक्षा न मांगे, लेकिन वह उसके लिए दूसरे तरीकों से मुश्किलें खड़ी कर सकता है।

‘मेरे पति थोड़ा नाराज रहते हैं। कभी लगता है यह सब छोड़ दूं...’

बीना की आंखों में वह फासला नजर आ रहा था--इसका कोई सहज समाधान नहीं है। शायद उसने कुछ ज्यादा ही कह दिया था। तो विषय बदलने के लिए उन्होंने कहना शुरू किया।

‘विदेश में अगर पत्नी रहे और देश में पति तो थोड़ी बहुत नाराजगी तो रहेगी ही। छोड़ों इन बातों को...’

बीना नए उत्पाद बनाती और प्रयोग करती रहती है। जर्मनी में एक फैशन शो से प्रभावित होकर उन्होंने मोगा सिल्क से एक जैकेट बनाया था। इसके प्राकृतिक रंग और बनावट से प्रभावित होकर इटली से आए एक खरीदार का ध्यान आकर्षित किया।

समय के साथ, बीना एक्सपोर्ट से जुड़ी कागजी कार्यवाही करना भी सीख गई। लेकिन क्वालिटी पर नियंत्रण बनाए रखना अभी भी एक चुनौती थी। यहां तक की

डिजाइन या वजन में जरा सा भी बदलाव बर्दाश्त नहीं किया जाता था और उन्हें यह समझने में कड़ी मेहनत करनी पड़ी।

'दो बार ऐसा हुआ कि मेरा भेजा हुआ पूरा माल ही खारिज कर दिया गया। मुझे घाटा उठाना पड़ा।'

ऐसे ही एक बार जहाज पर लदा हुआ माल कजाकिस्तान में फंस गया और बीना को खुद जाकर उसे सुलटाना पड़ा। सामान को थोक बाजार में भारी के साथ उतारना पड़ा।

इस प्रकार की गड़बड़ी के चलते, कंपनी की सालाना आय और मुनाफे में बहुत अस्थिरता बनी रहती है। इस साल उन्हें उम्मीद है कि सालाना आय 33 लाख रुपए रहेगी। पिछले साल अच्छे ऑर्डर मिलने की वजह से, 70 लाख रुपए तक की आय हुई थी।

हालांकि मुनाफे की गुंजाइश 30-40 प्रतिशत होती है, लेकिन एक बार का माल खारिज हुआ तो पूरे साल का मुनाफा खत्म हो जाता है। लेकिन बीना यह सब अपने स्तर पर संभाल रही हैं।

'किसी को नहीं बताती थी कि मैंने ये किया, वो किया। मेरा इतना नुकसान हुआ... मैं कभी रोती भी नहीं।'

ऐसे ही एक अवसर पर, बीना लॉकर से अपने गहने निकालकर चुपचाप बैंक पहुंच गईं। जिससे बकाया ऋण चुका दिया गया।

'नुकसान ही तो है, कभी लाभ भी होगा। अगर भगवान की मर्जी होगी तो जरूर होगा।'

बीना को भरोसा है कि भगवान उसके साथ हैं, हर कदम पर। इसी वजह से वह इतनी दूर तक आ सकी है।

'मैं आपको अपनी जिंदगी का बड़ा हादसा बताती हूं।'

श्रीलंका से एक प्रदर्शनी के बाद लौटते समय, बीना रात को एक बजे इंदिरा गांधी अंतर्राष्ट्रीय हवाई अड्डे पर उतरीं। उन्होंने निर्णय लिया कि वह रात पहाड़गंज

'मैं अपने आपको दुनिया के सामने प्रोड्यूस करना चाहती हूं... मेरा भी कुछ नाम हो।'

'घर में टेंशन लाने से क्या फायदा? मैं बहुत जॉली रहती हूं हमेशा।'

के एक बजट होटल में गुजार लेंगी, जहां वे पहले भी एक अवसर पर रुकी थीं।

उस समय, वह कुछ वीरान सा लगा लेकिन बीना सफर से बहुत थकी हुई थीं, तो उन्होंने ज्यादा नहीं सोचा। वह तो बस सो जाना चाहती थीं।

रात के 3.30 बजे के आसपास, उनके दरवाजे पर दस्तक हुई।

'मैं हड़बड़ाकर उठी--इस समय कौन दरवाजा बजा रहा होगा?'

उन्होंने दरवाजा खोलने से मना कर दिया।

खटखट और तेज हो गई। जल्दी ही, दरवाजे को लातों और हाथों से पीटा जाने लगा। और सिर्फ एक आदमी नहीं था, दो या तीन लोग थे।

'मैंने रिसेप्शन पर फोन किया और मैनेजर बस हंसने लगा।'

तब बीना को अहसास हुआ कि वे बड़ी परेशानी में घिर गई हैं।

'मेरा दिमाग काम नहीं कर रहा था... मैं इतना डर गई थी।'

बीना ने गोवाहाटी में अपने पति को फोन मिलाया और उन्होंने सलाह दी कि तुरंत पुलिस हेल्पलाइन, 100 नं. पर फोन करूं। किस्मत से, पुलिस वालों ने तुरंत ही प्रतिक्रिया दिखाई और वे मिनटों में वहां पहुंच गए। दरवाजा टूटने से ठीक पहले।

अपराधी हरियाणा के कुछ छात्र थे, जो उसी होटल में ठहरे हुए थे। उन्हें गिरफ्तार कर लिया गया और उन पर रेप और हत्या की कोशिश का आरोप लगा। लेकिन बाद में वे जमानत पर छूट गए।

'मैं पूरी दुनिया में अकेले सफर करती हूं। मैं रात के 2 बजे पेरिस की गलियों में अकेले चल सकती हूं--कोई दिक्कत नहीं होती। लेकिन दिल्ली... (कांपते हुए) दिल्ली में मैं सुरक्षित महसूस नहीं करती।'

लाखों महिलाओं की आज यही राय है।

सुरक्षा की कमी हर जगह है--फिर चाहे वे सड़कें हों या बिजनेस जगत हो।

'मैंने बहुत सी परेशानियों का सामना किया... क्योंकि इस क्षेत्र में बहुत कम महिलाएं हैं। अगर हम जैसी और हो जाएं, तो हमारा बहुमत होगा, और हमारी ताकत भी ज्यादा होगी।'

बीना मानती हैं कि बहुत सी महिलाएं एक्सपोर्ट लाइन में आना चाहती हैं

लेकिन वह नहीं आतीं क्योंकि यह आसान नहीं है।

'मैंने देखा है कि ज्यादातर महिलाओं का है कि पति और पत्नी साथ में काम करते हैं और सफर का जिम्मा पुरुष ही संभालते हैं।'

तो बीना सब कैसे संभालती हैं? उनके बच्चे बड़े हो रहे हैं और बेटा कुमार अच्छी शिक्षा के लिए बोर्डिंग स्कूल गया हुआ है। खाना बनाने के लिए एक नौकरानी है, तो बीना रसोई में तभी जाती हैं, जब उनका मन हो।

पति और बेटी देबाहुती अब बीना के साथ बिजनेस दौरों पर जाते हैं। शोरूम की जिम्मेदारी उनकी अनुपस्थिति में कर्मचारी संभालते हैं। हस्तकला गांव में चलती रहती है, जबकि सिलाई का काम गोवाहाटी में डली छोटी सी यूनिट पर किया जाता है।

बीना का सपना है कि वे यूरोप में अपना शोरूम खोल पाएं, जिसमें भारत के हर राज्य का शिल्पकर्म मौजूद हो। यह अभी दूर की बात है, लेकिन वह कहती हैं कि अगर यह हो जाए तो मजा आ जाएगा।

इसमें हैरानी की बात नहीं है अगर उनके रिश्तेदार उन्हें अनाप-शनाप बोले या 'घूमनेवाली' का तमगा दें।

'मैं इन बातों को दिल से नहीं लगाती। वे नहीं जानते कि यह सब कितना मुश्किल है।'

चूंकि बीना शाकाहारी हैं, तो खाने का मसला उनके सामने खड़ा रहता है। खासकर ब्राजील जैसे देशों में, जहां गाय का मांस सामान्य आहार है। बीना को याद है कि एक बार वे 9 दिनों तक मात्र फल और जूस पर ही रही थीं।

'यहां तक कि पानी भी बहुत महंगा है!'

प्रदर्शनी स्थल पर बीना के पास कोई सहायक मौजूद नहीं होता--वह खुद ही भारी-भारी डिब्बे उठाकर इधर से उधर रखती हैं। बस वह अपने साथ किसी तरह का अपराधबोध लेकर नहीं चलतीं।

'जब मैं बाहर रहती हूं घर के बारे में नहीं सोचती हूं। और न ही बाहर की परेशानी घर में लाती हूं।'

बहुत ही साधारण तथ्य है, लेकिन इसे लागू करना बहुत मुश्किल होता है।

जहां भी आप हो, वर्तमान में रहो।

जो आप कर सकते हो, करो।

*

महिला उद्यमी की सलाह

लगन से हर काम को सकारात्मक रूप से लिया जाए... जो भी डिजाइन बनाया जाए... जो भी करना चाहते हैं, मेरे हिसाब से लगन से करने से सबकुछ मिल सकता है।

बिजनेस में महिलाओं को अकाउंट संभालना आना चाहिए। थोड़ा मुश्किल पड़ता है लेकिन मैं सब कुछ देख लेती हूं। जब बाहर जाती हूं तो एक-एक खर्चा एक्सेल शीट में डालकर रखती हूं। फिर आकर सीए के साथ डिस्कस करती हूं कैसे क्या करना है।

हमेशा सादा रहना चाहिए। यात्रा में जीन्स पहनती हूं मगर दुप्पटे के साथ। सबसे मैं मित्रवत रहती हूं पर कभी गलत इम्प्रेशन नहीं देती।

पति-पत्नी में अच्छी समझ होनी चाहिए। शुरू-शुरू में मुझे बहुत दिक्कत आई थी। उसने मना भी किया, लेकिन मैंने थोड़ी हिम्मत रखकर कर लिया। अब सब समझ गए हैं कि मैं कुछ गंभीर हूं।

पति लोग थोड़ा समझ जाएं तो महिलाएं और आगे बढ़ सकती हैं।

सोल सिस्टर

ईला भट्ट

सेवा

वर्ण और कर्फ्यू को चुनौती देती ईलाबेन अपनी कामकाजी बहनों--सब्जी बेचनेवाली, कूड़ा बीननेवाली और नौकरानियों के अधिकारों के लिए संघर्ष करती हैं। 40 सालों से सेवा 17 लाख महिलाओं को सशक्त करते हुए पूंजीवाद के इस युग में गांधीवादी आदर्शों को जीवित रखे हुए है।

आईआईएम अहमदाबाद की छात्र होने के नाते मैं अक्सर सीजी रोड की एक दुकान 'बनसक्राफ्ट' में जाया करती थी। वहां पर बहुत आकर्षक कढ़ाई की हुई चादरें, तकिये के लिहाफ और दीवार पर लगाने की कलाकृति मिलती थीं। हम उन्हें घर ले जाने के उपहार के तौर पर ले लिया करते थे।

मैं जानती थी कि यह 'सेवा' और ईला भट्ट का काम है। लेकिन इससे ज्यादा कभी मैं इस बारे में नहीं जान पाई।

आज सालों बाद मैं खुद को उनके सामने खड़ा पा रही हूं, उनकी बात सुनते हुए। बहुत ही विस्मय से। ईलाबेन जरूर अपनी कहानी* सुनाते-सुनाते थक गई होंगी, लेकिन आज हमारे लिए एक और बार सही।

'मैं कोई अर्थशास्त्री नहीं हूं, न ही कोई सामाजिक कार्यकर्ता। मेरी पृष्ठभूमि श्रमिक संघ की है और सेवा का संघर्ष भी ऐसे लोगों को सशक्त और गठित करने का है जो अपने बूते पर काम करते हैं।'

सबसे बड़ा काम था, ऐसे चिंदी काम करने वाले लोगों की पहचान करके उन्हें आधारभूत अधिकार दिलाना। इनमें छोटा-मोटा काम करने वाले, सब्जी बेचनेवाले, कूड़ा बीननेवाले जैसे लोग शामिल थे। सेवा के काम के तहत ईला भट्ट और उनकी कामकाजी बहनें कपड़ा मिल मालिकों, नगर निगम और राज्य सरकार से सामने से भिड़ जातीं हैं। वे प्रतिनिधि मंडलों का नेतृत्व और विरोध करती हैं, कर्फ्यू और धरना देती हैं। अगर जरूरत पड़े तो कानूनी लड़ाई भी लड़ती हैं।

मैं आगे झुककर ईलाबेन की बात सुनने की कोशिश कर रही हूं, क्योंकि वह बहुत ही धीरे बोलती हैं। पहली बार मैं 'गांधीवाद' का मतलब समझ पाई हूं।

एक कमजोर शरीर में छिपी स्टील की रॉड।

ऐसा काम जो भले ही कुछ न हो, लेकिन बेहद महान है।

हर पीड़ित आत्मा मेरी बेन है।

* ईलाबेन के काम को गहराई से समझने के लिए, उनकी किताब *वी आर पुअर बट सो मेनीः द स्टोरी ऑफ सेल्फ-एम्पलॉयड विमेन इन इंडिया*, ऑक्सफोर्ड यूनीवर्सिटी प्रेस द्वारा 2006 में प्रकाशित

सोल सिस्टर

ईला भट्ट
सेवा

ईला भट्ट का जन्म अहमदाबाद में हुआ, लेकिन लालन-पालन सूरत में हुआ, जहां उनके पिता वकालत किया करते थे।

'मेरे पिता, मेरे कजिन, मेरे चाचा/ताऊ--सब वकील थे और हम तीन बहनें थीं, कोई भाई नहीं।'

ईला ने 13 साल की उम्र में मैट्रिक की परीक्षा पास कर ली थी, उन दिनों स्वतंत्रता का संघर्ष जोरों पर था। 1948 में, जब वह कॉलेज में थीं, भारत नया-नया आजाद हुआ था। हवा में आदर्शवाद का जोर था, एक ही लक्ष्य था--देश को फिर से बनाना।

'मुझे अपने करियर को लेकर कोई दुविधा नहीं थी, क्योंकि गांधीजी ने रास्ता दिखा दिया था।'

1954 में, अहमदाबाद के एल ए शाह लॉ कॉलेज से स्नातक करने के बाद ईला टीएलए (टैक्सटाइल लेबर एसोसिएशन) में शामिल हो गईं। टीएलए का गठन 1917 में, महात्मा गांधी ने किया था और उसे पूरे देश के मजदूर संघों का आदर्श माना जाता है। जिस समय ईला इससे जुड़ीं, टीएलए के अधीन 1.5 लाख टैक्सटाइल मजदूर थे।

'मैं कानूनी विभाग में काम कर थी और टैक्सटाइल मजदूरों से जुड़े छोटे मामलों को देखती थी। खासकर वेतन बढ़ाने, बोनस और ऐसे ही मसलों को।'

टीएलए स्टाफ में ईला अकेली महिला थीं। और अक्सर बाहर भी ऐसी ही

स्थिति होती थी। लेबर कोर्ट में उनके शुरुआती दिन परेशानी भरे थे।

'मेरे कपड़ों और छोटे कद को लेकर की गई टिप्पणियां मुझे परेशान कर देती थीं, और मैं हकलाने लगती थी। कोर्ट में शायद ही कोई दूसरी महिला होती हो...

टीएलए ऑफिस में ईला के बारे में बातें होने का एक और कारण यह भी था कि ईला अपना सिर नहीं ढंकती थीं। अहमदाबाद में इसका प्रचलन था लेकिन दक्षिण गुजरात में नहीं, जहां वह पली-बढ़ीं।

'शिकायतें अनुसूयाबेन साराभाई, टीएलए की अध्यक्ष तक भी पहुंची। हालांकि अनुसूयाबेन हमेशा अपना सिर ढंकती थीं, लेकिन उन्होंने कभी मुझ पर सिर ढंकने का दबाव नहीं बनाया।'

यह शायद, ईला का पहला, बहुत सौम्य विद्रोह था। जब उन्हें किसी में विश्वास हो तो वे उसे लेकर दृढ़ रहती हैं।

1956 में, ईला ने रमेश भट्ट से शादी की, हालांकि उनके माता-पिता को जोड़ी उतनी पसंद नहीं थी।

रमेश कॉलेज के दिनों में उनकी क्लास में साथ थे, एक सुशील नवयुवक और छात्र नेता भी।

'वह मुझे पढ़ने के लिए अच्छी किताबें दिया करते थे, जैसे जे.सी. कुमारप्पा (मुस्कुराते हुए)।'

रमेश ने ईला को एकदम नए विचार और अनुभव भी बताए। 1951 में आजाद भारत की पहली जनगणना के समय रमेश ने ईला को सूरत की झोपड़पट्टी में अपने साथ आंकड़े एकत्र करने के लिए मना लिया। वहां महिलाओं की दुर्दशा देखकर वह पूरी तरह बदल गईं।

'रमेश ने मुझे बहुत सी बातें सिखाईं, वह बहुत प्रभावशाली थे।'

हालांकि, ईला एक उच्च मध्यवर्गीय ब्राह्मण परिवार से थीं, जबकि रमेश एक टैक्सटाइल वर्कर का बेटा था। इसलिए उनका परिवार इस शादी के खिलाफ था।

'मां-बाप हमेशा अपनी बेटी की शादी से अपना स्तर और भी बढ़ाना चाहते हैं। और सच में, वह यह भी सोच रहे थे कि मैं वहां कैसे रह पाऊंगी। अपने घर से कम आरामदायक जगह पर।'

उन लोगों ने 7 साल तक इंतजार किया, लेकिन आखिरकार मां -बाप को नर्म होना ही पड़ा। शादी का समारोह बेहद सादा था, जैसे 'खादी में शादी'। इसके बाद

युवा जोड़े ने अपना जीवन गुजरात विद्यापीठ कैंपस में शुरू कर दिया, जहां रमेश पढ़ाने लगे थे।

'गुजरात विद्यापीठ का माहौल टीएलए जैसा ही था, जहां मैंने बौद्धिक कार्य किया। मुझे बहुत कुछ सीखने को मिला। आप कह सकती हैं कि मेरा विकास हुआ।'

1958 में, ईला ने अपनी बेटी अमी को जन्म दिया, उसके बाद बेटे मिहिर का भी जन्म हुआ। इस दौरान वे पार्टटाइम काम किया करती थीं, जो 1961 में ही फुलटाइम काम में तब्दील हुआ। इस समय उन्हें गुजरात की लेबर मिलिस्ट्री में रोजगार अधिकारी का पद मिला। बाद में उन्हें गुजरात सरकार में 'ऑक्यूपेशन इनफॉर्मेशन' का भार सौंप दिया गया।

'इस भूमिका में मैं नेशनल कोड ऑफ ऑक्यूपेशन में मौजूद भिन्न-भिन्न कामों की सूची को जांच रही थी और इसमें नए धंधों को भी जोड़ रही थी।'

1968 में, ईला महिला शाखा की प्रमुख के रूप में एक बार फिर से टीएलए से जुड़ीं। उस समय उन्हें इजराइल से टेल अविव का एक निमंत्रण मिला, जिसमें उनका नाम एक ट्रेनिंग प्रोग्राम के लिए चुना गया था। यह उनके जीवन का बहुत बड़ा मौका साबित हुआ।

'वहां जो भी मैंने सीखा वह अद्भुत था। मैंने देखा कि किस तरह से पूरा देश यूनियन और को-ऑपरेटिव के संयुक्त उपक्रम से चलता है।'

फिर चाहे वह एयरलाइन हो, बैंक हो, या खेत। सभी कर्मचारियों को संघ में सदस्यता प्राप्त होती है और उसमें वोट करने का अधिकार उनके जीवनसाथी को भी होता है। यह विचार लगभग गांधीवादी ही था।

तीन महीनों बाद जब ईला लौटीं, तो उनके पास 'लेबर एंड कॉपरेटिव' का अंतर्राष्ट्रीय डिप्लोमा था। वह जानती थीं कि उन्हें कुछ करना होगा--पर क्या यह नहीं। लेकिन टीएलए के साथ गुजारे कई सालों ने एक बात तो उनके सामने खोल दी थीः अनौपचारिक क्षेत्रों में बड़ी संख्या में होने वाली आर्थिक गतिविधियों ने।

इन 'अनौपचारिक' मजदूरों की कोई यूनियन नहीं थी, न कोई सामाजिक सुरक्षा और न ही मजदूर कानून के अंतर्गत कोई संरक्षण।

'मेरी पृष्ठभूमि एक प्रबंधक की रही है, तो मैं सोचती थी कि वे भी मजदूर आंदोलन का भाग होने चाहिए।'

लेकिन कोई शुरुआत कहां से करे? अनौपचारिक क्षेत्र में कोई खास समझौता

'सेवा को रजिस्टर करवाने में हमें बहुत संघर्ष करना पड़ा क्योंकि हमारा कॉन्सेप्ट बिल्कुल नया था। हमसे काम, श्रमिक और ट्रेड यूनियन का मतलब पूछा जाता।'

या मालिक नौकर का संबंध नहीं होता। वास्तव में, 1971 की जनगणना के हिसाब से, ऐसे काम करने वाली महिलाओं को तो कार्मिक* की श्रेणी में भी नहीं रखा गया था।

उसी साल अहमदाबाद की कपड़ा मार्केट में बोझा उठानेवाली और हाथ गाड़ी खींचनेवाली महिलाओं का एक समूह ईलाबेन के पास अपनी फरियाद लेकर आया। उन्होंने मामले को अपने हाथ में लिया और आखिरकार कपड़ा व्यापारियों को उन्हें ज्यादा भाड़ा देने के लिए राजी कर लिया।

1972 में, ईला और बहनें** जो कपड़ा मार्केट में काम कर रही थीं, उन्होंने अपनी यूनियन सेवा (सेल्फ एंप्लॉयड वूमन एसोसिएशन) बनाने का निर्णय लिया। इस प्रयास में उन्हें टीएलए के अध्यक्ष अरविंद बुच का भी सहयोग मिला। इस तरह सेवा टीएलए की महिला शाखा के अधीन काम करने लगा, जहां बुच तो अध्यक्ष थे और ईला जनरल सेक्रेटरी।

'मेरे अनुसार सेवा में नया यह है कि हम गांधीवादी सोच को आधार बना रहे हैं। मतलब अपना अधिकार भी मांगो, लेकिन संघवाद और नारेबाजी से भी परे रहो।'

रचनात्मक कार्यों से बदलाव लाओ।

पहला काम सेवा ने हर क्षेत्र के अनौपचारिक मजदूरों का सर्वे किया। क्योंकि समस्या के हल से पहले उसे जानना ज्यादा जरूरी है।

जांचकर्ता भी उसी पृष्ठभूमि का होना चाहिए, जिसके बारे में छानबीन करनी है। तो एक चिंदी मजदूर से कहा गया कि अपने जैसे चिंदी काम करनेवालों से दस आसान सवाल पूछे। ऐसा हर काम के लिए किया गया, लेकिन फिर भी कुछ रह गए।

* 1971 में, भारत का 89 प्रतिशत मानवश्रम अनौपचारिक सेक्टर में काम कर रहा था। आज यह आंकड़ा 93 प्रतिशत है।

**गुजराती रिवाज में महिलाओं को बेन कहकर संबोधित किया जाता है।

'आमतौर पर दो समस्याएं थीं--पहला पैसे की कमी और दूसरा बिचौलिए की अनुपस्थिति।'

इसके लिए ये महिलाएं रोज की कमाई का 10 प्रतिशत माल, या जगह के लिए दिया करती थीं। सब्जी बेचनेवाली ठेले के लिए 49 प्रतिशत देती थीं, क्योंकि वह ठेला किराए का होता था। 50 रुपए से 350 रुपए महीना कमाने वाली बहुसंख्या भारी कर्जे में दबी थी।

सर्वे से दूसरा महत्वपूर्ण मकसद भी पूरा हुआ। इससे महिलाओं के दिलोदिमाग पर सेवा की दस्तक हुई।

'हमारे पास 700, 800, 1000 परिवार थे, जिनके आर्थिक जीवन और छोटी-छोटी समस्याओं का विवरण हमारे पास लिखा था। फिर हमने उन्हें ढूंढ़कर उनसे बातें कीं।'

दिसंबर 1973, की ऐसी ही एक मुलाकात में, पूरी बाजार की *चंदाबेन* ने पूछा, 'ई*लाबेन*, हमारा अपना बैंक क्यों नहीं हो सकता?'

'क्योंकि हमारे पास पैसे नहीं हैं,' ईला ने समझाया। 'बैंक शुरू करने के लिए बहुत से पैसों की जरूरत होती है!'

'भले ही हम गरीब हैं, लेकिन हम जैसे बहुत से लोग हैं,' चंदाबेन ने जवाब दिया।

यह असाधारण नजरिया था।

6 महीने के समय में, जरूरी पैसा जोड़ लिया गया, हर बेन से कम से कम 10 रुपए निवेश। सेवा के 15 सदस्यों ने उन्हें उनका नाम लिखना सिखाया। मई 1974 को इन डगमगाते हस्ताक्षरों को कागज पर उतारा गया, और काफी मनाने के बाद गुजरात सरकार ने श्री महिला सेवा सहकारी बैंक लिमिटेड का शुभारंभ किया।

जिसे सब सेवा बैंक के नाम से जानते हैं।

71,320 रुपए की शुरुआती पूंजी के साथ, बैंक सिर्फ छोटे-छोटे लोन* दे सकता था। लेकिन इससे महिलाओं की जिंदगी में बड़ा अंतर आया।

'आज सोमवार को 50 रुपए ले लो, और अगले सोमवार को 51 रुपए लौटा दो। और इसी तरह दूसरे 50, 65, 100 रुपए भी ले सकते हो।'

* बांग्लादेश में मोहम्मद यूनुस द्वारा शुरू किए गए 'ग्रामीण बैंक' से 3 साल पहले सेवा बैंक शुरू हुआ

'बहुत सी चीजें थीं लेकिन हम सबकुछ नहीं कर सकते थे, तो हमने विकट समस्याओं के समाधान से शुरुआत की।'

ईला भट्ट इसकी चेयरपर्सन थीं और बैंक की शुरुआत विश्वास और सेवाधर्म के आदर्शों पर हुई। एक साल में ही बैंक के पास 300,000 की पूंजी थी और निरंतर इसका विकास होता ही जा रहा था। ऐसे ही यूनियन में सदस्यों का भी।

1975 तक, सेवा की सदस्य 5258 महिलाएं थीं, जो 5 रुपए वार्षिक शुल्क अदा कर रही थीं।

उसी साल, ईला मैक्सिको शहर में 'इंटरनेशनल विमेन्स ईयर' की वर्ल्ड कॉन्फ्रेंस में गईं। यहां वह दुनियाभर की महिलावादी नेताओं से मिलीं। और पाया कि हर जगह महिलाएं लगभग एक जैसी ही समस्याओं का सामना कर रही हैं।

'घाना से आई ईस्थर ओक्लू ने एक्रा की मार्केट में महिलाओं की हालत की कहानी बताई। मैंने भी सेवा और सेवा बैंक से जुड़े अनुभव उनके साथ साझा किए।'

इस तरह वे एक महत्वपूर्ण निर्णय पर पहुंचे--एक ग्लोबल ऑर्गेनाइजेशन बनाने की जरूरत है जो कम आय वाली महिलाओं की मदद कर सके। यह विचार विमेन्स वर्ल्ड बैंकिंग* (डब्ल्यू डब्ल्यू बी) का बीज साबित हुआ, जिसकी पहली अध्यक्ष थीं वॉल स्ट्रीट की बैंकर मिशेल वाल्श।

इस दौरान, सेवा के कार्यकर्ता निरंतर बढ़ रहे थे, सदस्यों की मांग के अनुसार।

एलडी इंजीनियरिंग कॉलेज और नेशनल ऑक्यूपेशनल हेल्थ इंस्टीट्यूट की मदद से सेवा ने एक नई हाथगाड़ी डिजाइन की। इस गाड़ी के नीचे बच्चे को ले जाने के लिए अतिरिक्त जगह थी, जो अलग भी की जा सकती थी।

सेवा के साक्षरता कार्यक्रम को अच्छी प्रतिक्रिया न मिलने के कारण, सेवा ने अपना ध्यान कल्याणकारी योजनाओं पर ही लगा दिया। सब्जीवालियों के लिए एक शिशु पालन केंद्र खोला गया, जबकि महिला सेवा ट्रस्ट बहुत ही कम कीमतों पर स्वास्थ्य, मातृत्व, विधवापेंशन और मरणोपरांत देय राशि उपलब्ध कराता है।

'हम बहुत से छोटे-छोटे काम करते हैं, जैसे आंखों की जांच और महिलाओं

* विमेन्स वर्ल्ड बैंकिंग की आधिकारिक शुरुआत 1979 में हुई और आज यह 28 देशों में 24 मिलियन छोटे उद्योगों की मदद कर रहा है।

को चश्मा उपलब्ध कराना।'

एक बड़ी समस्या जिसका सेवा को सामना करना पड़ा था, वह थी पुलिस और नगर निगम के स्टाफ द्वारा विक्रेताओं का शोषण। इसमें फाइन और रोज की रिश्वत के अलावा पैरों से और हाथ से मारना भी शामिल था।

'जब हमने शुरुआत में विक्रेताओं को गठित करना शुरू किया, तो हमने पुलिस अधिनियम का भी अध्ययन किया था। अधिनियम इन्हें अपराधी के रूप में देखता है।'

अहमदाबाद नगर निगम और पुलिस के साथ रोज ही संघर्ष होता था। सबसे ज्यादा बदतमीजी से पेश आने और लाइसेंस न मिल पाने के कारण।

'मुझे याद है कि बस 400 लाइसेंस दिए गए थे और वो भी सभी पुरुषों को क्योंकि प्राधिकरण सोचता था कि विक्रेता बनना महिलाओं के अधिकार क्षेत्र में नहीं आता।'

विक्रेता की मांगों को शामिल करते हुए सेवा ने पत्रिका और पुस्तिकाएं बांटी और उनके समर्थन में पूरे देशभर में छोटे से धरने का आयोजन किया। आखिरकार इससे मशहूर लॉ गार्डन मार्केट में कुछ बदलाव आया। लेकिन रोजमर्रा के जीवन में यह एक कदम आगे बढ़ाकर दो कदम पीछे हटाने वाली बात थी।

'कभी हालात में कुछ सुधार आता। लेकिन जैसे ही कोई नया पुलिस ऑफिसर या निगम अधिकारी आता, तो हालात पहले से भी बदतर हो जाते थे।'

आखिरकार, ईला मुख्यमंत्री बाबूभाई पटेल से मिलीं और उनसे मदद मांगी। वह सहमत थे कि सेवा द्वारा दिए गए पहचान पत्र को लाइसेंस माना जाएगा।

पहली बार ये गरीब, लेकिन मेहनती महिलाएं अपनी आवाज उठा सकती थीं--इतनी तेज की सामने वाले को सुनाई दे सके।

इन सभी प्रयासों--और भी कई--की बदौलत ईला भट्ट को 1977 में कम्युनिटी लीडरशिप के लिए *मैग्ससे अवॉर्ड* दिया गया।

उस समय, सेवा के पास पार्ट टाइम करने वाले 20 लोगों का स्टाफ था। एग्जीक्यूटीव कमेटी के 22 सदस्यों और सात भिन्न व्यापारों से चयनित 153 लीडरों के बोर्ड द्वारा यूनियन* चलाई जाती है। इनमें कपड़ेवालियां, दूधवाली, सब्जीवाली, कबाड़ीवाली, चिंदी वर्कर्स, हाथगाड़ीवाली** और छोटे काम करने वाले लोग शामिल हैं।

*कपड़ेवाले, दूधवाले, सब्जीवाले, कबाड़ी हाथगाड़ी वालों का इस्तेमाल करते थे।

**1975 से 76 के बीच नेशनलाइज्ड बैंकों द्वारा सेवा को 15 लाख रुपए का लोन दिया गया था।

'जब मेरे बच्चे हुए मैं युवा थी। उन्हें पालने के लिए मेरे पास काफी समय था। जिन दिनों मैं सेवा के साथ व्यस्त थी, वे भी आगे की पढ़ाई के लिए घर छोड़ने की तैयारी कर रहे थे।'

प्रत्येक समूह के नेता हर महीने मिलते हैं और वे उन हालातों का जायजा लेते हैं, जिनमें उनकी 'बहनें' काम कर रही हैं। इस जमीनी हकीकत और कमेटी के बीच तालमेल बना रहता है।

और यह विचार कि हर बेन महत्वपूर्ण है, न कोई बड़ा है, न ही छोटा, यही सेवा का मूलमंत्र है। सदस्य जो चाहते हैं, वही उन्हें मिलता है।

सेवा को पूरी तरह से महिला संगठन बनाए रखना उन्हीं का निर्णय था। शुरुआत में, ईला सेवा आंदोलन में पुरुषों की भागीदारी को भी जोड़ना चाहती थीं। लेकिन सदस्यों ने जोर देकर मना कर दिया।

उन्होंने कहा, 'पुरुषों के आसपास होने से हमें संकोच होगा--वे हमें दबाने की कोशिश करेंगे और फिर समस्याएं पैदा होंगी।'

तो आदमियों को बाहर ही रखा गया लेकिन आप परेशानियों को बाहर नहीं रख सकते। 1976-77 में, सेवा बैंक को एक बड़ा झटका लगा। देश में इमरजेंसी के हालात थे और अफवाह उड़ी कि इंदिरा गांधी ने ऋण संबंधी छूट की घोषणा की है।

महिलाओं ने तुरंत ही बकाया देना बंद कर दिया।

मुख्य मामला उन बड़े लोन का था जो सेवा के सदस्यों* द्वारा एसबीआई जैसे बैंकों से लिए गए थे। ऐसे बैंकों को श्रीमति गांधी का आदेश था कि छोटे कर्जदारों को कुछ रियायत दी जाए।

'जब महिलाओं को डिफॉल्ट किया गया, तो उन्होंने सेवा को दोष दिया... तब हम बहुत ही मुश्किल समय से गुजरे।'

विडंबना थी कि सेवा बैंक पर इससे कोई असर नहीं पड़ा। क्योंकि इनका

* सेवा की एक याचिका पर, सुप्रीम कोर्ट ने वेंडर्स को हटाए जाने पर स्टे ऑर्डर दिया था और प्रशासन को निर्देश दिए थे कि उनके निवास के लिए कुछ स्थायी समाधान निकाले जाएं।

लेन-देन का तरीका पारंपरिक महिलाओं वाला था।

'उन दिनों जो हमारा नारा था, करीब-करीब आज भी वही है--बचत। हम केवल उन्हें ही लोन देते हैं जो नियमित रूप से बचत करते हैं और हमें मुश्किल से ही कोई ऐसा मिला जो लोन नहीं चुका पा रहा हो!'

इसी दौरान, चुनाव हुए, नई सरकार आई और नए कॉरपोरेटर्स सत्ता में आए। सहयोग के भाव ने संघर्ष के नए रास्ते दिखाए।

जनवरी 1981 में हुआ 'मानेक चौक' विवाद बहुत यादगार रहा। नए कॉरपोरेटर चाहते थे कि फुटकर विक्रेताओं को बाजार से बाहर करके एक अनुशासित बाजार बनाया जाए। मामले ने तब तूल पकड़ा जब एक स्कूटर को खड़ा करने को लेकर बवाल मच गया। 10 दिनों से ज्यादा तक वहां कर्फ्यू लगा रहा, इससे उन विक्रेताओं की रोजी-रोटी भी छिन गई।

जब कहीं भी कुछ नहीं बना, तो सेवा ने निर्णय लिया कि यह समय सविनय अवज्ञा का है। विक्रेता अपना बाजार लगाएंगे--आगे जो होगा देखा जाएगा।

'हम सुबह आठ बजे बाजार पहुंच गए। हिंसा के डर से पुलिस की चार गाड़ियां वहां पहले से ही खड़ी थीं।'

पुलिस ने ईला को बुलाकर कहा, 'आपको यह नहीं करना चाहिए... कर्फ्यू को तोड़ना। अगर कोई परेशानी हो गई तो?'

'हम पूरा ध्यान रखेंगे की कोई परेशानी न हो,' ईला ने शांति से जवाब दिया।

बाजार ग्राहकों से भर गया और बिजनेस में भी खूब चहल-पहल रही। पुलिस को पीछे हटना पड़ा और विक्रेता इस तरह मानेक चौक पर 5 दिनों तक सामान बेचते रहे।

'उन पांच दिनों में, हम सबने मिलकर ट्रैफिक भी संभाला। बिजनेस भी देर रात तक होता रहा। विक्रेता भी खूब सामान बेच रहे थे--न किसी को कट देना था, न ही कोई सामान जब्त कर रहा था।'

बाद में प्राधिकरण से हुए एक समझौते के तहत विक्रेताओं का शोषण बंद* हो गया।

लेकिन एक बड़ा तूफान आना अभी बाकी था। अब तक, सेवा टीएलए के

* 1986 में सेवा बैंक की कामकाजी पूंजी 1 करोड़ रुपए से ज्यादा थी।

'गरीबी हमेशा से चली आ रही हिंसा है, यह भगवान की देन नहीं है। यह समाज है जो इसे जारी रखे हुए है।'

झंडे तले अपना काम कर रहा था, जिसका हिस्सा ईला भी थीं। लेकिन अब उनके संबंध तनावपूर्ण हो गए थे।

'जब 1977 में, मुझे मैग्ससे अवॉर्ड मिला, तो उनको लगा कि यह काम तो टीएलए ने किया था--तो सारी पहचान मुझे ही क्यों मिल रही है?'

लेकिन मामले में ज्यादा उबाल 1981 में आया। अहमदाबाद शहर में, मेडिकल कॉलेज में दलितों के आरक्षण के मामले पर दंगे छिड़े हुए थे। सेवा ने एक प्रार्थना सभा आयोजित करके सबसे शांति की अपील की थी। नीची जाति पर हो रहे हमलों की निंदा भी इसका उद्देश्य था।

आखिरकार सेवा का हर तीसरा सदस्य दलित था। खुद का रोजगार होने के नाते उन्हें आए दिन लगने वाले कर्फ्यू से नुकसान हो रहा था। लेकिन टीएलए ने आरक्षण का समर्थन नहीं किया था और वह सेवा से भी नाराज था कि उनका वह 'प्रेस स्टेटमेंट' मात्र उनका ही था, उससे टीएलए का कोई लेना-देना नहीं था।

दो दिन बाद, मुख्यमंत्री माधवसिंह सोलंकी ने विशिष्ट व्यक्तियों की एक सभा बुलाई और ईला ने जोरदार शब्दों में आरक्षण का पक्ष लिया।

'मैं बिल्कुल ही बेखबर थी कि वहां टीवी कैमरा और रेडियो था... तो जो भी मैंने कहा वह सब जगह फैल गया। मैं दलितों में बहुत ही लोकप्रिय और बाकी सबके लिए बहुत ही बदनाम हो गई।'

उस्मानपुर में ईला के घर पर हर रात पत्थर फेंके जाते। परिवार को गुस्सा शांत होने तक कहीं और जाकर रहना पड़ा। हालांकि बाद में भी 'बायकॉट' जारी रहा।

'सफाईवाले, दुकानवाले सभी ने हमसे किनारा कर लिया। यहां तक कि मेरे रिश्तेदार भी मेरा उनके घर जाना पसंद नहीं करते थे।'

टीएलए ने कड़ा कदम उठा लिया था। उन्होंने कहा, 'आप एक कर्मचारी हो और आपने अनुशासन तोड़ा है।'

1 मई 1981 को, ईला को टीएलए से निकाल दिया गया, उसी तरह उन्होंने

सेवा से हाथ खड़े कर लिए।

'हम करीब-करीब फुटपाथ पर थे। उन्होंने हमारा बैंक डिपोजिट भी ले लिया... उन्होंने हमें मारने की कोशिश की। मैं ठगा हुआ और चोटिल महसूस कर रही थी।'

ईला ने कभी सेवा को टीएलए के बिना नहीं सोचा था। यह कैसे खड़ा होगा?

रमेश ने प्यार से ईला से कहा, 'इसे आशीर्वाद ही समझो।'

और वह वाकई में वह निकला।

1981 में, सेवा का ऑफिस था, एक ग्रामीण केंद्र, एक गाड़ी, और कुछ टाइपराइटर। लेकिन जो नहीं लिया जा सकता था वह था इसकी प्रबंध योग्यता। भिन्न व्यापारों, जातियों, धर्मों की महिलाओं को एक ही झंडे तले इकट्ठा करने का दस साल का अनुभव।

'सदस्यों की एकता, उनके साहस का आभार है कि हम आज भी खड़े हुए हैं।'

वास्तव में, टीएलए शायद ही कभी सेवा के पीछे के विवेक समझ पाया था। वहां मिल मालिकों और यूनियन के बीच एक बिन बोली समझ थी कि महिलाएं मात्र घर चलाने के लिए ही बेहतर होती हैं। विडंबना यह थी कि ये महिलाएं निश्चित रूप से काम इसलिए ही कर रही थीं क्योंकि आधुनिकीकरण के चलते टैक्सटाइल मिल बंद हो रही थीं।

'हर समय कोई न कोई टैक्सटाइल मिल बंद हो रही थी, वे महिलाएं ही थीं जो गली में आकर सामान बेचने या घर में सिलाई करने को विवश थीं--अपना घर चलाने के लिए।'

टीएलए से आजाद होकर अब सेवा अपनी ही धुन से काम कर रहा है। ज्यादा फायदों और ज्यादा अधिकारों के लिए।

'नए' सेवा ने चिंदी कर्मियों के पैसे बढ़ाने का बीड़ा उठाया। छोटे बिजनेसमैन और कॉन्ट्रेक्टर जो उन्हें काम देते थे वे इसके लिए राजी नहीं हुए। वास्तव में, उन्होंने आवाज उठाने वालों को काम देना बंद ही कर दिया।

'हम सचेत हुए कि इन महिलाओं में मोल-भाव करने का दम नहीं है। तो हम मोल-भाव करने की शक्ति कहां से लाएं, वह कहां से पैदा करें?'

इस तरह जुलाई 1982 में, सेवा ने अपनी प्रोडक्शन यूनिट शुरू की--सबीना

'मैं बहुत कुछ नहीं सोचती। लेकिन मैं एक बात को लेकर साफ हूं कि मैं शुरुआत से ही सही रास्ते पर चलूं।'

कॉपरेटिव।

'हमने कपड़े के टुकड़े जमा करके अपने खोल बनाए और उन्हें बाजार में अपनी दुकानों पर बेचा। इससे हमें शक्ति और बल मिला।'

महिलाओं के पास अब विकल्प था--काम करो या सेवा में शामिल हो जाओ। श्रम की कमी से लालची ठेकेदारों ने अब भाड़े में वृद्धि की। तो अब तो हर तरफ से जीत ही थी।

यकीनन, कॉपरेटिव पगार से अलग मुनाफे भी पेश कर रहे थे, जैसे बैंक, चाइल्डकेयर और सामाजिक सुरक्षा। इसके अतिरिक्त सदस्यों को लाभांश के रूप में भी मुनाफा मिल रहा था। इससे मालिकाना गर्व और समझ का विकास हुआ।

'इन सभी मुसलमान महिलाओं ने, सीखा कि मीटिंग कैसे करते हैं, अपने मामलों को कैसे निपटाएं। यह बहुत सशक्त प्रक्रिया थी।'

इसका असर उनके जीवन के हर पहलू पर पड़ा। एक वृद्ध महिला, बिस्मिल्लाह, जिसे सब खाला बुलाते थे, उस समय काम से जुड़ी जब उसके शौहर ने काम छोड़ दिया। जब उसे इसका पता लगा, तो उसने कई बार इसको पीटा। लेकिन जैसे ही वह सही होती, वह वापस सबीना कॉपरेटिव की दुकान पर आ जाती।

आखिरकार, वहां की महिलाओं ने उन्हें 500 रुपए महीने की पगार पर कांटे पर बैठा दिया। किसी को नहीं पता था कि उसने अपने शौहर को कैसे मनाया होगा, लेकिन हर सुबह वह काम पर पहुंच जाती थी। आंखों में डर और होंठों पर मुस्कान लिए।

'कुछ ही महीनों में अजीब चीज देखने को मिली--खाला का शौहर दोपहर में हर रोज उसके लिए गर्म खाना बनाकर लाने लगा था।'

एक कॉपरेटिव चलाना आसान नहीं होता और वह भी शुरुआती झटकों के बाद। कूड़ा बीनने वालों का कॉपरेटिव असफल रहा क्योंकि जो महिला उसका नेतृत्व कर रही थी उसमें लालच आ गया था। वह और उसका पति बिचौलिया बनकर बीच में पैसे खाने लगे थे और ग्रुप बैंक अकाउंट से भी कुछ पैसों की हेरा-फेरी की थी।

वह समस्या सुलझाना बहुत कड़वाहट भरा रहा।

'लेकिन यह असफलता भी सेवा को बहुत कुछ सीखा गई।'

सही बैलेंस और चैक के साथ, सेवा फिर से शुरू हो गया। और समय के साथ, यूनियन और कॉ-ओपरेटिव के सहयोग से काम अच्छा चल रहा था। यह एक सिद्धांत बन गया, निदेशक सिद्धांत। एक-एक करके, सेवा कॉपरेटिव को हर आर्थिक गतिविधि में शामिल करने लगा और उनके सदस्य भी इसमें जुड़ते गए।

लैंड कॉपरेटिव, डेयरी कॉपरेटिव, आर्टिसन कॉपरेटिव और 'सेवा' कॉपरेटिव जैसे स्वास्थ्य, शिशु पालन, वीडियो प्रोडक्शन।

सफर के साथ उसमें गतिरोध भी था।

'हमारे कॉपरेटिव संदेह में थे क्योंकि वे कुछ भी उत्पादित नहीं करते थे; मिडवाइव्स कॉपरेटिव पूछते कि बच्चा पैदा करवाने को इकोनॉमिक एक्टीविटी क्यों माना जाए; वीडियो प्रोड्यूसर कॉपरेटिव रजिस्ट्रेशन से मना करते क्योंकि डायरेक्टर, प्रोड्यूसर और साउंड व कैमरा तकनीशियन अनपढ़ थे...'

लेकिन *सेवा* डटा रहा, और अपना रास्ता बना ही लिया। आंदोलन को पहचान तब मिली जब 1985 में पद्मश्री सम्मान और 1986 में पद्म भूषण सम्मान से सम्मानित किया गया। ईला को भारत के राष्ट्रपति ने राज्य सभा का सदस्य भी मनोनित किया। एमपी के रूप में उन्होंने संसद का ध्यान गली-गली घूमने वाले और छोटा काम करने वालों की तरफ खींचा।

जब आप दिखने लगते हैं, तब बोल सकते हैं। जब आप कहते हैं तो उसका असर भी होता है।

एक अवसर पर हैंडीक्राफ्ट बोर्ड की तरफ से सेवा को दिल्ली में एक वर्कशॉप के लिए आमंत्रित किया गया। हर सदस्य से पूछा गया: 'अगर आप अहमदाबाद के पुलिस कमिश्नर या म्यूनिसिपल कमिश्नर होते, तो क्या नीतियां लाते?'

योजना कमिशन के डिप्टी चेयरमैन एमएस स्वामीनाथन और ऑल इंडिया हैंडीक्राफ्ट बोर्ड की चेयरमैन लक्ष्मीजैन उस सत्र में शामिल हुए थे और उन्होंने बड़ी सतर्कता से सबके जवाब सुने थे। उस सत्र से नोट बनाकर उन्होंने योजना आयोग को 'ए फेयर डील टू द सेल्फ-एम्पलॉयमेंट' या 'दो टोकरी की जगह' नाम से पूरी रिपोर्ट पेश की।

काफी सालों से, सेवा 'नेशनल कमीशन फॉर द सेल्फ-एम्पलॉयड' की मांग

'सेवा एक इमारत की तरह नहीं है। सेवा तो एक पेड़ की तरह है, जो जब एक तरफ से हवा आती है तो दूसरी तरफ झुक जाता है, लेकिन इसकी जड़ें बहुत मजबूत हैं, इसलिए यह गिर नहीं सकता।'

करता आ रहा था। 1987 में यह आयोग अस्तित्व में आया और तत्कालीन प्रधानमंत्री, राजीव गांधी ने ईला भट्ट को इसकी पहली चेयर पर्सन नियुक्त किया। इसमें 5 गैर राजनीतिक सदस्य थे।

'हम देशभर में उन महिलाओं की समस्याएं समझने के लिए घूमे, और उसका संभव समाधान निकालने की कोशिश की।'

1988 में, आयोग ने 'श्रमशक्ति' नाम की 400 पन्नों की रिपोर्ट पेश की। वह रिपोर्ट और उसके सुझावों का इस्तेमाल केंद्र और राज्य सरकारों के अंतर्गत आने वाले विभिन्न महिला संगठनों के लिए किया गया।

ये जमीनी और मेहनती महिलाएं ईला की सबसे करीबी दोस्त, हितैषी और 'वर्क सिस्टर' थीं। चंदाबेन--जो पुराने कपड़ों के बदले में स्टील के बर्तन बेचती थी, सूपा गोबा--जो कपड़ों की गठरी को अपने सिर पर उठाकर चला करती थी और लक्ष्मी टेटा--मानेक चौक पर शान से सब्जी बेचने वाली।

'चंदाबेन और लक्ष्मीबेन में स्वाभाविक नेतृत्व था।'

लेकिन सेवा जैसे आंदोलन को चलाने के लिए बहुत सी प्रतिभाओं और बहुत से मित्रों की आवश्यकता होती है। ईलाबेन के काम ने बहुत सी होनहार, सुशिक्षित प्रोफेशनल्स को अपनी तरफ खींचा।

उनमें से पहली थी रेनाना झाबवाला, जो खादी की साड़ी को अनाड़ी की तरह लपेटकर, अपनी हार्वर्ड और येल की डिग्रियों को संभालते हुए वहां पहुंची थीं। वह 1977 में वहां एक साल के लिए फील्ड वर्क करने आई थीं। लेकिन वह फिर वापस नहीं जा सकीं।

'रेनाना सतर्क निरीक्षक और तेजी से सीखने वाली हैं।'

वह मजबूत प्रबंधक और सेवा के पहले कॉपरेटिव का गठन करने वालों में से थीं। 1981 में वह सेवा में ट्रेड यूनियन की सेक्रेटरी चुनी गईं, उस पद पर वह 1995 तक रहीं।

1984 में, हार्वर्ड से पढ़ी मिराई चटर्जी सेवा से जुड़ीं, जबकि रामा नानावटी ने इससे जुड़ने के लिए आईएएस को छोड़ दिया। 1986 में, चार्टर्ड अकाउंटेंट जयश्री व्यास ने सेंट्रल बैंक ऑफ इंडिया की नौकरी छोड़कर सेवा बैंक में काम करना शुरू किया और उसे अगले स्तर पर पहुंचा दिया।

'वे सब सिर्फ सदभाव की वजह से इससे जुड़े।'

हालांकि, 'सफेद ब्लाउज' वाली महिलाएं--जैसाकि ईलाबेन उन्हें बुलाती हैं--'नीले ब्लाउज' वाली महिलाओं के लिए काम कर रही हैं। कहना पड़ेगा कि प्रोफेशनल्स छोटे काम करने वालों की सेवा कर रहे हैं, न कि उन्हें दबा रहे हैं, या शोषण कर रहे हैं।

'जब हमने सेवा शुरू किया, तब हमने टीएलए के नियमों का पालन किया, जो गांधीजी द्वारा निर्मित थे। उनका मूलमंत्र था--संपत्ति का सदुपयोग और समय का सदुपयोग।'

इन नियमों के तहत, 'ओनरेरी मेंबर' की भी व्यवस्था थी। वह सदस्य जो वर्कर नहीं हैं, लेकिन अपनी जिंदगी उनके हित में लगाना चाहते हैं।

'सेवा में ऐसे ओनरेरी मेंबर 25 हैं, और उनके अधिकार भी दूसरे सदस्यों के बराबर ही हैं।'

सेवा गांधीजी के 'विकेंद्रीकरण' के नियम पर चलता है। हर को-ऑपरेटिव स्वतंत्र है और साथ ही 'समग्र' का हिस्सा भी है। क्योंकि हर वर्कर सेवा संघ का सदस्य है।

'तो उसका ढांचा बरगद के पेड़ की तरह है। जैसे बरगद का पेड़ अपनी शाखाओं को जमाकर बढ़ता रहता है, वैसे ही सेवा भी है।'

शाखाएं ही अपने आप में तना बन जाती हैं, और एक समय ऐसा भी आता है, जब मूल स्वरूप को पहचानना मुश्किल हो जाता है। वे भी वट का वन हैं, जो निरंतर फैल रहा है।

'सेवा की खूबसूरती यह है कि आप उसे नष्ट नहीं कर सकते। अगर आप एक शाखा काट भी दो, तो वह मरेगी नहीं, क्योंकि वह दूसरी शाखाओं से जुड़ी है।'

क्योंकि हम सब जुड़े हुए हैं।

यह ईला की तरह ही है। 1997 में, वह सेवा से रिटायर हो गईं, और इसकी बागडोर अगली पीढ़ी को सौंप दी।

'मैं दुनिया के जिस भी शहर में जाती हूं, वहां की सबसे सस्ती सब्जी मार्केट में जरूर जाती हूं। हर जगह के विक्रेताओं की हालत समान ही है।'

'मैंने ऑफिस जाना पूरी तरह से बंद कर दिया, क्योंकि अगर मैं जाती तो वे मुझ पर ही निर्भर रहते...'

नए नेता सूरज की रौशनी में तब ही अपनी जगह बना सकते हैं, जब कोई छाया न हो।

15 साल बाद वह 'वन' और भी बड़ा और मजबूत हो गया है। एक ट्रेड यूनियन के रूप में सेवा के 8 राज्यों में 1.7 मिलियन सदस्य हैं। सेवा के छाते तले 110 को-ऑपरेटिव्स*, 15 इकोनॉमिक फेडरेशन और 3 प्रोड्यूसर कंपनियां** काम कर रही हैं। और यह सभी प्रतिनिधि किस प्रकार काम करते हैं?

'देखो न, सेवा बैंक की कामकाजी पूंजी है 170.4 करोड़ रुपए और साथ 200 करोड़ रुपए कॉ-ओपरेटिव्स भी बनाते हैं।'

सालों बाद, सेवा ने नए कॉ-ओपरेटिव्स जैसे वीमो सेवा, सदस्यों को माइक्रो इंश्योरेंस और पेंशन उपलब्ध कराने के लिए; महिला हाउसिंग सेवा ट्रस्ट शुरू किए।

सेवा का ऑफिस बहुत ही साधारण सा है। वहां के कुर्सी-मेज उन्हीं के समुदाय ने बनाए हैं, और बोलचाल की भाषा गुजराती ही है।

'सेवा बैंक प्रोफेशनल्स चलाते हैं लेकिन उसके बोर्ड में कामकाजी वर्ग के ही लोग हैं, जिनका चयन सदस्यों में से ही किया जाता है।'

वास्तव में, आज सेवा की जनरल सेक्रेटरी--संगठन की एकमात्र शक्तिशाली महिला--श्रमिक वर्ग से ही है। ज्योति मैक्वान कृषि मजदूरों के परिवार से हैं, जो खेड़ा जिले में मूल रूप से तंबाकू मजदूर हैं।

'सफेद ब्लाउज' से 'नीले ब्लाउज' तक चक्र पूरा हो गया है।

अप्रैल 2012 में सेवा अपनी 40वीं वर्षगांठ मना रहा है। पीछे मुड़कर देखने

* 110 को-ऑपरेटिव्स में से 3 निष्क्रिय हो चुके हैं। और बाकी अभी भी सक्रिय हैं।

**सेवा ट्रेड फेसिलिटेशन सेंटर एक कंपनी है, जहां के 15,000 कारीगर शेयर होल्डर भी हैं। जो खुद ही माल बनाकर बेचते भी हैं।

पर, यह हुआ, क्योंकि यह होना ही था। हालांकि कोई योजना या लक्ष्य नहीं था।

जो भी हुआ, सहजता से हुआ।

'मैं युवा थी, ऊर्जा और आदर्शवाद से लबरेज...'

और ऐसा ही उनका जीवनसाथी था।

'रमेश कभी भी पारंपरिक पति जैसे नहीं थे, जिन्हें गर्म-गर्म खाना ही खाना हो। हमारा घर भी बहुत सिंपल था। हमारे कोई नौकर नहीं था, बच्चे भी अपने कपड़े खुद धोते थे।'

भट्ट परिवार कभी-कभार ही सामाजिक समारोह, जैसे शादी-ब्याह में जाता था। गांधीवादी होने के नाते उन्हें धन और पद का प्रदर्शन करना पसंद नहीं था। और उन्हें इसकी भी परवाह नहीं थी कि लोग क्या सोच रहे हैं।

या कि हमने क्या 'पाया'।

सेवा में, 'हम छोटी-छोटी सफलताओं को मनाना नहीं भूलते। हम असफलताओं से निराश नहीं होते, क्योंकि अभी सही मायनों में हमने अभी सफलता का स्वाद नहीं चखा है... लेकिन असफलताओं से प्रेरणा लेकर हम आगे बढ़ते रहते हैं।'

बाढ़ और दंगे, भूकंप और मुकदमे--सेवा ने सब देखा है। और फिर बचकर दोबारा खड़े होना।

80 साल की उम्र में, ईला शारीरिक और मानसिक रूप से फिट हैं। नए कानून का संयोजन जिससे श्रमिक वर्ग को कुछ राहत मिली। और जीवन में कुछ विकेंद्रीकरण भी।

'लोगों के पास संसाधनों की कमी नहीं है। मेरा विश्वास हमेशा स्थानीय क्षमताओं, और स्थानीय इकोनॉमिक पर है। और हर जगह फैली मेरी बहनों पर।'

हम गरीब नहीं हैं, बल्कि हम तादाद में ज्यादा हैं।

हरेक के अपने संघर्ष के साथ।

अपनी आवाज उठाओ, चेहरा दिखाओ; ताकि लोग तुम्हें सुन सकें, देख सकें।

*

महिला उद्यमी की सलाह

अपने जीवन को, घर के काम को हल्का रखो। बस आपका घर साफ, स्वस्थ और रहने लायक होना चाहिए। घर का काम महिलाओं का पूरा समय खा जाता है, लेकिन तुम्हें सिर्फ अपने परिवार के लिए एक बुनियाद रखनी होती है, बस।

मैं खाना बनाने और साफ-सफाई में ज्यादा समय नहीं लगाती। कम समय में सब निबटाकर मैं दूसरे कामों के लिए समय निकालती हूं।

ज्यादा सामान मत भरो--जितना ज्यादा सामान होगा, उतना ही काम होगा। हमारी बहनों के घर में थोड़े से बर्तन, जिनमें बस वह खाना बनाकर परोस सकें, होते हैं।

मां का कामकाजी होना बच्चों के लिए भी अच्छा रहता है। बच्चे भी हमेशा कुछ न कुछ करना चाहते हैं। मल्टीटास्किंग के लिए घर से ज्यादा अच्छी जगह कोई नहीं हो सकती। बच्चे भी तुम्हारा हाथ बंटाते हैं और इस तरह उन्हें साथ में काम करना भी आ जाता है।

अपने दिमाग में सोचने के लिए जगह बनाओ, वरना तुम्हारे दिमाग में जगह ही कहां है? सारी जगह तो टीवी, किताबों, खाने और फैशन ने घेर ली है। थोड़ी जगह खाली रखो।

सामंजस्य के नजरिए से सोचो। सोचो कि जब मैं चाय पीती हूं, या कोई भी काम करती हूं उसका मुझ पर या समाज पर क्या असर होगा। सभी बातें एक दूसरे से जुड़ी हुई हैं।

खुद को बेहतर बनाओ, और समाज के कल्याण में योगदान दो। एक शांति पूर्ण रचनात्मक समाज जहां महिलाएं ही नेता हों।

यही प्यार है

शोना मैक्डॉनाल्ड

शोनाकुइप

जब उनकी बेटी का जन्म बहुत सी अक्षमताओं के साथ हुआ, तो डॉक्टरों ने उन्हें सलाह दी कि शोना को अपने बच्चे को किसी संस्थान में छोड़ देना चाहिए। इसके बजाय, इस साउथ अफ्रीकी मां ने निर्णय लिया कि शैली को एक अच्छा जीवन मिलेगा, और ऐसा करते हुए उन्होंने हजारों अन्य लोगों की भी मदद की।

एक अपंग बच्चे का लालन-पालन उस परमात्मा के द्वारा ली गई परीक्षा है।
एक ऐसी परीक्षा जिसके लिए कोई भी पहले से तैयार नहीं होता, और न ही उसे देने के लिए प्रोत्साहित होता है।
डॉक्टरों की सलाह थी--'उसे किसी संस्था में डाल दो।'
शुभचिंतकों ने कहा--'दूसरा बच्चा पैदा कर लो।'
लेकिन, शोना मैक्डॉनाल्ड का कहना था, 'यह मेरा बच्चा है।'
एक सांस लेता, जीता जागता इंसान, विकृत शरीर में सुंदर आत्मा वाला इंसान।
यहीं से एक युवा साउथ अफ्रीकी मां की बेहद लंबी लड़ाई की शुरुआत हुई। यह लड़ाई सिर्फ उन्हीं की ही नहीं थी इसमें उनकी बेटी शैली भी शामिल थीं।
इसकी शुरुआत एक कोशिश के रूप में हुई थी, एक कोशिश जिससे छोटी सी बच्ची के जीवन को कुछ सुधारा जा सके। उसके नाजुक शरीर को संभाल पाने के लिए एक व्हीलचेयर; उसे चीजें समझाने के लिए शिक्षा।
वह कोशिश अब एक आंदोलन बन गई है, हर जगह के असहाय लोगों की आवाज उठाते हुए। एक सामाजिक उद्यम जिसका मकसद उनके जीवन को कुछ सरल बनाना था। और उनकी जरूरतों को पूरा करना।
जरूरत उन्हें इंसान समझे जाने की।
जरूरत उन्हें समाज का हिस्सा मानने की।
हम सबको याद दिलाने की कि पूर्णता ही जवाब नहीं है।
हम सभी को प्यार की जरूरत है*।

*यह साक्षात्कार वॉशिंग्टन डीसी के लिए शैफाली श्रीवास्तव ने लिया था। उनकी मैं बेहद आभारी हूं।

यही प्यार है

शोना मैक्डॉनाल्ड

शोनाकुइप

शोना का जन्म और लालन-पालन केप टाउन में हुआ और उन्होंने कभी सपने में भी बिजनेस करने के बारे में नहीं सोचा था।

'बचपन से ही मैं चीजों को और बेहतर बनाने में लगी रहती थी।'

जब वह 9 साल की थीं, तो उन्होंने अपनी सिलाई मशीन पर हल्के हल्के आभूषण बनाकर अपने पड़ोस में बेचे थे। वह आवारा कुत्तों के लिए घर बनाने के लिए पैसे इकट्ठा करना चाहती थीं। शोना नेशनल सीबर्ड रेस्क्यू इंस्टीट्यूट की जूनियर संस्थापक भी थीं।

'मेरी एक पड़ोसन एक पेंगुइन की देखभाल कर रही थी, जो उसे समुद्र में तेल छलक जाने के बाद किनारे पर पड़ा हुआ मिला था। मैं उसे साफ करवाने और खिलाने में मदद करने लगी... और धीरे-धीरे यह एक संस्था* में तब्दील हो गया।'

हालांकि रोजमर्रा के काम, जैसे स्कूल जाना उनके लिए बड़ी चुनौती थे। डिस्लेक्सिआ (एक मानसिक विकार जिससे लिखने-पढ़ने में परेशानी आती है) होने के कारण उन्हें गणित के आंकड़ों को समझने में दिक्कत आती थी।

'मैंने स्कूली शिक्षा तो पूरी कर ली लेकिन मुझे कॉलेज जाने का मौका नहीं मिला। तो मैंने काम करना शुरू कर दिया।'

लेकिन शोना ने नाइट कॉलेज में दाखिला ले लिया, जहां उन्होंने आर्ट और

* सेनकॉब (साउथर्न अफ्रीकन फाउंडेशन फॉर द कंर्स्वेशन ऑफ कोस्टल बर्ड्स) आज भी साउथ अफ्रीका में जाना-माना एनजीओ है।

स्कलप्चर पढ़ा।

इस दौरान निजी जीवन में अहम बदलाव हुए। स्कूल में ही शोना माइक को डेट करने लगी थीं--जल्दी ही वे एक दूसरे के करीब आ गए और उन्होंने शादी कर ली। 20 साल की उम्र में शोना पहली बार मां बनीं और उसके दो साल बाद दूसरी बार।

यह उनके जीवन में बदलाव का पल था।

'शैली का जन्म 1982 में हुआ, बहुत सी अपंगता के साथ। उसके पूरे शरीर और दिमाग पर भी लकवे का असर था। वह न तो बोल सकती थी और न ही चल सकती थी।'

नए बस रहे परिवार पर तो मानो कहर टूट गया था। शोना यहां-वहां गई, इससे-उससे जानकारी की भीख मांगी। डॉक्टरों ने दो टूक सलाह दीः 'यह बच्चा तुम्हारे ऊपर बोझ बनकर रहेगा। इसे घर में छोड़ दो और दूसरे बच्चे के बारे में सोचो।'

शोना डर गई थीं। शैली बस 5 महीने की थी और डॉक्टरों ने उसे पूरी तरह नकार दिया था।

'मैं डॉक्टरों को दिखाना चाहती थी कि वे गलत थे। मैं अपने बच्चे को एक बेकार समान नहीं समझ सकती थी और उसे त्याग देना ही आखरी विकल्प नहीं हो सकता था।'

इस तरह रोज के संघर्ष की शुरुआत हुई, एक सामान्य बच्चे की देखरेख साथ ही एक असामान्य बच्चे की जरूरतों को पूरा करना। शैली न बैठ सकती थी, न बोल सकती थी, न ही पलट सकती थी। उसे निगलने और खाने में भी दिक्कत आती थी, और वह सूर्य की रोशनी में देख भी नहीं पाती थी। इसी के साथ उसकी सुनने की क्षमता भी 90 प्रतिशत कम थी।

'मेरे पास कोई रास्ता नहीं था, सिवाय अपने दम पर जो कर सकती थी वह करने के, तो वही मैंने किया। मैं शैली के जीवन को बेहतर बनाने के तरीके खोजने लगी।'

शोना ने अपनी नौकरी छोड़ दी और अपनी बेटी के जीवन को आसान बनाना ही अब उनका एकमात्र लक्ष्य था। किस्मत से उनके पति का खुद का बिजनेस था और वह मददगार भी था। लेकिन फिर भी सब इतना आसान नहीं था। जैसे ऑर्डर

पर बनी हुई व्हीलचेयर साउथ अफ्रीका में उपलब्ध नहीं थीं। न ही वे बाहर से मंगवा सकते थे क्योंकि रंगभेद की नीति के चलते देश का आर्थिक और राजनैतिक स्तर पर बायकॉट हो चुका था।

'तब इंटरनेट भी नहीं हुआ करते थे तो मैंने यूके में रहने वाले अपने कजिन से कहा कि अगर उसे अपंगता पर कोई भी जानकारी मिले तो वह भेज दे।'

शोना ने एक स्वीडिश मैग्जीन में स्पेशल इलेक्ट्रिक व्हीलचेयर की तस्वीर देखी। वह दो साल की शैली के बैठने के लिए बिल्कुल उपयुक्त थी। लेकिन उसे साउथ अफ्रीका में कैसे बनाया जाए?

शोना ने केप टाउन यूनीवर्सिटी के बायो-मेडिकल इंजीनियरिंग डिपार्टमेंट से संपर्क किया, वहां उन्हें एक दयालु सज्जन मिले।

'मैं एक गजब के इंसान, मि. प्राइस से मिली, जो समझ गए थे कि मुझे क्या चाहिए। उन्होंने मेरे लिए एक नमूना भी बनाया।'

शैली को अपनी छोटी सी इलेक्ट्रिक व्हीलचेयर बहुत पसंद आई--इससे उसे बैठने और दुनिया को देखने की आजादी मिली। वह जॉयस्टिक को खींचकर बरामदे में जा सकती थी, गोल-गोल घूम सकती थी। एक दिन उसकी बड़ी बहन किम ने उस पर बैठने का आग्रह किया। बहुत मनाने के बाद शोना ने इजाजत दे दी।

'अपनी बहन को खुद व्हीलचेयर चलाते देख शैली खुशी से चिल्लाने लगी। जब वह खुद दोबारा उस पर बैठी, तो वह भी उसी की तरह वह चलाने लगी।'

यह शोना के लिए बड़ा सबक था। ऐसे बच्चों को सिखाने के लिए कोई प्रयोगात्मक प्रणाली नहीं होती है। शुरू में वे दूसरों की नकल से चीजें सीखते हैं।

'एक बार जब उसे पता लग गया कि चेयर से क्या-क्या किया जा सकता है, तो वह सीढ़ियां उतरने लगी और सड़क पर पटरी के किनारे तक जाने लगी... यह पूरी तरह से सुरक्षित भी था!'

अब शैली अनुभवों से सीख रही है, जैसे सामान्य बच्चे भी करते हैं। कभी-कभी वह रसोई में भी चली जाती है और बर्तनों को छूने के लिए अपना हाथ उठाती है।

'मैं उसे लेकर बहुत सचेत रहती थी, लेकिन फिर मुझे लगा कि उसे भी दूसरे बच्चों की तरह चीजें सीखने की जरूरत है। अगर वह एक बार अपनी उंगली जला लेगी, वह जान जाएगी कि दोबारा नहीं करना है।'

शोना यही नियम शैली के जीवन के हर क्षेत्र पर लागू करती हैं। यहां तक कि

'मुझे कभी न कभी यह करना ही था। क्योंकि अगर मैं ज्यादा सोचती तो शायद डरने लगती और जो कर रही हूं वह कभी न कर पाती।'

शब्दावली के मामले में भी।

'ऊपर या नीचे जैसे शब्द उस बच्चे के लिए बेमानी है जो चल और बोल नहीं सकता। तो मैं उसे गोद में उठाकर सीढ़ियां चढ़ती और कहती--शैली ऊपर जा रही है।'

इस शारीरिक अभ्यास ने शब्दों को जीवित कर दिया। लेकिन सारी प्रगति के बाद भी वह स्कूल जाने योग्य नहीं थी। यह कानून के खिलाफ था।

'शारीरिक अक्षमताओं वाले बच्चे मुख्यधारा के स्कूलों में नहीं जा सकते। उन्हें स्पेशल स्कूलों में ही जाना पड़ता था। लेकिन हम उसे उसमें नहीं ले जा सकते थे क्योंकि वह उसे होशियार साबित नहीं करते।'

एकमात्र विकल्प था--डेकेयर सेंटर। शोना इसके सख्त खिलाफ थीं।

'मैं अपनी बच्ची को शिक्षा, एक भविष्य देना चाहती थी। तो, मैंने उसे घर में ही पढ़ाना शुरू कर दिया।'

एक मां अगर ठान ले तो वह पहाड़ को भी हिला सकती है। अपनी चतुराई से पढ़ाई में मजा और प्रोफेशनल थैरेपी को शामिल करते हुए शोना ने शैली को पढ़ाना शुरू किया। बच्चा होशियार था लेकिन उसे जितना ज्यादा संभव हो सके प्रोत्साहन की जरूरत थी।

'उस समय मैंने सरकारी नीतियों को बदलने के रास्ते ढूंढ़ने शुरू किए, ताकि वह स्कूल जा सके। और उसे वही अधिकार मिलें, जो दूसरे बच्चों को मिलते हैं।'

शोना ने अधिकारों के लिए आवाज उठाने के लिए एक सक्रिय संस्था बनाई। समय के साथ, उन्होंने शिक्षा नीतियों के खिलाफ बस अक्षम बच्चों के लिए ही नहीं अपितु धर्म या रंग भेद से पीड़ित बच्चों के लिए भी आवाज उठाई।

'हम भाग्यशाली रहे कि उस समय पूरी राजनीतिक प्रणाली की ही काया बदल रही थी। हम बदलाव के लिए लड़े और वह हुआ भी।'

शैली आखिरकार एक सहायक के साथ मुख्यधारा के स्कूल में जाने लगी। इस

दौरान शोना को अहसास हो गया था कि अभी बहुत सा काम किया जाना बाकी है। उसकी जैसी हालत में सैकड़ों मां-बाप हैं--जिनके बच्चे अक्षम हैं। और वे सभी मिलकर एक दूसरे की मदद और सहयोग कर सकते हैं।

'एक थैरेपिस्ट और कुछ दोस्तों की मदद से मैंने एक और बिना मुनाफे वाली संस्था खोली, जिसका नाम रखा--इंटरफेस। वह एक राष्ट्रीय आंदोलन में बदल गई।'

शुरुआत में, शोना ने एक वर्कशॉप के जरिए ऐसे मां-बाप को प्रशिक्षण देना शुरू किया और उन्हें शैली को पालने में आई दिक्कतों और समाधान के बारे में बताया। उसने कुछ छोटी डिवाइस के साथ भी प्रयोग किए, जिससे बच्चों को अभिव्यक्ति में मदद मिले--जैसे स्विच का प्रयोग, या कुछ खास खिलौने।

'मैं चाहती थी कि बच्चे खेलने के लायक बनें, भले ही वे हाथों में खिलौने को पकड़ पाने में असमर्थ हों।'

इस प्रक्रिया में शोना को अहसास हुआ कि अगर बच्चा सही से बैठ नहीं पा रहा है तो वह सही से कम्युनिकेट भी नहीं कर सकता।

'अगर वे अपना सिर नहीं उठा सकते, तो वे आपको सही से नहीं देख सकते, वे अपने शरीर में संतुलन नहीं रख पाते। फिर वह कैसे अपने हाथों को खुला छोड़ते हुए कुछ इशारा कर पाएंगे?'

बहुत से अभिभावकों ने शोना से पूछा कि क्या वह उनके बच्चों के लिए स्पेशल व्हीलचेयर नहीं बना सकतीं। और इस तरह से 1992 में, शोनाकुइप का जन्म हुआ। एक ऐसा उद्योग जो सिर्फ दूसरों की मदद के लिए ही अस्तित्व में आया था।

'हमारे पास न तो पैसा था, न ही बिजनेस की कोई योजना। इसकी शुरुआत बस एक चेयर से हुई, फिर हमने दूसरी चेयर बनाई।'

पूरा काम पारिवारिक गैराज में किया जाता। शाम के दौरान आया ही प्रशासनिक सहायक की जिम्मेदारी निभाती थी। लेकिन पूर्व प्रयासों से अलग, अब वह एक कंपनी के रूप में रजिस्टर हो गया था।

'सदियों से व्हीलचेयर उसे धकेलने वाले लोगों के लिए बनाई जाती रही हैं, न कि उन पर बैठने वाले लोगों के लिए। मैं इसमें बदलाव देखना चाहती हूं।'

'दुनिया के 65 मिलियन लोगों को व्हीलचेयर की जरूरत है लेकिन उनमें से 80 प्रतिशत अभी अमेरिकन या यूरोपीयन मानकों के तहत ही बनाई जाती हैं।'

'मैंने अपने गैर मुनाफे वाले काम के लिए लॉइंस क्लब, केक सेल्स, आर्ट इवेंट्स से पैसा लिया। लेकिन लगातार इसी तरह काम कर पाना मुश्किल होता जा रहा था।'

सरकारी नीतियों में बदलाव के चलते विदेशों से आने वाली आर्थिक सहायता सीधे संस्था तक न पहुंचकर पहले राज्य की तिजोरी में पहुंच जाती थी। इसके अतिरिक्त, बहुत से दाता नए और आधुनिक तरीकों को अपना रहे थे।

'अफ्रीका में एचआईवी/एड्स ने लॉइंस क्लब से पैसा लेना शुरू कर दिया था... बहुत गैर मुनाफे वाले धंधों को अपना काम बंद करना पड़ा क्योंकि अब पैसे की तंगी होने लगी थी।'

यह स्वीकार्य नहीं था।

'मैंने निर्णय लिया कि अगर मैं कुछ बनाती हूं तो मैं पूरी तरह से उसके लिए जिम्मेदार हूं और अगर चीजें असफल होती हैं तो यह मेरी गलती है। बजाय की पैसे की तंगी का रोना रोया जाए।'

लेकिन शोना के दिमाग में कुछ संदेह थे। क्या अक्षमता का व्यापार करना और उससे लाभ कमाना नैतिक रूप से सही होगा? शोना ने तय किया कि वह बस लागत भर लेगी और एक आत्मनिर्भर संस्था बनाएगी।

आधारभूत प्रश्न यह भी था कि बिजनेस कैसे किया जाए।

'मैंने बहुत संघर्ष किया क्योंकि मैं नहीं जानती थी कि बिजनेस कैसे किया जाए--धनापूर्ति, लागत निकालना, और वह सारा माल।'

जो शोना जानती थी वह था तकनीकी पहलू और उसी पर उन्होंने अपना पूरा ध्यान केंद्रित कर दिया। रीढ़ की हड्डी को मुड़ने से कैसे रोका जाए। रीढ़ का जैव रासायनिक तालमेल बनाए रखना। त्वचा के घावों और अवकुंचन के साथ काम करना।

'मुझे जिस चीज ने खीचा वह था कि किसी भी तरह इन बच्चों के जीवन को

बेहतर बनाना।'

सारी चुनौतियों का सामना करते हुए भी उन्हें आगे बढ़ने को प्रोत्साहन इस बात ने दिया कि उनके किए काम का असर उन परिवारों के जीवन पर दिखेगा।

बच्चे जो अपना सारा जीवन एक गद्दे या फर्श पर लेटे-लेटे बिताते हैं, वे भी आसपास घूम पाएंगे।

बच्चे जिन्हें 'पढ़ने के अयोग्य' मान लिया गया था, वे भी पढ़ना सीख रहे थे।

जैसे मांग बढ़ी, शोनाकुइप भी बढ़ा।

'मुझे कोई आइडिया नहीं था कि यह कहां जाएगा, सिवाय इसके कि मुझे यह करना ही था।'

समय के साथ, बिक्री के स्तर पर शोनाकुइप को थोड़ा बहुत फायदा भी होने लगा था। इस पैसे का इस्तेमाल उन बच्चों के लिए किया जाने लगा, जो ये उपकरण नहीं खरीद सकते थे और इस तरह से यह सामाजिक बिजनेस बन गया।

'हालांकि मैं नहीं जानती थी कि मैं सामाजिक उद्यमी बन गई थी,' शोना ने कहा। 'लेकिन जब सालों बाद मुझे इसके लिए अवॉर्ड मिला, तब मैंने कहा--ओहो!'

शोनाकुइप का प्रमुख उत्पाद है 'मदीबा' बग्गी--जो उस व्हीलचेयर से मिलता-जुलता है जो शोना ने पहली बार शैली के लिए बनवाई थी। यह आसानी से एडजस्ट हो जाने वाला सिटिंग सिस्टम खासतौर पर दिमागी रूप से लकवे के शिकार लोगों के लिए बना है--यह शिशु से लेकर वयस्क तक के साइज में उपलब्ध है।

'हमने नेल्सन मंडेला के सम्मान में इस बग्गी का नाम मदीबा रखा है। मदीबा उनका पारंपरिक नाम है।'

दूसरे उत्पाद हैं 'शोनाबग्गी', 'स्नूकी' और 'स्टैंडिंग फ्रेम'। सबका डिजाइन शोना ने खुद बनाया है, इस्तेमाल करने वाली की जरूरत को दिमाग में रखते हुए।

'मुझे लगता है स्कल्पचर के मेरे प्रशिक्षण ने इसमें मेरी मदद की। मुझे चीजों को अलग-अलग कोणों से जोड़कर देखने की लत थी!'

'सुबह मैं किसी बिजनेस मीटिंग के लिए हवाईजहाज से जा रही थी, और वहां 200 आदमियों के बीच मीटिंग में हम 20 महिलाएं ही थीं।'

'आगे बढ़ने की चुनौती हमेशा से बनी हुई थी, लेकिन महत्वपूर्ण पहलू यह था कि कंपनी लगन के लिए चलानी चाहिए न कि मुनाफे के लिए।'

लेकिन किसी भी रचनात्मकता के पीछे हमेशा कोई न कोई मकसद होता है।

'जब किसी चीज के लिए पहले से ही सही उपकरण मौजूद हो तो मैं उसे लेकर परेशान नहीं होती। लेकिन जब कुछ हो ही न, तब हम समस्या को समझते हुए उसके समाधान की कोशिश करते हैं।'

इसके अतिरिक्त हर व्यक्ति की जरूरतें अलग होती हैं तो उपकरण में भी गुंजाइश होनी चाहिए कि वह उनके अनुसार ढल सके। इसमें बहुत से समय और धैर्य की आवश्यकता होती है, फिर इस्तेमाल करने वाले और उसके परिवार को उसका प्रशिक्षण भी देना पड़ता है। लेकिन शोनाकुइप हर पहलू के प्रति प्रतिबद्ध और भावुक है।

'कोई जो ऑफिस में काम करता है, उसकी रीढ़ की हड्डी की चोट के लिए जो व्हीलचेयर चाहिए, वह दूरदराज गांव में रहने वाले बच्चे की व्हीलचेयर से अलग होगी जो बैठ तक नहीं पाता... इसकी सामान्यतः अनदेखी कर दी जाती है।'

वास्तव में, समाज द्वारा हर प्रकार के अक्षम इंसान को अनदेखा किया जाता है। भले ही बहुत चमक-धमक वाला काम न हो, लेकिन शोना के महत्वपूर्ण काम--तीन दशकों से ज्यादा--ने इस समस्या को सबके सामने ला दिया। अस्पतालों, समुदाय कर्मियों और सरकार के साथ काम करते हुए, उनके काम के द्वारा राष्ट्रीय स्तर पर नीतियों में बदलाव आए।

'अब सरकार सही प्रकार की कुर्सियों के लिए टेंडर लेने लगी है, और चिकित्सकों को निर्देश है कि उन्हें सही पोस्चर में बैठना सिखाएं।'

सरकार तेजी से बढ़ती मांग के लिए सहयोग देती है। 2004 में, शोना ने केप टाउन के पास वीनबर्ग में एक उत्पादन फैक्टरी शुरू की, जहां उपकरण के अलग-अलग भागों को साथ में जोड़ा जाता है। यहां कई सारे कर्मी तो वो हैं, जो खुद ही व्हीलचेयर पर बैठे हैं।

शोनाकुइप के तेजी से बढ़ते स्तर ने, शोना को अहसास दिलाया कि अब सब

उसके बस से बाहर है। उसे ऐसे लोगों की जरूरत थी जो साल दर साल 65 प्रतिशत की दर से बढ़ते बिजनेस* को चलाना जानते हों।

'मैं बहुत से लोगों के दबाव में थी--जैसे बैंक मैनेजर्स--वे इसके व्यवसायीकरण की मांग कर रहे थे।'

शोना ने उनकी सलाह मानते हुए 2010 में असली बिजनेस जगत से कुछ लोगों को अपने साथ जोड़ लिया। लेकिन फिर अचानक ही सब चीजें गलत होने लगीं, बहुत-बहुत गलत। जो लोग आए थे, उनमें बिजनेस की काबिलियत तो थी लेकिन वे इस बिजनेस के मकसद या मिशन को नहीं समझ पा रहे थे।

'वे जुनूनी और मेहनती स्टाफ में कटौती करने लगे। एक ही साल में स्टाफ संख्या 70 से 40 पर आ गई।'

यह शोना के लिए बहुत मुश्किल समय था, दूसरे कारणों से भी।

'मैं निजी समस्याओं से भी जूझ रही थी, जिनका खात्मा मैंने शादी के तीस साल बाद तलाक लेकर किया। इससे मेरा विश्वास पूरी तरह से हिल गया था। मैंने दूसरे लोगों पर सब छोड़ दिया क्योंकि मैं तो खुद से ही उलझ रही थी...'

आखिरकार फिर से शोना ने मैदान में उतरने की पूरी तैयारी कर ली। उन्होंने सारी चीजें अपने हाथ में ले लीं। ठीक होने की प्रक्रिया बेहद धीमी और दर्दनाक थी, लेकिन उससे वह एक बात अच्छी तरह समझ गई थी कि जो लोग अकेले हैं उनके लिए खुद की कंपनी होना बहुत बड़ी बात है।

'अब जो भी हमारे साथ काम करने के लिए आवेदन भरता, उनका इंटरव्यू मैं खुद लेती। मैं देखना चाहती थी कि क्या लोग अपने बिस्तर से बाहर आएंगे...'

जो लोग कुछ कर दिखाना चाहते हैं। हां उन्हें दक्षता की जरूरत होती है--जिसमें बचपन का विकास और समाज का भी योगदान होता है। लेकिन शोना का मानना है कि दक्षता तो सीखते-सीखते भी बढ़ाई जा सकती है। जो आप नहीं सीख सकते हैं वह है नजरिया।

'मेरा काम अब यह देखना है कि सब मिलकर काम करें और एक दूसरे की

* 2010 में शोनाकुइप की सालाना आय 3 मिलियन यूएसडी थी, जिसकी आधी कमाई सरकारी बिजनेस से आती थी।

'मेरे ऐसे भी दोस्त थे जो मेरे पास आने से घबराने लगे थे, कि कहीं शैली की वजह से उन्हें कोई मुसीबत न हो जाए... उन लोगों की मेरी जिंदगी में कोई जगह नहीं है।'

मदद करें, जैसे वे सब एक ही पजल्स के टुकड़े हों। मेरा ध्यान अब इसी पर है।'

हाल ही में कंपनी में एक और बड़ा बदलाव आया है। 19 साल तक घर से काम करने के बाद, शोनाकुइप अब एक ऑफिस बिल्डिंग में शिफ्ट हो गया है।

'सब बहुत अस्त-व्यस्त हो जाता था,' वह मानती हैं। 'सब जगह व्हीलचेयर ही फैली रहती थीं और लोग तुम्हारी रसोई, फ्रिज, गैस और बाथरूम को इस्तेमाल कर रहे होते थे...'

शोना खुद भी घर से काम करती थीं--सीढ़ियों के नीचे एक डेस्क लगाकर। यह सब इसलिए हो पाता था कि वो लोग बहुत समर्पित थे, और हर दिन का काम खुद संभाल लेते थे।

'अब मैं खुद को और ज्यादा ट्रेनिंग नहीं देती, क्योंकि हेल्थ डिपार्टमेंट के मेरे साथी सब संभाल लेते हैं। और वे ज्यादा प्रोफेशनल भी हैं।'

पिछले दो दशक से ज्यादा के समय में, शोनाकुइप 65,000 से ज्यादा लोगों को लाभ पहुंचा चुका है। लेकिन यह तो समुद्र में एक बूंद के बराबर ही है। अब, वर्ल्ड हेल्थ ऑर्गेनाइजेशन का प्रोग्राम इसे वैश्विक स्तर पर ले जाने का है।

शोना अब उहोम्बो--इस संस्था की स्थापना उन्होंने दो साल पहले शोध और वकालत के लिए पैसे जमा करने के लिए की थी--में डूबी हुई हैं।

'मैं अभिभावकों और केयरटेकर की कहानियां जमा करके सही पोस्चर में बैठने और व्हीलचेयर सर्विस के आर्थिक फायदे साबित करना चाहती हूं।'

इस काम का दूसरा पहलू है वापस अपनी जड़ों में जाकर यह देखना कि बच्चे के विकास में उसके परिवार और शिक्षकों का बहुत बड़ा हाथ होता है। उन्हें दया या सहानुभूति का पात्र न बनाया जाए। इसके अलावा शोना का जुनून है कि नई डिवाइस बनाकर उनके लिए लर्निंग को आसान बनाया जाए।

'मेरा अपना स्टूडियो है, जहां बहुत प्रतिभाशाली युवा डिजाइनर्स और इंजीनियर हैं। हमने अपने बहुत से उपकरण को रीडिजाइन किया है जिससे वे पहले से ज्यादा

उपयोगी हो गए हैं और उनकी कीमत में भी कमी आई है।'

असल में, अब उनके पार्ट्स जिम्बाव्वे और नामिबिया जैसे दूर के इलाकों में भी जाते हैं, जहां कंपनी लोगों को उन्हें असेंबल करने का भी प्रशिक्षण देती है। शोना मानती हैं, इससे दुनिया भर के अक्षम लोगों के लिए काम के रास्ते भी खुलेंगे।

एक महिला हर किसी, और हर बात के लिए खुद को जिम्मेदार समझती है। घर पर हो, या काम पर, वह हमेशा 'उपलब्ध' रहती है।

'कामकाजी महिला होने के नाते आपको अहसास होता है कि वास्तव में आपको भी एक बीवी की जरूरत है,' शोना मजाक करते हुए कहती हैं।

शैली सबके लिए गजब की मिसाल है, लेकिन साथ ही वह उम्र भर की जिम्मेदारी भी है। 30 साल की उम्र में आज वह बिजनेस और परिवार का अविभाज्य अंग है, लेकिन समाज कभी भी उसे पूरी तरह स्वीकार नहीं करेगा।

'जब शैली स्कूल में थी, किशोरावस्था में, वह दूसरी लड़कियों को लड़कों के साथ जाते देखा करती थी। उसे देखकर तकलीफ भी होती थी कि ऐसी बातें उसकी जिंदगी में नहीं हो सकतीं।'

एक खुले पल में शोना ने माना कि उन्हें शैली के भविष्य के बारे में चिंता होती है। क्योंकि सामाजिक रूप से अभी भी दबाव रहता है कि ऐसे लोगों को किसी संस्था में ही भर्ती कर दिया जाए। लेकिन क्या एक समय हम सभी किसी ऐसे पॉइंट पर नहीं होते?

शोना की मां--90 वर्षीय--को भी अब देखभाल की जरूरत है। शोना की जिम्मेदारी है कि उन्हें स्वीकार करें, भले ही उनके मां-बाप उतने मददगार नहीं रहे थे।

'मेरी मां हमारे लिए एक परफेक्ट जीवन चाहती थीं, लेकिन एक अपंग बच्चे को वे उस परफेक्ट जीवन में नहीं गिनना चाहती थीं। लेकिन आखिर में... मेरा मतलब है सब धरा रह जाता है।'

शोना की बेटियां--बड़ी और छोटी--बहुत मददगार हैं। जैसे कभी उनके पति भी हुआ करते थे। लेकिन समय के साथ, जैसे बिजनेस बड़ा हुआ और शोना को बहुत सफर करना पड़ता था, तो चीजें बदलने लगीं।

'मैं एक शानदार सेक्सी बीवी नहीं हो सकती थी, जो बिजनेस भी चलाए, बाहर का काम भी देखे और बच्चे भी संभाले...'

हालांकि तलाक की प्रक्रिया बेहद तकलीफदेह रही थी, शोना ने खुद को संभाला और फिर से उठ खड़ी हुई। अपनी जिंदगी के नए दौर को शुरू करने।

'मुझे लगता है कि हम बदलाव से डरते हैं,' वह मुस्कुराते हुए बताती हैं। 'अब मैं खुद को बहुत आजाद महसूस करती हूं। बहुत सी ऐसी चीजें हैं करने के लिए, जो मैंने पहले कभी नहीं की थीं।'

ज्यादा सफर, ज्यादा अध्ययन, ज्यादा 'मेरा' समय।

ज्यादा ख्वाहिशें, ज्यादा आग, ज्यादा ऊंचे लक्ष्य।

ज्यादा प्रार्थना। सारी मानवता के लिए।

❋

महिला उद्यमी की सलाह

मुझे लगता है कि आपको खुद पर भरोसा और विश्वास रखना चाहिए। खुद को समझो... और बस चल पड़ो। महिलाएं जितना सोचती है उससे बहुत आगे जा सकती हैं, बस उसके लिए आत्मविश्वास की जरूरत होती है।

समस्या है कि समाज औरतों की सफलता की राह का खुले दिल से स्वागत नहीं करता। इसके बजाय वे आपके पछतावे की भावना को और हवा देते हैं... यह हासिल करने के लिए जरूर आपने मां या बीवी के कर्तव्यों से मुंह मोड़ा होगा।

लोग कभी भी आदमी से यह नहीं कहते कि 'अरे आप अपने बच्चे को अनदेखा करके काम के सिलसिले में बाहर घूमते हो।' या 'ओह इसीलिए आप सफल बिजनेसमैन बने हो।'

जो सही लगे वह करो और कभी परेशान या झिझको मत और खुद को ज्यादा दोष मत दो। अगले दिन आप जो कर रहे थे उसे बदल सकते हो, और उसे अगले स्तर पर ले जाओ। हमें अपने आसपास के लोगों की जरूरतों को समझने की आवश्यकता है।

इससे आप अपने भविष्य का निर्माण कर सकते हो। आप एक पीड़ित होना भी चयन कर सकते हो या खुद को निर्णय लेने की स्थिति में भी ला सकते हो।

उन्हीं लोगों के बीच रहो जो आपके नजरिए की सराहना करते है, इससे आपको प्रोत्साहन को और ऊर्जा मिलती रहेगी!

सरस्वती

प्रोफशनल एजुकेशन लेने के बाद भी उनमें उद्यमिता ही प्रबल रही। उन्होंने प्राचीन भूमिका से परे खुद कुछ करने की स्वतंत्रता का आनंद उठाया।

सुकून, प्यार, बिजनेस

नीना लेखी
बैगिट

नीना ने मजे के लिए कैन्वस बैग बनाने और बेचने शुरू किए--जब वह सोफिया पॉलिटेक्निक में छात्रा ही थीं। 29 साल बाद, उनकी कंपनी बैगिट एक नेशनल रिटेल ब्रांड है, जिसकी वार्षिक सेल है 34 करोड़ रुपए।

नारायण उद्योग भवन बहुत आकर्षक जगह नहीं है।

वैसे फैंसी स्टोर जैसा नहीं जहां, बैगिट के उत्पाद बिकते हैं। बैगिट का हेड ऑफिस कटिंग, सिलाई, जांच और पैकिंग के सामान से भरा रहता है।

नीना लेखी अपने ऑफिस में आईं, उन्होंने साधारण नीले और काले प्रिंट की शर्ट पहन रखी थी, और चेहरे पर बड़ी सी मुस्कान।

'मुझे दस मिनट दो,' उन्होंने कहा।

और अपने डेस्क के पीछे फर्श पर बैठकर ध्यान करने लगीं।

दस मिनट बाद, वह दुनिया से निबटने को तैयार थीं।

बैगिट की कहानी भी ऐसी ही है। इसकी शुरुआत बहुत ही जल्दबाजी में हुई, लेकिन एक स्थिरता--मकसद और लक्ष्य की स्पष्टता--इसमें हमेशा बनी रही।

नीना ने कॉलेज स्टूडेंट के रूप में, बस मजे के लिए इस उद्योग की शुरुआत की थी। 25 साल बाद, यह निश्चित रूप से गर्व करने योग्य बिजनेस है--आकार और स्तर के आधार पर। लेकिन अब देखा जाए तो यह अभी भी मजे के लिए ही है।

नई वास्तविकताओं की रचना और अनुभव।

सिर्फ कपड़े और सिंथेटिक लेदर के साथ ही नहीं, अपितु आपके जीवन की हर परत के साथ।

क्योंकि किसी भी प्रयोग के लिए यह बेहतर डिजाइन होगा।

सुकून, प्यार, बिजनेस

नीना लेखी
बैगिट

नीना लेखी का जन्म और लालन-पालन बॉम्बे में, एक संपन्न परिवार में हुआ।

'मेरा बचपन बहुत अच्छे से गुजरा। हम वर्ली सीफेस में रहते थे और मैं बेस्ट स्कूल--ग्रीनलॉन्स हाईस्कूल में जाती थी।'

नीना के पिता बिजनेसमैन थे और मशीन के पुर्जों का उत्पादन करते थे। उनकी मां हालांकि गृहिणी थी, लेकिन वह ज्यादातर घर से बाहर रहा करती थीं। माता बृज देवीजी की भक्त होने के नाते, वह पूरे देश में अपनी गुरु के साथ घूमा करती थीं।

'मुझे याद है, उस समय मैं 12वीं में थी और मैं बहुत अच्छी तरह से घर, भाई और पापा की देखभाल करने के साथ-साथ अपनी पढ़ाई भी संभाल लिया करती थी।'

लेकिन, किसी तरह घर पर 'कृपा' बनी हुई थी।

नीना स्कूल में अच्छी छात्रा थीं, टॉप रेंकर, स्कूल की हेडगर्ल भी। लेकिन जैसे ही उन्होंने कॉलेज में प्रवेश किया, आजादी उनके सिर चढ़कर बोलने लगी।

'कुछ खुमार था कि अब मैं एफवाईजेसी (फर्स्ट ईयर जूनियर कॉलेज) में हूं, अरे देखा जाएगा! मैं हर फिल्म देखना चाहती थी। हर नई शह को चखना चाहती थी, फिर वह चाहे ड्रग हो, शराब हो, या बॉयफ्रेंड हों...'

हैरानी की बात नहीं कि वह फाउंडेशन कोर्स में फेल हो गईं, जो कमर्शियल आर्ट पढ़ने वालों के लिए बहुत जरूरी था।

'पहली बार मैं फेल हुई थी--इससे मुझे बहुत दुख हुआ।'

नीना रोज सोफिया पॉलिटेक्निक, पेडर रोड से चलकर अपने घर वर्ली पहुंचा करती थीं। फिर चाहे धूप हो या बरसात, कभी-कभी आंसू बहाते हुए भी। ऐसे ही 3-4 महीने गुजर गए।

'मैं कमर्शियल आर्ट करना चाहती थी, क्योंकि मुझे ड्रॉइंग और पेंटिंग से प्यार है।'

लेकिन वह दरवाजा अब बंद हो चुका था। नीना के पास अब यही विकल्प था कि या तो वह सोफिया पॉलिटेक्निक से स्क्रीन प्रिंटिंग कर लें या इंटीरियर डिजाइनिंग।

'वे पार्टटाइम कोर्स थे, तो मैंने दोनों ही ले लिए!' उन्होंने बताया।

स्क्रीन प्रिंटिंग की क्लास सुबह 9 बजे से दोपहर तक थी, जबकि इंटीरियर डिजाइनिंग की क्लास शाम को डेढ़ घंटे की थी। इस तरह पूरा दिन खाली था, और नीना समय बर्बाद करने वालों में से नहीं थीं।

'घर जाने का क्या फायदा?' उन्होंने कहा। 'मैंने एक पार्टटाइम जॉब करने का निर्णय लिया।'

नीना ने डिजाइनर लोई व कालीन इत्यादि बनाने वाले 'श्याम आहूजा' में नौकरी शुरू की। स्टोर बिल्कुल महालक्ष्मी मंदिर के सामने था, सोफिया कॉलेज से जरा सी ही दूरी पर।

'मैं सेल्सगर्ल के रूप में काम कर रही थी। मैंने स्टॉक संभालना, बिलिंग करना और कस्टमर से बात करना सीखा।'

पगार थी 500 रुपए महीना, और वैसे भी उन्हें पैसे की कोई जरूरत थी भी नहीं।

'मैं इसमें से ज्यादा तो टैक्सी लेने में ही खर्च कर देती थी!' नीना हंसती हैं। 'लेकिन अच्छा लगता था, 18 साल में काम करना, जैसे दूसरे शहरों में बच्चे करते हैं।'

कुछ कमाओ, कुछ सीखो। बस मजे के लिए ही सही। ऐसे ही नीना ने 1984 में 18 साल की उम्र में, बैग के बिजनेस में प्रवेश किया।

'मेरी बेस्टफ्रेंड मोना और मुझे यह ख्याल आया। जैसे हमारी टी-शर्ट पर कुछ लिखा होता है, वैसे बैग पर क्यों नहीं।'

एटीट्यूड वाले बैग।

तैराकी के बाद, एक शॉवर क्यूबिकल में, नीना और मोना ने जल्दी से नाम सोच लिया--बैगिट।

'माइकल जैक्सन के *बीट* इट से प्रभावित होकर,' वह कहती हैं।

बैग सादे कैन्वस से बने थे। अधिकांश काम रविवार को होता था। एक लिफ्टमैन उनकी कटिंग में मदद करता था, जबकि जिप ठीक करने वाला लड़का दर्जी का काम संभाल लिया करता था।

'किस्मत से मैंने स्कूल की छुट्टियों में सिलाई सीखी थी,' नीना कहतीं हैं।

और इस तरह बैगिट की शुरुआत हुई।

नीना कैन्वस का सामान ढूंढ़ने के लिए बॉम्बे के गलियां, जैसे अब्दुल रहमान स्ट्रीट छान मारती थी। उस समय तक वह एक दूसरे स्टोर पर काम करने लगी थीं--माइक कृपलानी। जो फैशनेबल कपड़े बेचा करता था।

नीना मालिक के पास गई और बोली, 'प्लीज मेरे बैग भी रख लीजिए। अगर बिकें, तो मेरे पैसे दे दीजिएगा।'

उस दौरान नीना मनोज--या मंजो, जो भी वह उन्हें बुलाना चाहें, से मिलीं। वह उनकी एक करीबी सहेली का भाई था।

'मंजो कपड़े के बिजनेस में था और वे अक्सर एग्जीबिशन-कम-सेल लगाया करते थे। उसे मेरे बैग्स पसंद आए और उन्होंने उसे सेल पर रख दिआ।'

जल्दी ही, ओबरॉय शॉपिंग आर्केड ने उन्हें एक काउंटर स्पेस देने का प्रस्ताव रखा। सबकुछ मिलाकर, पहले साल में, नीना ने हर महीने 30 बैग बेचे।

'एक बैग की लागत 25 रुपए लगभग आती और हम उसे 60 रुपए में बेच देते थे। तो इसमें पैसा तो बहुत नहीं था! हम महीने में हजार रुपए बना लेते थे।'

इस दौरान, नीना ने फाउंडेशन एग्जाम पास कर लिया था, लेकिन अब उनमें कमर्शियल आर्ट करने की हिम्मत नहीं थी। इसके अतिरिक्त अब उन्हें बैग मेंकिंग और टैक्सटाइल डिजाइन अच्छा विचार लगने लगा था।

'मुझे इसमें मजा आ रहा था और काम भी अच्छा चल रहा था। असल में, मैं टैक्सटाइल डिजाइन में एक अवॉर्ड भी जीत चुकी थी।'

इसके बावजूद कॉलेज, प्रैक्टिकल्स और बढ़ते बिजनेस को अच्छे से संभाला जा रहा था। अमरसन्स जैसी दुकाने अब बैगिट के प्रोडक्ट रख रही थीं तो उत्पादन

'कॉलेज के दिनों में, मैं बस मजे के लिए बैग बेचा करती थी। आज भी मजे के लिए ही है... इतने सालों में भी बहुत लंबा-चौड़ा मुनाफा तो है नहीं। बस हमें काम करके खुशी मिलती है।'

भी बढ़ गया था।

'मैं 9 से 5 कॉलेज में रहती। फिर 7 बजे दर्जी आते--अब मेरे पास दो दर्जी हो गए थे। और हम संडे को भी काम करते।'

परिवार इसे कुछ अविश्वास से देखता था। इससे पहले कभी पंजाबियों में किसी महिला ने ऐसा नहीं किया था। मगर किसी ने रोका-टोका नहीं।

'असल में, मेरी मां ने मुझे बहुत प्रोत्साहित किया। औरों के लिए यह मनोरंजन था।'

लेकिन धीरे-धीरे यह पॉकेटमनी से ज्यादा हो गया था--नकद रुपए। सिर्फ इसलिए नहीं कि नीना पैसे उड़ानेवालों में से नहीं थी। अब नीना घर के लिए भी कुछ सामान लाने लगी। जैसे पर्दे।

'मैंने परिवार की मदद करना शुरू कर दिया। क्योंकि पापा का बिजनेस अब डगमगाने लगा था...'

उस समय तक उनकी पार्टनर मोना ने काम छोड़ दिया था--वह यूएस चली गई थी। लेकिन इससे नीना परेशान नहीं हुईं। 1987 तक--बिजनेस के तीन साल--बैगिट हर महीने 300 बैग बेचने लगा था। और सिर्फ कैन्वस के ही नहीं, अब सिंथेटिक लेदर के नए सामान का भी इस्तेमाल होने लगा था।

'दरअसल, मैंने लेदर पर भी काम करने की कोशिश की थी। मैं बाजार गई और गाय की चमड़ी उठा लाई और बालकनी में रखकर उस पर रंग किया।'

बदबू पूरे घर में फैल गई।

मरे हुए जानवर की खाल पर काम करना अच्छा नहीं लगा।

तो, नीना ने तय किया कि वह सिंथेटिक लेदर का ही प्रयोग करेंगी। उन्होंने कच्चे माल पर कई प्रयोग किए। आखिरकार उन्हें सही फिनीशिंग--रियल लेदर की लुक मिल ही गई।

'सिंथेटिक लेदर को इस्तेमाल करने का एक फायदा यह भी है कि आप इसे

कम कीमतों पर बेच सकते हैं।'

'इस्तेमाल करो और फेंको' प्रचलन। आधुनिक और प्रेरित। इस कारण बैगिट ने जल्दी ही अपनी जगह बना ली।

बहुत से अन्य डिजाइनर्स से अलग, नीना ने इंटरनेशनल कैटलोग से डिजाइन कॉपी करने से मना कर दिया। उनका मुख्य लक्ष्य छोटे, मूल टच थे। जिससे हर बैग उसके उपभोक्ता के लिए स्पेशल था।

'उदाहरण के लिए, आप ट्रैक पैंट पहनकर जिम जाते हैं। अगर आपकी पैंट में अंदर की तरफ एक छोटी सी पॉकेट हो, जहां आप कुछ नोट या ऐसा ही कुछ और रख सकें तो... यह यूजर फ्रेंडली हो जाएगा सही?'

इसी तरह की सोच का इस्तेमाल नीना अपने हर बैग में करती हैं। और ग्राहकों को यह पसंद आता है। 1989 तक, बैगिट गंभीर बिजनेस की शक्ल अख्तियार कर चुका था, जिसकी सालाना आय 30 लाख रुपए थी।

और नीना देखा जाए तो तब तक छात्रा ही थीं।

'टैक्सटाइल डिजाइन कोर्स के साथ मैंने कॉरस्पान्डन्स से 12वीं पूरी की। सोफिया के बाद, मैंने एल्फिनस्टोन से बीकॉम में दाखिला लिया।'

दिन में जमकर काम करो, रात में जमकर पार्टी यह नीना के जीवन का मोटो था। और घर पर भी इसमें कोई कमी नहीं आई।

'मेरी मां अक्सर मेरे देर रात को घर आने से चिढ़ जाया करती थीं,' नीना याद करके बताती हैं।

मंजो भी दोस्तों की मंडली में शामिल था। एक ऐसा लड़का जिसे नीना स्कूल के दिनों से जानती थीं।

'एक रात हम पब में थे और बस उसने मुझे प्रपोज कर दिया।'

नीना हैरान थीं।

'हे भगवान, मैं शादी नहीं करना चाहती हूं, मुझे कोई जल्दी नहीं है... मैं 23 साल की ही तो हूं,' वह अपने बारे में सोचती थीं।

लेकिन अगली बार, जब नीना तड़के सुबह घर में लड़खड़ाते हुए घुसी तो उसे कड़ी फटकार लगी।

'मैंने अपनी जान बचाने के लिए, जो भी बात ध्यान आई, बिना सोचे-समझे कह दी। मैंने मां को बताया कि मंजो ने मुझे प्रपोज किया है!'

'मुझे लगता है यह काम के प्रति प्यार और उत्साह ही है... समय तो मानो पंख लगाकर उड़ गया। ऐसा लगता है मैं अपना पूरा समय यहां बिता सकती हूं।'

अगली सुबह, दोनों तरफ की मांओं ने बात करके शादी की तारीख भी पक्की कर दी।

'इससे पहले की मैं जान पाती, मेरी मंगनी हो गई... और दो महीने बाद शादी,' वह मुस्कुराईं।

और यह नीना के साथ हुई अच्छी बातों में से एक है।

'मंजो की बहन रीटा मेरी अच्छी दोस्त थी, मैं उनके घर और परिवार को अच्छी तरह जानती थी। सब बेहद ही बढ़िया था...'

कोई नियम, उम्मीदें या कोई मांग नहीं थी। हालांकि वह बड़ा संयुक्त परिवार था।

'मैं तो कहूंगी कि मेरी सास मेरी मां से भी बेहतर थीं...' नीना कहती हैं। 'मुझे हमेशा बड़े आराम से, रानी बनाकर रखा गया!'

काम करना, बिजनेस करना, वहां कोई दिक्कत ही नहीं थी। मंजो का परिवार गारमेंट के बिजनेस में था, उत्पादन भी और बेचना भी।

'मंजो के परेल में एक बिल्डिंग के दो गाला थे। शुरू में मैंने इन्हीं में से एक गाला के टांड पर काम करना शुरू किया।'

नीना फैक्टरी में रोज सुबह 10 से रात 8 बजे तक समय बिताती। अब तक उनके पास काम करने के लिए 20 लोग थे, जिसमें एक प्रोडक्शन मैनेजर भी शामिल था।

'प्रोडक्शन के अलावा वह अकाउंट और कारीगरों का एडवांस वगैरह भी संभालता था।'

हालांकि कोई बिजनेस प्लान नहीं था, लेकिन बैगिट तरक्की कर रहा था। और सब मैनेज हो रहा था। दो साल में बिजनेस के फैलाव ने उन्हें एक जगह किराए पर लेने के लिए विवश किया। तो नीना ने इंडस्ट्रीयल स्टेट में अपने पापा का गाला ले लिया।

'फिर जब भी मुझे और जगह की जरूरत पड़ती, मैं उसी बिल्डिंग में और गाला किराए पर ले लेती!'

हालांकि, नीना किराए की जगह पर काम करते हुए सहज नहीं थी। आम भारतीय सोच ऐसी ही है कि इससे अच्छा तो खरीद लो। इंवेस्टमेंट भी हो जाएगा और पैसे की भी बचत हो जाएगी।

'विनती करो, उधार लो, या जल्दबाजी ही क्यों न हो... लेकिन हो बस अपना ही। मेरी सोच ऐसी ही थी,' नीना कहती हैं।

असल में, नीना और उनके भाई मुकेश ने कोशिश करके केंप कॉर्नर में एक दुकान खरीद ही ली।

'हम दोनों के पास 2 लाख रुपए थे, लेकिन हमने दोस्तों और परिवारवालों से उधार लेकर 18 लाख की दुकान खरीद ली।'

यह नीना का पहला रिटेल आउटलेट बना--आईएनएक्सएस। एक ऐसा स्टोर, जिसमें पूरी रेंज उपलब्ध थी और वह जल्द ही युवाओं और फैशनप्रेमियों का अड्डा बन गया।

'मेरा भाई उसका मालिक और देखभाल करता है।'

नीना का पैशन तो अच्छे डिजाइन हैं। इसी कारण से तो उन्होंने बिजनेस शुरू किया था। लेकिन बिजनेस में बने रहने के लिए, आपको जमीनी बातें भी संभालनी पड़ती हैं। जैसे काम के लिए पैसे इकट्ठा करना।

'मैंने देना बैंक के साथ एक अकाउंट शुरू किया--सबसे नजदीकी बैंक। मंजो की कंपनी का भी वहीं अकाउंट था, जिससे मदद मिली।'

हालांकि नीना की नजर बॉटमलाइन पर नहीं थी, लेकिन कंपनी साल दर साल 30 प्रतिशत की दर से बढ़ रही थी। और बैंक की मदद लेने के लिए यह काफी था।

'वे समझ गए, मुझे लगा कि वे जानते थे कि डिजाइनर हमेशा थोड़े हटेले होते हैं!'

हटेले दरअसल वो होते हैं जो हर किसी के जैसे नहीं होते। वो अपने निर्णय सच्चे दिल से लेते हैं। जिंदगी में भी, ऐसे ही बिजनेस में भी, अलग-अलग रास्ते होते हैं। सिर्फ आप अपने लिए रास्ता चुन सकते हैं।

'मेरे पास बहुत से ऑफर आए कि मैं बैग बनाकर किसी और के ब्रांड से बेच दूं। इससे बिजनेस काफी बढ़ जाता। लेकिन मैं निश्चिंत थी, यह वो रास्ता नहीं

'मैं अपने डिजाइनर्स को अपने साथ विदेशों में भी ले जाती हूं, यह देखने के लिए कि दुनिया में आखिर चल क्या रहा है।'

है जिस पर चलना मैं पसंद करती।'

फिर रीगल--शू स्टोर की बड़ी चेन--नीना के पास आए, वह वहां अपना माल रखने को तैयार हो गई। लेकिन बैग उनके अपने लेबल *बैगिट* से ही बिकेंगे।

'मैंने यही शर्त तब रखी, जब शॉपर्स स्टॉप हमारे पास आए।'

एक नाम खड़ा करना ही तो किसी डिजाइनर की नैसर्गिक खूबी होती है। लेकिन इसमें बिजनेस की भी स्वाभाविकता होती है। जैसे ज्यादा से ज्यादा रिटेल शॉप आई, बैगिट को नई जगह मिलती गई। लाइफ स्टाइल और पेंटालून में छोटा सा एरिया है बैगिट का, 'शॉप इन शॉप' नाम से।

2006-07 तक, बैगिट एक सम्मानजनक कंपनी बन गई थी, जिसका टर्नओवर 7 करोड़ रुपए था। उनके पास 50 फुल-टाइम स्टाफ था और 450 कारीगर उनके लिए बाहर से काम कर रहे थे। और फिर पहली बार, नीना के मन में महत्वाकांक्षा जगी।

'मैं एक प्रोग्राम पीआई में गई, जिसका संचालन मंजो कर रहे थे। और इस प्रोग्राम में मैंने रचनात्मक नजरिए, ऊंचे लक्ष्यों के बारे में सीखा।'

नीना ने अपना खुद का स्टोर शुरू करने का निर्णय लिया। बैगिट को सबके सामने, सबके लिए सुलभ बनाने के लिए।

'हम फ्रेंचाइज आधार पर बढ़ रहे हैं।'

अपना पैसा कम करके नहीं, बल्कि फ्रेंचाइजी के निवेश से। और बैंक लोन से भी।

तरक्की बोले तो बदलाव--दिमाग में और रणनीति में भी।

'मैं अब जमीन खरीदने का नहीं सोचती,' नीना मानती है। 'हमारे सभी स्टोर लीज पर हैं। इसी की जरूरत होती है आपको बढ़ने के लिए!'

बैगिट अब रिटेल कंसल्टेंट को भी नियुक्त करता है, और काम अब सालाना बिजनेस प्लान और केआरए (की रिजल्ट एरिया) बनाकर किया जाता है।

'हम कोशिश करते हैं कि काम का माहौल ऐसा बना रहे कि काम से प्यार

हो जाए। लेकिन केआरए हमें हमारे लक्ष्य की याद दिलाता है, जो हमने अपने लिए सेट किए थे।'

कंपनी का आकार बढ़ने के साथ यह और जरूरी हो जाता है। 220 कर्मचारी और 500 कारीगरों को अनौपचारिक या निजीतौर पर संभाल पाना आसान नहीं होता। उसके लिए एक सिस्टम बनाना ही पड़ता है।

हालांकि उत्पाद मुंबई के छोटे-छोटे सेंटरों पर विकेंद्रित हो गया है, लेकिन उसका दिल अभी भी लालबाग में नारायण उद्योग भवन ही है।

'हम यहां हर नया डिजाइन और सैंपल बनाते हैं। इस पहलू से मैं पूरी तरह और निजी तौर पर जुड़ी हुई हूं।'

फैशन जगत में प्रोडक्शन की योजना एक साल पहले एडवांस में ही बनानी पड़ती है। लेकिन बसंत-गर्मी और पतझड़-सर्दी की अवधारणा भारत में कारगर नहीं है।

'मैं एक हद तक इंटरनेशल ट्रेंड का ख्याल रखती हूं लेकिन भारत में चमकीले रंग लगभग पूरे साल ही निकल जाते हैं। हम सर्दियों में लाल और पीली कुर्ती पहन लेते हैं। तो, आपको डिजाइन बनाते हुए अपने ग्राहकों को दिमाग में रखना होता है।'

बैगिट की दीवानी मैट्रो शहरों में रहने वाली महिलाएं हैं--युवा और वो भी जो दिल से युवा हैं। वे स्टाइल को लेकर सजग हैं, भीड़ में अलग लगना चाहती हैं लेकिन उन्हें अपने पैसे की कीमत का भी ख्याल रहता है। खुश करने के लिए बेहद मुश्किल लक्ष्य।

'हर डिजाइन की मजबूती और उपयोगिता की पहले कड़ी परीक्षा ली जाती है, इसके बाद ही उसे बल्क प्रोडक्शन में भेजा जाता है।'

नीना हफ्ते में एक बार खुद स्टोर पर जाती हैं, अपने ग्राहकों को परखने और समझने। नए विचार और प्रेरणा लेने।

'आप जानती हैं, सबसे पहले हमने मोबाइल पाउच बनाकर बेचने शुरू किए थे। वे बहुत लोकप्रिय रहे, अब हर किसी ने वह आइडिया चुरा लिया!' नीना जोर देकर कहती हैं।

सभी विचारों का इतना उग्र होना जरूरी नहीं हैं। उसमें एक अतिरिक्त पॉकेट हो सकती है, जिसमें कुछ मेकअप या कोई ज्वेलरी रखी जा सके। या छोटा सा काज,

जिसमें से ईयरफोन का तार बाहर आ सके।

'जो बाजार में पहले से ही उपलब्ध है हम वह करना पसंद नहीं करते--मजा तो कुछ नया बनाने में ही है!' वह मानती हैं।

अगर आपको और आपके ग्राहकों को अच्छा लग रहा है तो आप देखोगे की आपकी बिक्री के आंकड़े भी बढ़ जाएंगे। मार्च 2012 में बैगिट की सलाना आय 34 करोड़ रुपए दर्ज हुई है।

'हम अब हर साल 5,00,000 पीस बनाते हैं, जिसमें हैंडबैग, बेल्ट, वॉलट, मोबाइल पाउच होते है... असल में, एक्सेसरीज भी हमारी सेल का 50 प्रतिशत है,' नीना कहती हैं।

ज्यादा मजेदार है कि जहां बैगिट का दायरा बढ़ा है, नीना का बैगिट में बिताने का समय कम हो गया है।

'अब मैं हफ्ते में तीन दिन काम पर आती हूं,' वह बताती हैं। यह अभ्यास उन्होंने 8 साल पहले शुरू किया, जब उनकी बेटी वेदूसी का जन्म हुआ।

36 साल की उम्र में बच्चा पैदा करने का निर्णय क्या सोच-समझकर किया गया था?

'दरअसल शुरुआत में मैं बच्चा नहीं चाहती थी, जब मैंने बच्चा चाहा तो फिर उसने भी आने में टाइम लिया!'

और उसी के साथ आई मातृत्व की अनोखी चुनौती।

'बच्चे का मतलब था मेरा काम से दूर रहना। तो... काफी साल काफी तनाव भरे रहे। ऐसे भी दिन थे जब आप काम पर आने के लिए तरसते थे, लेकिन घर की जिम्मेदारी नहीं छोड़ सकते थे। मुझे लगता है ऐसा हर कामकाजी मां के साथ होता होगा।'

किस्मत से, नीना अपना काम करती थी, मतलब वह अपने तरीके से काम और घर संभाल सकती थी। बैगिट का परिवार जैसा माहौल उन्हें अनुपस्थित रहने की छूट दे देता है।

क्योंकि, मन से, आप हमेशा वहां हो।

'हर किसी का काम करने और लोगों को संभालने का अपना तरीका होता है, और मेरा है अपने लोगों को महत्वपूर्ण महसूस करवाना।'

इस मिठास का सबूत हैं वे लोग जिन्होंने बैगिट के साथ शुरुआत में काम

करना शुरू किया--1989 में--वे आज भी उसके साथ जुड़े हैं। अलग-अलग विभागों में, नए काम और नई जटिलताओं को संभालते हुए।

'यह जुनून है--काम नहीं--और मेरी यही कोशिश होती है कि यही भावना पूरी टीम की बनी रहे।'

जब नीना को लगता है कि कोई कर्मचारी बोर या सुस्त हो गया है तो वह उसका वर्क प्रोफाइल बदल देती है।

'मैं देखती हूं कि वह कैसे इंसान हैं--राइट ब्रेन वाले या लेफ्ट ब्रेन वाले। और मैं लोगों को नई चुनौतियां, नई चीजें देती हूं, जो उन्होंने पहले कभी ट्राई भी नहीं की होती हैं।'

पिछले साल बैगिट की डिजाइन प्रमुख मार्केटिंग विभाग में आ गई। और नीना का कहना है कि वहां उन्होंने कमाल का काम किया।

अपरंपरागत तरीके, लेकिन कारगर!

ऐसा ही अजब था नीना का घर कातरखड़क शिफ्ट करने का निर्णय, पुणे से थोड़ी दूर। जहां उनके पति मंजो ने अभी हाल ही में एक एक्सपेरिमेंटल स्कूल शुरू किया है।

'पहले मेरे पति पारिवारिक बिजनेस में ही थे। अब वे काम करते हैं पर पैसों के लिए नहीं। वे हमारे गुरु ऋषि प्रभाकरजी के साथ भिन्न प्रोजेक्ट लगवाने में मदद करते हैं।'

ऐसा ही एक प्रोजेक्ट था ऋषिकुल विद्यालय, एक स्कूल जो 2002 में एमईटी के कैंपस में शुरू किया गया। इस सफर में कातरखड़क का स्कूल अगला पड़ाव है।

'हम चाहते हैं कि हमारी बेटी--और दूसरे बच्चे--ज्यादा प्राकृतिक माहौल में बढ़ें। पर्वत, ताजी हवा, न टीवी, न गूगल, न बॉम्बे की कचरापट्टी।'

5 से 14 साल की उम्र के 60 बच्चों ने अभी स्कूल में नाम लिखवाया है। और नीना अपना बाकी का बचा हफ्ता यहां बिताती हैं।

'मैं शनिवार दोपहर को कातरखड़क स्कूल में जाती हूं और वहां से बुधवार दोपहर को वापस आती हूं,' नीना ने बताया।

हालांकि काम जारी है। सोमवार और मंगलवार को नीना रिपोर्ट देखती हैं, और चिंतन का समय लेती हैं। जिसका समय वह ऑफिस में भी निकाल लेती हैं।

'मैं हफ्ते में एक दिन मौन व्रत भी रखती हूं... वह मेरे लिए बहुत पवित्र होता

'मेडिटेशन से मुझे सोचने का, निर्णय लेने का समय मिलता है कि मुझे कहां जाना है और क्या करना है। ज्यादातर लोग बस भाग रहे हैं... बिना सोचे-समझे बस भागे जा रहे हैं।'

है।'

चिंतन का यह सफर एक मेडिटेशन प्रोग्राम से शुरू हुआ, जिसमें नीना शादी के बाद मंजो के साथ गई थीं। जहां दोनों को अपने गुरु मिले।

'अपने स्तर पर मुझे लगता है कि मैंने अपनी मां की राह चुनी--अंतर्मन की खोज के साथ। मेरी जिंदगी में सबसे जरूरी चीज है शांति और खुशी--पैसा नहीं।'

मंजो पति के रूप में बहुत स्नेही और मददगार हैं। जैसे वह बैगिट का साथ देते हैं--भावनात्मक रूप से।

'मंजो का सबसे बड़ा योगदान है मुझे शांत रहना सिखाना! नाराज मत हो, केआरए के पीछे पागल मत बनो। प्यार करो, खुश रहो, खूब हंसों--यही उनकी सलाह है।'

एक अच्छा जीवन अच्छे खाने की तरह है--अपनी प्लेट में जरूरत से ज्यादा मत रखो। बस उतना जितना खाकर मजे ले सकते हो।

'जैसे, मुझे खाना बनाने का शौक नहीं है,' नीना कहती हैं। 'मैं बस उसको सुपरवाइज कर सकती हूं। मैं बस खाना तब पकाती हूं, जब कोई न हो। लेकिन तब मैं यह भी नहीं सोचती कि मुझे अपनी बेटी का टिफिन खुद बनाकर पैक करना चाहिए।'

ऐसे ही, नीना अपने लिए कभी-कभार ही शॉपिंग करने जाती हैं। अगर उन्हें कुछ खरीदना हो तो, यहां तक कि अपनी बेटी के लिए भी, तो वह अपने किसी असिस्टेंट को भेजकर मंगवा लेती हैं।

'समय बहुत मूल्यवान है!' वह हंसती हैं। 'मैं तभी खरीदारी के लिए जाती हूं, जब मुझे विदेश में जाना होता है। क्योंकि तब बहुत सारे स्टोर में घूमकर, नए ट्रेंड का पता करना होता है, कुछ प्रेरणा लेनी होती है...'

इसमें बैगिट को इंटरनेशनल बनाने का विचार भी सम्मिलित है, अपने फ्रेंचाइज स्टोर के साथ। और बैग और एक्सेसरीज से परे अन्य ब्रांड भी बनाना।

'हाल ही में मुझे अहसास हुआ कि भारत में अच्छी ट्रेक पैंट्स नहीं मिलतीं। और तुरंत ही मैंने सोचा--एक स्पोर्ट्स वियर शृंखला बनाते हैं!'

बहुत सी धाराएं गड़गड़ाकर बह जाती हैं।
बहुत सी राहें बांहें खोले बुलाती हैं।
यात्री एक पल ठहरकर, चिंतन करता है।
अपने लिए एक राह चुनने से पहले...

*

महिला उद्यमी की सलाह

वो करो जो तुम्हें पसंद हो। मुझे लगता है सबसे जरूरी यही बात है। अगर आपको अपने काम से प्यार होगा, तो कभी ऐसा एहसास नहीं होगा कि आप 'काम' कर रहे हैं। तब न कोई समय का बंधन महसूस होगा, न तनाव।

महिलाओं के लिए, यह संतुलन बनाने का कार्य है, खासकर तब जब आपको बच्चे, घर और बहुत से अन्य काम करते हुए बिजनेस भी देखना हो। यह भी सच है कि बहुत से लोग हार मानते हुए अपने सपने तोड़ देते हैं।

लेकिन जब आपमें किसी चीज की लगन होगी, आप ठान लेंगे कि 'मैं यह करना चाहती हूं,' तो आप बिना कुछ करे, ऐसे ही खाली नहीं बैठ सकते। आप में एक आग है।

अपनी राह

संगीता पटनी
एक्सटेनसिओ सॉफ्टवेयर

बीआईटीएस पिलानी से स्नातक संगीता ने अपने भाई के साथ मिलकर एक सॉफ्टवेयर कंपनी खड़ी करने से पहले हिंदुस्तान लीवर और आईशर में भी काम किया। करियर और मातृत्व को संभालना, उनकी जिंदगी इसका जीता-जागता उदाहरण है।

फोन की अड़ियल घंटी अचानक से बज उठी।

'एक्सक्यूज मी, मुझे बात करनी होगी,' संगीता ने कहा।

'हैलो... बस बेटा, मैं अभी लंच करने ही वाली थी। मैं थोड़ी ही देर में घर पहुंच जाऊंगी।'

फिर कुछ देर खामोशी रही।

'रात में नींद नहीं आई थी ना आपको... हम्म। मां हूं तुम्हारी, मुझे सब पता है तुम्हारे बारे में, सो जाओ। ओके, बाय।'

यह अनूठी बात है, लेकिन सच है--जिन भी आदमियों का मैंने इंटरव्यू लिया उन्हें काम के बीच में कभी बच्चों के फोन नहीं आते। महिलाएं निरपवाद रूप से ये करती हैं।

मातृत्व का यही मतलब है। हमेशा 'उपलब्ध रहो', कहीं भी हों, भावनात्मक रूप से जुड़े रहो। संगीता इसे बुद्धिमानी के नजरिए से देखती हैं।

'महिला के तौर पर, मातृत्व सबसे मुश्किल हिस्सा है। उद्यमी होना इससे ज्यादा आसान है!'

खैर, कॉरपोरेट के दास बनने से तो कुछ आसान ही है, संगीता मानती है।

एक महिला के लिए, उद्यमिता खुद को साबित करने का अवसर है। चुनौती लेना और दुनिया को दिखा देना--यह किया जा सकता है।

'हैसियत, सत्ता या पैसा महिलाओं को प्रेरित करने के लिए काफी नहीं है,' संगीता साफ करती हैं। 'आदमियों की अपेक्षा हमारे लिए मुश्किल ज्यादा हैं!'

हम 5 स्टार होटल के खाने में डूबकर अच्छी कामवाली न मिलने की शिकायत करते हैं। ऐसी समस्या जिसके समाधान की आशा हम किसी महिला से करते हैं।

क्योंकि इससे हमारे जीवन में खुशियां आएंगी।

अपनी राह

संगीता पटनी
एक्सटेनसिओ सॉफ्टवेयर

संगीता पटनी नागपुर से हैं।

'मेरे पिता रेलवे में माइनिंग इंजीनियर थे--मेरी स्कूली शिक्षा नागपुर में ही हुई।'

घर की अकेली बेटी--एक बड़ा भाई और एक छोटा--संगीता एक पारंपरिक घर में पली-बढ़ी।

'मारवाड़ी परिवारों में माना जाता है कि लड़की का काम है--घर में रहो, खाना बनाओ, और सिर्फ बच्चे।'

किस्मत से, संगीता के पिता धनबाद के आईएसएम (इंडियन स्कूल ऑफ माइंस) से पढ़े थे, तो उनमें पढ़ाई को लेकर बहुत समर्पण था, और वे काफी खुले विचारों के भी थे। फिर भी, जब संगीता बीआईटीएस पिलानी में गईं, तो वह उनके जाने को लेकर अनिच्छुक थे।

'मेरा बड़ा भाई पहले ही पिलानी से बीटेक में दाखिला ले चुका था। मैंने जोर दिया, तो उन्हें मानना ही पड़ा।'

इस तरह, 1981 में संगीता ने बीआईटीएस पिलानी में इलेक्ट्रॉनिक और इलेक्ट्रीकल इंजीनियरिंग की डिग्री के लिए दाखिला लिया। 1985 में, कोर्स पूरा करने के बाद वह नागपुर लौट आईं। क्योंकि तब तक परिवार वाले कहने लगे थे कि शादी के लिए यही सही समय है।

एक सुयोग्य वर का इंतजार करते-करते, संगीता ने प्राइवेट इंजीनियरिंग कॉलेज में नौकरी कर ली।

'वे एजुकेशन बिजनेस की शुरुआत के दिन ही थे। मैं 1985 की बात कर रही हूं।'

उसी समय पर्सनल कंप्यूटर भी आने लगे थे, लेकिन कोई नहीं जानता था कि उनसे क्या किया जाए। संगीता के पास कुछ विचार थे, जेब में 25 हजार रुपए--ये उसने कॉलेज में पढ़ाकर कमाए थे।

'मेरे पिता के एक दोस्त सीनियर चार्टड अकाउंटेंट थे। तो हमने एक कंपनी शुरू की--हम तीनों ने मिलकर। मैं तो बस अदनी सी लड़की थी, लेकिन मेरे पास एक बढ़त थी--मैं कंप्यूटर जानती थी।'

कंपनी का नाम था डाटा सेल और उसका काम डाटा एंट्री और पेरोल प्रोसेसिंग संभालना था। लेकिन इससे पहले कि यह कंपनी अपने पैरों पर खड़ी हो पाती, छह महीने में ही आपदा आ गई।

'मेरे पिता एक दुर्घटना में गुजर गए। वह मात्र 50 साल के ही थे।'

परिवार को उदयपुर आना पड़ा, क्योंकि उनकी जड़ें और रिश्तेदार सब यहीं थे। लेकिन, यहां नौकरी के अवसर बहुत कम थे।

'उदयपुर में सिर्फ 2 कंपनियां ही इंजीनियर को जॉब दे सकती थीं। तो मैंने उसमें से एक में काम किया,' संगीता ने सपाट स्वर में कहा।

राजस्थान स्टेट माइंस एंड मिनरल, एक पावर सप्लाई यूनिट थी, लेकिन वहां का तत्कालीन मैनेजिंग डायरेक्टर, अनिल वैश्य, एक बहुत ही प्रगतिशील और खुले विचारों का आईएएस ऑफिसर था। और एक अच्छा बॉस और बेहतर मार्गदर्शक।

उसने 24 वर्षीय संगीता के सामने एक चुनौती रखी।

'तुम कंप्यूटर डिपार्टमेंट सेट करो।'

जिस कंपनी ने कंप्यूटर के बारे में सुना भी नहीं था, वह अब उसका इस्तेमाल कर रही थी। इसी के साथ, संगीता ने एक बड़े प्रोजेक्ट इंजीनियरिंग पार्ट का कंट्रोल और इंस्ट्रूमेंटेशन भी संभाल लिया।

'मैंने एक प्लांट और उसके कंट्रोल सिस्टम को डिजाइन किया। मुझे पूरी जिम्मेदारी और आजादी दी गई थी।'

वहां गुजारे गए 5 सालों में, संगीता ने ईडीपी डिपार्टमेंट बनाया। जब उन्होंने 1991 में काम छोड़ा, तब तक वहां पर 8 सदस्यों की टीम थी।

'हमने पेरोल और माइनिंग प्रोफिट मैनेजमेंट को कंप्युटरीकृत कर दिया। हर

एप्लीकेशन को जीरो से बनाया गया, उसकी नींव खुद अपने हाथ से रखी।'

1988 के बीच, संगीत ने सुनील से शादी कर ली। दिगंबर जैन परिवार में घरवालों की पसंद से विवाह संपन्न हुआ। वह परिवार प्रगतिशील भी था।

'मेरे ससुर भी माइनिंग इंजीनियर हैं। मेरे पति ओएनजीसी में काम करते हैं--14 दिन तट से दूर, और 14 दिन तट पर।'

इस तरह संगीता शादी के बाद भी उदयपुर में रहकर काम कर पाईं। लेकिन समय के साथ वह अपने काम और उस शहर से बोर हो गईं।

'मैंने निर्णय लिया कि मुझे कुछ और करना है। तो, मैंने बॉम्बे में, हिंदुस्तान लीवर में असिस्टेंट मैनेजर की नौकरी कर ली।'

वह संगीता के व्यावसायिक जीवन का रोमांचक दौर था। उन्होंने 1991 में देश में पहला ईआरपी लगवाने में भी मदद की, सीमित सॉफ्टवेयर, 'एमएफजी प्रो' का प्रयोग करते हुए। उन सॉफ्टवेयर से अलग जिनका इस्तेमाल अब तक भारतीय कंपनियां कर रही थीं।

'लीवर के साथ काम करना नया अनुभव था। वह आरएसएमएम से बहुत अलग था!'

यह बड़ी, प्रोसेस ऑरियंटेड, मल्टीनेशनल कंपनी थी। उनकी पूरी प्रणाली में बदलाव लाना--उत्पादन से लेकर एक्सपोर्ट और अकाउंट में भी--बड़ी चुनौती थी।

'हम 10 से 12 मैनेजर्स की टीम थी। हमें उसमें 36 महीने से ज्यादा का समय लगा!'

लीवर में 5 साल बिताने के बाद उन्हें फिर से लगने लगा कि अब यहां से चलना चाहिए। संगीता ने इंदौर में आईशर मोटर्स में सिस्टम हेड की नौकरी ले ली। तब वह 32 साल की थीं, परिवार बढ़ाने को तैयार, लेकिन अपनी नौकरी नहीं छोड़ना चाहती थीं। तो बच्चे को कौन संभालेगा?

'मेरे ससुरालवाले इंदौर में रहते थे, और बहुत मददगार भी थे, तो मैंने वहीं जाने का निर्णय लिया। तनख्वाह तो ठीक-ठाक थी, पर काम मजेदार था--एसएपी(सेप) के लगवाने की प्रक्रिया को देखना।'

फिर से, एक नई कंपनी का माहौल। एक तरफ तो वह घर जैसी थी, तो दूसरी तरफ उसमें जापान की भागीदारी भी थी।

'आईशर में हम सर्वसम्मति से काम करते थे। लीवर में फैसले पदक्रम के

'जब मैं बीआईटीएस पिलानी जा रही थी तो मेरी दादी ने कहा था—ज्यादा पढ़-लिखकर लड़का ही नहीं मिलेगा!'

हिसाब से लिए जाते थे।'

एक अटल इंजीनियरिंग कंपनी होने के नाते, आईशर में सारे काम फैक्टरी में ही किए जाते थे। और वहां संगीता अपना काम अपने केबिन से संभालती थीं।

'सीनियर मैनेजमेंट टीम में मैं एक अकेली महिला थी।'

इस सबके बीच, संगीता ने 1997 में एक बच्चे को जन्म दिया। हालांकि वे तब भी काम कर रहीं थी--अपने सास-ससुर के सहयोग से--लेकिन काम अब उनके लिए इतना मजेदार नहीं था।

'मुझे यह परेशानी हमेशा से रही, मैं जल्दी ही बोर हो जाती थी!'

उस समय तक, संगीता का भाई विपिन यूएस चला गया था। वह पूरा तकनीकी था, और ऐसे ही बातों-बातों में उसने अपनी कंपनी खोलने का विचार रख दिया।

इससे संगीता का बल्ब जला।

'एक तकनीकी इंसान होने के नाते मुझे हमेशा लगता था कि कंपनियां अपने उपभोक्ता के लिए उतना नहीं कर पा रही हैं, जितनी की उन्हें जरूरत है। मुझे याद है जब मैं आईशर में थी, हमें लोगों पर जबरन एसएपी सीखने के लिए दबाव डालना पड़ा था... और इसमें एक हफ्ते से ज्यादा का समय लग गया था।'

सॉफ्टवेयर बनाने का आइडिया संगीता को भा गया।

'आईशर में रहते हुए ही हमने काम को शुरुआती जामा पहनाना शुरू कर दिया था। मैंने और मेरे भाई ने पैसा इकट्ठा किया और नागपुर की एक कंसल्टिंग फर्म को प्रोजेक्ट ठेके पर दे दिया।'

आखिरकार, संगीता अपना बैग, बच्चा और बोरिया-बिस्तर बांधकर नागपुर आ गईं।

'वो दिन डॉटकॉम के उछाल के थे--जावा इंजानियरों को ढूंढ़ पाना बहुत मुश्किल काम था। हमने 6 ऐसे इंजीनियरों को ढूंढ़ने का निर्णय लिया जो शुरुआती काम करते हुए हमारा डेवलपमेंट ऑफिस शुरू कर दें।

इस तरह हमने एक्सटेनसिओ की शुरुआत की, जो फरवरी 2000 में अस्तित्व में आई।'

एक्सटेनसिओ खासकर एक 'मिडिलवेयर' कंपनी है--जो अपने यूजर्स को एंटरप्राइजेस सोर्सेस से इंफॉर्मेशन उपलब्ध कराती है। जीयूआई (ग्राफिकल यूजर्स इंटरफेस) द्वारा एसएपी या पीपल सॉफ्ट डाटा को एक्सेस में रखा जाता है। लेकिन औसत यूजर अपना डाटा परिचित इंटरफेस--जैसे माइक्रोसॉफ्ट एक्सेल पर ही देखना चाहता है।

'मैं कैसे एक्सेल के साथ पीपलसॉफ्ट से इंटरेक्ट कर सकती थी? इसी समस्या का समाधान यूजर्स के एक्सटेनसिओ ने किया।'

दरअसल, शुरुआती विचार था कि आप कहीं भी हों, आप किसी शब्द पर ऑल्ट क्लिक करें और उससे जुड़ी जानकारी स्क्रीन पर बबल में आ जाएगी।

'उस समय कंपनी का नाम ही *माई बबल* था। और हमारा बिजनेस कंज्यूमर वेब पोर्टल पर आधारित था।'

वर्ष 2000 के मध्य में, जब सॉफ्टवेयर का पहला वर्जन रिलीज के लिए तैयार था, मार्केट ढह गया। और इसी के साथ निवेश के सभी ऑफर धरे के धरे रह गए।

'किस्मत से उस समय हमारे पास कुछ कस्टमर थे, तो हम किसी तरह से टिक पाए,' संगीता याद करके बताती हैं।

लेकिन कितने समय तक? यह साफ था कि निकट भविष्य में कंज्यूमर मार्केट में कोई उछाल नहीं आने वाला था।

'मैंने कहा, एंटरप्राइज मार्केट को बदल देते हैं।'

एक मार्केट जिससे संगीता परिचित थीं, और उसे गहराई से समझती थीं।

'हमें पूरे प्रोडक्ट, और तकनीक को रीटूल करना पड़ा। हमने डाटा एक्सट्रेक्ट करने के लिए *एंटरप्राइज* एडेप्टर बनाया और इसे भिन्न इंटरफेसेस पर डिलीवर कर दिया।'

और यह सब अच्छे प्रोग्रामर्स और इंजीनियर्स की मदद से किया गया, जरूरी नहीं था कि वे 'रॉक स्टार' टाइप ही हों।

'यह एक चीज मैंने आईशर में सीखी थी। आप एक 10वीं पास व्यक्ति को भी सही इनपुट, प्रोत्साहन और प्रेरणा देकर अच्छा काम निकलवा सकते हो।'

यह विचार की लोग 'असीम' हैं, कि प्रतिभा को पोषण करके निखारा जा

'जब तक जरूरत न हो हम पैसे खर्च नहीं करते थे। मेरे अंदर यह कूट-कूटकर भरा था... अपनी लागत को कम से कम पर रखा जाए।'

सकता है, एक्सटेनसिओ की प्रैक्टिस में शामिल है।

'मैंने ऐसे लोगों को हायर किया जो न सिर्फ अपनी स्कूली शिक्षा पूरी कर सके थे बल्कि मूर्ख भी थे। ऐसे लोग जो बीएससी में फेल हो गए थे या वो जिन्होंने प्यार में पड़कर पढ़ाई अधूरी छोड़ दी थी।'

यकीनन इससे मदद मिली, क्योंकि जो इंसान इस टीम का अगुआ था वह निरा तकनीकी इंसान था।

'मेरा भाई विपिन इस सबका कर्ता-धर्ता है। उसने यह प्रोडक्ट 'आधे इंजीनियर' के साथ बनाया, और यह काफी गर्व की बात है!'

और वह भी, दूर से। शुरुआती दो सालों में विपिन ने 'फुल टाइम' प्रोडक्ट डेवलपमेंट का काम किया। लेकिन जैसे ही पहला वर्जन आया, वह वापस काम पर चला गया।

'विपिन को प्रोडक्ट्स डेवलपमेंट की धुन सवार थी, वह ऐसा इंसान है जो एक ही समय पर 20 काम एकसाथ कर सकता है।'

हालांकि विपिन ने एक्सटेनसिओ को तकनीकी रूप से जन्म दिया, लेकिन कंपनी के रोजमर्रा के कामों में उनकी कोई भूमिका नहीं है।

'वह इसकी इंजीनियरिंग साइड संभालते हैं, और चैक करते हैं कि आर्किटेक्चर और स्ट्रेटजी सही है। इसके अलावा बिजनेस पूरी तरह से मैं ही संभालती हूं।'

बहुत शुरुआती दौर में जब कंपनी डॉटकॉम और कंटेंट बिजनेस में थी, उसके पास 45-50 लोग थे। लेकिन उद्यम रूप से आप इसे कमजोर स्थिति कह सकते हैं।

'भारत में, आधारभूत रूप से सर्विस कंपनी होती हैं, जहां लोग 'ठोस सामान' बेचते हैं, इसलिए उनके पास बहुत से कर्मचारी होते हैं। लेकिन अगर आप इंटलेक्चुअल माल बनाते और बेचते हैं तो आपको ज्यादा लोगों की जरूरत नहीं होती।'

इस प्रकार एक्सटेनसिओ कोर इंजीनियरिंग टीम में बस 7 लोग हैं, जो सभी नागपुर में रहने वाले हैं।

'डेढ़ साल बीतने पर हम बस प्रोडक्ट ही डेवलप कर रहे थे... आपको तो पता ही है, हमें शुरुआती मॉडल में संशोधन करके उसे री डू करना पड़ा था।'

और यहां तक कि जब आपका प्रोडक्ट तैयार हो जाए तो उसे बेचना भी एक बड़ी चुनौती होती है।

'एंटरप्राइजेज प्रोडक्ट में सेल्स साइकिल 6 से 12 महीने होती है,' संगीता कहती हैं।

और फिर भी, यह जटिल होता है।

'लीवर के मेरे लगभग सभी सहयोगी कहीं न कहीं सीआईओ (चीफ इन्फॉर्मेशन ऑफिसर) हैं। लेकिन सीआईओ मुख्य रूप से कंपनी के निर्णय नहीं लेता।'

सीआईओ का काम मार्केटिंग, सेल्स पीपल और फाइनेंस पीपल को आपस में मिलवाने का होता है। तो आपको उन सबको अपने प्रोडक्ट के प्रति आकर्षित करना पड़ता है।

'हमारी तकनीक खुद अपने बारे में बताती है। तो हम बस एक डेमो देते हैं, एक एक्सपेरिमेंटल सेल करते हैं।'

आपको बिजनेस में आ रही समस्याएं समझनी पड़ती हैं, हल निकालना पड़ता है और कुछ समय ट्रायल के लिए देना पड़ता है।

'इसे दो महीने तक इस्तेमाल कीजिए, और अगर यह आपके काम आए तो... फिर हम सेल के बारे में बात करेंगे।'

यह एक तरह से इंवेस्टमेंट एक्सटेनसिओ है और इसने अपना पहला एंटरप्राइज कस्टमर जे एंड जे को बनाया।

लंबी प्रक्रिया और बहुत सा प्रयास। लेकिन एक बार जब आप अंदर पांव रखते हो तो फिर हमेशा वहां तहे दिल से आपका स्वागत होता है।

'पारंपरिक रूप से हम मूल्यांकन के लिए 25 यूजर लाइसेंस देते हैं। जब एक इंसान अपने एक्सेल पर एसएपी इस्तेमाल करना शुरू कर देता है, तो दूसरे को भी वहीं चाहिए, सही? तीसरा इंसान भी उसे इस्तेमाल करना चाहता है, और फिर आगे भी।'

एक्सटेनसिओं का मकसद सीपीयू सॉकेट बेस्ड 'अनलिमिटेड लाइसेंस' बेचना है।

'जैसे-जैसे हमारे प्रोडक्ट पर एप्लीकेशनंस की संख्या बढ़ेगी, सीपीयू का लोड

भी बढ़ेगा। और फिर उन्हें और लाइसेंस खरीदने पड़ेंगे।'

आफ्टर सेल सपोर्ट के लिए 18-20 प्रतिशत एडिशनल मार्क-अप भी है। पारंपरिक डील का साइज 100,000-250,000 डॉलर (50 लाख-1.4 करोड़ रुपए) होता है। स्वाभाविक रूप से, एक्सटेनसिओ एक निश्चित आकार की कंपनियों को ही टारगेट करता है।

'हम बस बड़ी कंपनियों को ही अपना प्रोडक्ट बेचते हैं--ऐसी कंपनियां जिनकी सालाना आय 2000 करोड़ रुपए और उससे ज्यादा हो।'

ऐसे कस्टमर्स का भरोसा जीतने के लिए, एक्सटेनसिओ को एसएपी, आईबीएम और माइक्रोसॉफ्ट के सर्टिफिकेशन की जरूरत होती है।

'अभी हमारा फोकस एंटरप्राइज मोबिलिटी पर है।'

एसएपी, पीपलसॉफ्ट या ओरेकल डाटा की मोबाइल डिवाइस पर एक्सेस के लिए लोगों की जरूरत है। ऑर्डर लेने के लिए, शिपमेंट और ऐसे ही काम संभालने के लिए।

'हमारी यूएसपी है कि हम तीन चैनलों के द्वारा इन्फॉर्मेशन डिलीवरी उपलब्ध कराते हैं। हम इसे एमएस-ऑफिस इंटरफेस, मोबाइल फोन इंटरफेस, वेब इंटरफेस पर उपलब्ध कराते हैं।'

पहले 5-6 सालों में, संगीता अपना 70 से 80 प्रतिशत समय इंजानियरिंग में लगाती थीं। अब उनका ज्यादा प्रयास बिजनेस डिवेलप्मेंट पर रहता है।

'मैं अपना 10-15 प्रतिशत समय वर्तमान के कस्टमर पर लगाती हूं कि वे क्या कर रहे हैं, मैं उनसे और ज्यादा बिजनेस कैसे ले सकती हूं। मेरा बाकी का समय पार्टनर्स के साथ काम करने में निकल जाता है।'

'पाटनर्स' वे छोटी-छोटी उद्यमी कंपनियां हैं जो एक्सटेनसिओं फ्रेमवर्क में प्रोडक्ट तैयार करती हैं और इसकी आईपी (इंटलेक्चूअल प्रॉपर्टी) बेचती हैं। इससे नए प्रकार के कस्टमर्स के लिए राहें खुलती हैं--इश्योरेंस कंपनी, रिटेलर्स और छोटी कंपनियां।

'चेन्नई के हमारे एक पार्टनर ने पिछले 7 महीनों में 7 सॉल्यूशंस बना दिए। एक व्हीकल ट्रेकिंग सॉल्यूशन, एक रिमोट मनी कलेक्शन सिस्टम, एक सैकेंडरी सेल्स मैनेजमेंट सिस्टम।'

संगीता की भूमिका हाथ बटाने वाली और सहयोगात्मक है। एकदम बेचने में

तो नहीं लेकिन बिकवाने में उनकी मदद करने की। इसे और ज्यादा प्रभावशाली बनाने के लिए, 2009 में, उन्होंने बंगलौर आकर रहने का फैसला लिया।

'एक्सटेनसिओ को अगले स्तर पर ले जाने के लिए मुझे ऐसा करना पड़ा।'

जबकि इंजानियरिंग टीम मुख्य रूप से नागपुर से काम कर रही है, वहीं मुंबई, चेन्नई और बंगलौर में छोटी-छोटी सेल्स टीम काम कर रही हैं। पार्टनर्स को मिलाकर अब एक्सटेनसिओ का परिवार 25 मजबूत लोगों का गठबंधन है।

'हम पूरी तरह से खुद के निवेश से आगे बढ़ रहे हैं, तो हम सभी लागत को लेकर बहुत सतर्क रहते हैं।'

उदाहरण के लिए, जैसे ही परेशानी का पता चल जाता है, जल्द से जल्द उसके निवारण के लिए सॉफ्टवेयर डिवेलप किया जाता है। फिर चाहे वह कोई भी करे।

'हम तकनीक में काम करते हैं, इस तरह से कि कम से कम श्रम का इस्तेमाल हो।'

कई कंपनियां मार्केट में अपना नाम बनाने के लिए पानी की तरह पैसा बहा रही हैं। इसके बजाय, संगीता को अपने पीआर और अपने प्रोडक्ट की विश्वसनीयता पर भरोसा है।

'हम जो भी करते हैं, वह एंटरप्राइज की विश्वसनीयता से जुड़ा होता है।'

ज्यादा प्रभाव के लिए चयन में बुद्धिमानी का प्रयोग अवश्य है।

'आईबीएम अपने पार्टनर्स के लिए बहुत से काम करता है, तो हमें भी बहुत लगन से उनके लिए काम करना पड़ता है। इससे बहुत फर्क पड़ता है।'

हालांकि संगीता एक्सटेनसिओ के पिछले 10 सालों में 20 एंटरप्राइज क्लाइंटों के साथ किए गए काम की सालाना आय बताने में अनिच्छुक हैं। स्पष्ट रूप से यह अभी भी अपने छोटे* रूप में है। और यह अभी भी अपने ही तरीके से काम कर रही है।

'जब आप लोगों के छोटे समूह के साथ काम करते हैं, तो आप उनसे भावनात्मक रूप से जुड़ जाते हैं। जब आप तेजी से बढ़ने लगते हैं तो राजनीति शुरू हो जाती है। कॉरपोरेट जीवन की इसी बात से मुझे सख्त चिढ़ है।'

भावनात्मक जुड़ाव ही वह कारण है जिसकी वजह से संगीता को अपनी

* नासकॉम के अनुसार, एक्सटेनसिओ 5 करोड़ रुपए की सालाना आय वाली एक उभरती कंपनी है।

इंजीनियरिंग टीम को नागपुर में ही छोड़कर बंगलौर आना पड़ा।

'यकीनन मुझे कुछ कमियां नजर आने लगी थीं, क्योंकि मेरे ज्यादा समय तक वहां रहने से वह मुझ पर ही निर्भर रहने लगे थे,' वह हंसते हुए बताती हैं।

लेकिन उन्हें अपनी अनुपस्थिति में काम न होने की चिंता नहीं है।

'मेरी टीम दो कारणों से मेरे साथ है। पहला, उन्हें विश्वास है कि मेरे अलावा और कोई उन्हें इस क्वालिटी का काम नहीं देगा। मैं उन्हें वे मौके देती हूं जो लोगों को पूरे जीवन में नहीं मिल पाते।'

दूसरा कारण उनका गहराई से जुड़ा रिश्ता है।

'मैं हमेशा उन्हीं लोगों को चुनती हूं, जिनके नागपुर में रहने का कोई भावनात्मक कारण हो। आप ऐसे इंसान को काम, पैसा और प्यार दो तो वह आपको जीवनभर की ईमानदारी दे देगा।'

एक्सटेनसिओ में सालों से काम के घंटों में लचीलापन रहा है, लेकिन अभी कुछ समय से वे कुछ नियमितता को भी अपना रहे हैं।

'पहले लोग सुबह 2 बजे आते थे और सुबह 8 बजे तक काम करते थे, फिर घर जाते थे और फिर 2 बजे वापस आते थे,' वह हंसते हुए बताती हैं। 'अब हमारे कुछ दिशा निर्देश हैं।'

हालांकि, संगीता के लिए हमेशा ही कामकाजी दिन 10-12 घंटों का रहा है। नागपुर हो या बंगलौर, वह 8.45 पर काम पर आ जाती है, और वापस जाने का कोई समय तय नहीं है।

तो, वह अपने घर को कैसे संभालती हैं, और उनकी बेटी को कौन संभालता है?

'जब मैं इंदौर में आईशर के साथ काम कर रही थी तो मेरे सास-ससुर ने मेरी बहुत मदद की थी। बाद में नागपुर में भी, मैं खुशनसीब रही कि मुझे घर में काम करने के लिए अच्छी मदद मिल गई।'

यह भी एक भावनात्मक निवेश है।

'राज यही है कि उनके साथ रहो, उनकी देखभाल करो, अगर उन्हें कोई परेशानी हो तो उसे दूर करो। वे भी मेरे लिए परिवार की तरह ही हैं।'

संगीता अपनी कामवाली को प्रोत्साहित करती हैं कि वह अपनी बेटी को पढ़ाए।

'वह मेरी बड़ी बहन की तरह ही है, और वह भी यही समझती है... मैं भी उसे बहुत पसंद करती हूं।'

यह भी अनोखी गृहस्थी है कि संगीता और बेटी निधी बंगलौर में रहते हैं और पति सुनील गल्फ में काम करता है।

'सुनील पिछले 15 सालों से कतर में एक ऑयल प्लेटफॉर्म पर काम कर रहे हैं। तो वह 28 दिन काम करते हैं, और फिर 28 दिन घर पर रहते हैं।'

इस तरह जिंदगी आसान हो जाती है या ज्यादा मुश्किल?

'ऐसा भी समय होता है, जब आप हर समय अपने पति को अपने पास रखना चाहते हैं, और ऐसा भी होता है कि आप हर समय उसे आसपास नहीं रखना चाहते,' संगीता मानती हैं।

'लेकिन, शादी के 22 सालों बाद, अब यह हमारे जीवन का हिस्सा बन चुका है।'

'कभी-कभी बहुत मुश्किल हो जाती है, लेकिन जब वह घर पर होते हैं तो बड़े प्यार से सब संभाल लेते हैं। वह बहुत ही घरेलू इंसान हैं।'

अगर आप संगीता से पूछो कि रसोई में तूर की दाल कहां रखी है, उन्हें कुछ पता नहीं है।

'मुझे यह भी नहीं पता कि सामान आता कहां से हैं। मैं नहीं जानती। अगर आप मुझसे दाम पूछोगे तो वह भी मैं नहीं बता पाऊंगी...'

क्योंकि यह सब काम सुनील ही संभालते हैं।

'लेकिन हां, जब भी वह यहां होते हैं, मेरा सारा समय खा जाते हैं। लेकिन वह मेरे काम की बहुत प्रशंसा करते हैं और उन्हें पता है कि यह आसान नहीं है।'

और उनके ससुरालवाले भी इतने ही सहयोगात्मक हैं।

'जब मैं इंदौर में रहती थी, मेरी सास मेरे लिए सफाई दिया करती थीं। वह कहतीं, अगर आपको लगता है कि इस फंक्शन में मेरे साथ मेरी बहू को भी आना चाहिए, तो आप मुझे भी मत बुलाओ।'

(एकता कपूर, कृपया ध्यान दें!)

सारी समझ और सहयोग के बावजूद मातृत्व की अपनी चुनौतियां होती हैं। दरअसल, परिवार शुरू करना भी संगीता के लिए एक चुनौती था।

'निधी का जन्म शादी के 8 साल बाद हुआ था। मुझे कुछ परेशानी थी इसलिए

'अगर मैं अपनी बेटी के लिए ताजा पोहा न बना पाऊं तो मुझे कुछ कमी सी महसूस होती है।'

हमारा बच्चा देर से हो पाया।'

दो साल तो इसी उधेड़बुन में गुजर गए कि वह मां बनना भी चाहती हैं या नहीं।

'प्रैग्नेंसी लेट करने की वजह से मुझे काफी परेशानी उठानी पड़ी--मुझे इसकी भारी कीमत चुकानी पड़ी। मुझे फर्टीलिटी ट्रीटमेंट करवाना पड़ा, जो उतना आसान नहीं होता, जितना कि सुनाई पड़ता है।'

हालांकि सकारात्मक पहलू पर उन्हें कोई पछतावा नहीं है। एक उद्यमी होने पर आपको समय में लचीलापन मिलता है, निधी के लिए थोड़ा ज्यादा समय।

'मुझे ऐसा एक भी समारोह याद नहीं है, जहां मैं काम की वजह से न जा पाई हूं। मैंने कभी भी उसे बीमारी में अकेला नहीं छोड़ा। एक उद्यमी होने पर आपके विकल्प बढ़ जाते हैं।'

और कुछ सार्थक, कुछ अच्छा करने की भावना भी।

'कॉरपोरेट जीवन में वास्तविक काम 20 प्रतिशत है और 80 प्रतिशत नौकरशाह और राजनीति के चक्कर हैं। आपको लगने लगता है बात कुछ जमी नहीं।'

आप छोटे बच्चे से दूर रहते हैं और काम का मजा भी नहीं ले पाते। 'सफलता' के लिए यह दाम कुछ ज्यादा ही है। लेकिन, तो क्या काम ही न करें।

'मैं सिर्फ पैसे के लिए काम नहीं करती, लेकिन इसलिए कि मुझे बौद्धिक संतुष्टि चाहिए थी। बस खाना बनाना और घर साफ रखना मुझे पागल बना देता!'

हालांकि जिंदगी के इस पहलू से आप कभी पीछा नहीं छुड़वा सकते।

'बंगलौर आने के बाद छह महीने तक मुझे घर के काम के लिए कोई मदद नहीं मिली। मैंने एक डायरी में नोट किया कि घर के काम में मेरा कितना समय निकल जाता है--इसमें दिन के लगभग 5 घंटे निकल रहे थे!'

और यहां तक कि कुक का बंदोबस्त होने के बाद भी, वह एक डिश बनाने से खुद को रोक नहीं पाई--मां के हाथ का खाना।

'मेरी बेटी के स्कूल में ब्रेकफास्ट और लंच परोसा जाता है। लेकिन इस साल

से वह जोर देती है कि उसका डिब्बा मैं ही बनाऊं। तो मैं सुबह 6.30 बजे उठकर उसके लिए खाना बनाती हूं।'

जैसे कि कोई भी मां करती है।

जिसमें प्यार का मिश्रण, और चिंता का तड़का हो।

खामोशी में, आशीर्वाद की फुसफुसाहट हो।

जैसे वे दुनिया के पालने में झूल रहे हों।

*

महिला उद्यमी की सलाह

पहली बात अपनी पसंद पहचानना ही है। अगर कोई भावनात्मक जुड़ाव न हो, तो आप किसी भी काम पर टिके नहीं रह सकते। मातृत्व आपको पूरी तरह घेर लेता है। लेकिन अगर आप कुछ करना चाहते हैं, तो कोई न कोई रास्ता निकल ही आता है।

दूसरा, जैसे ही आपकी शादी होती है और आप बच्चे के बारे में सोचना शुरू करते हैं, तो तभी से यह भी सोचिए कि उसकी देखभाल करने में कौन मदद करेगा। मुझे लगता है कि आपको पहले दिन से ही अपने रिश्तों में निवेश करना चाहिए, ताकि आपके बच्चे को मदद मिल सके। अपनी मां और सास के साथ मजबूत बंधन आपको अभूतपूर्व मदद दे सकता है।

एक बार जब आप वह रिश्ता बना लेती हैं, तो परिवार शुरू करने में देरी मत कीजिए। 30 के बाद बच्चा पैदा करने के जोखिम बढ़ते ही रहते हैं। भले ही फर्टिलिटी एक्सपर्ट कुछ भी क्यों न कहते रहें।

मैं मानती हूं कि पढ़ी-लिखी लड़की के लिए मातृत्व और करियर संभालना उसके पाठ्यक्रम का ही हिस्सा होना चाहिए। मेरा कोई रोल मॉडल नहीं था, क्योंकि मेरी मां कामकाजी महिला नहीं थीं, तो मैं नहीं जानती थी कि क्या करूं और क्या न करूं।

मैं इसे ऐसे ही देखती थी कि पुरुष में कोख और जोड़ दो तो वह महिला है। उनकी योग्यता, और उपलब्धि में और कोई अंतर नहीं है। लेकिन महिला को यह जानना पड़ता है कि एक बच्चे का पालन-पोषण कैसे किया जाए। यही वह जगह है, जहां बहुत सी महिलाएं असफल हो जाती हैं।

अगर आप यह तय कर लें कि आप अपने बच्चे की परवरिश कैसे करना चाह रही हैं, तो दूसरी बातें खुद ब खुद जगह पर आ जाती हैं।

एसिड टेस्ट

सत्या वाडलामनी
मुरली कृष्ण फार्मा

सत्या ने जब एक्सपोर्ट लाइन, एफडीए-कंप्लेंट फर्मासुटिकल फैक्टरी, में आने का निर्णय लिया, तब उन्हें मेन्युफैक्चरिंग में कोई अनुभव नहीं था। देरी और मुसीबतों के बावजूद, उन्होंने अपने लक्ष्य, विश्वस्तरीय कंपनी स्थापित करने पर नजर बनाए रखी।

आपके पास डिग्री हो सकती है।

आपके पास इच्छा हो सकती है।

लेकिन अगर आप महिला हो, तो क्या काम करने की काबिलियत भी हो सकती है? अगर आपकी जिंदगी के बारे में करीब-करीब हर कोई यही सोचे और आपकी राह में रोड़े अटकाता ही रहे, तो आप क्या करेंगे?

एक युवा मां और पत्नी के तौर पर सत्या वाडलामनी ने इन मसलों का सामना करते हुए, ठान लिया कि उन्हें अपने जीवन में कुछ करके दिखाना ही है।

'मेरे ससुर पुराने ख्यालातों के थे, जहां महिलाएं काम नहीं करती थीं। और तो और, पुरुष प्रधानता वाली, फार्मा इंडस्ट्री में तो बिल्कुल नहीं!'

सत्या दृढ़ थीं, और भाग्य ने भी उनका साथ दिया। घरवालों के बेपनाह सहयोग के साथ वह घर और ऑफिस की अबुझ पहेली सुलझा पाने में कामयाब रहीं।

आखिरकार उन्होंने अपनी राह चुनी। उन्होंने अपनी शर्तों पर जीने के लिए एक छोटी ट्रेडिंग कंपनी शुरू की। लेकिन फिर, उनकी महत्वाकांक्षाएं बढ़ीं और उन्होंने अपनी फैक्टरी डालने का निर्णय लिया।

अगले 7 सालों में, सत्या ने उद्यमिता के अच्छे, बुरे और वाहियात सभी पहलू देख लिए। लाइसेंस और अप्रूवल के लिए दिन-रात की भाग दौड़, संघर्ष और दर्द सभी कुछ झेल लिया। जिस दिन मैं मुलुंड में स्थित उनके छोटे से ऑफिस में उनसे मिली, तब भी वह कहीं के लिए भाग रही थीं। अपनी कंपनी को ही रूपाकार करतीं, जहां चीजें समय से पीछे चल रही थीं। लेकिन जैसा कि कहा जाता है--सब्र का फल मीठा होता है। एम के फार्मा की कहानी मधुर, जमीनी और प्रेरक है। इसकी संस्थापक महिला की तरह ही।

हर इंसान को पुकारती पर्वतों की आवाज की तरह।

सवाल यह है कि चढ़ें या न चढ़ें।

एक बार जब आप चढ़ना शुरू कर देते हैं तो पीछे मुड़कर न देखें।

एसिड टेस्ट

सत्या वाडलामनी

मुरली कृष्ण फार्मा

सत्या का जन्म विशाखापतनम में हुआ और बचपन आईआईटी बॉम्बे के चारों तरफ फैले कैंपस में हुआ।

'मेरे पिता आईआईटी बॉम्बे में प्रोफेसर थे, मेरी मां टीचर थीं। आईआईटी के दूसरे बच्चों की तरह ही, मैं भी इंजीनियर बनना चाहती थी!'

जब वह आईआईटी या वीजेटीआई नहीं कर पाईं, तो सत्या ने विशाखापतनम में आंध्र यूनीवर्सिटी कॉलेज ऑफ इंजीनियरिंग में दाखिला ले लिया। उन दिनों लड़कियां इंजीनियरिंग करने से घबराती थीं।

'जहां हम खाना खाते थे, उस ढाबे का मालिक वहां परदा डाल देता था, ताकि हम घूरती हुई नजरों का सामना किए बिना अपना खाना खा पाएं!' सत्या याद करके बताती हैं।

कॉलेज के दूसरे साल में ही सत्या की शादी हो गई।

'वह लव मैरिज थी, मैं अपने पति ईश्वर राव को उन दिनों से जानती थी, जब वह आईआईटी बॉम्बे से एमटेक कर रहे थे।'

ईश्वर मुंबई में मुकुंद आयरन एंड स्टील कंपनी के साथ काम कर रहे थे। शादी के बाद, उन्होंने वीजैग में ट्रांसफर ले लिया। 2 दिसंबर 1986 को--जब वह इंजीनियरिंग के फाइनल ईयर में थीं--सत्या ने अपने बड़े बेटे को जन्म दिया।

'मैंने किसी तरह इंजीनियरिंग पूरी की,' वह मुस्कुराती हैं।

स्नातक करने के बाद, सत्या ने कुछ समय का ब्रेक लिया--अपने बच्चे की

देखभाल और शादीशुदा जिंदगी का लुत्फ उठाने के लिए। लेकिन 1989 में, उनका परिवार वापस मुंबई आ गया। तब उन्हें फिर से बाहर जाकर काम करने की ललक लगी।

'मुझे लग रहा था कि मैं अपना समय बर्बाद कर रही थी। तो मैंने कोई नौकरी के उद्देश्य से कंप्यूटर इंडस्ट्री, खासकर उसके मार्केटिंग पार्ट में काम करने का फैसला किया।'

नौकरी से 1000 रुपए महीना मिल रहा था, लेकिन यह बस एक शुरुआत थी।

'मेरी पहली नौकरी फोर्ट एरिया में सीएनसी कंप्यूटर्स की थी। फिर मैं किसी दूसरी प्राइवेट लिमिटेड कंपनी में जाने लगी--मुझे उसका नाम भी याद नहीं आ रहा--वह कहीं साकीनाका में थी।'

उनकी तीसरी नौकरी के सी ग्रुप ऑफ इंडस्ट्री में सेल्स इंजीनियर की थी।

'समय के साथ मुझे अपनी खासियत पता चली कि मैं मुख्य रूप से मार्केटिंग में ज्यादा बेहतर थी!'

इस दौरान सत्या के ससुर वाडलामनी सुब्बाराव--फार्मा इंडस्ट्री के अनुभवी--मुंबई में आकर रहने लगे। रेनबैक्सी छोड़कर उन्होंने एग्जीक्यूटिव डायरेक्टर के तौर पर आर्मर फार्मासुटिकल में काम शुरू किया था। उनके माध्यम से सत्या डॉ आत्मा डी गुप्ता* --कंपनी के संस्थापक से मिलीं।

'दो मुलाकातों में ही उन्हें लगा कि मुझमें मार्केटिंग की उससे ज्यादा योग्यता है, जो मैं अभी कर रही हूं।'

उनके सुझाव पर सत्या उनकी कंपनी में काम करने लगी। उनका काम आसान था: कंपनी के मंदग्रीती (मध्यप्रदेश) प्लांट को यूनीसेफ से अप्रुवल दिलाना। अप्रुवल डेनमार्क से आना था।

प्रोस्पेक्ट काफी रोमांचक था, तो सत्या काम करने को तैयार हो गई। लेकिन उनके ससुर ज्यादा खुश नहीं थे।

'वह पुराने विचारों के थे--उनके अनुसार महिलाओं को काम नहीं करना चाहिए।'

और अगर काम करना भी पड़े तो फार्मा इंडस्ट्री में तो बिल्कुल नहीं! लेकिन,

* ल्यूपिन के डी बी गुप्ता के भाई

चूंकि यह छोटा और अस्थायी असाइनमेंट था तो वह तैयार हो गए। सत्या ने सफलतापूर्वक प्रोजेक्ट खत्म कर लिया और डॉ गुप्ता ने खुश होकर एक और काम का ऑफर दिया। वह काम था 'इंटरनेशनल मार्केटिंग मैनेजर'।

'इस जॉब की परमिशन लेने के लिए मुझे घरवालों को बहुत मनाना पड़ा था। मेरे माता-पिता ने कहा था कि बच्चों का ध्यान वे रख लेंगे!'

किस्मत से उनके पिता तब भी आईआईटी में काम कर रहे थे, जबकि सत्या उनके पास ही हीरानंदनी कॉम्प्लेक्स में रह रही थीं।

'मेरा बड़ा बेटा स्कूल जाता था, कुछ समय बेबीसिटर के साथ बिताने के बाद मेरी मां आकर उसे घर ले जाती थीं। वापसी में मैं अपने बच्चों को साथ ही ले आती थी।'

तब तक सत्या का दूसरा बच्चा भी हो गया। आर्मर में काम शुरू करने पर वह मात्र सालभर का ही था।

'उसे लेकर थोड़ी परेशानी थी,' वह मानती हैं। लेकिन करियर की चाह भी तीव्र थी, वह वापस नहीं मुड़ना चाहती थीं। किसी तरह उन्होंने सब संभाल लिया। घर, ऑफिस, बच्चे, ससुरालवाले सब। और साथ ही साथ फार्मा के बारे में भी सब सीखती रहीं।

'मुझे इस इंडस्ट्री के बारे में कुछ नहीं पता था--मैंने सबकुछ डॉ. गुप्ता से सीखा। मेरे ससुर--हालांकि वह शुरू में मेरे काम करने के खिलाफ थे--को भी बाद में लगने लगा कि मैं काम के प्रति गंभीर हूं। तो वह भी मुझे इसकी बारीकी बताने लगे।'

सत्या को फार्मा में बहुत मजा आ रहा था, और एपीआई में भी, वह कच्चा माल जो दवाई बनाने में काम आता है।

'मेरे काम में एपीआई का एक्सपोर्ट शामिल था। मैंने साउथईस्ट एशियन मार्केट से शुरू किया और बाद में यूरोप को सौंप दिया।'

1995-96 में, आर्मर कुछ परेशानियों से गुजर रहा था, तो सत्या बायोकेम सिनर्जी में काम करने लगीं। उसी दौरान पता चला कि उनके ससुर कैंसर की दूसरी स्टेज पर हैं। थोड़ी ही बीमारी के बाद उनका देहांत हो गया।

'वह बहुत ही होशियार थे, साफ बात कहने वाले इंसान। उन्होंने अनेकों प्रोजेक्ट्स लगवाए लेकिन कभी कमीशन लेने की नहीं सोची। हमारे आपसी मतभेदों

'प्यार के लिए शादी करना आसान है लेकिन बाद में आपको लगता है कि जीवन के कुछ मोड़ों पर प्यार काम नहीं आ पाता। फिर आप खुद को कहीं और ढूंढ़ने लगते हैं। मैंने खुद को अपने प्रोफेशन में पाया।'

के बावजूद, वह मेरे लिए महान इंसान थे,' वह याद करके बताती हैं।

बायोकेम सिनर्जी में डीजीएम (इंटरनेशनल मार्केटिंग) के तौर पर सत्या का जीवन पहले से ज्यादा जटिल हो गया था। वह बॉम्बे ऑफिस में जाती थीं, जबकि प्लांट इंदौर के पास पीथमपुर में स्थित था।

'मैं मार्केटिंग और लॉजिस्टिक्स संभाल रही थी। बहुत सारा सफर भी करना पड़ता था!'

उस समय तक, सत्या एक उद्योग, कॉन्टेक्ट नेटवर्क को संभाल रही थी, और वह भी पूरे विश्वास के साथ। जबकि आर्मर सेमी-सिंथेटिक कैप्सूल्स के विशेषज्ञ थे, वहीं बायोकेम सीफेलेक्सीन के।

'तो आधारभूत रूप से मैं दो मुख्य प्रकारों से परिचित हो गई।'

1996 में, सत्या ने जीएम, इंटरनेशनल मार्केटिंग के तौर पर अजंता फार्मा में काम शुरू किया। वह वहां सालभर ही काम कर पाईं, क्योंकि घर में कुछ मसले खड़े होने लगे थे।

'मेरे बच्चे बहुत छोटे थे, मेरी सास वापस दिल्ली चली गई थीं और मेरे पति यूनाइटेड फॉसफोरस के साथ अंकलेश्वर में काम कर रहे थे।'

हालांकि उनके मां-बाप बच्चों की अच्छी देखभाल कर रहे थे, पर फिर भी कई जटिलताएं सिर उठाने लगी थीं। अजंता का ऑफिस कांदीवली में था, जिसका मतलब था कि उन्हें सुबह 7 बजे घर छोड़ना ही था।

'हम आधिकारिक तौर पर 6.30 बजे ऑफिस बंद करते थे लेकिन तभी एमडी एचओडी की मीटिंग बुला लेते थे।'

मीटिंग 8-8.30 बजे तक चलती रहती थी।

'उस दौरान मैं 10 बजे तक घर आया करती थी। तो रोज मैं बच्चों के उठने से पहले चली जाती थी और उनके सो जाने के बाद ही वापस आती थी।'

सत्या समझ रही थी कि कहीं कुछ गलत चल रहा है। यह नौकरी उनसे काफी

बड़ी कीमत वसूल रही थी। लेकिन कोई विकल्प भी तो होता ही है।

'मैंने सोचा कि मैं अपनी छोटी सी ट्रेडिंग कंपनी शुरू कर लूं। वह मेरी शर्तों और मेरे ही जोखिम पर रहेगी। और हां, मैं अब बच्चों को भी ज्यादा समय दे पाऊंगी!'

सत्या ने अपने बॉस को बता दिया कि वह नौकरी छोड़कर खुद की कंपनी शुरू कर रही हैं। वह एक बात को लेकर बहुत स्पष्ट थीं--वह अपने काम के लिए वर्तमान जॉब के किसी भी क्लाइंट या कॉन्टेक्ट का इस्तेमाल नहीं करेंगी।

लेकिन उन्होंने मुझे वर्ल्ड ऐड कॉन्फ्रेंस के सिलसिले में विदेश भेज दिया।

'जो भी नौकरी मैंने छोड़ी, वहां के मालिकों से आज तक भी मेरे संबंध मित्रवत हैं। उसका कारण यही है कि मैं कंपनी से कभी वह नहीं लेकर गई, जो मेरा नहीं था।'

सत्या ने 3 महीने का नोटिस पीरियड पूरा किया, और दिसंबर 1997 में, एम के एंटरप्राइजेज की स्थापना की। बायोकेम सिनर्जी के एक कलीग--विपुल के गोंडिया और सत्या की मां श्रीमति सीता महालक्ष्मी भी पार्टनर के रूप में इस फर्म से जुड़े।

'वह एक इंडेंटिंग कंपनी थी। हम विदेशी कंपनियों से ऑर्डर लेते, उन्हें बना हुआ माल देते, और बीच में हमें 2-3 प्रतिशत कमीशन मिल जाती।'

एम के एंटरप्राइजेज एक जर्मन कंपनी, फेरो जीएमबीएच एक्सपोर्ट के लिए भारत का प्रतिनिधित्व भी बना। इससे हर महीने स्थायी शुल्क मिलने लगा।

1998 में, सत्या ने कंपनी को प्राइवेट लिमिटेड कंपनी में तब्दील कर दिया--मुरली कृष्ण एक्सपोर्ट प्राइवेट लिमिटेड।

'मेरे कंपनी में 50 प्रतिशत शेयर हैं। मेरी मां के 25 प्रतिशत और विपुल के भी 25 प्रतिशत।'

अगले 5 सालों में, एम के एक्पोर्ट ने ट्रेडिंग में भी हाथ आजमाया, और सत्या का एक स्विस खरीदार भी कंपनी में साझेदार बन गया। लेकिन 2003 में, कंपनी में शिपमेंट को लेकर कुछ दिक्कतें होने लगीं। उस समय एक अच्छे दोस्त--डॉ. विजय के शास्त्री--ने एक सुझाव दिया।

'तुम मैन्युफैक्चरिंग क्यों नहीं करतीं? आखिरकार, ट्रेडिंग का जीवनकाल बहुत लंबा नहीं होता!'

विचार लुभावना था। और मार्केट के रेग्यूलेटरी बेस्ड बिजनेस की तरफ झुकने

'मैंने कभी अपनी नौकरी के दिनों के क्लाइंट या बिजनेस चुराने की कोशिश नहीं की। मेरे लिए ईमानदारी सबसे बड़ी बात है। मेरा उद्देश्य हमेशा सही चीज करने का रहा है।'

की वजह से इस विचार को बहुत बल मिला। हालांकि सत्या को मैन्युफैक्चरिंग की कोई समझ या अनुभव नहीं था। तो, उन्होंने समझदारी से काम लेते हुए--एक्सपर्ट को पकड़ा।

डॉ. शास्त्री फार्मा फील्ड में टैक्नीकल दक्ष थे, उनके नाम पर कई पेटेंट भी हैं।

'आप चाहते हैं कि मैं नया काम शुरू करूं? तो आपको भी इसमें शामिल होना होगा!' सत्या ने उनसे कहा।

डॉ शास्त्री सहमत हो गए, और इस प्रकार 2004 में मुरली कृष्ण फार्मा प्राइवेट लिमिटेड अस्तित्व में आई। कंपनी के दूसरे शेयरहोल्डर में सत्या के पति, उनकी मां, उनके देवर मोहन वाडलामनी, स्विस बायर हेनोचेम एजी और हांगकांग के एल्कॉन इंवेस्टमेंट शामिल हैं।

'शुरू में एक ऐसी यूनिट लगाने का विचार था जो एक्सपोर्ट-ओरिएंटेड और एफडीए कंप्लेंट पर आधारित हो। जैसा कि मैंने पहले ही कहा, मैं फॉर्मल्टेशन इंसान नहीं हूं। तो दवाइयों का बड़े पैमाने पर उत्पादन होने जा रहा था।'

एक एपीआई यूनिट लगाने--वह भी नियंत्रक प्रकार की--में 20 से 30 करोड़ रुपए के निवेश की जरूरत होती है।

'हमारे पास उतना पैसा नहीं था। इससे हमारे पास सेमी-फिनिश फॉर्मल्टेशन का ही विकल्प बच रहा था। सेमी-फिनिश में हमने पेलेट्स में विशेषज्ञ होने का विकल्प चुना।'

पेलेट्स रेडी-टू-फिल प्रोडक्ट्स होते हैं। सामान्य लोगों की नजर से देखें तो यह वो छोटे-छोटे 'बीड्स' हैं, जो आपको कैप्सूल के अंदर दिखाई देते हैं। यह फॉर्म्यूलेशन एक बड़े फायदे के साथ आता है--ए डिलय रिलीज मशीनिज्म।

'उदाहरण के लिए, एंटासिड ड्रग जैसे ओमेज (ओमेजाप्रोल) को ज्यादा

प्रभावशाली बनाने के लिए उसे स्मॉल इंटेस्टाइन में रिलीज करना जरूरी होता है।'

हालांकि, पेलेट्स स्वाभाविक पसंद नहीं थे। उत्पादन के लिए सॉल्वेंट ज्यादा आसान--और तेज--होते हैं। लेकिन तकनीकी विशेषज्ञों को अपने कदम फूंक-फूंककर रखने होते हैं।

'विजय का योगदान बहुत-बहुत महत्वपूर्ण रहा,' सत्या आभार जताती हैं।

उन्होंने बताया, सॉल्वेंट को कारसिनोजेनिक के नाम से भी जाना जाता है। वे अंतर्राष्ट्रीय परिदृश्य से बाहर हो रहे हैं। तो ऐसी तकनीक में पड़ने का क्या फायदा?

वह चतुर पर मूल्यवान निर्णय था।

'सॉल्वेंट फ्री कंपनी बनने के लिए, हमें बड़े पैमाने पर आर एंड डी में उतरना पड़ा। अपने प्रोडक्ट बनाने के लिए नई तकनीक पर काम करना।'

और यह सब बहुत ही कम बजट में करना पड़ा।

'हम बहुत पैसेवाले नहीं थे... न ही हमारी पृष्ठभूमि रईस खानदान से जुड़ी थी। और पैसे के लिए इधर-उधर जाना मेरे लिए नई चीज थी।'

मदद का हाथ, दूर के रिश्ते के कजिन साईदास मलाडी की तरफ से आगे बढ़ा। वह बंगलौर में स्थित उद्योगपति है। उसने सत्या को बैंक ऑफ महाराष्ट्र से मिलवाया और उसके लिए विटनेस भी बना। 1.2 करोड़ रुपए का लोन जारी कर दिया गया। इसके अतिरिक्त 65 लाख रुपए निवेशकों से मिले।

लोन जुलाई 2004 में पारित हुआ था, जबकि कंस्ट्रक्शन नवंबर 2004 से शुरू हुई। पहले ही साल से परेशानियां आने लगीं।

'मैं मार्केटिंग को लेकर आश्वस्त थी, लेकिन मैं मैन्यूफैक्चरिंग और कच्चे माल की खरीद का भी अनुभव लेना चाहती थी। तो मैंने एक लोन लाइसेंस लेने का निर्णय लिया।'

लोन लाइसेंस दो कंपनियों के बीच एक ऑपरेशनल अरैंज्मेंट है।

'जैसे आपके पास एक प्रोडक्ट है, और उत्पादन का एक लाइसेंस, लेकिन आपकी कोई फैक्टरी नहीं है। आप दूसरी कंपनी को कच्चा माल उपलब्ध करवा सकते हैं और इसे एक फिनिश प्रोडक्ट में तब्दील करवा सकते हैं।'

मुरली कृष्ण ने हैदराबाद की कंपनी ओशियन फार्मा के साथ ऐसा ही एक अरेंज्मेंट किया। जबकि ओशियन को रूपांतरण के पैसे मिल रहे थे, वहीं मुरली कृष्ण के पास बेचने के लिए अपना प्रोडक्ट था।

'हम अच्छी प्रोजेक्ट रिपोर्ट तैयार करते, उसे बैंक को सौंपते और फिर परिणाम का इंतजार करते। मेरी मानो, यह बहुत-बहुत मुश्किल काम था!'

यह अच्छी रणनीति थी, लेकिन इसके अनचाहे परिणाम भी थे। सत्या ने जब बैंक से पैसे उठाए थे, तब तक लोन लाइसेंस अरेंज्मेंट से कुछ लेना-देना नहीं था।

'दरअसल लोन लाइसेंस अरेंज्मेंट में मुश्किल से ही कोई मुनाफा होता है। मैं तो वह अनुभव के लिए ही कर रही थी।'

इस दौरान, बैंक ने अकाउंट में पैसे आते देखे तो निर्धारित शैड्यूल से पहले ही ईएमआई लेनी शुरू कर दीं। वह बैंक की एक 'ग्रामीण' शाखा थी, क्योंकि फैक्टरी पुणे के शिरुर तालुका में थी।

'इन क्षेत्रों में ब्रांच मैनेजर को किसानों के साथ ऐसे ही डील करना पड़ता है, क्योंकि वह अक्सर भुगतान के समय टाल-मटोली करते हैं। तो वसूली की उनकी यही नीति है कि जब भी अकाउंट में पैसे आते देखो, तभी निकाल लो!'

इसके अलावा, प्लांट मार्च 2005 में कमीशन हो गया था। हालांकि, अप्रूवल मिलने में सितंबर 2005 आ गया था।

'इस दौरान हमारा वास्ता कई कड़वी सचाइयों से हुआ।'

फैक्टरी इंस्पेक्टर्स पुराने प्लांट पर जाना पसंद करते, जहां से उन्हें मोटी रकम मिलती थी, बजाय की वे किसी नए प्लांट पर जाकर उसे अप्रूवल दें।

'मेरा कभी इससे पहले भ्रष्टाचार से पाला नहीं पड़ा था। मैंने कभी नहीं सोचा था कि जब आप किसी प्रोजेक्ट के लिए पैसे जमा करें तो उसके साथ ही कुछ पैसा काम की सहमति मिलने के लिए भी रखना पड़ता है।'

इन सभी तथ्यों से प्रोजेक्ट का पूरा हिसाब-किताब बिगड़ जाता है।

'प्लांट शुरू होने से पहले ही हमारे सामने मुसीबतें आने लगीं। दरअसल हमें, आखरी कदम का फासला तय करने के लिए 88 लाख रुपए का अतिरिक्त लोन लेना पड़ा...!'

प्लांट का काम पूरा करवाने के लिए, सत्या को 'लोन लाइसेंस' छोड़ना पड़ा। कर्मचारी नियुक्त हो चुके थे, सेल्स भी होने लगी थी।

लेकिन उद्यमिता अपरिचित पाठ्यक्रम है।

'यह गहरे सागर में गोता लगाने के समान हैं, बिना यह जाने की तल कहां है। आप कुछ नहीं जानते हैं... बिना तैयारी के ही इसमें कूद पड़ते हैं।'

एक नए प्लांट की क्षमता धीरे-धीरे बढ़ाई जाती है, नियमित ऑर्डर मिलने में कुछ समय लगता है।

'अच्छी बात यह थी कि एम के फार्मा का पहला शिपमेंट--वेलीडेशन बेचूस ग्रीस की कंपनी मेदी फार्म को गया।'

लेकिन, कंपनी की आर्थिक हालत पस्त थी।

'सवाल यह था कि जो थोड़े पैसे हमारे पास थे उससे क्या किया जाए--कच्चा माल खरीदें, तनख्वाह दें या बैंक को ब्याज दें!'

इन हालातों में बैंक हमें डिफॉल्ट कर सकता था। और यकीनन, वह भी इससे खुश नहीं थे।

'हमें बैठकर उन्हें सारी स्थिति समझानी पड़ी। मैं तब आर्थिक रूप से ज्यादा जानकार भी नहीं थी, तो उस सारी प्रक्रिया में हमें बहुत मेहनत करनी पड़ी थी!'

प्रमुख मसला रेग्यूलेटरी अप्रूवल का था। 90 के दशक में आपको लगभग 9 महीने में अप्रूवल मिल जाया करता था। लेकिन वर्ष 2005 तक अप्रूवल मिलने में कम से कम दो साल लगने लगे थे।

'और अप्रूवल मिलने के बाद भी, एक लंबी प्रक्रिया का पालन किया जाना जरूरी था।'

पहले आपका संभावी क्लाइंट लैब स्केल सैंपल लेता है, फिर 'वेलीडेशन स्केल' बैच्स। उसके बाद 'फर्स्ट एग्जीबिट बैच' पहुंचाया जाता है।

'इस दौरान वे अपने फिनिश्ड फॉर्मयूलेशन पर स्टेब्लिटी टेस्ट करते हैं। फिर बायो-स्टडी की जाती है। पूरी प्रक्रिया में साल भर निकल जाता है।'

उसके बाद, कंपनी रजिस्ट्रेशन फाइल करती है। उस प्रक्रिया में अगले दो साल लग जाते हैं।

'मैं जानती थी कि अप्रूवल में समय मिलता है। लेकिन मैंने सपने में भी नहीं सोचा था कि अपना पहला कमर्शियल ऑर्डर देखने में मुझे 5 साल लग जाएंगे!'

सत्या यह भी नहीं जानती थीं कि रेग्यूलेटरी मार्केट के लिए आपको अपने प्लांट का रख-रखाव दूसरी तरह से करना पड़ता है।

'मैं वित्त की बहुत जानकार नहीं थी लेकिन मैंने जोर देकर बैलेंस शीट को समझना शुरू किया। मुझे फाइनेंस मैनेजमेंट सीखना ही पड़ा, जो कभी मेरे बस की बात नहीं थी।'

'हमें प्लांट को तीन बार तुड़वाकर बनवाना पड़ा, ताकि नई मशीनें और वर्कफ्लो क्लाइंट की जरूरतों के हिसाब से किया जा सके।'

ये सभी आवश्यक बुराई हैं। रेग्यूलेटरी मार्केट में जाने का दूसरा तरीका है 'जेनेरिक' फाइलिंग के द्वारा--जिसका मतलब है, जब कोई प्रोडक्ट पेटेंट की अवधि से बाहर आ जाए, तो आप उसके उत्पादन के लिए आवेदन दे सकते हैं।

'हालांकि यह जरूरी है कि आप आवेदन करने वाली पहली दस कंपनियों में शामिल हों और गुणवत्ता जांच की विभिन्न कसौटियों को पार कर चुके हों। यह लॉटरी जीतने के समान है--इसमें भाग्य का बड़ा हाथ रहता है!'

मुरली कृष्ण ने पेटेंट रूट की राह चुनी। इसका मतलब था कि आपको अपने उत्पाद का निर्माण उस पद्धति से करना था, जिससे वह अपने पुराने तरीके पर आक्रामक न हो। और साथ ही आपको अपने उत्पाद को पहले से बेहतर भी बनाना था।

यह करने के लिए, यकीनन आपको गहन अध्ययन, क्वालिटी विश्वसनीय लोगों, आंकलन करने वाले उपकरणों की जरूरत होगी। इसमें लगने वाली लागत, और पूंजी का आंकलन करना कोई हंसी की बात नहीं है।

फिर भी सत्या की मार्केटिंग योग्यताओं के कारण, प्लांट को 'वेलिडेशन बैच' के लिए अच्छे ऑर्डर मिलने लगे। वास्तव में, एम के फार्मा की सालाना आय 2005-6 में 1 करोड़ रुपए थी जो 2007-8 में बढ़कर 6.75 करोड़ रुपए हो गई। और पहले तीन सालों में कंपनी हल्का सा मुनाफा कमाने लायक भी हो गई।

2008 में फिर से मुश्किल दौर आया। यूएस की कंपनी कॉन्जेंटस से मिले ऑर्डर को पूरा करने के लिए एम के फार्मा ने बैंक ऑफ महाराष्ट्र से एक नया लोन उठाया।

'कॉन्जेंटस ने हमारे साथ एक करार पर साइन किए और वे हमें ओमेजाप्रोल

पेलेट्स के अच्छे दाम दे रहे थे। वास्तव में, उन्होंने यूएस में फेस 5 क्लीनिकल भी पूरा कर लिया था, जिसका मतलब था कि ऑर्डर पूरी तरह से कन्फर्म है।'

सितंबर 2008 में सत्या, कंपनी के कैलीफोर्निया स्थित हेडक्वार्टर में भी गई थीं।

दो महीने बाद, कॉन्जेंटस ने खुद को दिवालिया घोषित कर दिया। इसका एक बड़ा निवेश मंदी के दौर में खाली हो चुका था।

'जो भी हमने किया वह सब बर्बाद हो चुका था। 3 सालों की मेहनत और पसीना मिट्टी में मिल गया था!'

इस प्रकार, 2009-10 में हमें बैंक ऑफ महाराष्ट्र को 1.5 करोड़ रुपए ब्याज के देने थे, जबकि सालाना आय मात्र 10.75 करोड़ रुपए थी।

'ब्याज और 6 करोड़ के निर्धारित खर्चे हटाने के बाद--कच्चा माल या और कामों के लिए पैसा कहां था?'

एम के फार्मा पस्त होने की कगार पर थी।

काले बादलों में रौशनी की एक किरण थी मिलेन। इस इंटरनेशल फर्म के साथ 2008 में रजिस्ट्रेशन की प्रक्रिया होनी शुरू हो गई थी। लेकिन अप्रूवल मिलने में जो 2-3 साल लगने वाले थे उस दौरान एम के फार्मा खुद को कैसे संभालती?

इस बिंदु पर, पहला विकल्प था शेयर बेचने का। इसके लिए डैक्सल फार्मा टैक्नॉलोजी बहुत उत्सुक नजर आ रहा था।

'वास्तव में हम, एलओएल--लैटर ऑफ इंटेंट तक पहुंच गए थे और वे हमारे 30 प्रतिशत शेयरों के बदले हमें अच्छी कीमत भी दे रहे थे।'

लेकिन 2010 जनवरी में, सत्या इस डील के बारे में बहुत आश्वस्त नहीं हो पा रही थीं।

'वे 3 मिलियन डॉलर और बढ़ाने को तैयार थे लेकिन मुझे ऐसा लग रहा था कि एक बार उन्होंने करार कर लिया तो उन्हें शर्तों में छेड़छाड़ करने का हक मिल जाएगा। उदाहरण के लिए, फिर हम मिलेन को सप्लाई नहीं कर पाएंगे, क्योंकि वह उनका प्रतिद्वंद्वी था।'

और यह सत्या को मंजूर नहीं था।

'इस स्टेज पर पीछे हटना मेरे लिए नैतिक रूप से सही नहीं था, क्योंकि मिलेन पहले ही अपना समय और पैसे उस प्रोजेक्ट पर लगा चुके थे।'

'भारत में भुगतान के लिए कोई सख्त कानून नहीं हैं, और यह प्रक्रिया इतनी धीमी है कि बहुत सी कंपनियां बीच राह में ही दम तोड़ देती हैं। मैन्यूफैक्चरिंग में तो खासतौर पर, जहां प्रोफिट आने में कम से कम 3 साल का समय तो लगता ही है।'

तो यद्यपि एम के फार्मा को पैसों की सख्त जरूरत थी, फिर भी सत्या डील से पीछे हट गईं। सितंबर 2010 में, पैसे की तंगी फिर से सिर उठा रही थी। इस समय, यूके की कंपनी सोलेक्स फार्मा आगे आई। और इस बार सत्या ने निवेश स्वीकार कर लिया।

'मैं मानती हूं कि उस कंपनी को हमने कम दाम पर अपने शेयर बेचे, लेकिन उसका यही फायदा हुआ कि आज मैं बिना किसी परेशानी के डैक्सल और मिलेन दोनों के साथ काम कर रही हूं।'

कभी-कभी आपको आजादी की कीमत देनी पड़ती है। लेकिन उस खुली हवा में सांस लेने के लिए कोई भी कीमत ज्यादा नहीं होती।

'मार्केट के नजरिए से मैंने फील्ड को खुला ही रखा है।'

जनवरी 2011 में, मुरली कृष्ण ने आखिरकार एक करवट ली। मिलेन के साथ किए गए सप्लाई एग्रीमेंट से अब अच्छा मुनाफा होने लगा था।

'लेकिन मैं कह रही हूं कि पापड़ बहुत बेलने पड़े!' वह हंसते हुए बताती हैं।

इस प्रक्रिया में बहुत कुछ सीखने को भी मिला।

'मैं सोचती हूं कि पहला उद्योग स्थापित करने में बहुत सी तकलीफें आती हैं, लेकिन उसके बाद आप जितने चाहें शुरू कर सकते हैं!'

और इस अनुभव के लिए आपको कोई भी मैनेजमेंट स्कूल तैयार नहीं कर सकता। इसे आप अपनी सीमाओं को बढ़ाकर ही सीख सकते हो।

'विजय की दक्षता तकनीकी थी--वह उस फील्ड के लिए उपयुक्त था। लेकिन हालांकि मैं मार्केटिंग पर्सन थी पर मुझे वह काम भी सीखने पड़े जो मेरे क्षेत्र के नहीं थे।'

तो उस मुश्किल समय में सत्या को आगे बढ़ने की प्रेरणा किससे मिली?

'किसी भी बिजनेस में पीछे मुड़ने की कोई राह नहीं होती। जब मैंने शुरू किया,

तो फिर पीछे मुड़कर नहीं देखा। क्योंकि जब आप कुछ शुरू करते हैं, तो असफलता स्वीकार नहीं कर सकते। और इसी लगन से मैं बढ़ती रही!'

परिवार और मित्रों के सहयोग के साथ।

'मैं विजय, मेरे घरवालों, मुरली कृष्ण के निवेशकों की आभारी हूं जिन्होंने मुझ पर भरोसा रखा। वो जानते थे कि मैं कभी उन्हें धोखा नहीं दूंगी। मैं सोचती हूं कि उसी भरोसे ने मुझे आगे बढ़ने की शक्ति दी होगी।'

पारिवारिक पहलू पर भी बहुत से समझौते और त्याग करने पड़ते हैं। हालांकि अब बच्चे बड़े हो गए हैं, और उन्हें अब सत्या की ज्यादा जरूरत नहीं पड़ती, लेकिन फिर भी सत्या को ऐसा नहीं लगता कि प्रोजेक्ट ने सत्या का पूरा समय ले लिया है।

'मैंने अपना सबकुछ मुरली कृष्ण फार्मा में लगा दिया। सिर्फ पैसा ही नहीं, मेरा समय, मेरा जुनून, मेरा पूरा जीवन!' वह कहती हैं।

पहले दो साल तो सत्या लगातार सफर ही करती रहीं, फैक्टरी मुंबई से तीन घंटे की ड्राइव की दूरी पर थी।

'मुझे सिर्फ प्लांट पर ही नहीं जाना होता था, बल्कि बैंक और बायर के पास भी जाना होता था। तो मुझे बहुत भागदौड़ करनी होती थी!'

अक्टूबर 2005 में, सत्या ने अपने मां-बाप और छोटे बेटे के साथ शिरूर में ही बसने का निर्णय लिया। इसका मतलब था कृष्ण को ग्रामीण स्कूल में दाखिला दिलवाना।

'भरोसा कीजिए, इससे मेरे बेटे को बहुत मदद मिली। मुंबई में वह 50 प्रतिशत नंबर लाने वाला छात्र था और यहां उसके नंबर 80-90 प्रतिशत आते हैं और अब वह मेडिसन पढ़ रहा है!'

बड़ा बेटा मुंबई में ही रहा, क्योंकि वह वहां अथर्व कॉलेज ऑफ इंजीनियरिंग के दूसरे साल में था।

'वह पूरी तरह स्वतंत्र है,' वह बताती हैं।

उनके पति की तरह, जो इंजीनियर हैं और नए-नए प्रोजेक्ट्स लगवाते हैं।

'आमतौर पर वह 6-7 महीने का प्रोजेक्ट लेते हैं और साइट पर ही रहते हैं। फिर वापस भारत आते हैं, 2-3 महीने आराम करते हैं और फिर किसी दूसरे प्रोजेक्ट के सिलसिले में और कहीं चले जाते हैं।'

क्या उन्हें कभी अफसोस नहीं होता कि उनका परिवार उनके साथ नहीं जाता?

'हमारी शादी तब हुई थी, जब हम बहुत कमउम्र के थे। हम साथ-साथ ही बड़े हुए, तो हमारा तालमेल बहुत अच्छा है।'

ईश्वर का अपना काम है, सत्या का अपना। ईश्वर शुरू में ही मुरली कृष्ण फार्मा से जुड़ा था, जब प्लांट लगने वाला था।

'जहां तक काम का सवाल है, हम दोनों ही पूरी तरह स्वतंत्र हैं। ऐसा नहीं है कि हम एक-दूसरे को पसंद नहीं करते... लेकिन हमारी शादी पुरानी रूढ़िवादी वाली जैसी नहीं है।'

उदाहरण के लिए, उनकी गृहस्थी में खाना कभी भी मसला नहीं रहा है।

'मैं हमेशा अपने लिए पकाती हूं, लेकिन बस एक ही डिश।'

उनका सारा जुनून आखिर में मुरली कृष्ण फार्मा को विश्वस्तरीय कंपनी बनाने में ही लगता है। ऐसी कंपनी जिसके पास पेलेट्स बनाने का ईयू और डब्ल्यूएचओ-जीएमपी दोनों का अप्रूवल हो।

'आज लोग हमारे प्रोडक्ट, हमारे प्लांट और हमारी क्वालिटी की प्रशंसा करते हैं। उससे संतुष्टि मिलती है कि हम वाकई में कुछ कर रहे हैं। हमारा मकसद सिर्फ पैसे बनाना ही नहीं है, एक पहचान बनाना भी है।'

एम के फार्मा प्लांट में 110 फुल-टाइम कर्मचारी हैं और उसके अतिरिक्त 40 कॉन्ट्रेक्ट बेसिस पर काम कर रहे हैं। मार्च 2012 में उनकी सालाना आय 15.5 करोड़ रुपए थी, और मुनाफा 2.17 करोड़ रुपए। सत्या मार्केटिंग अकेले ही संभाल रही हैं, जिसमें कुछ हाथ विपुल का भी होता है, जो एम के एक्सपोर्ट में एंकर हैं।

'वह कंपनी बहुत छोटी, लेकिन फायदेमंद है। मैं बहुत आभारी हूं क्योंकि जब एम के फार्मा कठिन दौर से गुजर रही थी, तब मेरी पगार एम के एक्सपोर्ट से ही आती थी।'

अब सब सही चल रहा है, और सत्या ने आखिरकार अपने लिए कुछ समय निकाल ही लिया, एक छोटे हॉलीडे पर जाकर।

'अभी हाल ही में 5 सालों बाद मैंने अपने लिए समय निकाला। मैं अपने छोटे बेटे के पास कुछ समय बिताने के लिए गई थी। उसनें हंगरी के मेडिकल कॉलेज में दाखिला लिया है। दो सप्ताह बेहद आराम से और मजे में बीते!'

लेकिन आखिरकार सत्या उन लोगों में से है, जो खाली नहीं बैठ सकते।

और भी सरहदें हैं, बुलंदियां हैं, फासले हैं...

ख्वाहिशों के ऊंचे मुकाम अभी तय करना बाकी है।
मन की शक्ति और दृढ़ता के साथ।
और सबसे बढ़कर, सकारात्मक सोच।

*

महिला उद्यमी की सलाह

मैं मानती हूं कि हर महिला को कुछ न कुछ करते रहना चाहिए। घर की चारदीवारी में कैद न होकर आपको अपनी योग्यता और प्रतिभा का इस्तेमाल करना चाहिए।

मेरे विचार से महिलाएं आदमियों से बेहतर उद्यमी बन सकती हैं क्योंकि उनमें धैर्य और बहुत से काम एक साथ करने की काबिलियत होती है। लेकिन याद रहे, अपने दिल और दिमाग दोनों का इस्तेमाल करो।

जिस क्षेत्र में आप लंबे समय से काम कर रहे हैं, उसी से जुड़ा कोई बिजनेस आप कर सकते हैं। वह काम मत करो जो कोई दूसरा तुम्हारे लिए चुने, क्योंकि समय बाद आप उससे उकता जाओगे।

अगर आप फाइनेंस नही समझते तो बड़ी मुसीबत में पड़ सकते हो। बैलंस शीट को समझना शुरू कर दो।

हालांकि बिजनेस की बुनियाद विश्वास ही होती है, लेकिन फिर भी हर पेपर को ध्यान से पढ़ो। क्योंकि हर शब्द के पीछे कोई दूसरा मतलब भी हो सकता है।

अपने स्टाफ और सहयोगियों की ईगो को संभाल पाना आसान नहीं होता। मेरा मानना है कि अपने आसपास काम करने वालों के साथ विनम्र रहो। इसमें बहुत सी ऊर्जा तो लगती है लेकिन जीवन में बहुत सी सहजता भी आ जाती है।

आखिर में, जब भी आप किसी प्रोजेक्ट के लिए पैसे लें तो अपनी जरूरतों पर दस बार सोच लें। मेरे जैसे मूर्ख न बनें!

फैट चांस

शिखा शर्मा
न्यूट्रीहेल्थ सिस्टम

डॉ. शिखा शर्मा अमेरिका जाकर, किसी बड़े अस्पताल के साथ काम कर सकती थीं--दूसरे पढ़े-लिखे डॉक्टरों की तरह। इसके बजाय, उन्होंने अपना मेडिकल कौशल वेट-लॉस बिजनेस में लगाया और अपने क्लाइंट की जिंदगी खुशियों और अच्छी सेहत से भर दी।

रविवार दोपहर के 3 बजे थे।

'सॉरी आपको मेरी वजह से संडे को भी ऑफिस आना पड़ा,' मैंने खेद जताया।

'ओह, मैं हमेशा शनिवार की छुट्टी लेकर संडे को काम करती हूं,' शिखा ने जवाब दिया। 'कोई टेलीफोन नहीं, रोज का काम नहीं। मुझे सोचने और प्लान बनाने का समय मिल जाता है!'

हम्म, यह तो बहुत अलग है। लेकिन शिखा की हर बात कुछ अलग ही थी।

एक सुशिक्षित डॉक्टर होने के बाद, उन्होंने बिजनेस करने का फैसला लिया। और उसके लिए वे महत्वाकांक्षी भी हैं, और सपने भी हैं, लेकिन उसूलों की कीमत पर नहीं।

डॉ. शिखा के क्लीनिक पर न तो कोई मशीन है, न ही कोई दवाई। सिर्फ मेडिकली निर्देश वाले डाइट प्लान, एक्सरसाइज और आयुर्वेदिक सिद्धांत। और फिर भी, साल में 2000 पेशेंट के साथ न्यूट्रीहेल्थ भारत में सबसे बड़ी वेट-लॉस चेन के रूप में उभर रहा है।

क्योंकि, ईमानदारी का फल भी होता है।

'टचवुड, मुझे लगता है कि जो भी पैसा आया है वह उसकी बरकत है। सिर्फ मैं ही नहीं, वह चपरासी भी, जो मेरे साथ 14 सालों से काम कर रहा है, उसने भी अपना खुद का घर बना लिया है।'

पहले स्वास्थ्य, फिर खुशी, फिर पैसा।

अगर हममें से अधिकांश लोग इस सिद्धांत के साथ जिएं तो, हम पर कोई अतिरिक्त भार नहीं होगा।

बात साइज जीरो की नहीं है, लेकिन दिलोदिमाग भी हल्का होना चाहिए।

फैट चांस

शिखा शर्मा

न्यूट्रीहेल्थ सिस्टम

शिखा शर्मा पूरी तरह से एक दिल्लीवाली हैं।

'मैंने वसंत विहार के मॉडर्न स्कूल से पढ़ाई की और फिर दिल्ली के ही मौलाना आजाद कॉलेज से आगे की पढ़ाई की।'

शिखा होनहार छात्रा थीं, साथ ही मेहनती भी।

'मैं नहीं कह सकती कि मेरा दिमाग बहुत तेज था, लेकिन मुझे मेहनत करके उसमें चीजें बिठानी पड़ती थीं।'

शिखा के पिता का एक पेट्रोल पंप था, जबकि उनकी मां कपड़ों का छोटा सा बिजनेस चलाती थीं। परिवार में शिक्षा पर बहुत जोर दिया जाता था।

'मेरा एक भाई और एक बहन है। भाई इंजीनियर है, और बहन आर्किटेक्ट, और मैं डॉक्टर।'

दरअसल, शिखा ने शायद ही इसे हां कहा हो--परिवार में व्यावहारिक रूप से निर्णय लिया गया कि घर में एक डॉक्टर तो होना ही चाहिए।

'मेडिकल कॉलेज का पहला साल बहुत कठिन रहा, क्योंकि मेरी बहुत बुरी तरह से रैगिंग की गई थी।'

डीन से शिकायत करने पर हालात बद से बदतर हो गए।

'सबने मुझसे बात करना बंद कर दिया था, क्योंकि उन्हें लग रहा था कि मैंने राई का पहाड़ बना दिया है।'

लेकिन किसी तरह वह इसे टाल कर चुप न रह सकीं।

'मैंने कहा, कि मैं यह नहीं सह सकती, क्योंकि वे अपनी हद से बाहर जा रहे थे... किसी तरह से मुझे डर नहीं लग रहा था। मुझे कभी लोगों की सोच की चिंता नहीं रही।'

समय के साथ, सब भुला दिया गया और कॉलेज में मजा आने लगा। और फिर पढ़ाई में भी।

'मुझे कभी अनैटमी(शरीर रचना विज्ञान) और बायोलोजी में मजा नहीं आया। लेकिन फाइनल ईयर में, जब हम डायबिटीज और कोलेस्ट्रॉल जैसी बीमारियों के बारे में पढ़ रहे थे, तब मैंने कहा ओके। आखिरकार मुझे दवाइयों के प्रति रुचि हुई।'

शिखा ने एमबीबीएस पूरा किया और अब वह आगे की पढ़ाई के लिए बाहर जाना चाहती थीं। उन्होंने यूएसएमएलई (यूएस मेडिकल लाइसेंसिंग एग्जाम) की तैयारी शुरू कर दी, लेकिन परिवार ने उनके कदम वापस खींच लिए।

'उन्होंने कहा, हम तुम्हें विदेश में अकेला नहीं भेज सकते। पहले शादी कर लो।'

शिखा तैयार नहीं हो पा रही थीं।

'मैंने सोचा, हे भगवान, अपनी जिंदगी शुरू करने से पहले ही मैं किसी के साथ बंध जाऊंगी... नहीं, ये नहीं हो सकता!'

तब एमडी करना ही समझदारी भरा कदम था। लेकिन, किसी कारण से उसमें शिखा को मजा नहीं आ रहा था। अब वह क्या कर सकती थीं, कुछ और?

'तब, मैंने बिजनेस के बारे में सोचना शुरू किया। या फिर एमबीए किया जाए।'

उस समय तक शिखा जी बी पंत अस्पताल के आईसीयू में एक साल की 'हाउस जॉब' कर चुकी थीं। वहां के अनुभव ने उन पर गहरी छाप छोड़ी।

'हर रोज कोई न कोई इंसान मर रहा है... आप जानती हैं... यह बहुत आम हो गया था तो मैंने समझने की कोशिश की कि जिंदगी क्या है!'

अगर आपकी किस्मत अच्छी है, तो आप समय से अस्पताल पहुंच जाते हो। आपको अच्छा डॉक्टर मिलता है, और आप बच जाते हो। मरते हुए इंसान को बचाना पुण्य का काम है, लेकिन क्या दवाइयां आपकी जिंदगी को और बेहतर बनाने का काम नहीं कर सकतीं?

'मैंने महसूस किया कि बचाव या स्वास्थ्यलाभ की सेवाएं अनुपस्थित हैं... और

इसकी बहुत जरूरत है!'

और फिर 24 साल की शिखा ने बड़ा कदम उठाते हुए एक डॉक्टर के तौर पर वेट-लॉस क्लीनिक में दाखिला लिया। एमबीबीएस आपको इसके लिए पूरी तरह से तैयार नहीं करता। तो, शिखा ने पहले खुद को प्रशिक्षित करने का निर्णय लिया।

'मैंने इग्नू से एक न्यूट्रीशन कोर्स में दाखिला लिया, लेकिन मैंने पाया कि उसमें कुछ भी प्रेक्टिकल नहीं है। तो मैंने किताबें उठाईं, पढ़ा और अपने स्तर पर समझा। और फिर मैंने उसका अभ्यास शुरू किया, देखने के लिए कि यह काम भी करता है या नहीं।'

एक साल बाद, शिखा को नोएडा से एक वेट-लॉस क्लीनिक संभालने का ऑफर आया।

'वह वेट-लॉस सेंटर चलाने का मेरा पहला अनुभव था। उन्होंने मुझे पूरी आजादी दी थी, पर किसी कारण से हम बहुत से कस्टमर को आकर्षित नहीं कर पाए।'

1996 में वह बंद हो गया, इससे शिखा को गहरा आघात लगा।

'पहली बार मैं किसी काम में असफल हुई थी।'

पीछे मुड़कर देखने पर, उन्हें अहसास हुआ कि गलती कहां हुई थी।

'उस समय तक मैंने सोचना शुरू नहीं किया था, जो मैं कर रही थी उसे लेकर पूरी तरह से आश्वस्त नहीं थी। चूंकि पैसा किसी और का लगा था, तो मैं कुछ नया करने में झिझक रही थी।'

सेंटर के बंद होने से शिखा का निजी जीवन भी प्रभावित हुआ।

'मेरे परिवार ने मुझे नोएडा जाकर काम करने की इजाजत नहीं दी थी, उनका कहना था कि वह सुरक्षित नहीं है।'

पूरी तरह से खिलाफत हो रही थी। हमारे होते हुए किराए के मकान में रहोगी? अकेले? (जब आपका परिवार उसी शहर में रह रहा हो, तो वो कैसे आपको किराये के मकान में अकेले रहने की इजाजत दे सकता है।)

शिखा को आज भी अपनी मां से हुई बातें याद हैं।

'मैंने कहा, मैं किसी के साथ भाग नहीं रही हूं, मैं काम करने की कोशिश कर रही हूं और आपको मुझे काम करने की आजादी देनी ही होगी!'

उन्होंने कहा, 'लेकिन, क्यों? तुम यूएस में ही किसी अच्छे लड़के से शादी करके

'महिला उद्यमी के लिए आर्थिक रूप से आत्मनिर्भर होना बहुत जरूरी होता है, उससे आपको एक-एक पैसे का हिसाब नहीं देना पड़ता।'

अपनी मेडिसन वहीं शुरू क्यों नहीं कर लेतीं? तुम हमारे लिए परेशानी क्यों खड़ी करना चाहती हो?'

अचानक ही, एक 'अच्छी' लड़की विद्रोही बन गई थी। ज्योतिषियों से पूछा गया और राहू, केतू और शनि को दोष दिया गया। लेकिन शिखा को अपने अंदर एक नए विश्वास की अनुभूति हुई और आखिरकार वह नोएडा में रहने चली गईं।

'जब सेंटर बंद हो गया तो दोगुना बवाल मचा। मैं वापस घर आ गई, और मानो हर कोई यही कह रहा था--हमने तो तुम्हें पहले ही कहा था!'

उस समस्या का समाधान शिखा ने यह सुनिश्चित करके किया कि वह जितना कम हो सकेगा, उतना कम घर पर रुकेंगी।

'मैंने सुबह की एक नौकरी पकड़ ली। फिर एक दोपहर की। फिर तो मैंने रात में भी काम करना शुरू कर दिया। एक डॉक्टर के तौर पर आप यह करते हुए, सबसे दूर रह सकते हैं।'

रोज का रूटीन था, घर आओ, थोड़ी सी नींद लो, नहाओ, कपड़े बदलो और फिर निकल जाओ।

'यह मेरा अपना तरीका था, खुद से और अपनी असफलता से निबटने का।'

हालांकि बाकी परिवार और रिश्तेदार कुछ बुदबुदा रहे थे, लेकिन इस बार उनकी मां उनके सामने चट्टान की तरह खड़ी थीं। एक समझदार सीनियर ने भी उनकी तरफ मदद का हाथ बढ़ाया।

'एक क्लीनिक जहां मैं काम करती थी, मेरा बॉस एक डॉक्टर था जिसने एफएमएस से एमबीए किया हुआ था। मुझे लगा कि मैं उनसे बात कर सकती थी। पूछ सकती थी कि क्या गलती थी।'

हालांकि उन्हें अपने सभी जवाब नहीं मिले थे, लेकिन आसपास एक मददगार माहौल बन गया था।

'मैंने जाना कि असफलता कोई बड़ी बात नहीं होती। उसमें डूबने की या उसे खुद पर हावी करने की जरूरत नहीं!'

बॉस ने उन्हें रेडियोलोजी में एमबीए या एमडी करने के लिए भी प्रोत्साहित किया।

'तुम अच्छी छात्रा हो, तुम जरूर कामयाब रहोगी,' उन्होंने कहा।

लेकिन जो आपको छोड़ता है, आप उसी के पीछे भागते हो। शिखा ने फिर से वेट-लॉस सेंटर शुरू करने का निर्णय लिया, इस बार अपने दम पर। 1998 में, वह किराए पर एक चेंबर लेकर वापस बिजनेस में कूद पड़ीं।

'चेंबर एक अस्पताल में ही था, जो बहुत से पेशेंट से जुड़ा था। मैंने 5 भारी वजनवाले पेशेंट का चुनाव करके उन्हें फ्री में एक महीने का पैकेज दिया।'

वे पेशेंट बहुत खुश हुए और उन्होंने अपने परिवार और रिश्तेदारों को भी इसके बारे में बताया। ये नए पेशेंट एक महीने के 1500 रुपए देने को तैयार थे। तो और भला क्या अच्छा हो सकता था?

'मैं एक बार पहले ही फेल हो गई थी तो इस बार असफलता का डर नहीं था। तो मैं बस मजे के लिए कर रही थी। मैं काफी रचनात्मक भी हो चुकी थी।

पैसा डूब जाएगा तो चलेगा... वह मेरा पैसा था।'

शिखा का विचार था कि अपने मेडिकल कौशल का प्रयोग वह वजन कम करने में करेंगी। इससे यह और साइंटिफिक हो जाएगा।

उदाहरण के लिए, एक महिला आई और कहने लगी, 'मैं वो सब काम कर रही हूं, जो आपने कहा, लेकिन मेरा वजन टस से मस नहीं हो रहा।'

डॉ. शिखा ने उसकी जांच के बाद बताया, 'आपका लीवर कमजोर है, इसलिए यह खाना नहीं पचा पाता और उसे वसा के रूप में प्रस्तुत कर देता है।'

उन्हें पूरा मेडिकल चेकअप कराने की सलाह दी गई। 10 में से 5 मरीजों का लीवर ठीक से काम नहीं कर रहा होता है। तो, इस तरह की स्वास्थ्य संबंधी समस्याएं सामने आ जाती हैं।

'लोगों को लगने लगा कि मैं उनकी सब तरह की समस्याएं समझ सकती हूं, बजाय किसी ऐसे इंसान के जो उन्हें भूखे रहने की सलाह दे रहा हो।'

शिखा कुछ ज्यादा ही व्यवस्था पर चलने वालों में से थीं।

'अच्छे कॉलेज से पढ़ने पर यह चीजें खुद ब खुद आपकी आदतों में शुमार हो जाती हैं। मैं उनसे पूरा मेडिकल फॉर्म भरवाती, ब्लडप्रेशर चैक करती वगैरह।'

इन छोटी-छोटी चीजों से उसमें व्यावसायिक टच आने लगा।

'अपनी कार खरीदने से मुझे आत्मविश्वास और स्वतंत्रता मिली। मैं हर महिला को सलाह दूंगी की जितना जल्दी हो यह जरूर कर लें!'

पहले जिन 100 पेशेंट ने दाखिला लिया था, उनमें से 50 पेशेंट ही वजन कम करने के लक्ष्य को हासिल कर सके थे। लेकिन प्रोग्राम से लगाई गई उम्मीदों के हिसाब से वे सभी खुश थे।

बिजनेस बढ़ने के साथ-साथ शिखा ने एक न्यूट्रिशनिस्ट भी रख ली, ताकि वह डाइट प्लान लिखने जैसा बोरिंग काम कर सके।

'मैं उससे कह देती, ओके, यह करो, वह करो, यह मुझ पर भारी पड़ता है। प्रोटीन लेवल बढ़ाओ, या उसका प्रोटीन लेवल कम करो और ऐसे ही बहुत से काम।'

क्योंकि पहले दिन से ही शिखा जानती थी कि यह वन विमेन शो नहीं होने वाला, इसमें मुझे मदद लेनी ही पड़ेगी।

'मेरे बॉस ने मुझे एक और बेशकीमती सलाह दी थीः अगर आप एक डॉक्टर की तरह काम करोगे, तो तुम एक गुणा कमाओगे। अगर तुम अपने साथ और भी लोगों को जोड़ लोगे तो तुम्हारी कमाई होगी 5 गुणा। तो हमेशा एक टीम बनाने का लक्ष्य रखो।'

अब शिखा के पास और भी सोचने का समय था। नए प्रयोग करने का। जैसे हिंदुस्तान टाइम्स के टीवी चैनल *होम टीवी* पर एक हेल्थ शो में कंसल्टेंट बनना।

'मैंने यह रोमांच के लिए किया, अनुभव के लिए और कुछ पैसे भी बनाने के लिए!'

उस समय तक शिखा ने एक सैकंड हैंड कार भी खरीद ली थी।

'वह मेरे लिए बहुत ही महत्वपूर्ण निर्णय रहा... अब मैं फैमिली कार पर निर्भर नहीं रही थी। अब मैं आत्मनिर्भर और विश्वस्त हो गई थी।'

और यह उस बिजनेस के लिए छोटी सी ही लग्जरी थी, जो अच्छे से चलने लगा था, वह भी अपने पहले ही साल में। हर महीने 15 पेशेंट आ रहे थे और क्लीनिक की औसत मासिक आय 50,000 रुपए महीना हो गई थी।

'मैंने पूरी तरह से अपनी मेडिकल प्रेक्टिस छोड़ दी थी और अपना पूरा समय बिजनेस में लगा दिया था।'

जल्दी ही, शिखा को एक और चेंबर किराए पर लेना पड़ा, और दूसरी डाइटिशियन भी रखनी पड़ी। फिर पंचशील से एक क्लब का ऑफर आया।

'जो आप कर रही हैं, वह हमें बहुत पसंद आया,' उन्होंने कहा। 'हमारे यहां आकर शुरू कर दीजिए!'

डील सिंपल थीः क्लब शिखा की कमाई में से 25 प्रतिशत लेने वाला था। कोई किराया नहीं, लेकिन इंटीरियर और इंफ्रास्ट्रक्चर की साज-संवार शिखा को देखनी थी।

'मैंने बिना किसी मोल-भाव के बात पक्की कर ली। मैंने अपनी मां से 72,000 रुपए उधार लिए--जो मैंने लौटाने का वादा भी किया--और फिर मैं वहां जाकर बिजनेस सेट करने लगी।'

पंचशील क्लब में डॉ. शिखा के वेट लॉस सेंटर का मुहूर्त 16 अक्टूबर 1998 को हुआ। पहले तीन महीने धंधा बेहद धीमा रहा।

'दोपहर में, लंच के बाद, हम सभी ट्रीटमेंट बेड पर सो जाया करते थे!' वह हंसते हुए बताती हैं।

फरवरी आई, और सब बदल गया। ज्यादा से ज्यादा पेशेंट आने लगे, एक दूसरे से यहां के बारे में सुनकर। दरअसल, कोई-कोई दिन तो ऐसा भी होता था जब शिखा को लंच के लिए या वॉशरूम जाने का भी समय नहीं मिल पाता था।

'कभी-कभी मैं सांस लेने के लिए, अपने फोन को बंद कर दिया करती थी।'

शिखा ने जल्दी ही 3 न्यूट्रिशनिस्ट और रख लीं, और उन्हें प्रशिक्षण देकर और बेहतर डाइट तैयार करवाई।

'हमने वजन कम करने के लिए ऐटकिन्स का फॉर्मूला इस्तेमाल किया, और उसका असर सभी पर कारगर रहा।'

शिखा को लोगों से मिलने और रचनात्मक चुनौतियों का सामना करने में मजा आता था। खासकर वो वीआईपी जिनका अक्सर क्लब में आना-जाना लगा रहता था।

'सिर्फ इसलिए नहीं कि वे अमीर या ताकतवर थे, बल्कि उनसे बातें करने में अच्छा लगता था। उनमें से काफी अपने क्षेत्र के माहिर थे।'

उस काम में सीखने के लिए और भी बहुत कुछ था। जैसे प्लम्बर, इलैक्ट्रिशियन और कारपेंटर से मगज मारी।

'मुझे टाइलिंग और वुडवर्क करवाना अच्छा लगता था। मुझे रचनात्मकता और

'अगर आप कोई छोटा बिजनेस शुरू कर रहे हैं तो आपको प्रचार की कोई जरूरत नहीं है। आपका काम अच्छा होगा तो वह खुद ब खुद बोलेगा।'

उससे कुछ नया बनाने में मजा आता था!'

दूसरा, अहम सबक था, लोगों से डील करना। डॉक्टर के तौर पर, आपका काम अपनी योग्यताओं पर निर्भर करता है। लीडर के तौर पर, आपकी काबिलियत अपनी टीम से उनका सर्वश्रेष्ठ निकाल पाने में है।

'पीपल मैनेजमेंट अभी भी मेरे कमजोर क्षेत्र में से है क्योंकि मैं बहुत ही भावनात्मक हो जाती हूं,' शिखा मानती है।

उन्हें एक घटना याद है--दस साल पहले की--जब एक प्रतिद्वंद्वी ने उनके बहुत से कर्मचारियों को अपने पास बुला लिया।

'सबसे ज्यादा तकलीफ इस बात से हुई कि मेरी एक न्यूट्रिशनिस्ट ने कहा कि वह शादी कर रही है और वहां से चली गई। दूसरी भी ऐसी ही कोई गोली देकर गई। उन्हें मुझसे झूठ बोलने की क्या जरूरत थी?'

इससे शिखा को बहुत परेशानी हुई, उन्हें एसिडिटी रहने लगी।

'मुझे यह मानने में बहुत समय लगा कि कुछ लोग ऐसे ही अव्यावसायिक बर्ताव करते हैं और आप इस बारे में कुछ नहीं कर सकते!'

लेकिन, जहां वह कुछ कर सकती थीं, जरूर किया। भले ही इसका मतलब विश्वास की लंबी छलांग लगाना ही क्यों न हो।

'जब मैंने अपना क्लीनिक शुरू किया तो पैसिव वेट लॉस मशीनें बहुत लोकप्रिय थीं। मैंने भी अपनी गाढ़ी कमाई का पैसा इन पर लगाया था।'

लेकिन उनके मेडिकल प्रशिक्षित दिमाग में हमेशा एक संदेह था। क्या ये मशीनें वाकई कामगार होती हैं?

'मुझे लगता था कि ये मशीनें पूरी तरह से छलावा हैं। सिर्फ डाइट के सहारे ही आप लंबा रास्ता पार कर सकते हैं, जो वाकई में कामयाब है।'

शिखा ने मशीनों से पूरी तरह से पीछा छुड़ाने का निर्णय लिया।

दोस्तों और शुभचिंतकों ने उन्हें ऐसा न करने की सलाह दी। इसमें क्या

नुकसान है अगर लोगों को मनोवैज्ञानिक संतुष्टि मिलती है तो?

लेकिन शिखा सुनिश्चित थीं। उनके क्लीनिक पर अब और कोई इलेक्ट्रॉनिक मशीन लोगों को धोखा देने के लिए नहीं रहेगी।

'मैं उन्हें बेचना भी नहीं चाहती थी, क्योंकि यह भी एक तरह से धोखे को बढ़ावा देना ही होता है। तो, मैंने उन मशीनों को अपने स्टोर रूम में पटक दिया।'

क्लीनिक ने अपने कुछ क्लाइंटों को तो खो दिया, लेकिन जल्दी ही काम ने रंग जमा लिया। अच्छे पढ़े-लिखे क्लाइंटों ने शिखा की नो-नोनसेंस सोच का स्वागत किया और दूर-दूर से क्लाइंट उनके खाते में जमा होने लगे।

'यह भगवान का ही कोई इशारा था, अगर आप सही काम करते हो तो, उसका इनाम भी मिलता है। यह मेरे निजी विकास का दूसरा दौर था।'

तीसरा दौर तब आया जब, पहली बार, शिखा ने अपने बिजनेस से जुड़ा मुश्किल निर्णय लिया। पेशेंट 22,000 रुपए महीना दे रहे थे, जिसका 25 प्रतिशत उन्हें क्लब को देना पड़ता है।

लेकिन एक अच्छे दिन मैनेजर ने उन्हें बुलाकर कहा, 'अबसे, हम 33 प्रतिशत लिया करेंगे।'

कुछ ठीक नहीं हो रहा था। पहले ही शिखा अपनी कमाई में से 25 प्रतिशत उन्हें दे रही थी। ऐसा लग रहा था कि वह अपने ही जगह का किराया भर रहे हों।

'फिर मैंने यही किया। साल 2000 के मध्य में मैंने वसंत विहार में अपना क्लीनिक खोल लिया और वहां पेशेंट देखने लगी।'

बहुत ही अजीब स्थिति में खाली किया गया, पंचशील एंक्लेव क्लब, एक महत्वपूर्ण निर्णय साबित हुआ। बिजनेस अपने आरामदायक खोल से बाहर आकर अपनी गति पकड़ने लगा था।

'एक साल में ही मैंने पंचशील में अपना दूसरा क्लीनिक खोल लिया।'

हर क्लीनिक का बिजनेस प्रति महीने औसतन 5-6 लाख रुपए था। 3-4 डाइटिशियन हर सेंटर पर 300 पेशेंट को संभाल रही थीं।

इस दौरान, हेल्थ और न्यूट्रीशन को लेकर शिखा के नजरिए में भी सुधार हुआ। 2002 में, उन्होंने अपने डाइट प्लान में आयुर्वेद के सिद्धांतों को शामिल करने का निर्णय लिया।

'हम किसी भी दवाई का इस्तेमाल नहीं करते, सिर्फ अदरक का पानी में तुलसी,

आंवला, एलोविरा, हींग अजवाइन जैसे प्राकृतिक संसाधनों का ही इस्तेमाल करते हैं।'

दरअसल हर व्यक्ति को उसके शरीर के अनुसार ही डाइट की सलाह दी जाती है--वात, कफ या पित्त। मानक वेट लॉस प्लान की गैर पारंपरिक सोच। और इसी की शिखा ने योजना बनाई थी। एक खास क्लाइंट के साथ।

'एक सुबह मेरे पास एक फोन आया कि सरकार का कोई वरिष्ठ आदमी मुझसे मिलना चाहता है, वेट लॉस के सिलसिले में।'

व्यक्ति की पहचान गुप्त ही रखी गई लेकिन बताया गया कि वह मुझे लेने के लिए गाड़ी भेज देगा।

'तो, मैं थोड़ा परेशान हो गई थी। मैंने अपनी मां से अपना पीछा करने को कहा। अगर मेरा किडनैप हो जाए तो तुम तुरंत पुलिस को फोन कर देना!'

जब उन्होंने अपने घर के बाहर प्रधानमंत्री निवास से आई कार खड़ी देखी, तब भी उन्हें पूरा विश्वास नहीं हो पा रहा था।

'जब मैंने प्रधानमंत्री निवास में प्रवेश किया, तब ही मुझे यकीन आया कि यह सब सच है। भारत के प्रधानमंत्री मुझ जैसी छोटी सी लड़की से चर्चा कर रहे थे!'

पहली बार शिखा अपने जीवन में सत्ता के प्रति सजग हुई थीं।

'मैं समझती थी कि मैं बिजनेस कर रही हूं। लेकिन तब मुझे अहसास हुआ कि मैं तो बस खिलौना हूं, जो भी मैं कर रही हूं वह सब किसी अदृश्य शक्ति के द्वारा मुझसे करवाया जा रहा है।'

बस काम के प्रति समर्पण, सही दिशा और सही मकसद की आवश्यकता होती है। और शिखा ने इसी पर लगातार नजर बनाए रखी थी।

2001 से 2006 तक शिखा का क्लीनिक हर साल एक नई ब्रांच खोलता गया।

'मेरा कभी कोई बिजनेस प्लान नहीं रहा। मैं देख रही थी कि कितने क्लाइंट आ रहे हैं... और हमें कभी इसमें कोई समस्या भी नहीं रही।'

हर क्लीनिक में 400-500 पेशेंट की जगह थी। लेकिन 25 प्रतिशत क्लाइंट आसपास के क्षेत्रों से ही आते थे--विस्तार के लिए एक तैयार मार्केट। लेकिन दूसरी तरफ, तेजी से विस्तार बुद्धिमानी का विचार साबित नहीं हुआ।

'मुझे प्रशासनिक समस्याएं आने लगीं। अचानक मेरा पूरा समय बिजली का बिल, लीज रेंटल, अंदरूनी राजनीति, और निगम की समस्याओं जैसे--खर्चा पानी में ही खत्म होने लगा।'

जैसे ज्यादा सेंटर सामने आने लगे, कर्मचारियों की नैतिकता डगमगाने लगी।

'मैं अपने लोगों के ज्यादा संपर्क में नहीं थी। तो बहुत से मसले सिर उठाने लगे, छोटी-छोटी चीजें, जो पहले दिखाई भी नहीं देती थी अब तंग करने लगी थीं।'

2006 में, काफी दबाव रहा। तब तक दिल्ली में 7 सेंटर और 1500 क्लाइंट थे। प्रतिवर्ष 3 करोड़ का बिजनेस भी हो रहा था। लेकिन फिर भी साल दर साल 100 प्रतिशत की दर से बढ़ता बिजनेस तब फ्लैट होने लगा था।

'जब आप छोटे होते हो, तो ज्यादा नजर नहीं आते हो और समस्याएं भी कम होती हैं, आपके पास संभालने के लिए स्टाफ कम होता है। इतने बड़े साइज पर हर चीज मुझे परेशान कर रही थी।'

शिखा ने एक कंसल्टेंट रखा और हर समस्या पर बात की। जैसे अस्थिर स्टाफ की समस्या, खासकर डाइटिशियन की। अक्सर लड़कियां काम करने आतीं, एक दो साल काम करतीं, फिर शादी होती और हमेशा के लिए काम छोड़ देतीं। या तो उनके घरवाले चाहते कि बहू घर पर ही बैठी रहे या फिर लड़कियां खुद भी काम करने की इच्छुक नहीं हो पातीं।

'मैंने संतुलन रखने के लिए आयुर्वेद के डॉक्टरों को रखकर उन्हें प्रशिक्षित किया। लेकिन उनमें भी लड़कियां अक्सर शादी के बाद नौकरी छोड़ देती थीं।'

फिर एमसीडी (दिल्ली नगर निगम) भी एक सिरदर्द बना हुआ था।

आईटी कंसल्टेंट के साथ समस्या यह हुई कि उसने एडवांस लेकर काम पूरा करने से इंकार कर दिया।

'मैं अपने वेंडरों का भुगतान हमेशा आगे बढ़कर करती हूं, इसी की उम्मीद मैं उनसे भी रखती हूं। मुझे बहुत मुश्किल से समझ में आया कि चैक फाड़ने में उतनी जल्दी भी नहीं करनी चाहिए।'

शिखा ने मामले को अपने हाथ में लेने का निर्णय लिया। सेंटर को बढ़ाने को रोकते हुए अब उन्होंने कॉल सेंटर के मदद से वर्चुअल होने का निर्णय लिया।

'मैं दो कॉल सेंटरों पर गई थी, कुछ किताबें पढ़ीं और महसूस किया कि हम इसे अपने आप कर सकते हैं, हमें बाहर की मदद की जरूरत नहीं है।'

यह बुद्धिमत्तापूर्ण निर्णय था, जिसने एक फल को जन्म दिया। कॉल सेंटर भी प्रतिवर्ष 100 प्रतिशत की दर से बढ़ते हुए 600 क्लाइंट की मदद कर रहा है। दरअसल, यह वास्तविक सेंटर चलाने से ज्यादा फायदेमंद रहा। इसमें 80 प्रतिशत

'बहुत सी महिलाएं उद्यमी होने का दावा करके दुनिया को और खुद को बेवकूफ बनाती हैं। अपने काम के लिए उनमें कोई जुनून या समर्पण ही नहीं है, कोई प्रतिबद्धता ही नहीं है।'

क्लाइंट दिल्ली से बाहर के हैं।

मार्च 2011 में, न्यूट्रीहेल्थ सिस्टम--कंपनी का वर्तमान नाम--की सालाना आय 6 करोड़ रुपए है और क्लाइंट 2000 से ज्यादा है। कंपनी के 90 कर्मचारी हैं, और 15 कॉल सेंटर। तो अब आगे क्या?

बढ़ने के बहुत से तरीके हैं, लेकिन शिखा उनके बारे में बहुत सतर्क रहती हैं।

'मैंने फ्रेंचाइज सिस्टम की राह के बारे में भी सोचा। लेकिन मुझे अहसास हुआ कि यह सर्विस मॉडल काम नहीं करेगा। हमें अनावश्यक रूप से उन्हें अपने नाम वाली मेडिसन और डाइट प्लान देने पड़ेंगे।'

यह मूलरूप से बेईमानी होती--तो शिखा इस राह पर नहीं चली। इसी तरह, वह बाहर के निवेश के भी समर्थन में नहीं हैं।

'मुझे लगता है भविष्य में प्राकृतिक समाधान ही कारगर है न कि रासायनिक। क्लाइंट जानते हैं कि उनके द्वारा घटाया गया वजन स्थायी नहीं होता और आपको हमेशा वह करना होता है।'

और वहीं शिखा, अपनी ईमानदारी से मानती हैं कि इतनी सफलता के बावजूद भी पिछले साल एक बार फिर से उन्हें मुश्किल समय देखना पड़ा।

नगर निगम वालों ने एक सेंटर बंद करवा दिया। कर्मचारी छोड़कर दूसरी कंपनियों से जुड़ने लगे। और एक इन्कमटैक्स जांच भी हुई।

'जब एक के बाद एक परेशानी आईं, तो मुझ पर बहुत असर पड़ा, शारीरिक रूप से भी और मानसिक रूप से भी।'

कभी-कभी अच्छे डॉक्टर को भी, स्वस्थ होने के लिए उपचार की जरूरत होती है। इसके लिए, शिखा ने एक बार फिर से बिजनेस और उसके मॉडल पर नजर डाली। और ज्यादा प्रोफेशनल को नियुक्त किया।

अन्य महिला उद्यमियों की तरह, शिखा के परिवारवाले उनके साथ काम नहीं करते। और वह अपनी पसंद से अकेली ही रही हैं।

'मेरे परिवार को अहसास हो गया कि मैं बहुत मजबूत हूं और अपने लिए मुझे खुद ही किसी को पसंद करना होगा। मेरे कुछ मित्र भी रहे हैं, लेकिन वे मेरे लिए हमेशा 5वीं, 6ठीं और 7वीं प्राथमिकता रहे हैं। मेरे लिए काम ही सबसे ऊपर रहा है... और मैं उससे समझौता नहीं कर सकती।'

शिखा को बच्चों की भी जरूरत महसूस नहीं होती।

'मुझमें हर किसी के लिए ममता है। मैं सभी का पोषण कर रही हूं... मेरा काम ही मेरा परिवार है। मैं अपनी बहन के बच्चों और मां के बहुत करीब हूं--वह मेरा आधार स्तंभ हैं।'

काम के अलावा, शिखा योग करती हैं, कॉलम लिखती हैं, और प्रोफेशनल फॉरम में जाती हैं। वह पहले से भी ज्यादा आध्यात्मिक हो गई हैं।

'मैं बहुत जल्दी गुस्सा हो जाती थी। मैं दिखाती तो नहीं थी लेकिन अंदर से उबल रही होती थी।'

एंग्री यंग विमेन अब कूल हो गई हैं, लेकिन उनका जुनून कम नहीं हुआ है।

'मैं ऐसी कंपनी बनाना चाहती हूं, जो मेरे बाद भी बरकरार रहे... अब से सौ साल बाद भी।'

तब तक जब तक दुनिया की आखरी मोटी महिला भी अपना वजन कम न कर ले।

*

महिला उद्यमी की सलाह

अगर आपमें उद्योगपति की सनक है, और आप कुछ करना चाहती हैं तो अपनी क्षमता को मानव कल्याण में लगाएं। कभी भी ऐसा काम या बिजनेस मत करो जिसमें आपको किसी से झूठ बोलना पड़े या धोखा देना पड़े क्योंकि इससे कभी आपकी तरक्की नहीं हो सकती।

हिंदुओं का एक पुराना सिद्धांत है--सुलक्ष्मी और अलक्ष्मी। सुलक्ष्मी बरकत लाती है, आपके आसपास खुशियां भर देती है। अलक्ष्मी आपके बच्चों का नाश कर देती है, संबंधों को बिगाड़ देती है और घर में कलह रहता है। तो हमेशा सही राह पर चलो, शॉर्ट कट मत लो। सुलक्ष्मी ही बनाओ।

दूसरा जो महिलाएं उद्यमी बनना चाहती हैं उन्हें खुले विचारों और खुद पर निर्भर रहना चाहिए। ज्यादातर महिलाएं घर के पुरुष सदस्यों पर निर्भर रहती हैं। महिलाओं को बिजनेस अपनी समझ से अपने निर्णय पर भरोसा रखते हुए करना चाहिए।

तीसरी बात, अपने काम के प्रति ईमानदार रहो। जैसे आप अपने पति और बच्चों के प्रति रहते हो। अगर आप कुछ शुरू करते हो तो उसके प्रति आपकी जिम्मेदारी होती है, उन्हें आपको ही पूरा करना चाहिए। अपने काम को अपना धर्म मानो और अगर आप उसे अपना धर्म नहीं बना सकते तो बिजनेस को और खुद को मूर्ख मत बनाओ क्योंकि बिजनेस में तो महिलाओं का नाम वैसे ही खराब होता है।

द प्यूरीटन

दीपा सोमन,
ल्यूमिरे बिजनेस सॉल्यूशन

दीपा ने अपने करियर की शुरुआत हिंदुस्तान लीवर से की, लेकिन मां के कर्तव्य निभाने के लिए उन्हें अपने करियर को छोड़ना पड़ा। उन्होंने एक मार्केट रिसर्च कंपनी बनाई, जिसका मकसद महिलाओं को उनके समय के अनुरूप काम देना था।

दीपा सोमन बहुत से अन्य लोगों की तरह ही मेहनत से अपना काम करती हैं और उसका मजा लेती हैं। शायद इसी कारण वह मुझसे पूरी तैयारी से मिलीं।

'आपने मुझसे मेरी चुनौतियों के बारे में पूछा, तो मैं दिमाग में उनका खाका खींचकर आई।'

आप सोच सकते हैं कि वे ठेठ एमबीए हैं। लेकिन यह सच नहीं है। दीपा के लिए मकसद की स्पष्टता और मजबूती बहुत जरूरी है। तो वह इस जगत में उतनी ठेठ नहीं हैं।

बहुत से अन्य महिला प्रोफेशनल की तरह, वह पहले ही रेट-रेस से बाहर हो चुकी हैं।

बहुत कम महिलाओं की तरह उन्होंने अपना खुद का काम स्थापित किया।

फर्क सिर्फ यह है कि वह इसे बिजनेस की परिधि से बाहर ले गईं। उनकी कंपनी मार्केट रिसर्च सर्विस उपलब्ध कराती है, लेकिन महिलाओं के लिए आरामदायक काम के अवसर पैदा करना उनका मुख्य मकसद हैं।

'मेरा मकसद है कि महिलाएं क्या कर रही हैं, क्या करना चाहती हैं इसको लाइन अप करना।'

एक वर्चुअल ऑर्गेनाइजेशन चलाना आसान नहीं होता। आपको तकनीक में निवेश करना पड़ता है, नियम और कायदे बनाने पड़ते हैं, जो सबको एक साथ बांधते हैं। तो इसमें जहां आजादी है, वहीं अनुशासन भी।

'हम बहुत कम मुनाफे पर काम करते हैं क्योंकि इसमें स्थिरता नहीं है। लेकिन 16 सालों में कभी भी हमने कोई डैडलाइन मिस नहीं की है।'

अगर ल्यूमिरे यह कर सकता है--तो और क्यों नहीं? क्योंकि, इसमें मेहनत लगती है।

लेकिन हमें करना चाहिए, बढ़ना चाहिए।

विश्व को देना हमारा कर्तव्य है लेकिन संतुलन और सोहार्द में जीना हमारा अधिकार है।

द प्यूरीटन

दीपा सोमन

ल्यूमिरे बिजनेस सॉल्यूशन

दीपा का जन्म माटूंगा, मुंबई में हुआ।

'मेरे मां-बाप ने लव-मैरिज की थी, बहुत सी बाधाओं को पार करते हुए। मेरा पालन-पोषण सरदार नगर (सिओन कोलीवाड़ा) के वन-रूम किचन में हुआ।'

आर्थिक तंगी के चलते, दीपा की मां ने मेहनत करके, कुछ एग्जाम पास किए और आयकर विभाग में क्लर्क की नौकरी प्राप्त कर ली। मां-बाप दोनों के कामकाजी होने की वजह से दीपा स्कूल के बाद क्रेच में जाती थीं, जिस वजह से वह स्वावलंबी बन गईं।

'बड़े होने पर, मैंने अपनी मां को हमेशा काम करते हुए, महत्वाकांक्षी और व्यवसायी पाया। वह घर का काम भी बखूबी संभाल लेती थीं।'

जब दीपा 5 साल की ही थीं, तब उनकी एक छोटी बहन हुई। उसके बाद ही उनकी मां बहुत बीमार रहने लगीं। उन्हें सांस की कोई गंभीर बीमारी हो गई थी, जिससे साल में एक अटैक तो हो ही जाता था। हर समय उन्हें अस्पताल जाना पड़ता, और कोई नहीं जानता था कि वह वापस कब आएंगी।

'9 साल की उम्र से ही मैं खाना बनाने और घर का काम करने लगी थी। दिन पर दिन जिंदगी मेरी मां के लिए दुश्वार होती जा रही थी, मैं उन्हें किसी भी तरह खुश करना चाहती थी।'

बीमारी चलती ही रही। दीपा के नाना पार्किन्सन बीमारी से ग्रस्त थे, जिसमें पीड़ित के अंग कांपते रहते हैं। जबकि उनकी नानी को कैंसर था। उनके पास रहते

हुए, मौत को इतना नजदीक से देखने से दीपा समय से पूर्व ही समझदार हो गई थीं। लेकिन दुख और तकलीफ के आगे भी जिंदगी सांस ले रही थी।

'मेरे पिता *टाइम्स ऑफ इंडिया* में काम करते थे, जिसका सबसे बड़ा फायदा था मुफ्त के अखबार और मैग्जीन,' दीपा मुस्कुराकर बताती हैं।

लेखक और कवि घर पर अक्सर उन्हें छोड़ जाते थे। दीपा और उनकी बहन अमृता को फिल्म देखने के बाद या नए साल की पार्टी मनाने के बाद अपने अनुभव लिखने के लिए प्रेरित किया जाता था।

'मुझे यकीन था कि मैं पत्रकार या लेखक बनूंगी।'

बड़ा बदलाव तब आया, जब दीपा और उनके परिवार ने अंधेरी में आकर रहना शुरू किया, और दीपा ने नए स्कूल--कैनोसा कॉन्वेंट--में, 8वीं क्लास में दाखिला लिया। स्कूल में पहले दिन ही सब बच्चों को फंड जमा करने के लिए अपने घर से रद्दी अखबार लाने थे। अखबारों के ढेर को क्लास में बाईं तरफ आगे लगा दिया गया।

कुछ समय बाद, प्रिंसिपल राउंड पर आईं। वह दीपा की क्लास के बाहर रुकीं, उनके ढेर की तरफ इशारा करके कहा, 'यह किसने बनाया है?'

घबराई हुई सी दीपा आगे आईं।

प्रिंसिपल ने कहा, 'इस लड़की को देखो, और मैं तुम्हें बताना चाहती हूं कि यह लड़की जरूर आगे चलकर कुछ बनेगी।'

दीपा का ढेर सफाई से बंधा था, उसमें से एक भी कागज अपनी जगह से बाहर नहीं आ रहा था। उसी तरह जैसे उनकी मां खाने की मेज को साफ रखना चाहती थीं--पूरी लगन और ईमानदारी से। लेकिन फिर भी, प्रिंसिपल के शब्दों ने उन पर गहरा प्रभाव छोड़ा।

'50 बच्चों के सामने तारीफ सुनना बहुत रोमांचक था। मैं हमेशा से पढ़ाई में अच्छी थी, लेकिन तब मैंने निर्णय लिया कि मैं और भी जी जान लगाकर पढ़ाई करूंगी।'

इस प्रण के बावजूद, अपने प्रीलिम्स के एक पेपर में दीपा ब्लैंक हो गईं।

'मुझे ज्योमेट्री को लेकर एक फोबिया सा हो गया था और मैं एग्जाम में कुछ लिख ही नहीं पाई!'

लेकिन उस घटना से कुछ सकारात्मक निकलकर आया। दीपा की क्लास में

एक लड़की थी--रोज। वह हमेशा क्लास में फर्स्ट आती थी। उसे इनाम में एक किताब मिली थी--*द पावर ऑफ पॉजिटिव थिंकिंग*। दीपा ने वह किताब पढ़ने के लिए ले ली।

'मैं पूरी रात उसे पढ़ती रही; मेरे सारे डर और संदेह मिट गए। पूरा रूपांतरण ही हो गया था।'

14 साल की उम्र में ही दीपा को विश्वास हो गया था कि अपनी जिंदगी और विचारों पर मात्र उसका ही नियंत्रण है।

'मैंने कुछ-कुछ कथन कहने शुरू कर दिए, और फिर देखा कि वे कैसे साकार होते हैं!'

दीपा के दिमाग में एक नंबर था--560--और एसएससी के बोर्ड एग्जाम में उन्हें इतने ही नंबर मिले। उसके बाद वह सेंट जेवियर कॉलेज गईं। हालांकि दीपा का दिल मेडिसन में कुछ करने का था, लेकिन मां की सलाह पर उन्होंने उसका विचार छोड़कर आर्ट्स ले लिया।

'मैं पूरी तरह से किताबी कीड़ा थी। मुझे कॉलेज कैंटिन की जगह लाइब्रेरी में ज्यादा मजा आता था।'

स्नातक के बाद, दीपा ने एसपी जैन में एमबीए के लिए दाखिला ले लिया। उन्होंने अपनी क्लासें गंभीरता से लीं और फिर उन्हें मार्केटिंग अच्छी लगने लगी।

प्लेसमेंट के समय दीपा सिर्फ एक ही कंपनी को जानती थीं, जिसमें वह जाना चाहती थी--बिजनेस की सबसे बड़ी और बेस्ट कंपनी।

इंटरव्यू के 7 राउंड के बाद, उन्हें हिंदुस्तान लीवर लिमिटेड में नौकरी मिल गई। उसके बाद, वह जमने लगीं। दीपा को एक आदमी से भी प्यार हो गया, जिससे उन्होंने शादी की।

'मिलिंद को मैंने पहली बार कैंपस में देखा था। तभी मुझे लगा था कि इस आदमी के साथ मैं अपनी पूरी जिंदगी बिता सकती हूं।'

एक दोस्त द्वारा मिलवाने के बाद, वे कॉफी पीने गए। फिर, एग्जाम के बाद, उन्होंने पूछा कि क्या वह उनके साथ *बैक ऑफ द फ्यूचर* फिल्म देखने जाएंगी?

'हां, लेकिन क्या मैं अपने साथ मां और बहन को भी ला सकती हूं?' दीपा ने पूछा।

उसे कुछ बुरा नहीं लगा। स्टर्लिंग में मूवी 'डेट' के बाद, पूरा गैंग विठल में

'आर्थिक रूप से चीजें बहुत बढ़िया नहीं चल रही थीं, लेकिन पढ़ने के शौक ने मुझे दुनिया को समझने का नजरिया दिया।'

भेल खाने गया। अगले दिन, दीपा ने मिलिंद को शादी के लिए प्रपोज किया और वह मान गया। चूंकि वह एसपी जैन में उनके जूनियर थे, तो उन्हें इंतजार करना पड़ा--उसकी एमबीए पूरी होने तक।

इस दौरान, दीपा ने एचएलएल में काम करना शुरू कर दिया।

लीवर ग्रामीण क्षेत्रों में अपने पैर जमाने की कोशिश कर रहा था, जहां दीपा और दूसरी ट्रेनी--मोयना--को 5 गांवों की जिम्मेदारी सौंपी गई।

'हम स्वास्थ्य और रोजगार पर काम कर रहे थे और कुछ समय बाद मुझे लगा कि क्या मुझे आईएएस एग्जाम में बैठना चाहिए!' वह याद करती हैं।

समय गुजर गया और आदर्शवाद रह गया।

जब कंफर्मेशन का समय आया, दीपा ने कुछ खास कर दिया--उन्होंने ब्रांड मैनेजमेंट के बजाय सेल्स में अपने लिए पद मांगा। पैनल को समझाने में 45 मिनट लगे, आखिरकार वे राजी हो गए। शादी के बाद बॉम्बे में ही रहने की इच्छा के चलते, दीपा ने उनकी सह-कंपनी लिप्टन इंडिया में ट्रांसफर भी मंजूर कर लिया।

लिप्टन सेल्स मैनेजर के तौर पर, दीपा को लगभग 45 की उम्र के 45 सेल्समैन को संभालना था। वह अपने कपड़ों और आचरण के प्रति बहुत सजग रहती थीं--साड़ी, जूड़ा और सख्त अंदाज।

'वह छवि बहुत सुगम्य होने के साथ-साथ, प्रोफेशनल, गंभीर भी थी। मुझे आदमियों के साथ काम करने में कोई तकलीफ नहीं थी।'

समय के साथ-साथ दीपा को लगने लगा कि वह मार्केट रिसर्च पर भी काम करना चाहती थीं। यह बड़ा ख्याल था।

'मेरी योजना थी कि पहला बच्चा शादी के तीन साल बाद और दूसरा 30 तक आते-आते कर लेंगे। मैंने सोचा कि मार्केट रिसर्च में मुझे मातृत्व के लिए ज्यादा समय मिल जाया करेगा।'

हालांकि, जब वह मैटरनिटी लीव के बाद काम पर वापस आईं, तो उन्हें उसमें ज्यादा मजा नहीं आया। उन्होंने 'करियर ब्रेक' लेने का निर्णय लिया, जिसकी सुविधा

हिंदुस्तान लीवर में विमेन मैनेजर्स को थी।

'घर पर हर कोई हैरान था क्योंकि मेरे परिवार में सभी महिलाएं काम करती हैं। वे पूछते--तुम घर पर बच्चे के साथ बैठकर क्या करोगी?'

मिलिंद एक आईटी कंपनी में जाने लगे थे तो उन्हें अक्सर बाहर आना-जाना पड़ता था। दूसरे शहर में जाकर रहने का विचार दीपा को भा गया।

'मुझे जमैका के प्रति आकर्षण था तो मैंने मिलिंद से कहा, चलो वहीं चलकर रहते हैं।'

तो सोमन किंगस्टन, जमैका के रोमांटिक सूरज, रेत और लहरों के ख्याल में वहां बसने की तैयारी करने लगीं। लेकिन उनके भारत से जाने से ठीक पहले उनकी मां का देहांत हो गया। उनके 50वें जन्मदिन से दो हफ्ते बाद।

'जब हम स्कूल में थे, तब मेरी मां तकरीबन मौत के मुंह से ही बाहर आई थीं। उस समय उन्होंने भगवान से एक डील की थी--मेरे बच्चों को सैटल हो जाने दो, फिर मैं आपके पास आ जाऊंगी।'

जिस दिन दीपा की बहन सैटल हुई, उनकी मां कोमा में चली गई। अपनी बात पूरी करने के लिए।

'वह मेरे लिए बेहद कठिन समय था क्योंकि मेरी मां मेरी मार्गदर्शक और प्रेरणा थीं। अपनी सभी परेशानियों के बावजूद, उन्होंने हमें बहुत अच्छी तरह पाला और अपना काम* को भी ऊंचाइयों तक लेकर गईं।'

दीपा हारा हुआ और निराश महसूस कर रही थीं।

दूसरे देश में जाने से भी दुख में किसी तरह की कोई कमी नहीं आई। छोटे से बच्चे को संभालना और कोई मनोविज्ञान सहारा न होने पर दीपा खुद को लाचार महसूस कर रही थी। उन्होंने पार्टटाइम कुछ काम करने का निर्णय लिया। लेकिन जमैका में एसपी जैन की डिग्री या हिंदुस्तान लीवर में काम करने के अनुभव से खुद ब खुद दरवाजे नहीं खुलने वाले थे।

'तब कोई इंटरनेट भी नहीं हुआ करता था, तो मैंने यैलो पेज को उठाया।'

'मार्केट रिसर्च' में सिर्फ 3 ही कंपनियों का नाम था। दीपा ने 'जे ए यंग रिसर्च' में एप्लाई किया, क्योंकि इसका नाम दूसरी दो कंपनियों से ठीक साउंड करता था।

* दीपा की मां, गीता सामंत, इन्कमटैक्स में क्लर्क के पद से असिस्टेंट कमिश्नर के पद तक पहुंचीं।

'लिप्टन में मैंने जाना कि काम करवाने के लिए आप सौम्य रहते हुए भी मजबूत बन सकते हैं।'

3 दिन के अंदर ही, मैनेजिंग डायरेक्टर की तरफ से पर्सनल रिप्लाई आ गया, जवाब देने में हुई देरी के लिए माफी मांगता हुआ। मि. जोश ए यंग, बीते जमाने के ब्रिटिश अमेरिकन बिजनेसमैन थे, जिन्होंने हाल ही में अपनी कंपनी शुरू की।

'मिसेज सोमन, हमें खुशी होगी अगर आप हमारे साथ काम करेंगी तो,' उसने कहा।

और इस तरह दीपा को अपना पहला प्रोजेक्ट मिला। जे ए यंग रिसर्च ने एक वर्क परमिट के लिए एप्लाई किया था, और बाद में और भी प्रोजेक्ट्स आए। अब सवाल था कि बिल कैसे बनाया जाए। चार्टर्ड एकाउंटेंट ने समझाया कि जमैका में, अकेले आदमी को 33 प्रतिशत टैक्स देना पड़ता है, जबकि कंपनी को 25 प्रतिशत।

मि. यंग ने सलाह दी, 'मिसेज सोमन, जे ए यंग रिसर्च के लिए काम करने के बजाय तुम अपनी कंपनी खोल लो। यह तुम्हारे लिए अच्छा होगा।'

अब 'नाम' का सवाल आया।

'ल्यूमिरे का मतलब लाइट होता है। मेरे नाम का भी मतलब रौशनी है। मुझे ऐसे नाम की जरूरत थी जो वैश्विक रूप से स्वीकार्य हो।'

और इस तरह से 17 फरवरी 1995 को ल्यूमिरे कंसल्टेंसी सर्विस का जन्म हुआ। काम अच्छा था और समय उनके अनुरूप था। जब उन्हें घर पर कोई मदद नहीं मिल पाती थी, तो दीपा अपने छोटे बेटे को ऑफिस ही ले आती थी।

'जब तक मैं अपना काम खत्म करती, वह अपने खिलौनों से खेल लेता,' वह याद करके बताती हैं।

अपने दिमाग की बात मानकर काम करके, और कमाई से अपनी सुरक्षा बढ़ाकर, दीपा की चेतना अब ऊपर उठने लगी थी। उनका आत्मविश्वास और आत्मसम्मान वापस आने लगा था। और फिर उन्हें वह विचार आया।

'कितनी ही नई मांओं को इन भावनाओं से गुजरना होता होगा न--बेबसी, बेकारी और शक्तिहीन होने की भावना।'

बरामदे में खड़े होकर, सूरज को छिपते हुए देखकर उन्होंने खुद से एक वादा

किया।

'अगर मैं अपने जीवन में कुछ कर पाई, तो मेरे जैसे हालात में फंसने वाली महिलाओं की कुछ मदद करूंगी।'

कुछ महिलाओं के लिए प्रोफेशनल होना उतना ही जरूरी होता है, जितना दूसरों के लिए सजना-संवरना। और दोनों प्रकार की महिलाओं को ही वह मिलना चाहिए, जो वे चाहती हैं...

जैसे ही दीपा को जमैका रास आने लगा था, तभी एक दुर्घटना घटी। मिलिंद के पिता को हार्टअटैक आया था और वहां उनकी देखभाल करने वाला कोई नहीं था। दीपा और मिलिंद ने वापस लौटने का निर्णय लिया। वे नरूल (न्यू बॉम्बे), जहां मिलिंद के पिता--एक्स बार्क एम्पलॉयी--ने टू-स्टोर बंगला बनवाया था।

'जब हम वापस भारत आए थे, तो मेरी बेटी, रेहा सिर्फ 6 सप्ताह की थी। मैं कुछ नहीं समझ पा रही थी कि अब मैं क्या करूंगी।'

नरूल दूरी पर बसा, नई विकसित होती कॉलोनी था। मिलिंद को लगातार काम के सिलसिले में बाहर जाना पड़ रहा था, जबकि बच्चों को बुखार और मलेरिया हो रहा था। वहां कोई भी मदद नहीं था। दीपा न तो दक्षिण मुंबई में कोई ऑफिस ही शुरू कर सकती थी, न ही कोई ऐसी नौकरी कर सकती थी, जिसमें कहीं आना-जाना पड़ता।

'लेकिन फिर भी मैं खाली नहीं बैठ सकती थी। तो मैंने सोचा--चलो मैं अपना ही कुछ शुरू करती हूं।'

दीपा के दिमाग में विचार घूम रहे थे--जिम खोलूं या प्ले स्कूल शुरू कर लूं। फिर एक दिन--जुलाई 1996 में--दीपा के पास एक फोन आया, उसके हिंदुस्तान लीवर के दिनों के एक सहयोगी, जयदेव का।

उसने कहा, 'हम रिसोर्सेज के लिए संघर्ष कर रहे हैं--क्या तुम घर से ही रिसर्च मैनेजर का काम करना पसंद करोगी?'

उन दिनों दूर रहकर भी काम करना तर्कसंगत था। मिलिंद का ड्राइवर बेकबे रिक्लेमेशन में लीवर हाउस से डाटा ले आता था और दीपा उसी के हाथ एनालिसिस वापस भेज देती। बिलिंग 100 प्रतिशत विश्वास पर आधारित थी।

'मैं स्टार्ट टाइम और एंड टाइम लॉग इन कर देती थी और पेमेंट कामकाजी घंटों के हिसाब से बन जाती थी--कोई सवाल-जवाब नहीं पूछा जाता था।'

'जब आप खुद से नाराज हों, प्रोफेशनली संतुष्ट न हों तो आप एक अच्छी मां या बीवी या बेटी कभी नहीं बन सकतीं।'

एक रिश्ता बन गया था, सिर्फ जरूरत के आधार पर ही नहीं, बल्कि आपसी समझ पर।

उस समय मार्केट रिसर्च में एक नई तकनीक उभर रही थी--सिक्वेनशियल (क्रमवार) रिसाइकलिंग। कम कीमतों पर प्रोडक्ट डिवेलपमेंट साइकिल के शुरुआती दिनों में तकनीक कंज्यूमर में शामिल थी।

'मुझे लीवर के लिए सिक्वेनशियल रिसाइकलिंग के साथ काम करने का मौका मिला। और समय के साथ मैंने इसे भिन्न कैटेगरी के अनुरूप मॉडिफाई कर लिया।'

हालांकि इसकी शुरुआत वन-विमेन शो की तरह हुई, लेकिन दीपा जानती थी कि जब उसकी तरक्की होगी तो उसे अपने जैसी सोच वाले लोगों की जरूरत होगी। और इसी के साथ, उसे अहसास हुआ कि उन्हें भी घर से काम करने की जरूरत महसूस होगी। और यह तभी हो पाएगा, जब एक जैसी सोचवाले लोग एक साथ काम करें।

15 सितंबर 1996, दीपा ने 12 'की वैल्यू' की औपचारिक कार्यवाही कर दी। इसमें प्रोएक्टिवनेस, टाइमलीनेस, रिस्पॉन्सबिलिटी, कंसर्न और केयरिंग शामिल था। उस समय तक ल्यूमिरे बस दीपा सोमन, एक डेस्क, एक कंप्यूटर और एक कपबोर्ड तक सीमित था।

अपने ही घर के एक खाली कमरे से वह काम करती थीं।

लेकिन भविष्य की तस्वीर उनके दिमाग में आकार लेने लगी थी। 'यहां तक कि अगर मैं जिम में भी जाती तो, मैं हमेशा किसी ऐसी युवा मां को ढूंढ़ती रहती थी, जो मेरे साथ काम करना चाहे!'

जैसे काम का दबाव बढ़ा तो एक फैमिली फ्रेंड ने मदद का हाथ बढ़ाया--यूटीआई का जनरल मैनेजर, जो सप्ताहांत पर कुछ घंटे काम कर दिया करता था और प्रति प्रोजेक्ट के हिसाब से उसकी पेमेंट कर दी जाती थी। 1998 में, ल्यूमिरे ने पहली बार अपना पहला कर्मचारी नियुक्त किया।

'जॉयस युवा एमबीए थी, जो मेरे साथ फुल-टाइम काम करने लगी और मुझे

एक और होनहार लड़की संगीता धर्मराज का साथ मिला, जो मेरे पड़ोस में ही रहती थी।'

यह स्थिति दीपा के अनुकूल थी। अनुभवी लोगों के साथ काम करने में आपको 'सीखने' की प्रक्रिया का त्याग करना पड़ता है। बेहतर है कि अपने कर्मचारियों को अपने अनुरूप प्रशिक्षण दो।

'मैं अपनी लड़कियों को तकनीकी पहलू सिखाती हूं जैसे डाटा कलेक्शन और मॉडरेशन। सिद्धांत था कि हमेशा समय से पहले ही काम तैयार हो, कोई भी डेडलाइन मिस न हो और न ही गलत तरीके अपनाए जाएं।'

दो युवा मांओं--लैला सेथना और तृप्ति संकर के आने से टीम और भी बड़ी हुई। सब दूर बैठकर अपना काम कर रहे थे। फिर शिल्पा रामचंद्रन भी जुड़ी, जो दीपा की ट्रेवल बुकिंग संभालती थी।

'हर बार जब भी मैं उससे बात करती थी, वह मुझे बहुत ऑर्गेनाइज लगती थी और मैं सोचती थी कि इसके साथ काम करना अच्छा होगा!'

शायद किस्मत को भी यही मंजूर था, शिल्पा की शादी हो गई और वह नरूल में ही आकर रहने लगी, और उसने ल्यूमिरे में ही काम करना शुरू कर दिया। बाद में, जल्दी ही दीपा ने वासी रेलवे स्टेशन परिसर में एक ऑफिस किराए पर ले लिया। लेकिन उसका भी अपना सिरदर्द था।

'वहां का बाथरूम इस्तेमाल किए जाने लायक नहीं था। और वहां देर रात तक काम करना भी सुरक्षित नहीं लगता था।'

हालांकि, ऑफिस के लिए दीपा ने 11 प्रतिशत की दर से पर्सनल लोन उठाया था। इसने उनके कमिटमेंट को और भी मजबूती दी। 'शौकिया काम' से बढ़कर अचानक ल्यूमिरे एक सिरियस बिजनेस में बदल गया!

उसी साल--1998 में--दीपा ने इसे प्रोपराइटरशिप से प्राइवेट लिमिटेड कंपनी में बदल दिया।

'मैंने सोचा इससे टैलेंट को आकर्षित करने में मदद मिलेगी।'

ल्यूमिरे ने वेबसाइट बनाने के काम में भी निवेश किया, जो उस समय बहुत असामान्य बात थी।

'वेबसाइट को अपना हेडक्वार्टर समझो,' एक दोस्त और मार्गदर्शक दामोदर माल ने सलाह दी।

एचएलएल में सीनियर रह चुके दामोदर ने हाल ही में अपना काम शुरू किया है। हर 3 महीने, दोनों अनौपचारिक रूप से मिलते--और अपने विचार और सुझाव साझा करते।

'उद्यमिता तन्हा हो सकती है, तो सलाह या प्रशंसा सुनना अच्छा रहता है।'

1999 में, युवा कंपनी महीने में 2-3 प्रोजेक्ट कर रही थी, जिसमें से 90 प्रतिशत बिजनेस तो एक ही क्लाइंट--हिंदुस्तान लीवर के पास से आता था। काम के रिपीट नेचर ने ल्यूमिरे को लीवर की बिजनेस से जुड़ी समस्याओं का गहराई से अध्ययन करने और नए प्रयोग करने का अवसर प्रदान किया। इससे क्लाइंट का भरोसा भी बढ़ा।

इस प्रयास में, लोगों को अपनी पसंद का काम करने का मौका मिला। उदाहरण के लिए, लैला में एचआर के प्रति जुनून था। इससे ल्यूमिरे ने एचआर से जुड़े अनेकों प्रोजेक्ट किए।

'हम क्लाइंट की भाषा में बात कर सकते थे और जल्दी ही उनकी जरूरतों को समझ लेते थे।'

इसी तरह, हिंदुस्तान लीवर ने दीपा से एक महिला मैनेजर, शिल्पा म्हात्रे को भी रखने की गुजारिश की, जिसने अभी हाल ही में बच्चा होने की वजह से लीवर में से काम छोड़ा था। उसे लैक्मे के साथ काम करने का लंबा अनुभव था और कॉस्मेटिक्स के प्रति लगाव भी था।

'उनकी वजह से हमारे पास स्कीन और ब्यूटी से जुड़ा बहुत सा काम आया।'

ऐसी प्रतिभाओं का ल्यूमिरे से जुड़ने का मुख्य कारण सिर्फ घर से काम करने और अपने अनुरूप काम करने की सुविधा थी। ऑफिस संभालने के लिए दीपा और शिल्पा रामचंद्रन ही काफी थे।

'वह एडमिन और अकाउंट संभाल लेती हैं और जरूरत पड़ने पर फोन पर मेरी तरफ से बात भी कर लेती हैं,' दीपा हंसकर बताती हैं।

2001 में, ल्यूमिरे का क्लाइंट प्रोफाइल बदलना शुरू हुआ। हिंदुस्तान लीवर के मैनेजर बेहतर अवसरों के लिए कंपनी छोड़ रहे थे। और अपनी नई कंपनियों से भी वे ल्यूमिरे को काम देते रहे।

'इसी तरह हमें मॉनसेंटो का प्रोजेक्ट मिला, एक ऐसा काम जिसके बारे में हम कुछ नहीं जानते थे!'

लेकिन दीपा को एक विश्वास था--अगर मेरे पास प्रोजेक्ट होगा, तो उसे करने वाला इंसान भी मिल जाएगा। और ऐसा ही हुआ भी। टीम बढ़ती रही--ज्यादातर वर्चुअली ही, लेकिन बैक ऑफिस में भी मदद के लिए कुछ स्टाफ की जरूरत होती ही है।

'बैक ऑफिस काम स्टेशन वाले ऑफिस से किए जा रहे थे, जबकि रिसर्च टीम *होम ऑफिस* से काम कर रही थी।'

जिस कंपनी की शुरुआत एक कमरे से हुई थी, वह अब सोमन के बंगले के पूरे फ्लोर पर फैल गया था। गुणात्मक और मात्रात्मक रिसर्च विशेषज्ञों के साथ, ल्यूमिरे हेल्थकेयर, मीडिया, एंटरटेनमेंट और टेलीकॉम में अपनी सेवाएं प्रदान कर रहा था। समय के साथ भिन्न-भिन्न प्रोजेक्ट्स का वर्चुअल स्टाफ के साथ संभाल पाना मुश्किल हो रहा था।

'पहले शिल्पा फोन करके पूछ लेती थी--तू आज क्या कर रही है। लेकिन अब सिर्फ इससे काम नहीं चल पा रहा था।'

धीरे-धीरे, एक प्रोजेक्ट को एक ही जगह से करने की प्रक्रिया शुरू होने लगी। हालांकि अभी भी कंपनी छोटी और संभाल सकने लायक थी।

'मैं कल्पना भी नहीं कर सकती थी कि मेरे स्टाफ में 15 से ज्यादा लोग हों। इस मामले में मेरी सोच कुछ संकीर्ण थी।'

2006 में, ल्यूमिरे को इस तरह से काम करते हुए 10 साल हो गए थे। लेकिन 11वां साल इस कंपनी के लिए एक टर्निंग पॉइंट था। दीपा के पति मिलिंद ने अपनी नौकरी छोड़कर ल्यूमिरे के साथ काम करने का निर्णय लिया। इसके पीछे व्यवसायिक और निजी दोनों कारण थे।

कई सालों से मिलिंद आई-फ्लैक्स में काम कर रहा था। मुबई/पुणे में रहते हुए वह कंपनी की वैश्विक जिम्मेदारियां भी संभाल रहा था।

2005 में, आई-फ्लैक्स पर 909 मिलियन डॉलर में ओरेकल ने अपने अधिकार में ले लिया। 2006 खत्म होते-होते पुरानी टीम बिखरने लगी थी, और मिलिंद ने निर्णय लिया कि यह सही समय है अपना कुछ काम करने के लिए।

इससे पहले, दीपा के पिता को अटैक आया था और उनका बेटा भी दसवीं क्लास में आ गया था।

'बिजनेस को बढ़ाने की कोशिश करना और साथ ही निजी जिम्मेदारियों को

निभाना एक चुनौती बन गया था। मैं सोचती हूं कि मिलिंद के बोर्ड में आने की वजह से ही मैं संतुलन बना पाई,' दीपा मानती हैं।

मिलिंद भी इसे अपने लिए एक बड़े अवसर के रूप में देख रहा था।

'मैं देख रहा था कि ल्यूमिरे बढ़ रहा है लेकिन अभी बहुत कुछ किया जाना बाकी था,' वह बताते हैं।

मिलिंद को आईटी इंडस्ट्री में ऑपरेशन संभालने का अनुभव था। सही तकनीक और अनुशासन से, ल्यूमिरे अभी काफी क्षेत्रों में बढ़ सकती थी।

ल्यूमिरे से जुड़ते ही मिलिंद ने एडमिन और फाइनेंस की जिम्मेदारी काफी हद तक संभाल ली। उन्होंने पहला काम किया टीसीआई से संपर्क खत्म करना और क्लीयरट्रीप से बिजनेस बढ़ाना। इतने से ही कंपनी की ट्रेवल लागत में 10 लाख रुपए प्रतिवर्ष की बचत हुई।

'वह मजाक करते--मैंने पहले ही साल से अपनी आय कमानी शुरू कर दी थी।'

बिजनेस का दूसरा पहलू था फाइनेंस, जिसे लेकर दीपा कभी भी सहज नहीं थीं।

'मैं समय-समय पर चार्टर्ड अकाउंटेंट के साथ बैठा करती थी, लेकिन बिलिंग और पेमेंट आने में हुई देरी की वजह से बहुत सी अनियमितता बनी रहती थी। और मैं अक्सर कहती--इसे छोड़ों अगले प्रोजेक्ट से सही से हिसाब रखेंगे।'

अब सब सही तरीके से हो रहा है। इसी दौरान मिलिंद ने अपना ध्यान नई तकनीक लाने पर रखा, जिससे वर्चुअल वर्कफ्लो बढ़ता रहे। वेबेक्स, गूगल डॉक्स और क्लाउड कंप्यूटिंग को प्रारंभिक दौर में अपनाने वालों में ल्यूमिरे का नाम भी शुमार है।

'आईटी प्रोजेक्ट मैनेजमेंट से हमें अपने काम में बहुत मदद मिली।'

2008 से 2011 के बीच, ल्यूमिरे के प्रोजेक्ट की संख्या दोगुनी और स्टाफ मेंबर की संख्या तिगुनी हो गई थी। वर्तमान में, 40 से ज्यादा एम्पलॉयी और कंसल्टेंट--ऑनसाइट और वर्चुअल--हैं जो फिक्स कीमतों और साथ प्रोफिट शेयरिंग पर काम कर रहे हैं।

'हम बहुत सावधानी से उन्हें हायर करते हैं, 3-4 टेस्ट और पर्सनल इंटरव्यू के बाद। मुझे लगता है हममें लोगों को परखने की क्षमता है कि कौन हमारे काम

में फिट हो सकता है।'

ल्यूमिरे ऐसोसिएट्स--फ्रीलांसर्स के साथ भी काम करता है, जिन्हें पूरे भारत भर में उनके अनुरूप काम का क्षेत्र दे दिया जाता है। ल्यूमिरे की 90 प्रतिशत वर्कफोर्स अभी भी महिलाएं ही हैं। इस पर दीपा को बहुत गर्व है।

'हमारे पास कुछ कामों और बैक ऑफिस के लिए आदमी भी हैं, लेकिन हां ज्यादातर प्रोफेशनल्स महिलाएं ही हैं, जो अपने घर के साथ-साथ करियर भी बनाना चाहती हैं।'

इसका यही मिशन दीपा के दिल के बहुत करीब है। लोग आते हैं, चले जाते हैं, और कुछ अपनी कल्पनाओं से भी आगे निकल जाते हैं।

दीपा की एग्जीक्यूटिव असिस्टेंट शिल्पा रिसर्चर में काफी आगे निकल गई हैं।

उनका ड्राइवर राजेंद्र सिंह अकाउंट डिपार्टमेंट में भी मदद करता है।

वैजयंती जो घर का कामकाज देखने के लिए आई थी, आज टेली सीखकर बैक ऑफिस में सहयोग कर रही है।

'मैं मानती हूं कि हर इंसान में निश्चित और असीमित संभावनाएं हैं,' दीपा कहती हैं।

हर सप्ताह वह 'हेलो मेल' भेजती हैं जो कुछ काम, कुछ निजी और कुछ प्रेरणा से जुड़ा होता है। क्योंकि नेतृत्व का मतलब अपनी टीम में मानसिक और भावनात्मक बल को बढ़ाना होता है।

लेकिन एक उद्यमी को खुद कहां से ऊर्जा मिलती है?

'मैं एक आध्यात्मिक इंसान हूं। मैं सुबह कुछ पूजा करती हूं, और अपने बगीचे से पुरानी टोकरी, जो मेरी सास की मां की थी, में फूल तोड़ती हूं...'

उन पवित्र दस मिनटों के बाद वह मिलिंद के साथ सुबह की चाय जरूर लेती हैं, यह वह समय है जब वे दोनों आपस में पूरे दिन की प्लानिंग करते हैं। फिर स्वीमिंग, सैर और कुछ व्यायाम--से वह खुद को तरोताजा करती हैं। हर महीने महाड़ में अष्टविनायक मंदिर जाना भी इसी क्रम में शामिल है।

'हम सुबह 6.30 बजे निकल जाते हैं और रास्ते में हमारी लंबी बातें होती हैं। इस तरह से मुझे स्पष्ट राह समझ आ जाती है।'

दीपा के जीवन में एक और स्पष्ट निर्देश मिलिंद की तरफ से आया कि कुकिंग कुक पर ही छोड़ दो। पहले, जब बच्चे नहीं हुए थे, वह तब भी यही कहता था।

'मेरे लिए काम ही मनोरंजन है। मुझे काम कभी भी बोझ नहीं लगता।'

'तुम अपनी पसंद से खाना बनाती हो, जब मन होता है तब बनाती हो, इतना ही काफी है। इसे अपने लिए उबाऊ मत होने दो!' वह सलाह देता।

मिलिंद जिस घर में पला-बढ़ा, वहां खाना बनाने के लिए रसोइया था, और उनकी मां के पास अपना छोटा सा बिजनेस, बेकिंग क्लास लेना, चलाने के लिए काफी समय होता था। बचपन में वह अपनी मां की रसोई में भी मदद करता था और काम में भी।

'मेरी मां हमेशा कहती थीं, जब भी तुम शादी करो तो किसी पढ़ी-लिखी फैमिली के अच्छे इंसान से करना, जो कामकाजी महिलाओं के महत्व को समझता हो।'

और एक मां के दृष्टिकोण से क्या? क्या इस उद्यमिता के रास्ते में कोई पछतावा भी है?

'कभी-कभी मुझे लगता है कि मैं बच्चों के लिए और भी कर सकती हूं, लेकिन मैं जानती हूं कि मैं दूसरी मांओं की तरह हर वक्त अपने बच्चों से जुड़ी नहीं रह सकती, उनके आसपास घूमकर छोटे-छोटे काम करते हुए।'

न तो उनकी मां, न ही सास गृहिणी थी, तो दीपा ने भी अपना घर और बच्चे आया और कामवालों के सहारे चलाया, जिनमें कुछ तो पार्ट-टाइम काम करते थे, तो कुछ फुल-टाइम।

'किस्मत से, हमारा घर बड़ा था तो उसमें सर्वेंट क्वार्टर की भी सुविधा थी।'

हालांकि ऐसा भी समय होता है, जैसे गणेश चतुर्थी और दीवाली, जब सब छुट्टी ले लेते हैं, और आपको किसी तरह डेडलाइन और डाइपर दोनों संभालने होते हैं।

'कुछ काम ऐसे हैं जो हम साथ करना पसंद करते हैं--किताब पढ़ना, टेनिस खेलना या पिआनो बजाना।'

दीपा हमेशा ब्रेकफास्ट और डिनर अपने बच्चों के साथ ही करना पसंद करती हैं, उसी के अनुरूप वह अपनी सारी मीटिंग तय करती हैं। अब जबकि दोनों बच्चे कॉलेज में हैं और मिलिंद घर पर, समीकरण एक बार फिर से बदल गया है।

'हम सभी बड़े हो गए हैं,' दीपा मुस्कुराती हैं।

ल्यूमिरे भी बढ़ रहा है, नये सजे-धजे ऑफिस, नये क्लाइंट और भविष्य के नये सपनों के साथ। मार्च 2012 में कंपनी की सालाना आय 3.5 करोड़ रुपए थी और उनका लक्ष्य 5 सालों में इसे 10 करोड़ तक ले जाने का है। हिंदुस्तान लीवर अभी भी ल्यूमिरे का सबसे बड़ा क्लाइंट है, लेकिन टोटल बिलिंग में अब इसका योगदान 25 प्रतिशत ही है।

'हमने औपचारिक तौर बोर्ड ऑफ डायरेक्टर्स का गठन किया है और अब हमारा विचार इसे ओवरसीस में भी ले जाने का है।'

नवंबर 2012 में, सिंगापुर इकोनॉमिक डिवेलपमेंट बोर्ड ने ल्यूमिरे को आइसलैंड स्टेट में एक ऑफिस खोलने के लिए आमंत्रित किया। और अंतर्राष्ट्रीय प्रोजेक्ट्स की भी बात चल रही है।

लेकिन दीपा के दिमाग में कहीं संदेह भी है। क्या सपने क्वालिटी से समझौते या गलत काम करने से पूरे हो रहे हैं? क्या काम तब भी उतना ही रोमांचक है, जब समस्याएं बढ़ती ही जा रही हों?

'मेरे लिए पैसे कभी भी प्रमुख कारण नहीं थे। मेरे लिए प्रमुख था कि हममें से हर कोई हर प्रोजेक्ट में अपना तन मन लगा दे। और हम ईमानदारी से काम कर रहे हैं।'

दीपा आज भी बहुत सक्रिय हैं, हालांकि वह दिन में 14 घंटे काम नहीं करतीं। बस 8-10 घंटे ही उनके लिए काफी होते हैं।

'दरअसल, मेरे लिए मुश्किल है कि पैर पर पैर रखकर आराम कर सकूं... मेहनत करना ही मुझे आता है, और वही मैं कर रही हूं।'

लेकिन वह हल्की और सुगम हो गई हैं, एक प्रोफेशनल की अपेक्षा। अपना ज्यादा समय लेखन, अध्ययन, मार्गदर्शन, और गोल्फ और स्पैनिश सीखने में लगाती हैं।

क्योंकि एक समय ऐसा भी आता है जब आपको खुद को फ्री छोड़ना पड़ता है।

आपको खुद को समय देना ही पड़ता है।

नया ढूंढ़ने, फलने और फूलने के लिए।

*

महिला उद्यमी की सलाह

जिससे आप वाकई में प्यार करते हो उसे ढूंढ़ने की कोशिश करो क्योंकि जो काम आपकी रुचियों, आपकी लगन से मेल खाता है, उसमें आपकी तरक्की के मौके ज्यादा होते हैं।
जो भी कर रहे हैं, उसे गर्व से करें--यही मैं अपने बच्चों को भी बताती हूं। अगर आप में मेहनत करने की क्षमता है और धैर्य है तो सफलता खुद ब खुद आपके कदम चूमेगी
छोटी-छोटी बातों का ध्यान रखना जरूरी है।
धैर्य बनाए रखें।
अपने परिवार को अपना आधारस्तंभ बनाएं। इस बात के आभारी रहें कि आपके परिवारवाले और ससुरालवाले आपके बच्चों का ध्यान रखने के लिए मौजूद हैं। आपको संतुलन बनाना पड़ेगा। आप सिर्फ खुद में और अपने काम में ही सीमित नहीं रह सकते, अपने रिश्तों को भी आपको ही सहेजना होगा।
कामकाजी महिला होने के तौर पर, अपने घर के काम को भरोसेमंद लोगों पर छोड़ने की आदत डालिए। सफलता के लिए अपनी कमाई का 10 प्रतिशत उन लोगों पर खर्च कीजिए जो आपका घर संभालते हैं। इससे आप तनाव मुक्त रहेंगे।
बिजनेस में भी सब संबंधों पर निर्भर करता है। अंतर इसी से आता है कि आप रिश्तों को कैसे बनाते हैं और पालते-पोसते हैं।
हमेशा खुद से भी खुद का रिश्ता जोड़ने की कोशिश कीजिए। मैं खुद को शांत रहना, गुस्सा संभालना सिखाती हूं। मैं अपने शब्दों के चयन में बहुत सतर्क रहती हूं, जिससे कभी सामने वाले को ठेस न पहुंचे। इनमें से काफी गुण मुझे मेरे पति से मिले हैं--वह स्वाभाविक रूप से सौम्य और विनम्र इंसान हैं।
जिंदगी भर सीखने के लिए तैयार रहो। यह खुद पर एक अहसान है; अपने प्रोफेशन में हमेशा कुछ न कुछ सीखते रहो। हमेशा सतर्क रहो।
सबसे ऊपर, ईमारदार रहो। इससे आप रात में चैन से सो पाओगे। और अपना बिजनेस भी बढ़ा पाओगे।

रोल मॉडल

ओतारा गुनेवर्दने
ओडेल

एक्सपोर्ट का सामान और कपड़े बेचने के लिए ओतारा की पहली 'रिटेल' जगह थी उनकी कार में रखा बक्सा। 2010 में, उन्होंने अपनी कंपनी को पब्लिक में लाकर पहली श्रीलंकाई महिला उद्यमी होने का इतिहास रच दिया।

हर महिला की कोई ऐसी सहेली होती है, जो शॉपिंग में बहुत होशियार होती है। वह डिजाइनर जीन्स के साथ पटरी से खरीदा गया स्कार्फ उसी नजाकत से ले सकती है।

ओतारा गुनेवर्दने ऐसी ही लड़की हैं। लेकिन उन्होंने अपनी इस प्रतिभा का इस्तेमाल बहुत से लोगों की मदद करके किया। ओतारा ओडेल की संस्थापक हैं। ओडेल श्रीलंका की बेहद लोकप्रिय डिपार्टमेंटल स्टोर चेन है।

जब कोलंबो में आप एलेक्जैंडर प्लेस में उनके ब्रांड स्टोर में कदम रखते हैं, तभी आपको एक फर्क पता चल जाता है। वहां बहुत से बड़े स्टोर हैं, लेकिन यह उनसे काफी अलग है। ओडेल में, आप खरीदना चाहते हैं, क्योंकि वहां एक पर्सनल टच है।

'अपने उत्पादों का चयन मैं खुद बड़ी लगन से करती हूं,' ओतारा मानती हैं। 'इसमें मुझे बहुत मजा आता है।'

उनके हाई चिकबोन्स और छरहरी काया की वजह से आप गलती से उन्हें मॉडल भी समझ सकते हैं।

'नहीं,' वह अपना सिर हिलाती हैं। 'वह तो मैंने सालों पहले छोड़ दिया।'

25 साल की उम्र में ओतारा ने रैंप से किनारा कर, ग्लैमर जगत से बाहर आकर उद्योग जगत में पैर रखा।

और बिजनेस को ग्लैमरस बना दिया।

2010 में, ओडेल श्रीलंका की पहली महिला संचालित कंपनी बनी, जिसने अपने शेयर मार्केट में उतारे।

और फैशन रिटेल में बहुत तेजी से आगे बढ़ा।

इसने दूसरों के सामने मिसाल कायम की है।

यह राह उनकी खुद की बनाई हुई है।

रोल मॉडल

ओतारा गुनेवर्दने
ओडेल

ओतारा का जन्म कोलंबो के खूबसूरत शहर में हुआ था।

'मुझे अपने बचपन में सब आराम मिले लेकिन मेरे मां-बाप जन्म से पैसे वाले नहीं थे, उन्होंने बहुत मेहनत से सब जमा किया था।'

ओतारा के पिता श्रीलंका की एक ब्लू-चिप कंपनी, एटिकेन स्पेन्स में जूनियर एग्जीक्यूटिव के पद से काम शुरू किया। और वे उस कंपनी में चेयरमैन के पद तक गए। उनकी मां भी उतनी ही मेहनती थीं। उन्होंने 'चित्रा लेन', विशेष बच्चों के लिए एक स्कूल शुरू किया।

'स्कूल की शुरुआत दो बच्चों से हुई थी और आज वहां 400 से ज्यादा बच्चे हैं।'

ओतारा ने लड़कियों के एक स्कूल, सीएमएस लेडिस कॉलेज, से पढ़ाई की। लेकिन उन्हें पढ़ाई का उतना शौक नहीं था।

'मैं खेल-कूद वालों में से थी, पढ़ाकू टाइप नहीं। खेलों में मैंने हर्डल्स और हाईजम्प में अनेकों मैडल जीते। मैं तैराकी में भी बहुत अच्छी थी।'

ओतारा को खेलों के अलावा सिर्फ जानवरों से ही प्यार था। वह जानवरों की डॉक्टर बनना चाहती थी, लेकिन 'ओ' लेवल के एग्जाम में कम ग्रेड मिलने के कारण वह उन्हें साइंस नहीं मिल सकी।

'मैंने प्राइवेट से ए लेवल पूरा किया और फिर अमेरिका के कॉलेजों में स्नातक के लिए आवेदन किया। मैं ओहियो में ग्रीन यूनीवर्सिटी में गई क्योंकि उनके पास

मरीन बायोलॉजी में एक प्रोग्राम था।'

हालांकि, जल्दी ही उन्हें अहसास हो गया कि उन्हें वह पसंद नहीं था। तो उन्होंने उसे छोड़ दिया और बायोलॉजी में स्नातक की डिग्री हासिल की।

'स्टेट्स में अपने फाइनल ईयर के दौरान, मैंने कुछ मजा मॉडलिंग का भी उठाया।'

ओतारा 1986 में वापस श्रीलंका आईं और प्रोफेशनल मॉडल बन गईं। उनका मॉडलिंग करियर यूएस या इंडिया की तरह बहुत फायदेमंद तो नहीं था पर आकर्षक था। ओतारा रैंप पर चलीं, कुछ प्रिंट और टीवी विज्ञापनों में भी दिखाई दीं। लेकिन वह फुल-टाइम काम नहीं था।

'मेरे पिता ने सलाह दी कि मुझे अपना बिजनेस शुरू कर देना चाहिए। और मैंने सोचा ओके, क्यों नहीं!'

'ओडेल' नाम से एक कंपनी रजिस्टर करवा ली गई--ओतारा का 'ओ' और 'डेल' उनके मध्य नाम से।

'डैड ने ऑस्ट्रेलिया में अपने दोस्त से बात करके हेयर-केयर प्रोडक्ट मंगवा लिए। तो वह मेरा बिजनेस में पहला कदम था।'

प्रोडक्ट का कंसाइनमेंट लेने के लिए, ओतारा को रुपयों की जरूरत थी। हालांकि उनके पिता आसानी से उन्हें पैसे दे सकते थे, लेकिन उन्होंने उन्हें एक बैंक से मिलवाया।

'मैंने बैंक से 1200 डॉलर का लोन लिया और मैं इसके लिए खुश थी।'

डैड को पैसा लौटाने से ज्यादा दबाव बैंक का पैसा लौटाने का होता है। इससे आप अपने काम के प्रति ज्यादा गंभीर हो जाते हैं!

ओतारा ने अपने प्रोडक्ट के प्रचार के लिए हेयर सैलून के चक्कर लगाने शुरू किए। उसी समय, उन्हें एक दूसरा मौका भी नजर आया। ओतारा के दो दोस्त कपड़े एक्सपोर्ट करते थे। जब वह उनकी फैक्टरी में गई तो उनके दोस्त ने बताया कि उनके पास बेचने के लिए बहुत से कपड़े हैं।

'क्या तुम हमारी मदद स्टॉक क्लीयर करवाने में कर सकती हो?'

ओतारा ने अपनी पसंद के कुछ कपड़े उठा लिए और उन्हें अपने दोस्तों को दिखाया। वे जल्दी ही बिक गए, तो वह और माल उठा लाईं। सभी बहुत इनफॉर्मल ड्रेस थीं--और उन्हें उनकी कार के बूट पर बेचने के लिए लगाया गया था।

'मेरे पास स्टेशन वैगन थी और जहां भी मेरा फैशन शो होता मैं उसे वहां की बैक गेट एंट्री पर पार्क कर देती।'

रिहर्सल के दौरान, दोस्त और मिलने वाले आते और उसमें से कुछ आइटम ले जाते। या वे उनके घर के गैराज के सामने बने छोटे से कमरे से भी माल बटोरकर ले जाते थे।

'मैंने कोलंबो के कुछ स्टोर में भी माल सप्लाई करना शुरू कर दिया।'

ओतारा ने 'लोगो' टीशर्ट के ऑर्डर लेने भी शुरू कर दिए। जैसे कोका कोला को किसी प्रमोशन के लिए 1000 टीशर्ट चाहिए हों। शुरुआत में उन्हें कंपनी से ऑर्डर मिलते और वह उन्हें स्थानीय फैक्टरियों से पूरा करवाती थीं।

'फिर मैंने किसी से 3 मशीनें खरीद लीं और खुद ही टीशर्ट बनानी शुरू कर दीं।'

उनका विचार था कि कुछ ओरिजनल डिजाइन भी बनाए जाएं। ओतारा को विशेष रूप से हाथी पसंद है, एक ऐसा जानवर जो श्रीलंका में बहुत महत्वपूर्ण है और बहुत पसंद किया जाता है।

'मैं बस 22 साल की थी और यह सब काम करना शुरू कर दिया था। यह मजेदार भी था, और कुछ पैसे भी आ रहे थे, तो मैं आगे बढ़ती गई।'

ओतारा को याद नहीं कि उस दौरान उन्होंने कितने पैसे कमाए थे। पर उन्होंने अपना कुछ मुनाफा वाइल्डलाइफ ऑर्गेनाइजेशन को भी दिया था। और बाकी और माल खरीदने में लगा दिया था।

'जब मैंने बिजनेस में ज्यादा समय बिताना शुरू किया, तो फिर मॉडलिंग छोड़ने का निर्णय ले लिया।'

1989 में, ओतारा ने डिकमैन रोड पर 500 वर्गफीट के आउटलेट में अपनी पहली दुकान खोली। इसमें उन्होंने 50 डॉलर अपने लगाए और 50-50 डॉलर अपने दोनों निवेशकों--उनका भाई और उनकी मां--से लिए।

'मैंने उसका इंटीरियर खुद किया, एक सेल्स असिस्टेंट रखा और दुकान के बाहर *ओपन* का बोर्ड लटका दिया।'

ओडेल का यह पहला आउटलेट जल्दी ही पर्यटकों की नजर में आने लगा। खासतौर पर 'हाथी' टीशर्ट निशानी के तौर पर बहुत लोकप्रिय हुई।

'मेरे पास और भी डिजाइन आ गए और जल्दी ही ओडेल में चुनने के लिए

'आपको पता होना चाहिए कि क्या बिक रहा है, कितना बिक रहा है। नहीं तो आप कभी सफल नहीं हो पाओगे।'

20-30 डिजाइन थे।'

ओतारा जल्दी ही 'सेल' भी लगाने लगीं। हालांकि उन दिनों बहुत भीड़ हो जाती थी और उनकी मां मदद करवाने के लिए कैश काउंटर पर आ जाती थीं।

ओतारा की छोटी सी दुकान कोलंबो की अन्य सैकड़ों दुकानों में से ही एक थी। तो उसमें खास क्या था?

'मुझे लगता है मुझमें लोगों की पसंद का समान खरीदने की योग्यता है...'

लेकिन 'फॉर्मूला' सिंपल था। ओतारा दूसरों के लिए वही लाती थीं जो वह खुद अपने लिए खरीदना पसंद करतीं।

लोकप्रियता बढ़ने पर, छोटी सी दुकान भी बड़ी होने लगी। जल्द ही उसमें आदमियों, औरतों और बच्चों के कपड़े भी शामिल होने लगे। और दुकान एक फ्लोर से 4 फ्लोर तक फैल गई।

'मैंने दूसरी जगहों पर भी छोटे-छोटे स्टोर खोलने शुरू कर दिए।'

वे 'मजेस्टिक सिटी' और 'लिबर्टी प्लाजा' जैसे मॉल और होटलों में थे। 1992-93 तक, कोलंबो में 'ओडेल' के 9 स्टोर खुल चुके थे।

इस सबके बीच, 1990 में, ओतारा ने राजू चांदीराम से शादी कर ली। राजू न सिर्फ उनके पति थे, बल्कि बिजनेस पार्टनर भी थे। जब ओतारा का ध्यान सही सामान खरीदने पर था, तब वह बिजनेस का एडमिनिस्ट्रेशन और पिछला पहलू संभाल रहे थें।

'हमने एक घर किराए पर लिया और उसे ऑफिस-कम-वेयरहाउस बना दिया। फिर हमने दुकान, स्टाफ और अकाउंट संभालने के लिए लोगों को नियुक्त किया।'

ओतारा ने हर पल का लुत्फ लिया।

'मुझे नए कामों की लिस्ट बनाने में बहुत मजा आता, जैसे मैंने हमारे एडवर्टाइजमेंट पर भी काम किया।'

ओतारा खुद ही कॉपी लिखतीं, देखती कि यह कैसा लगेगा और फिर डिजाइनर

को काम के लिए सौंप देतीं।

अन्य क्षेत्र जैसे फाइनेंस, उतने मजेदार नहीं थे। लेकिन यहां भी, ओतारा ने काफी कुछ सीखा है।

'शुरू में मेरे भाई ने मुझे बताया कि बैंक में कैसे बात करनी है। बाद में हमने प्रोफेशनल मैनेजर रख लिए।'

आपको सबकुछ जानने की जरूरत नहीं है लेकिन फिर भी खुली सोच होना जरूरी है। तो आप बेहतर और कामयाब निर्णय ले पाएंगे।

लेकिन कई निर्णय इच्छा से परे, प्रैक्टिकल होकर भी लेने पड़ते हैं। 1993 में, ओतारा ने अखबार में एक प्रॉपर्टी का एक विज्ञापन देखा, जहां वह बड़ा, फ्लैगशिप स्टोर बना सकते थे।

'जिस पल मैंने इस 150 साल पुरानी चरमराती इमारत को देखा, मैं समझ गई कि यही वह जगह है।'

1860 में बनी, उस उपनिवेशी हवेली में वुडन फ्लोर था, लेकिन बहुत ही खराब हालत में--कहीं-कहीं से गिरता हुआ। लेकिन ओतारा कल्पना कर सकती थी कि वह कैसा दिख सकता है।

'हमने पुराने समय की यादों को बरकरार रखते हुए इसके आसपास स्टोर बनाया है। यह बहुत ही प्रभावशाली रहा।'

अलेक्जेंडरा प्लेस में 1994 में खुला 'ओडेल अनलिमिटेड' बेहद सफल रहा। 10,000 वर्गफीट में फैले स्टोर में सामान की बहुत सारी वैराइटी है। इसके इन हाउसे रेस्टोरेंट और बच्चों के लिए बने प्ले एरिया ने शॉपिंग के मजे को दोगुना कर दिया है।

'हमारे पास बहुत से पर्यटक पहुंचते हैं क्योंकि यहां प्रोडक्ट के साथ-साथ खुशनुमा माहौल भी होता है।'

लेकिन यह निजी स्तर पर भी परीक्षा का समय था। एक तरफ जहां स्टोर की कंस्ट्रक्शन जोर-शोर से चालू थी, वही ओतारा की डिलीवरी का भी पूरा टाइम चल रहा था। लेकिन वह आखरी दिन तक भी काम का मुआयना करते हुए साइट पर मौजूद थी।

'किरन के जन्म के चार दिन बाद मैं वापस काम पर पहुंच गई थी। हां थोड़े-थोड़े समय के लिए।'

'बहुत सी ऐसी चीजें हैं जिन्हें कोई आम, औसत इंसान कर सकता है, लेकिन मैं नहीं कर सकती। मेरी प्रतिबद्धता मेरा बिजनेस और परिवार है।'

चूंकि घर और ऑफिस पास-पास था, तो ओतारा हर दो घंटे बाद काम से घर आ जाती थी, और बच्चे को दूध पिलाकर वापस चली जाती थी।

'मेरी मां ने भी मेरा बहुत साथ दिया, लेकिन निश्चित तौर पर वह मुश्किल समय था। जब आप रात में घर पहुंचते हो तो बस थककर सो ही सकते हो...'

लेकिन, वह समय भी गुजर गया। और बच्चा, और बिजनेस बढ़ते रहे। उनके हर पड़ाव पर आप भी उनके साथ कुछ बड़े हो जाते हैं।

एक साल में ही, ओडेल को और जगह की जरूरत पड़ने लगी। ओतारा खिड़की से बाहर देखते हुए सोच रही थीं, तभी उन्होंने महसूस किया कि उनके पीछे वाली बिल्डिंग का इस्तेमाल इसमें किया जा सकता है। उन्होंने उसे खरीदने का प्रस्ताव रखा।

'हमने दोनों बिल्डिंग को आपस में जोड़ दिया, जिस रूप में आप इसे आज खड़ा देख रही हैं।'

1999 में 30,000 वर्गफीट में फैले 'ओडेल अनलिमिटेड' की शुरुआत हुई। बाद में उनके बेटे राखिल का जन्म हुआ। उन्हीं दिनों, उस हसीन देश पर मानो मुसीबतों का पहाड़ टूट पड़ा था।

2001 में बंदरनाइक इंटरनेशनल एयरपोर्ट पर लिट्टे के आत्मघाती बम विस्फोट ने हालात को बहुत खराब कर दिया था। पर्यटकों की संख्या में आई भारी कमी ने श्रीलंकाई अर्थव्यवस्था पर गहरा प्रभाव डाला। और उससे ओडेल जैसी कंपनियां भी प्रभावित हुए बिना नहीं रह पाईं।

'लड़ाई के दिनों में, ऐसे भी साल थे जब कोई विकास नहीं हुआ, लेकिन किसी तरह हम अपने स्टोर चालू रख पाए।'

उन दिनों 3 दिनों तक कर्फ्यू और बम विस्फोटों के चलते स्टोर पूरी तरह बंद रहे थे। लेकिन कोई भी ओडेल स्टोर या किसी स्टाफ के सदस्य को इसमें कोई हानि नहीं पहुंची।

जैसे शांति बहाल हुई, तरक्की का सिलसिला चल निकला। 2010 में ओडेल ने आगे विस्तार के लिए पब्लिक में अपने शेयर उतार दिए। आईपीओ रिकॉर्ड 63 बार ओवरसब्सक्राइब्ड रहा। पहली बार श्रीलंका में किसी महिला उद्यमी ने सार्वजनिक रूप से अपने शेयर उतारे थे।

'हमने 1 स्टोर और 2 सेल्सगर्ल के साथ अपने काम की शुरुआत की थी। अब हमारे 16 आउटलेट और 850 कर्मचारी हैं।'

31 मार्च 2012 को ओडेल की सालाना आय 380 करोड़* श्रीलंकाई रुपए थी, जिसमें टैक्स से पहले प्रोफिट था 26.4 करोड़ श्रीलंकाई रुपए। जुलाई 2012 में, पार्कसन रिटेल एशिया ने 142.4 करोड़ श्रीलंकाई रुपए में 41.8 प्रतिशत खरीद लिया।

हालांकि ओतारा ने 27.88 प्रतिशत हिस्सा अपने पास ही रखा है और कंपनी की सीईओ हैं। उनकी योजना बड़े स्टोर, ज्यादा स्टोर और विदेशों में भी स्टोर खोलने की है। लेकिन एक वह चीज जिसके लिए ओतारा में जुनून है, वह अपने उत्पाद हैं।

'यहां तक कि आज भी जब हमारे पास खरीदारों और मर्चेंडाइज की बड़ी टीम है, मैं आज भी अपने उत्पादों के चुनाव में शामिल रहती हूं। इससे मुझे बहुत प्यार है, और मैं इसमें बेहतर करती भी हूं!'

ओडेल के पास आज 1,500 से ज्यादा भिन्न-भिन्न उत्पाद हैं। 1000 से ज्यादा सप्लायर और 300 से ज्यादा फैक्टरी इसमें उनकी मदद कर रही हैं। 'क्या बिक रहा है' पर नजर बनाए हुए।

'शुरुआत में, मेरी मां ही हमारी ईआरपी (एंटरप्राइज रिसोर्स प्लानिंग) थीं। 3 साल बाद, हमें लगा कि इतना ही काफी नहीं है और उसके लिए हम स्थानीय रूप से बने एक सॉफ्टवेयर का इस्तेमाल करने लगे।'

आखिरकार, कंपनी ने एक आधुनिक ईआरपी सिस्टम लगवा लिया, जिससे सेल की मिनट-मिनट की खबर मिलने लगी।

'बात यह है कि मैं बहुत बेसब्र हूं। अगर मैंने कुछ पूछा है, तो उसका जवाब मुझे तुरंत ही चाहिए--मैं इंतजार नहीं कर सकती कि कोई 3-4 दिन बाद शेल्फ चेक

* श्रीलंकाई रुपया भारतीय रुपए के .42 बराबर है। 380 करोड़ श्रीलंकाई मुद्रा भारतीय रुपए में 160 करोड़ और डॉलर में लगभग 30 मिलियन होगी।

'खुद को अपने बच्चों पर न्यौछावर कर देना न तो उनके लिए और न ही तुम्हारे लिए अच्छा है। क्योंकि अपने बच्चों या अपने साथ आपका सर्वश्रेष्ठ नहीं निकल पाता।'

करके मुझे जवाब दे।'

और अब, ईआरपी से भी आगे ईएसपी। हवा का रुख समझने की एक समझ, फैशन में अगला क्या आने वाला है। कस्टमर को क्या चाहिए, वह और क्या कर सकती है।

'जब हम किसी नए स्टोर की प्लानिंग करते हैं, तो भले ही हमने ज्यादा रिसर्च न की हो, लेकिन हमेशा हमारी भावना होती है--हां हम ये कर सकते हैं।'

काम लोगों के साथ सामंजस्य बैठाना ही है। आपकी संतुलन बैठाने की क्षमता ही आपके बिजनेस की कामयाबी सुनिश्चित करती है।

'कुछ साल पहले तक भी, मैं अपने सारे स्टाफ को नाम से पहचानती थी, लेकिन अब हम बहुत बड़े हो गए हैं तो ऐसा करना अब काफी मुश्किल है।'

हालांकि अभी भी, ओतारा अपने मुख्य टीम मेंबरों के बेहद नजदीक और जुड़ी हुई हैं। वह बहुत व्यवहारिक हैं, जो अच्छा भी है और नहीं भी।

'मैं सिर्फ ऐसी बॉस नहीं हूं, जो बिजनेस में शामिल नहीं है... मैं रोज छोटी से छोटी बातों में भी उन्हें निर्देश देती हूं।'

लेकिन अब वह इसे बदलने की कोशिश कर रही हैं, कुछ चीजें छोड़ने की कोशिश कर रही हैं।

ओतारा का एक और विचार है--वापस देना।

'मेरा हमेशा से विश्वास है कि आप जो भी कमाएं, उसमें से कुछ अपने समुदाय को देना चाहिए... तो मैं बहुत से संगठनों को कुछ मदद देती हूं।'

2008 में, ओतारा ने अपना लक्ष्य उस काम पर फोकस किया जो उनके दिल के बेहद करीब है--जानवरों के कल्याण के लिए।

'इसीलिए हमने *एमबार्क* की शुरुआत की, जिसका काम श्रीलंका में गली के कुत्तों की मदद करना था।'

इसकी शुरुआत टी-शर्ट पर कुछ फनी स्लोगन के साथ की गई, जो बहुत

मशहूर रहीं। इसका ब्रांड मास्कट है 'नीको' एक स्ट्रीट डॉग, जिसे ओतारा ने अपनाया है। हर कलेक्शन किसी कहानी पर आधारित है जैसे--नीको द फ्लर्ट।

'हम हर कलेक्शन को एक फेशन शो के जरिए लॉन्च करते हैं। और मेरी कोशिश है कि हम इस ब्रांड को विदेशों में भी लेकर जाएं।'

इतना कुछ होने पर, ओतारा सब कैसे संभालती हैं? उनका दिन सुबह बच्चों को स्कूल छोड़कर, जिम जाने से शुरू होता है। 9 बजे तक ओतारा ऑफिस जाती हैं और फिर 7 बजे तक वहीं दिन गुजरता है, तब वह वापस घर आती हैं।

'मैं अपने बच्चों को पूरा दिन नहीं देख पाती, तो मैं चाहती हूं कि मेरी शाम और सप्ताहांत बच्चों के साथ ही गुजरे।'

2004 में, ओतारा और राजू का तलाक हो गया, लेकिन वे अब भी अच्छे दोस्त हैं। सिंगल मदर होने के नाते ओतारा को अपनी जिम्मेदारियों का अहसास और भी ज्यादा है।

'मुझे बहुत सी पार्टियों और सामाजिक समारोहों के निमंत्रण मिलते हैं, लेकिन मैं बहुत कम अवसरों पर ही जाती हूं।'

घर में मदद और मां-बाप, जो पास में ही रहते हैं, के सहयोग से ओतारा अपने काम पर ध्यान केंद्रित कर पाती हैं। बिना किसी ग्लानि के।

'अगर मैं कोई काम न करके घर में ही रह रही होती तो मैं दुखी रहती और मेरे बच्चे मुझे पसंद नहीं करते।'

पिछले कुछ सालों में, ओतारा के जीवन में कुछ आध्यात्मिक परिवर्तन आए हैं--वह फेंगशुई को मानने लगी हैं, होम्योपैथिक की दवाई ही लेती हैं और कुछ आध्यात्मिक कार्यक्रमों में भी भाग लेती हैं।

'उससे मुझे चीजों को देखने का नया नजरिया मिला है, खुद को देखने का...'

क्योंकि कोशिशों और गतिविधियों के परे एक जगह ऐसी भी है जहां सिर्फ शांति है।

अगर आप उसे ढूंढ़कर अपनाना चाहते हैं तो अपना सकते हैं।

किसी के भी द्वारा।

*

महिला उद्यमी की सलाह

जरूरी यह है कि आप अपने काम को पसंद करें... क्योंकि अगर आपको उसमें मजा नहीं आएगा तो आप उसे अपने मनचाहे स्तर पर नहीं ले जा पाएंगे। क्योंकि आप हमेशा खुद से लड़ते रहेंगे, वह करने के लिए जो आपको पसंद ही नहीं था।

लोगों से मदद मांगने में या कुछ सीखने में घबराने की जरूरत नहीं है... मुझे लगता है कि कुछ लोग इसी डर से नहीं बोलते कि बोलने पर लोग उन्हें बेवकूफ समझेंगे। तो क्या हुआ अगर मुझे कुछ नहीं पता तो? बहुत से लोग ऐसे होते हैं जिन्हें मदद करने में खुशी मिलती है... उनकी मदद आप आगे बढ़ने में ले सकते हैं।

सीखते रहना बहुत जरूरी है... मैं हमेशा खुद को सुधारने की कोशिश करती रहती हूं।

मैं बिजनेस, फाइनेंस या डिजाइन में प्रशिक्षित नहीं हूं। तो मैंने जो भी किया वह दिल से किया। मुझे लगता है इसे बनाए रखना बहुत जरूरी है।

जब आप पूरी तरह से बिजनेस मैनुअल से जुड़े रहें, और हर काम तथ्यों पर आधारित करें तो मुझे लगता है कि सफल होना थोड़ा मुश्किल हो जाता है। आपको साधारण से असाधारण बनने के लिए कुछ काम लीक से हटकर करने पड़ते हैं।

आशा, उमंग, उत्साह

नम्रता शर्मा

क्रेयॉन पिक्चर्स

दो बच्चों के साथ दुनिया घूमती नम्रता, एक पारंपरिक करियर के बारे में नहीं सोच सकती थी। तो उन्होंने थोड़ा-थोड़ा सब सीखा और आज उस सबका एक जगह इस्तेमाल किया--एनीमेशन के रोमांचक बिजनेस में।

ऑफिस बड़ा और गुंजायमान है।

इसे चलाने वाली महिला दुबली-पतली और बहुत नियंत्रित है।

'मेरे पास कोई क्लू नहीं था कि मैं क्या करना चाहती थी या कि इंजीनियरिंग करने के बाद मैं कहां जाना चाहती थी,' नम्रता मानती हैं।

वह बस इतना जानती थीं कि उनका करियर एक बंधी-बंधाई लकीर वाला नहीं हो सकता। क्योंकि दिल से वह रचनात्मक इंसान थीं। और एक महिला भी।

'मैंने अपनी मल्टीमीडिया कंपनी शुरू की, जब मैं 23 साल की थी, लेकिन तभी मेरी शादी हो गई और मुझे हांगकांग जाना पड़ा।'

बहुत सी अन्य महिलाओं की तरह ही, नम्रता अपने पति के करियर बदलने के साथ एक शहर से दूसरे शहर में घूमती रहीं। लेकिन उन महिलाओं से अलग, वह जहां भी गई, वहां कुछ करने के लिए ढूंढ़ लिया।

बस सीखने के लिए, टच में बने रहने के लिए, ऊर्जा के लिए और प्रोफेशनल के रूप में सांस लेने के लिए। और कभी-कभार उससे कुछ कमाई भी हो जाती थी।

'2004 में, हम पुणे आ गए, जहां अब मुझे सैटल होना ही था। और अब हमें बच्चों के लिए फैमिली का भी साथ मिलने लगा था।'

आखिरकार, यही सही समय था, सही जगह और सही अवसर। और नम्रता को लगा कि वह पूरी तरह तैयार है, खुद कुछ करने के लिए।

आज, उनके पास क्रेयॉन पिक्चर्स, 3-डी एनिमेशन का बड़ा स्टुडियो और 150 क्रिएटिव लोगों की मजबूत टीम है। इसी के साथ वे अपने शौक, होमवर्क, कराटे क्लास, कामवाली और ड्राइवर को भी संभालती हैं।

सब रोज का काम है।

तो शादी और मां बनने से कोई फर्क नहीं पड़ता, बस अपनी नजरें लक्ष्य पर रखो।

अपनी गति बरकरार रखो, दिशा चुनो और बस बढ़ते रहो।

आशा, उमंग, उत्साह

नम्रता शर्मा
क्रेयॉन पिक्चर्स

नम्रता पुणे की लड़की है।

'मेरा जन्म पुणे में हुआ और पढ़ाई पाशान के सेंट जोसेफ स्कूल में,' वह कहती हैं। 'मेरी परवरिश बहुत ही मददगार परिवार में हुई, जहां मेरे अलावा एक छोटा भाई और छोटी बहन भी थी।'

बचपन से ही नम्रता को ड्रॉइंग, पेंटिंग और कुछ भी क्रिएटिव करने का बहुत शौक था।

'मेरी बहन हमेशा कहती--चलो कुछ करते हैं!--और दोपहर में सोने के बजाय हम चादर या पेपर टॉवल पर पेंटिंग किया करते थे।'

फर्गुसन कॉलेज से 12वीं करने के बाद, नम्रता ने पुणे में गवरमेंट कॉलेज ऑफ इंजीनियरिंग (सीओईपी) में दाखिला लिया।

'दरअसल, मैं आर्किटेक्ट बनना चाहती थी और मेरे माता-पिता बहुत प्रोत्साहन देने वालों में से थे। उन्होंने कहा--जो तुम्हें पसंद हो वह करो। लेकिन तुम जानती हो सीओईपी महाराष्ट्र के श्रेष्ठ कॉलेज में से है...'

तो नम्रता ने 'सेफ' विकल्प का चुनाव किया, लेकिन बीई के दौरान, वह सिर्फ विज्ञान व कंप्यूटर में दिलचस्पी लेने की अपेक्षा आर्टिस्ट ही ज्यादा रहीं।

'मुझे लगातार तीन साल 'आर्टिस्ट ऑफ द ईयर' का अवॉर्ड मिला,' वह खुशी से बताती हैं।

दरअसल, वह मानती हैं, कि भविष्य के लिए उन्होंने कोई कंक्रीट प्लान नहीं

बनाया था।

'किस्मत से कैंपस से ही मेरा चयन थरमैक्स ने कर लिया था।'

इलेक्ट्रिकल इंजीनियरिंग डिपार्टमेंट में ट्रेनी इंजीनियर के तौर पर, नम्रता ने केबल लेआउट पर काम किया, लेकिन हमेशा उनकी नजर कुछ क्रिएटिव ढूंढ़ने पर ही लगी रही। और कहते हैं न कि ढूंढ़ने से तो खुदा भी मिल जाता है।

टेस्टिंग कंट्रोल पेनल भी नम्रता की जिम्मेदारियों में आता था। पैनल काफी बड़ा और आंखों के लिए भद्दा था।

एक अच्छे दिन बॉस ने कहा, 'क्या हम अपने कंट्रोल पैनल को दिखने में खूबसूरत नहीं बना सकते?'

नम्रता ने पैनल में एलईडी के इस्तेमाल का सुझाव दिया, जिससे पैनल में काम करना कुछ आसान हो जाए। और फिर उसकी डिजाइनिंग पर काम शुरू कर दिया।

'उस समय तक मैंने फोटोशॉप, कोरल ड्रॉ और डीटीपी का भी एक कोर्स कर लिया था--ये सभी '93-94 के भारत में बहुत नए थे,' उन्होंने बताया।

नम्रता को अहसास हुआ कि मल्टीमीडिया क्रिएटिविटी और टेक्नॉलोजी का मिश्रण है। दोनों संसारों का सर्वश्रेष्ठ। सिर्फ एक साल के अनुभव से, उस युवा इंजीनियर ने नौकरी छोड़कर अपनी कंपनी शुरू करने का निर्णय ले लिया।

बिजनेस का मॉडल सिंपल था।

'मेरे पिता मेरे लिए एक कंप्यूटर ले आए, मैं सॉफ्टवेयर जानती थी। मैंने वापस थरमैक्स में जाकर कहा--मेरे पास आपके लिए काफी स्टफ है!'

नम्रता का पहला प्रोजेक्ट अपनी ही कंपनी के लिए कंप्यूटर बेस ट्रेनिंग प्रोग्राम शुरू करना था। इससे कुछ पैसे आए, और धीरे-धीरे और भी कई लोग जुड़ने लगे। दोस्तों के दोस्त--सभी इंजीनियर, जिनमें क्रिएटिविटी का कीड़ा उछाल मार रहा था।

'हमें इंजानियर होने का फायदा मिला--हम इंडस्ट्री की जुबान बोल सकते थे। तो, क्लाइंट हमें काम देने में सहज थे।'

अब वे सबकुछ जानते थे, लेकिन वे और सीखने को उत्सुक थे। तो क्या अगर इसके लिए उन्हें अपनी रातें किताबों और मैन्यूअल के अंतहीन अध्ययन में काली करनी पड़ें।

'आपको काम में मजा आने लगता है और आपको लगने लगता है कि हर रोज करने के लिए कुछ नया है!'

कंपनी की नजर कोरपोरेट प्रेजेंटेशन और आर्किटेक्चरल पर थी। सब ठीक चल रहा था। काफी बेहतर। लेकिन तभी जिंदगी की राह में एक मोड़ आया, जो अक्सर कामकाजी महिलाओं के रास्ते में आ ही जाता है।

'मेरी शादी हो गई और मेरी जिंदगी में दो बड़े बदलाव आए,' नम्रता याद करते हुए बताती हैं।

'पहले, पंडित ने कहा कि मेरा नाम (अर्चना) और मेरे पति का नाम (पवन) आपस में मेल नहीं खा रहे। उसका कहना था कि मेरा नाम 'न' अक्षर से शुरू होना चाहिए।'

वहीं के वहीं, नामों के कुछ सुझाव भी मिलने लगे और इससे पहले कि वह कुछ समझ पातीं वह 'अर्चना अरोड़ा' से 'नम्रता शर्मा' बन गईं। और शादी के बाद, नम्रता अपने पति के साथ रहने के लिए हांगकांग चली गईं।

'हालांकि मैंने काम नहीं छोड़ा था, मैं हांगकांग से भी कुछ प्रोजेक्ट कर रही थी। लेकिन अब कंपनी मेरे हाथ में नहीं रह गई थी।'

फिर भी काम की ललक, आगे बढ़ने की चाह ने उन्हें और सीखने और खुद को मजबूत करने के लिए प्रेरित किया। और इसी के साथ नए अवसर भी आने लगे।

'जिस कंपनी में मेरे पति काम करते थे वह डिजनी के लिए कुछ सॉफ्टवेयर डेवलप करने जा रही थी। तो उनके जरिए मैं एक सज्जन से मिलीं जिन्होंने मेरा काम देखा और उन्हें बहुत पसंद आया।'

नम्रता डिजनी स्टूडियो में सेट और बैकग्राउंड के लिए बतौर विजुलाइजर स्वतंत्र रूप से काम करने लगी। वह पारंपरिक 2-डी स्टाइल में, हाईटेक सॉफ्टवेयर या टेक्नॉलोजी की जगह हाथ से बनाई पेंटिंग से काम कर रही थीं।

'लेकिन हां, मैं देख रही थी कि लोग क्या कर रहे थे और वह काफी कुछ ऐसा ही था, जैसा एनिमेशन में किया जाता है। मैं वहां थी--और मानो अपना सपना पूरा कर रही थी। वहां बहुत कुछ सीखने को मिला!'

बदकिस्मती से वह भी सालभर में ही बंद हो गया।

'मैं मां बनने वाली थी, और डिलीवरी के लिए वापस भारत आ गई थी। और जब मैं भारत में ही थी, तभी मेरे पति का तबादला न्यूजीलैंड में हो गया, तो मैं कभी वहां वापस न जा सकी।'

'आज मैं जो भी हूं उसका श्रेय मेरे पति को जाता है। क्योंकि उन्होंने हमेशा मुझे प्रोत्साहित किया–तुम इससे बेहतर कर सकती हो, और भी बेहतर, ज्यादा बेहतर।'

न्यूजीलैंड में नम्रता डिपेंडेंट वीसा पर थी, तो वह काम की तलाश भी नहीं कर सकती थी। और फिर, उनके पास संभालने के लिए छोटा सा बच्चा भी तो था। फिर भी, वह खाली नहीं बैठ सकती थीं। फिर इसे किस्मत कहो, या भाग्य--एक नए अवसर ने उनके दरवाजे पर दस्तक दी।

और यह सब अपारंपरिक तरीके से हुआ।

'मेरे पिता लॉइंस क्लब के सदस्य थे और जब मैं छोटी थी तो लियो क्लब में जाया करती थी। तो मैंने न्यूजीलैंड में भी लॉइंस क्लब में जाना शुरू कर दिया और मैं वहां की सक्रिय सदस्य बन गई।'

लॉइंस क्लब में नम्रता ने कई दिलचस्प लोगों से दोस्ती की, जिनमें कुछ लोग ऐसे भी थे जो पोस्ट प्रोडक्शन स्टूडियों में काम करते थे।

न्यूजीलैंड उस समय *लॉर्ड ऑफ द रिंग* के डायरेक्टर पीटर जैक्सन की वजह से बहुत ही रोमांचक जगह बन गया था।

वीसा की वजह से नम्रता औपचारिक रूप से स्टूडियों के साथ काम नहीं कर सकी, लेकिन वहां उन्हें काफी सीखने का अवसर मिला।

'उस समय मैं प्रोडक्शन पाइपलाइन से जुड़ी, तो मुझे पूरी प्रकिया समझ आने लगी थी।'

एक बार फिर से अनुभव तो कमाल का रहा, लेकिन समय फिर से कम पड़ गया।

'फिर सालभर में मेरे पति हांगकांग आ गए। तो मैंने फिर से करने के लिए नई चीजें ढूंढ़ना शुरू कर दिया!'

नम्रता डिजनी के एक कलीग के संपर्क में रही थी। उसने बताया कि जॉन्सन एंड जॉन्सन किसी को वेब पोर्टल बनाने के लिए ढूंढ़ रहे थे। प्रोजेक्ट मजेदार था, लेकिन एक छोटी सी परेशानी थी।

'मैं क्रिएटिव पहलू को लेकर तो पूरी तरह से आश्वस्त थी, लेकिन मुझे बैकएंड

का कोई अनुभव नहीं था!'

उन्होंने अपने पति से सलाह मांगी, तो उन्होंने कहा, 'भारत में बहुत सी कंपनियां सॉफ्टवेयर डेवलेपमेंट का काम कर रही हैं, तुम उनमें से किसी एक से बात क्यों नहीं करतीं?'

उनके पति ने उनका संपर्क मि. जीके राव, मेगासॉफ्ट कंपनी (सत्यम की एक शाखा) के प्रमुख से मिलवाया। मि. राव यूएस में एक प्रोजेक्ट की बात करते हुए, रास्ते में हांगकांग रुकने के लिए तैयार हो गए।

उस मुलाकात में उन्होंने बहुत सी चीजों पर बात की और मि. राव हांगकांग की मार्केट को समझना चाहते थे।

'अपने पति के काम की वजह से, मैं आईटी इंडस्ट्री के बारे में काफी जानती थी और इसी वजह से मैं उनके ज्यादा प्रश्नों का जवाब दे पाई।'

मुलाकात के आखिर में, मि. राव ने नम्रता को मेगासॉफ्ट में काम करने और हांगकांग में कंपनी का बिजनेस डेवलेपमेंट संभालने का प्रस्ताव दिया। वह मान गईं।

'बिजनेस डेवलेपमेंट मेरे लिए नया था, लेकिन उस समय मेरे पति ने काफी मदद की। उन्होंने मुझे जीरो से सिखाया--तुम्हें किससे मिलना चाहिए, किससे बात करनी चाहिए, ई-मेल कैसे लिखनी चाहिए...'

हर छोटी चीज जो आपकी मदद करती है, और आपको लक्ष्य हासिल करने की तरफ प्रेरित करती है।

'मैं मई 1999 में शामिल हुई और जुलाई 2000 तक हमारे पास एक प्रोजेक्ट भी आ गया था। मेरे एक साल के लक्ष्य अक्सर 6-7 महीने में पूरे हो जाते थे, तो हर कोई मेरे काम से खुश था!'

लेकिन उनके छोटे बेटे का क्या? शुरुआत में तो नम्रता ने अपनी मां को वहां देखरेख के लिए बुला लिया था। बाद में उन्होंने एक अच्छी कामवाली रख ली थी।

'तब तक वह दो साल का हो गया था और सुबह प्ले स्कूल जाने लग गया था। वह बोल सकता था, समझा सकता था। घर आकर मुझे जानकर संतोष होता कि उसने क्या किया, क्या खाया और किसमें मजा आया--उसके दिन के बारे में सबकुछ।'

मेगासॉफ्ट बढ़ रहा था और काम में भी मजा आ रहा था।

'मैंने हांगकांग के साथ-साथ सिंगापुर और ऑस्ट्रेलिया में भी ऑफिस खुलवाने

'ऐसा भी समय था जब मैं पूरी तरह से हताश और निराश थी और सब छोड़ देना चाहती थी। और मेरे पति कहते--ऑफिस छोड़ दो!'

में मदद की। हम चीन में भी किसी साझेदारी की तलाश में थे।'

यह सब एनिमेशन की दुनिया से दूर की बात थी, लेकिन मेगासॉफ्ट के कई क्लाइंट मीडिया इंडस्ट्री से भी थे--जैसे स्टार टीवी और मकैनएरिक्सन।

'मैं नहीं जानती थी कि यह बस मौके की बात थी या मीडिया के प्रति मेरी चाहत,' वह हंसती हैं।

वहां क्रिएटिव पहलू पर सीखने के लिए कुछ ज्यादा नहीं था लेकिन क्रिएटिव इंडस्ट्री का व्यवसाय पहलू जरूर था। और प्रोजेक्ट मैनेजमेंट तो था ही।

'मैं हांगकांग में बैठी थी लेकिन प्रोजेक्ट मैनेजर यहां भारत में काम कर रहे थे, और मुझे तो उस प्रक्रिया का हिस्सा बनना ही था।'

मेगासॉफ्ट में काम करते हुए दो साल होने ही वाले थे कि नम्रता को भारत में ही शिफ्ट करना पड़ा।

'स्टार टीवी भारत में आना चाहता था और मैंने वह प्रोजेक्ट संभाला था, लेकिन तभी 9/11 की घटना घट गई।'

विश्वव्यापी बाजार ढह रहा था और बॉस चाहते थे कि नम्रता फिर से हांगकांग का काम संभाल ले। मतलब बहुत-बहुत सारा सफर। कभी चेन्नई हेड ऑफिस तो कभी हांगकांग--कभी-कभी तो 3-4 हफ्ते ऐसे ही गुजर जाते!

'तब तक मेरा बेटा बस 4 साल का था और नर्सरी स्कूल में जाने लगा था। वह समझने लगा था कि दूसरे बच्चों की मां उन्हें लेने आती हैं, लेकिन उसकी मां नहीं।'

और धीरे-धीरे यह बात बाहर आने लगी।

'पहले जब मैं जाती तो वह कहता--मेरे लिए खिलौने लाना, घड़ी लाना--लेकिन बाद में कहने लगा--मुझे कुछ नहीं चाहिए, बस आप मत जाओ!'

और एक दिन बात बहुत बिगड़ गई। स्कूल का ऐन्यूअल डे था और टीचर ने बच्चों की बनाई ड्रॉइंग और चार्ट लगाए थे। एक टॉपिक था, 'जब मैं बहुत खुश हूं।'

'क्लास में 40 बच्चे थे, और ज्यादातर ने लिखा, जब पापा आइसक्रीम लाते है, या जब हम पार्क जाते हैं।'

जनक ने मोटे अक्षरों में लिखा, 'जब मेरी मम्मी घर पर होती हैं।'

'उस पल मुझे बहुत दुख हुआ,' नम्रता बताती हैं। 'अगले दिन मैं काम पर गई और अपना इस्तीफा दे आई।'

ऑफिस में बहुत गहमागहमी रही, यहां तक कि नम्रता के पति ने भी सोचा कि वह जल्दबाजी में और भावनाओं में बहकर निर्णय ले रही है। लेकिन एक मां के दिल ने उसके दिमाग पर विजय पा ली थी।

'इसके लिए मैं अपने बेटे की आभारी हूं।'

अगले दो सालों के लिए नम्रता घर पर थी, लेकिन वेल्ली नहीं।

'तब मैं 3-डी तकनीक की तरफ गई। मैं माया में गई, सारे सॉफ्टवेयर की जानकारी ली। और मैं घर से भी कुछ काम करने लगी।'

लेकिन उनकी नजर अब घर पर ही थी।

'मैंने जनक में बहुत बदलाव महसूस किया। वह पहले से ज्यादा विश्वासी, चंचल, खुश दिखाई दे रहा था।'

इस दौरान घर में एक दूसरा मेहमान भी आ गया था--2003 में दूसरे बेटे का जन्म हुआ। जब गालव 7 महीने का था, तो नम्रता के पास केपीआईटी, पुणे से फोन आया।

'क्या तुम फिर से काम शुरू करना चाहोगी?' उन्होंने पूछा।

जो बंदा फोन कर रहा था वह मेगासॉफ्ट का पुराना कलीग था और उसने नम्रता को समझाया की वापसी का सही समय यही है।

'अगर तुम ज्यादा समय तक घर पर बैठी रहोगी, तो तुम्हें इसकी आदत पड़ जाएगी,' उसने कहा। 'तुम वापस काम नहीं कर पाओगी!'

उस समय, परिवार दिल्ली में रह रहा था। लेकिन नम्रता और उनके पति दोनों ही वापस पुणे आना चाहते थे, क्योंकि उनकी जड़ें यही से जुड़ी थीं।

'हम दोनों ने बैठकर दिमाग लगाया। हमने सोचा कि बेहतर यही होगा कि पहले मैं जाऊं और बाद में वह भी वहां आ जाएं।'

नम्रता काम के लिए राजी हो गई, लेकिन एक शर्त पर।

'मैंने उन्हें बता दिया था कि मैं 7 महीने के बच्चे को घर पर अकेले नहीं छोड़

'मैंने लगातार एक ही काम नहीं किया। लेकिन अलग-अलग कामों का अनुभव ही मेरी सबसे बड़ी ताकत बना। इससे मुझे तार्किक और रचनात्मक संतुलन मिली।'

सकती। मैं ट्रैवल नहीं कर सकती।'

नम्रता ने जो जिम्मेदारी संभाली वह प्री-सेल्स की थी--9 से 5 की नियमित नौकरी। और पुणे में परिवार के भरपूर सहयोग से कोई परेशानी नहीं आई।

'मेरी सास, ननद और मां-पापा पुणे में ही हैं। तो मुझे अपने बच्चे को छोड़ने का पछतावा नहीं हुआ।'

जब मां को पता हो कि उसका बच्चा सुरक्षित हाथों में है, तो वह अपनी सारी ऊर्जा काम में लगा सकती है, बिना चिंता किए। अन्य कामकाजी मांओं की तरह।

'मैं बैंकिंग प्री-सेल में थी और यह फिर से मेरे लिए नया काम था। यह बैकेंड से ज्यादा था... आप लोगों को कैसे जोड़ते हो, प्रपोजल कैसे बनाते हो, प्रजेंटेशन कैसे बनाते हो।'

यह फाइनेंस की दुनिया में पहला कदम था। लेकिन धीरे-धीरे नम्रता सेल्स डिपार्टमेंट में आ गई। हालांकि काम दिलचस्प था, लेकिन एक बार फिर क्रिएटिविटी का कीड़ा सिर उठाने लगा था।

'मैं कुछ करना चाहती थी, कुछ अपनी पसंद का। मैं आजाद होना चाहती थी। मेरे पास कुछ विचार तो थे लेकिन स्पष्ट रूपरेखा नहीं बन पा रही थी।'

2006 में, नम्रता ने गेमिंग और एनिमेशन पर नासकौम कॉन्फ्रेंस में भाग लिया। बस देखने के लिए कि इस क्षेत्र में क्या कुछ नया हो रहा है। वहां पर उनकी मुलाकात कॉन्टेस्ट2विन और गेम्स2विन के संस्थापक और सीईओ, आलोक केजरीवाल से हुई।

'हमने बातें करनी शुरू की और आलोक ने बताया कि वे किसी ऐसे व्यक्ति की तलाश में हैं जो उनके लिए फ्लैश गेम डेवलेप कर सके।'

बाद की दो मुलाकातों में नम्रता ने केपीआईटी छोड़कर एंट्रीक्स एनीमेशन खोलने का निर्णय ले लिया।

'हमारे पास एक सुनिश्चित क्लाइंट था--कॉन्टेस्ट2विन--और मैं जानती थी कि समय के साथ और भी राहें खुल जाएंगी।'

जिस समय नम्रता ने काम छोड़ा वह केपीआईटी के सीईओ, मि. किशोर पाटिल को रिपोर्ट करती थी।

'जब मैंने उन्हें बताया कि मैं अपनी कंपनी खोलने के लिए इस्तीफा दे रही हूं, तो उन्होंने अपना पूरा सहयोग और शुभकामनाएं मुझे दीं।'

एंट्रीक्स की शुरुआत अप्रैल 2006 में हुई। 10 लाख रुपए के निवेश के साथ शुरू की गई छोटी सी टीम। जिसमें सेलेरी, एडवांस, कुछ मशीनें और किराए के लिए निवेश का इस्तेमाल किया जाना था। कंपनी के पास जल्दी ही थरमैक्स और एमडॉक्स जैसे क्लाइंट आ गए। और 3 महीने में ही कपंनी के कर्मचारी 2 से बढ़कर 12 हो गए।

कुछ महीने बाद ही उनके एक्स-बॉस ने उन्हें फोन किया।

'वह इस इंडस्ट्री के बारे में जानना चाहते थे, मैं क्या काम कर रही हूं, और वे मेरे ऑफिस में कुछ समय बिताना चाहते थे।'

किसी अच्छे दिन मि. पाटिल का फोन आया।

'एक फिल्म बनाने का मौका है। क्या तुम लेना चाहोगी?' उन्होंने पूछा।

बहुत सा रोमांच और बहुत सी प्रेजेन्टेशन और चर्चाओं का दौर चला। आसान रास्ता था विदेशी कंपनियों से जॉबवर्क ले लिया जाए। बजाय की कुछ नया बनाने की चुनौती के।

'हमने अपनी आईपी (इंटेलेक्चुअल प्रोपर्टी) पर निर्भर रहने का फैसला लिया। लेकिन इसमें जोखिम बहुत था, और अगर आप सही होते हैं तो फायदा भी ज्यादा।'

और इस तरह, जून 2007 में, क्रेयॉन पिक्चर्स अस्तित्व में आया। यह पहला प्रोजेक्ट था, जिसमें फुल-लेंथ फिल्म *दिल्ली सफारी* बनाई गई, जो बॉलीवुड डायरेक्टर निखिल आडवाणी के कॉन्सेप्ट पर आधारित थी।

'निखिल ने मि. निशित टाकिया (अदाकारा आयशा टाकिया के पिता) को कहानी सुनाई। निशित किशोर पाटिल को जानते थे और किशोर मुझे। इस तरह हम सब साथ आए।'

किशोर पाटिल मुख्य निवेशक* और रणनीतिकार हैं, जबकि निशित ने बिजनेस डेवलपमेंट संभाला। नम्रता उसकी डायरेक्टर और को-फाउंडर हैं। जिसका मतलब

* यह मि. किशोर पाटिल का अपना काम है, इसमें एमडी या सीईओ पद का कोई लेना-देना नहीं है।

सबकुछ--सिस्टम्स, प्रोसेस, इंफ्रास्ट्रक्चर। और सही लोगों को नियुक्त करने की जिम्मेदारी भी उन्हीं की है।

'मैं हर काम तरीके से करना चाहती हूं। मेरा लक्ष्य है कि काबिल लोगों को सीनियर पोजिशन पर लाऊं।'

क्योंकि अगर उनमें लगन और जिम्मेदारी होगी, तभी उनके मातहत काम करने वाले जुनियर काम को गंभीरता से ले पाएंगे। और क्रिएटिव इंसान एक तरह से भावुक भी होते हैं।

'एनिमेटर के लिए एक सही बॉस और मार्गदर्शक के साथ काम करना बहुत जरूरी होता है।'

ओरिजनल पर काम करना--बाहर से मंगवाए हुए पर नहीं--भी इस प्रोजेक्ट का मुख्य आकर्षण था। अभी भी, बॉम्बे से प्रतिभाशाली लोगों को पुणे लाना एक चुनौती बना हुआ था।

'शुरुआत में, हमें पुणे शहर का विचार छोड़ना पड़ा था। लेकिन एक बार जब वे काम में रमने लगे, तो उन्हें यह जगह अच्छी लगने लगी।'

अपने काम को पसंद करना भी बड़ी बात है। 'सिस्टम' को आपकी जिंदगी आसान बनाने के लिए काम करना चाहिए, लेकिन इसके लिए कोई ऐसा इंसान होना चाहिए, जो आपके दर्द को समझ सके। और उसकी देखभाल।

आप देख सकते हैं, कि नम्रता ऐसी ही इंसान है।

'बहुत से काम इतने उबाऊ हैं कि कलाकार उन पर काम करना ही नहीं चाहते। उबाऊपन मिटाने के लिए हम अपने ऐसेट-मैनेजमेंट टूल पर काम करते हैं।'

उदाहरण के लिए 'वर्जिनिंग' की बात की जाए। जब कई डिपार्टमेंट एक ही फाइल पर काम करते हैं, तो कुछ संशय और जटिलताएं हो सकती हैं।

'वर्कफ्लो संभालने के लिए सॉफ्टवेयर उपलब्ध हैं, लेकिन हमने खुद अपने सॉफ्टवेयर बनाए, जो ज्यादा सस्ते और प्रभावशाली थे।'

एनिमेशन इंडस्ट्री में लागत का मसला भी प्रमुख रहता है। *फाइनडिंग नेमो* या *डेस्पिकेबल मी* जैसी हॉलीवुड फिल्मों की लागत 70-100 मिलियन डॉलर के बीच थी। और औसतन इसमें सात साल तक का समय लग जाता है।

'हॉलीवुड में, पहले 2 या 3 साल तो आर एंड डी में ही निकल जाते हैं। आपको वास्तव में उन चरित्रों का जीवन जीना पड़ता है, वे कैसे चलते हैं, बात करते हैं,

समझना पड़ता है। तो बहुत सा समय और पैसा तो प्री-प्रोडक्शन और डिजाइनिंग में ही निकल जाता है।'

एक एनिमेटर के प्रतिदिन आधा सैकंड से भी कम काम करने के हिसाब से क्वालिटी का स्तर बहुत ही बेहतर होता है। ऐसा तो इंडियन मार्केट के बारे में सोचा भी नहीं जा सकता।

'ज्यादा से ज्यादा बजट, जिसकी हम उम्मीद कर सकते हैं वह 3-5 मिलियन डॉलर होता है,' नम्रता आह भरकर कहती हैं। 'हमारे पास 150 आर्टिस्ट हैं, जो प्रतिदिन डेढ़ सैकंड के हिसाब से काम करते हैं।'

इसका मतलब क्या क्वालिटी में किसी तरह के समझोते से है, लेकिन नम्रता का विश्वास है कि क्रेयॉन फिल्म्स अपने दम पर जरूर खड़ी होगी। क्योंकि यह जुनून और प्रतिबद्धता से, देसी ऑडियंस के लिए बनी है।

'*दिल्ली सफारी* पूरी बॉलीवुड है, यह खालिस मनोरंजन है, लेकिन इसमें एक मैसेज भी है।'

बहुत से एनिमेटिड चरित्रों की तरह ही जानवरों के समूह पर चित्रित है। बस जानवर मुंबई के बोरीवली नेशनल पार्क में रहते हैं।

'एशिया का यह सबसे बड़ा नेशनल पार्क है, लेकिन हर दिन यह उनके लिए छोटा होता जा रहा है,' नम्रता बताती हैं। 'फिल्म इस समस्या को जानवरों के नजरिए से उठाती है।'

एक तेंदुआ अपने बच्चों को जंगल का रास्ता बताता है। वे एक खदान साइट में जा घुसते हैं, जहां एक तेंदुआ मर जाता है। यह आपातकाल की स्थिति है। क्या जानवरों को अब भी नेशनल पार्क में रहना चाहिए या अपने लिए कोई नई जगह ढूंढ़ लें?

'इस फिल्म में बहुत से किरदार हैं, जैसे एक बंदर जो विद्रोही है, वह कहता है--चलो उन सबको मार डालते हैं... सबको मार डालेंगे... इंसानों को।'

लेकिन कोई कैसे इन चरित्रों और उनके व्यवहार को डेवलप कर पाता?

'काम ऐसे हुआ। एक बार निखिल आडवाणी ने फिल्म के बारे में सोचा, उन्होंने हमें हर जानवर के चरित्र का विवरण दिया। जैसा मैंने आपको बताया कि बंदर एक विद्रोही है।'

तो बंदर ऐसा दिखना चाहिए, उसका व्यवहार और हरकतें ऐसी ही होनी

चाहिए। ज्यादा जंप करने वाला, ज्यादा गुलाटियां मारनेवाला--एक बैचेन चरित्र। बंदर की आवाज को गोविंदा की आवाज में डब किया गया और यह बिल्कुल बंबईया भाषा थी।

दूसरे चरित्र जैसे गुस्सा कम करवाने वाले गुरु की आवाज बोमन ईरानी की दी गई है और एलैक्स नाम के तोते की आवाज अक्षय खन्ना ने दी है।

'निखिल आडवाणी ने सब अदाकारों को इकट्ठा किया और फिल्म का डायरेक्शन किया। फिल्म का संगीत दिया था--शंकर-अहसान-लॉय ने।'

'भारत की ज्यादातर एनिमेटिड फिल्म--टाटा एलैक्सी की *रोडसाइड रोमियो* को छोड़कर--पौराणिक गाथाओं को लेकर बनी हैं। और उनका बॉक्स ऑफिस प्रदर्शन बहुत शानदार नहीं रहा। इस वजह से, एनिमेशन फिल्मों का डिस्ट्रीब्यूशन भी एक बड़ी चुनौती है।'

'इस फिल्म को पूरा होने में 3 साल लगे और फिर रिलीज होने में 2 साल और,' नम्रता कहती हैं।

दिल्ली सफारी का हिंदी संस्करण 19 अक्टूबर 2012 को भारत और यूएस के सिनेमाघरों पर लगा। फिल्म को समीक्षकों से साढ़े तीन स्टार मिले, लेकिन फिर भी यह सफल नहीं हो सकी। फिर भी, नम्रता घबराई नहीं।

'हमें उम्मीद थी कि यूएस, चीन, रूस और सउदी अरेबिया में रिलीज हुए अंग्रेजी संस्करण से फिल्म अपनी लागत निकाल लेगी।'

ऊपर से, *दिल्ली सफारी* को मार्च 2013 में ऑस्कर की दौड़ में शामिल 21 एनिमेशन फिल्मों में जगह भी मिली।

'मैं जानती हूं कि हमने भारतीय एनीमेशन के लिए एक मिसाल स्थापित किया है।'

क्रेयॉन अब दो नई एनिमेशन फिल्मों पर काम कर रहा है--*कमलू* (एक ऊंट की कहानी जो उड़ना चाहता है) और *ऑली* (एक दिव्य हाथी जो गलती से धरती पर आ गया)।

'हम दूसरी कंपनियों के लिए भी कुछ जॉबवर्क कर रहे हैं,' नम्रता कहती है। 'हमें अहसास है कि फिल्म बनाने की यह प्रक्रिया काफी लंबी है, और इस बीच हमें पैसे के लिए बाहर के प्रोजेक्ट उठाने की जरूरत है।'

नकद ही बिजनेस की जान है, और ऊर्जा जिंदगी की। और यह कामकाजी

मां की इकलौती संपदा है, जिसे वह कभी बुझने नहीं देती!

'मेरे उद्यमी बनने का कारण ही यह है कि मैं चाहती थी कि इससे मुझे अपने परिवार के लिए ज्यादा समय मिल पाएगा। हालांकि, जल्दी ही मुझे अहसास हो गया था कि मैं पहले से भी ज्यादा देर तक काम करने लगी थी।'

पहले तीन साल तो बहुत सी दुर्घटनाएं हुईं--कुछ टूटा, कुछ गिरा और नम्रता देर रात तक ऑफिस में व्यस्त थीं। बहुत बार बच्चे ऑफिस में ही आ जाते थे, अपना होमवर्क करते और फिर वहीं सो जाते।

'मैं मानती हूं कि उन्होंने मुझसे ज्यादा त्याग किया है... लेकिन उसमें भी मजा था।'

ऐसा भी समय था जब वे देखते थे कि काम चल रहा है और उन्होंने कुछ बेहतर विचार भी दिए।

'आखिरकार, सब व्यवस्थित होने लगा और धीरे-धीरे हम सब अपने-अपने काम संभालने लगे,' वह बताती हैं।

नम्रता के सामान्य दिन की शुरुआत जल्दी सुबह होती है। वह बच्चों को स्कूल छोड़कर सुबह 8.30 बजे तक ऑफिस पहुंच जाती हैं।

'मैं कोशिश करती हूं कि 4.30-5 बजे तक ऑफिस से निकल जाऊं, ताकि घर जाकर बच्चों का होमवर्क, प्रोजेक्ट्स और अन्य गतिविधियों में मदद कर सकूं।'

दरअसल अक्सर बच्चे स्कूल से सीधा ऑफिस ही आ जाते हैं और वे सब साथ ही घर के लिए निकल जाते हैं।

'अगर मैं बहुत व्यस्त हूं तो वे अपने नाना-नानी के घर चले जाते हैं, जो ऑफिस के पास ही है। तो अब मुझे वैसी चिंता नहीं रहती।'

लेकिन यह जटिल समीकरण है।

'बड़े बेटे, जनक ने ऑफिस के पास ही कराटे क्लास में जाना शुरू कर दिया। इससे मुझे उसे लाने ले जाने में आसानी रही और फिर वापस आकर देर तक काम भी कर सकते थे।'

जिसकी शुरुआती दिनों में बहुत जरूरत भी थी।

'समय के साथ जनक का प्रदर्शन काफी अच्छा रहा--उसने ब्लैक बेल्ट ले ली और अंतर्राष्ट्रीय प्रतियोगिताओं में जाकर कई मैडल* भी जीते।'

* जनक ने जापान में भारत के लिए स्पीडबॉल में पहला इंटरनेशनल मैडल जीता। गालव भी खेलों में नेशनल गोल्ड मेडलिस्ट है।

कंपनी ने अपना ऑफिस बदल दिया, अब कराटे क्लास उतना पास नहीं रह गई थी। फिर भी नम्रता ने अपने बच्चे को उसी क्लास में रखा। क्योंकि वह अच्छा कर रहा था, और वह उन 'सर' से भी बहुत जुड़ गया था।

अब मां का दिल उसके दिमाग पर राज करता है।

'कुछ चीजें हैं, जिनकी मैं परवाह करती हूं--जैसे खाना बनाना। और कुछ चीजें ऐसी हैं जिनकी मुझे कभी चिंता नहीं रही--जैसे उन्होंने खाया या नहीं, या कपड़े बदले या नहीं।'

वे ऐसी चीजें हैं जिन्हें परिवार या घरेलू मदद से संभाला जा सकता है। नम्रता को तो उनकी पढ़ाई और सर्वांगीण विकास की चिंता रहती है।

'जब मैंने उनका ट्यूशन लगवाया तो सोचा, अब ठीक है, वे सही हाथों में हैं। लेकिन उससे जनक के ग्रेड्स में बहुत गिरावट आई।'

जब उससे पूछा क्यों, तो उसने कहा, 'मैं ट्यूशन नहीं जाना चाहता, आप मुझे पढ़ाओ।'

'इसका मतलब था, जब वे पढ़ रहे हों मेरा वहां होना बहुत जरूरी है...' नम्रता कहती हैं।

ऐसा ही टूर्नामेंट और अन्य गतिविधियों में भी है। अगर आप नहीं गए तो कोई बात नहीं, लेकिन जब आप जाते हो तो अंतर साफ पता चल जाता है।

'उस समय मैं अपना सब काम बंद करके उनके साथ होती हूं। आपको करना ही पड़ता है... एक मां के तौर पर।'

हालांकि पति पवन का सहयोग उन्हें हमेशा मिलता रहा है, फिर भी इस मामले में नम्रता पर दोहरा दबाव रहता है।

'पवन बहुत सीनियर आईटी प्रोफेशनल हैं। वह बहुत व्यस्त रहते हैं।'

वास्तव में, पवन अक्सर आधी रात को ही घर में आ पाते हैं, तब तक बच्चे सो गए होते हैं।

'जब वे सुबह उठकर, जाने के लिए तैयार होते हैं, तब तक पवन सो रहे होते हैं,' वह कहती हैं।

लेकिन सप्ताहांत खासतौर पर परिवार के साथ ही मनाया जाता है।

'मैं शनिवार को तभी काम करती हूं जब वह बहुत जरूरी हो, और ऐसा ही पवन के साथ है। सप्ताहांत हम अपने बच्चों के लिए ही रखते हैं।'

गेम खेलना, टीवी देखना, बातें करना, कुछ स्पोर्टस और कुछ होमवर्क।

और उस पल आपको अहसास होता है, यह आसान नहीं है। लेकिन अगर आप दृढ़, साहसी और खुद से ज्यादा काम ले सकती हैं--तो ही आप यह सब कर सकती हैं।

'हाल ही में, मैंने उस्ताद जुनैन खान से सितार सीखना शुरू किया है,' नम्रता ने बताया।

क्योंकि जिंदगी बहुत से सुरों का सुमधुर संगीत है; शरीर वाद्ययंत्र है और दिमाग उस्ताद।

हम संघर्ष करते हैं, तनाव लेते हैं, झेलते हैं--उन्हें कुशल करने के लिए।

अंदरूनी धुन और दिव्यता को एकसार करने के लिए।

*

महिला उद्यमी की सलाह

अगर आप उद्यमी बनना चाहती हैं तो आपको कुछ-कुछ जानकारी सबकी होनी चाहिए। मंजिल तक पहुंचने का कोई सीधा रास्ता नहीं होता।

अगर मैं एक आर्टिस्ट के तौर पर काम करती हूं, तो भी कभी मुझे टीमलीडर बनना पड़ेगा, कभी सुपरवाइजर। लेकिन कहीं भी सीमा नहीं है। एक एनीमेशन सुपरवाइजर बेचने की कला नहीं जानता, वह फाइनेंस नहीं समझ सकता, एक इंफ्रास्ट्रक्चर नहीं खड़ा कर सकता। यह सब बस आप अनुभव से ही सीख सकते हैं।

तो आपको अपनी सीमाओं से बाहर आना ही पड़ेगा।

मुझे लगता है कि दृढ़ता और धैर्य दो नैसर्गिक गुण है जो हर महिला में होते ही हैं। भरोसा रखो। अपने लक्ष्य पर विश्वास और आस्था रखो। और उसे आगे ले जाने का जज्बा भी।

नौकरी में हर किसी को तनाव होता है, अपनी कंपनी में भी वही बात है। घर और काम के बीच तालमेल बनाना ही कामकाजी महिलाओं का सबसे बड़ा तनाव है, खासकर भारतीय महिलाओं का।

लेकिन मैंने तालमेल बनाया, और विश्वास है कि आप भी कर सकती हैं।

आज मैं जो भी हूं उसके लिए अपनी मां और सासू मां की सदा आभारी रहूंगी। ऐसी महिलाएं जो कुछ करने का सपना देखती हैं उनके लिए मैं बस यही कहना चाहूंगी कि अगर ये दोनों महिलाएं आपके पक्ष में हैं तो आपके लिए कुछ भी असंभव नहीं है।

आदिवासी धुन

नीति टाह

36 रंग

नीति एडवर्टाइजिंग के अपने आलीशान करियर को छोड़कर कुछ अलग करने के लिए अपने होम टाउन छत्तीसगढ़ लौट आई। क्रिएटिविटी को कॉमर्स के साथ मिलाकर, वह पारंपरिक आदिवासी कला को आधुनिक दुनिया की नजरों में लाई।

26 साल की नीति के पास वह सबकुछ था।

मल्टीनेशनल एजेंसी में नौकरी।

बड़े शहर में आरामदायक जीवन।

दोस्त, मस्ती और कुछ जिम्मेदारियां।

लेकिन उसने सब छोड़ दिया, वापस बिलासपुर आ गई, वह शहर जहां उनका जन्म तो हुआ था पर वह वहां ज्यादा रह नहीं पाई थीं। एक डांवाडोल और अनिश्चित सपने की वजह से।

'दिल्ली में, मेरे पास पैसा था, ग्लैमर था लेकिन मैं कुछ और चुनौती भरा, ज्यादा रचनात्मक करना चाहती थी।'

वह था 36 रंग, एक ऐसा प्लेटफॉर्म जहां छत्तीसगढ़ की गुम होती आदिवासी कला को प्रोत्साहन दिया जाता है।

शहरी जंगल से दूर, दूर-दराज गांव एक गंदी सड़क से जुड़ा। यहां नीति को अपना बेशकीमती रत्न मिला। उन्होंने उनकी कला को आधुनिक जीवनशैली के अनुरूप निखारा, ताकि वह बाजार में बिकने के समर्थ हो सके।

और इस तरह से 36 रंग का जन्म हुआ।

हालांकि यह बिजनेस अभी युवावस्था में ही है, अपने संस्थापक की तरह। यह पार्ट हॉबी, पार्ट सोशल सर्विस उन्हीं समस्याओं का सामना कर रही है, जिनका सामना अक्सर युवा उद्यमियों को करना होता है। खासकर वे जो हस्तशिल्प का काम करते हैं।

बड़े पैमाने पर उत्पादन करें या विशिष्ट रहें।

व्यावसायिक बनें या सामाजिक रहें।

आदर्श तो दोनों का मिश्रण है। 36 रंग अभी भी अपने पैर जमा रहा है, अपनी आवाज के लिए जगह बना रहा है, लेकिन एक बात साफ है।

भले ही आप से पहले बहुत से लोग यह काम कर चुके हैं, लेकिन बहुत कुछ किया जाना अभी बाकी है।

इस देश की संस्कृति और कलाकारों की विरासत को युवा कंधों पर आगे ले जाए जाने की जरूरत है।

इस विश्व की सुंदरता और दिव्यता में प्रवेश करो।

खुशी को महसूस करो, और खुशी बांटों।

आदिवासी धुन

नीति टाह
36 रंग

नीति टाह एक छोटे शहर की लड़की हैं।

'मैं छत्तीसगढ़ के बिलासपुर में पैदा हुई। मेरे पिता रियल स्टेट और कंस्ट्रक्शन बिजनेस में थे।'

नीति ने ऊटी में लवडेल के लॉरेंस स्कूल में क्लास 4 से क्लास 12 तक पढ़ाई की।

'वे मेरे जीवन के सबसे अच्छे साल थे!' वह याद करती हैं।

स्कूल दिनों के दौरान ही, नीति ने कई पेंटिंग कंपीटिशन में भाग लिया और अनेक इनाम जीते। तो जब करियर चुनने का समय आया, तो वह समझ गई थीं कि कुछ फाइन आर्ट से जुड़ा हुआ ही होना चाहिए।

'मैं सीधा सा बीए करने की इच्छुक नहीं थी, मैं कोई प्रोफेशनल कोर्स करना चाहती थी, कुछ रचनात्मक।'

नीति ने दिल्ली में डिजाइन का कोर्स (डिजाइन में स्नातक डिप्लोमा) करने के लिए नेशनल इंस्टीट्यूट ऑफ एडवर्टाइजिंग इन सैनिक फार्म में दाखिला ले लिया। एक नया इंस्टीट्यूट होने के बावजूद भी वहां काफी अच्छा प्रशिक्षण दिया गया।

'मैं भाग्यशाली रही कि मेरे टीचर बहुत अच्छे थे,' नीति कहती हैं। 'आज मैं जो भी हूं, और डिजाइन के बारे में जो कुछ भी जानती हूं, सब उनकी बदौलत है।'

2005 में स्नातक करने के बाद, नीति ने एडवर्टाइजिंग में शामिल होने का निर्णय लिया। अच्छे ग्रेड और शानदार पोर्टफोलियो की मदद से वह आसानी से दिल्ली

में, जे वाल्टर थॉम्पसन (जेडब्ल्यूटी) में ट्रेनी की पोजिशन पर काम करने लगीं। उस समय उनका वेतन 8000 रुपए था।

'ट्रेनिंग का समय छह महीने था और फिर यह आपके काम पर निर्भर था--अगर उन्हें आपका काम पसंद आता तो वह आपको पक्का कर लेते।'

नीति 2007 में जेडब्ल्यूटी में जूनियर आर्ट डायरेक्टर के तौर पर काम करने लगीं। उनकी आय थी 20,000 रुपए महीना। आने वाले सालों में, वह 40 प्रतिशत की बढ़ोतरी के साथ आर्ट डायरेक्टर बन गईं।

'कम उम्र में ही मुझ पर बहुत सी जिम्मेदारी आ गई थीं। कई प्रतिष्ठित क्लाइंट को मैं वहां संभाल रही थी।'

डिजाइनिंग, एक्जीक्यूटिंग और फाइनल प्रेजेंटेशन के बीच भी वह बहुत से अन्य काम भी देख रही थीं। एडवर्टाइज्मेंट बनाना एक लंबी प्रक्रिया है, और यह आसान नहीं है।

'मैं बहुत कम सफर किया करती थी, खासकर बॉम्बे, शूटिंग, मीटिंग और प्रोडक्शन के बाद के काम के सिलसिले में।'

नीति ने जिन कैम्पेन पर काम किया, उनमें यूनीटेक, हीरो होंडा, कारगिल और ईएसपीएन शामिल हैं।

'मुझे दो बॉलीवुड स्टार के साथ भी काम करने का मौका मिला... काफी अच्छा अनुभव रहा।'

दिल्ली में रहने की दूसरी अच्छी बात थी, अपने भाई-बहन के साथ रहने का मौका मिलना। नीति की बड़ी बहन सिविल सर्विस की परीक्षा की तैयारी कर रही थी, जबकि छोटे भाई ने स्कूली शिक्षा पूरी करके श्री वेंकटेश्वर कॉलेज में दाखिला लिया था। अकेले भी रहो, और घर का मजा भी मिले--उससे बेहतर तो कुछ नहीं हो सकता।

और फिर भी, नीति बेचैन थी। 2009 में, नीति को तरक्की मिली। उसके तीन महीने बाद ही उन्होंने नौकरी छोड़ने का मन बना लिया।

'मैं हमेशा कुछ अपना करना चाहती थी, कुछ रचनात्मक। मैंने सोच लिया था कि यही सही समय है।'

लेकिन असल में वह क्या करना चाहती थीं? नीति को कोई आइडिया नहीं था। वह अपने घर बिलासपुर गई और वहां बिना कुछ किए 3 महीने गुजारे। दिल्ली

वापस जाकर, कोई दूसरी एडवर्टाइजिंग में काम करने का प्रलोभन बहुत ज्यादा था, लेकिन नीति दृढ़ रहीं।

क्योंकि वह जानती थीं कि ये रास्ता बहुत आसान था।

तब नीति को आदिवासी कला से कुछ करने का विचार आया। छत्तीसगढ़ की अद्‌भुत कला, जिसकी बाहर की दुनिया में कोई खास पहचान नहीं थी।

'ज्यादा से ज्यादा लोगों ने बस बस्तर का नाम सुन रखा था। लेकिन वहां और भी बहुत सी कलाएं और प्रतिभाशाली कारीगर थे।'

क्या कोई ऐसा प्लेटफॉर्म हो सकता है जहां यह प्रतिभाएं अपने हुनर को प्रस्तुत कर सकें? पता करने के लिए, नीति ने छत्तीसगढ़ के राज्यों में सफर करके खुद वास्तविक हालात का जायजा लेने का निर्णय लिया--जमीनी स्तर पर।

'मैंने गांव दर गांव घूमने में छह महीने लगाए, कलाकारों का पता किया, उनसे बातें कीं, उनका काम देखा।'

नीति को कला और कलाकारों की ऐसी संपत्ति मिली, जो बड़े पैमाने पर दुनिया की नजरों में अनजानी है। ऐसी ही एक कला है--भित्ती चित्र--जिसकी अगुआ एक आदिवासी महिला सोनाबाई राजावर को माना जाता है। अनपढ़ और पति से प्रताड़ित, सोनाबाई अपनी जिंदगी के सूनेपन को भरने के लिए कला की सुंदरता का प्रयोग करती थी।

1983 में, उनके जटिल जालीदार काम और रंगीन मूर्तिकला को भोपाल में नए स्थापित संग्रहालय भारत भवन और कल्चरल सेंटर में जगह मिली थी। एक अमेरिकी मानवविज्ञानी और लेखक--स्टीफन ह्यूलर--उनके काम पर मोहित हो गया। उसने सोनाबाई पर एक किताब लिखी और उनके जीवन और काम पर एक डॉक्यूमेंट्री भी बनाई।

'गांव के लोग अब उसे बहुत सम्मान देते हैं, और अब तो वहां उन्हें देवी की तरह पूजा भी जाता है,' नीति बताती हैं।

'बिजनेस में मैंने एक बात जानी कि परिवार के साथ काम कर पाना अच्छा विचार है। क्योंकि तब आप एक-दूसरे पर पूरा भरोसा कर पाते हैं।'

'लोग यह जानकर हैरान थे कि कैदी इतना अच्छा और शानदार काम कर सकते हैं।'

सोनाबाई 2007 में चल बसीं, लेकिन उनका काम उनके बेटे और अनेक गांववालों जिन्हें अपने जीते जी उन्होंने काम सिखाया था, के द्वारा जीवित है।

'मधुबनी पूरे दुनिया में प्रसिद्ध है, और इसी तरह *भित्ती चित्र* में भी प्रसिद्ध होने की क्षमता है,' नीति कहती हैं।

लेकिन इसके लिए प्रचार और उत्पाद को नए जमाने के अनुसार फिर से बनाए जाने की जरूरत है।

'इस कला के साथ एक समस्या यह भी है कि इसके उत्पाद क्ले से बनाए जाते हैं, जो बहुत भारी होते हैं। इससे उन्हें कहीं ले जाने, खासकर एक्सपोर्ट करने में परेशानी होती है।'

हर समस्या अपने साथ कोई न कोई अवसर लेकर आती है। क्या इसी कला को किसी दूसरे, हल्के कच्चे माल से भी तैयार किया जा सकता है?

'हमने *भित्ती चित्र* को कुट्टी से बनाने का प्रयास किया। लेकिन जब हमने कुछ नमूने बनाए, उनमें कुछ समय बाद दरारें आ गईं।'

कुछ भी उतना आसान नहीं होता, जितना दिखाई देता है। दिल्ली के दोस्तों के द्वारा नीति को कुट्टी के एक्सपर्ट का पता चला।

'मैं आपकी फीस तो नहीं दे सकती, पर प्लीज मेरी मदद कर दो?' उसने उससे पूछा।

वह आदमी छत्तीसगढ़ आकर, उन कारीगरों के लिए एक वर्कशॉप करने को तैयार हो गया। वह दो दिनों तक अंबिकापुर गां में रहा और कारीगरों को बताया की मिश्रण तैयार करने की सही विधि क्या है। अब दरारें गायब हो चुकी थीं।

'हमने छोटा-छोटा सामान सप्लाई करना शुरू किया--20-25 पीस--यूएस में, स्टीफन ह्यूलर की मदद से।'

लेकिन नीति ने महसूस किया, भारतीय बाजार अलग है। यहां बड़े आइटम की अपेक्षा छोटे सामान की मांग होती है, जिन पर जाली का काम किया गया हो।

'मेरे दोस्तों और मैंने दिमाग लड़ाया कि क्या आधुनिक, फंकी सामान हम बना

सकते हैं।'

परिणामस्वरूप--आदिवासी जीवन को दर्शाते भित्ती चित्र के गहने, लैंपशेड्स और वॉल हैंगिंग सामने आए। आम सामान, पर विशिष्टता लिए हुए।

'मैं आदिवासी महिलाओं के ऐसे समूह से भी मिली, जो फेब्रिक पर टेटू बनाती थीं। इसे गोदना कला कहा जाता है।'

हालांकि ये कलाकर रचनात्मक और निराले थे, लेकिन उनकी योजना और प्रस्तुति बहुत ही खराब स्तर की थी। नीति ने बिलासपुर में उनके लिए एक वर्कशॉप आयोजित की, जिससे गोदना कला के 100 स्टोल सामने आए।

भित्ती चित्र और गोदना की तरह ही, छत्तीसगढ़ की अन्य कलाएं, जैसे धोकरा (मेटल की ढली हुई वस्तुएं), पॉट्री और वूडन कला भी आकर्षक हैं। लेकिन वास्तविक चुनौती तो बहुत गहरी थी। आजादी के बाद से छत्तीसगढ़ मध्यप्रदेश का हिस्सा रहा है। वर्ष 2000 में ही इसे अपनी पहचान मिल पाई थी, जब यह एक राज्य बना था।

'छत्तीसगढ़ का तो कुछ था ही नहीं, कला के रूप में भी। तो सरकार ने इसके बारे में कुछ करने का निर्णय लिया।'

एक प्रकार की कढ़ाई, जिसे *मारवाही* कहा जाता था, उसमें प्रशिक्षित करने के लिए 100 आदमी औरतों को चुना गया। इसकी शुरुआत मुख्यमंत्री अजीत जोगी की पत्नी, डॉ. रेणु जोगी ने की। शुरुआत में इसके लिए फैबइंडिया का ऑर्डर आया, लेकिन बाद में और कोई बात नहीं बनी। एक नई सरकार अपनी नई नीतियों के साथ आई।

प्रशिक्षित हाथ बिना काम आए ही बेराजगार रह गए।

'मुझे लगा कि मैं उन लोगों को अपने साथ काम में लगा सकती हूं,' नीति ने कहा।

लेकिन शुरुआत कहां से हो, उन कारीगरों की पहचान कैसे हो? नीति ने डॉ. जोगी से मिलकर उनकी मदद और मार्गदर्शन मांगा।

'रेणु आंटी ने मुझे आगे बढ़ने के लिए प्रेरित किया--उनके बिना मैं इतनी दूर नहीं जा सकती थी।'

डॉ. जोगी ने बताया, सरकारी योजना का भाग होने के कारण, छत्तीसगढ़ की जेलों में बंद कैदियों को भी कढ़ाई के लिए प्रशिक्षित किया गया था। तो नीति

‘मैं चाहती हूं कि *36 रंग* स्थानीय कारीगरों द्वारा बनाया गया वैश्विक ब्रांड बने।’

बिलासपुर सेंट्रल जेल के सुपरिंटेंडेंट से मिली और उनके सामने काम का प्रस्ताव रखा। 10 कैदी उत्सुक थे और इसमें काम करना चाहते थे। लेकिन, वहां सिलाई का एक मसला था।

‘मैं चाहती थी कि वे टीशर्ट पर कुछ फंकी सी आदिवासी कढ़ाई कर दें। कुछ ऐसा जो पहले न किया गया हो!’

जोश के बावजूद, कैदियों को दोबारा से प्रशिक्षित किए जाने की जरूरत थी। और वे बहुत तेजी से भी काम नहीं कर सकते थे।

‘पहली 500 टी-शर्ट को तैयार होने में 10 महीने लग गए,’ नीति कहती हैं। ‘यह कारीगर और मेरे, हम दोनों के लिए सीखने का अनुभव था।’

इसी दौरान, नीति को कुछ स्थानीय ब्लॉक प्रिंटर भी मिले, जिनसे उन्होंने 20 साड़ी और दुपट्टे आदिवासी कला के कुछ नमूने प्रिंट करवा लिए। कला और कपड़ों का पर्याप्त माल होने पर, नीति ने निर्णय लिया कि अब बाजार जाने का वक्त आ गया है।

‘23 अक्टूबर 2010 को गुड़गांव के एपिकसेंटर में कंसर्न इंडिया फाउंडेशन के सहयोग से अपनी पहली प्रदर्शनी आयोजित की।’

साड़ियों का प्रदर्शन बढ़िया रहा, जल्द ही 8000 रुपए प्रति पीस के हिसाब से सब बिक गईं। ‘छत्तीसगढ़ आदिवासी समूह द्वारा हस्त कढ़ाई’ का लेवल लगी सुंदर टी-शर्ट को भी बहुत पसंद किया गया।

‘36 रंग और आदिवासी कला के प्रचार के हमारे मिशन के बारे में काफी सजगता आई।’

अपने उत्पाद के प्रति विश्वस्त, नीति दूसरी प्रदर्शनियों में भी अपने स्टॉल लगाने लगीं। इस दौरान मुबंई के ब्लिस, लूस एंड्रूस और बंगलौर के येलो बटन जैसे स्टोर 36 रंग की टीशर्ट अपने यहां रखने को तैयार हो गए। लेकिन रिटेल मार्केट में घुसने की अपनी अलग चुनौतियां हैं।

‘स्टोर कंसाइनमेंट के आधार पर काम करते हैं और माल बिक जाने के बाद

ही भुगतान करते हैं, जिसमें छह महीने तक का समय भी लग जाता है। इससे हमारे जैसे लोगों को और भी मुश्किलों का सामना करना पड़ता है!'

ऑनलाइन बिक्री भी 36 रंग का तलाशा गया एक और रास्ता है। यहां फिर, कुछ बड़ी वेबसाइट की अपनी अलग मांग रहती है--वे हर डिजाइन के कम से कम दस पीस मांगते हैं।

'हम बड़े पैमाने पर काम नहीं करते। खासतौर पर मेरी साड़ियां अपनी तरह की एक ही होती हैं।'

ये इस तरह के मसले हैं जिनसे हस्तशिल्प में काम करने वाले हर उद्यमी को दो चार होना पड़ता है। और खासकर उन्हें जो कारीगरों के हित के लिए काम कर रहे हों। अगर बिजनेस को ध्यान में रखते हुए ज्यादा उत्पादन किया जाए, तो वह प्रैक्टिकल नहीं होगा। ग्रामीण क्षेत्रों में रहने वाले कारीगर दिन रात काम नहीं कर सकते।

'जितनी मेरी सुविधा जरूरी है, उतनी ही उनकी भी!'

अनिश्चितता से तनाव होता है। इससे निबटने का तरीका नीति के पास यही है कि जब उनके हाथ में माल आ जाता है, वे तभी उसका प्रचार करती हैं। पहले साल में, उन्होंने 500 टीशर्ट कमीशन कीं और दूसरे साल में 700। आदर्श की बात करें तो, वह कभी अपने डिजाइन दोहराती नहीं है।

क्योंकि इससे वह कला न रहकर व्यवसाय बन जाएगा।

'जब लोग मेरे स्टॉल में आकर, सामान देखते हैं, टीशर्ट के डिजाइन और मेहनत देखकर वाओ कहते हैं, तो उसका अलग ही रोमांच होता है!'

36 रंग के लिए यह 'वाओ' फैक्टर ही 12 लाख की बिक्री के लिए काफी है। कारीगरों को काम मिलता है, लागत भी निकल आती है, लेकिन मुनाफा अनुमानित ही होता है।

'टच वुड, मैं काम को बरकरार तो रख पा रही हूं। हम जो भी कमाते हैं, वापस बिजनेस में लगा देते हैं--बिजनेस अब अपने पैरों पर खड़ा होने लगा है।'

नीति भी अपने पैरों पर खड़ी है--वह सब कुछ संभालती हैं कच्चे माल से लेकर उत्पादन तक, डिजाइन से लेकर अकांउटिंग तक सब खुद ही संभालती हैं। नीति का छोटा भाई, नीरव, जिसने हाल ही में दिल्ली विश्वविद्यालय से स्नातक किया है, भी अब उनका हाथ बंटाने लगा है।

'मैं हर काम में खुशी चाहती हूं। आपको अपने काम से खुशी मिलनी चाहिए कि हां मैंने कुछ अलग किया!'

'मैं जहां भी अपनी प्रदर्शनियों के लिए जाती हूं, नीरव मेरे साथ जाता है। वह बहुत मददगार है और बिजनेस के बारे में सीख भी रहा है।'

नीरव 36 रंग की मार्केटिंग और पीआर संभालने के साथ एग्जीबिशन पर जो काम होता है वह भी बखूबी कर लेता है। वह बिजनेस में लंबे समय तक रहेगा या यह बस कुछ समय का शौक है, यह देखना अभी बाकी है।

काम के सहयोग के साथ ही, भावनात्मक सहयोग की भी जरूरत पड़ती है। और इसके लिए नीति का पूरा परिवार उनके साथ खड़ा है--उनके पिता, बहन और जीजा भी।

'बदकिस्मती से मैंने 2007 में अपनी मां को खो दिया था, लेकिन मैं जानती हूं कि उनका प्यार हमेशा मेरे साथ रहेगा...'

इन सब दुआओं के साथ, काम धीमी लेकिन निश्चित गति से आगे बढ़ रहा है।

36 रंग मारवाही कढ़ाई के लिए एक रूरल सेंटर चलाता है, जिसकी निगरानी बिलासपुर में ही रहने वाले दो कर्मचारी करते हैं। हालांकि, किसी छोटे उद्योग के लिए, प्रतिबद्ध कर्मचारी मिल पाना आसान नहीं होता।

'नेशनल इंस्टीट्यूट ऑफ फैशन टेक्नॉलोजी (एनआईएफटी) की एक लड़की ने मेरे साथ 8 महीने काम किया और फिर उसे दूसरा काम मिल गया तो वह छोड़कर चली गई। ये सब चलता रहता है।'

अक्टूबर 2011 में, नीति यूएई में एक प्रदर्शनी के लिए गई। अच्छी प्रतिक्रिया से प्रोत्साहन पाकर, उन्होंने कुछ महीने बाद वापस दुबई जाकर ग्लोबल विलेज नाम से एक स्टोर खोल लिया। बाद में कुआलालम्पुर, मॉरिशियस और सिंगापुर की एग्जीबिशन हुई।

साड़ी लोकप्रियता में काफी ऊपर रही, और टीशर्ट व कढ़ाईदार कुर्ते भी पीछे नहीं है। पारंपरिक छत्तीसगढ़ी ढोकरा कला की भी बहुत मांग है।

'मैं छोटे ऑर्डर के लिए कुछ ढोकरा कारीगरों के साथ काम कर रही हूं। मैं

समझती हूं कि क्लाइंट को क्या चाहिए और कारीगरों को अच्छे दाम दिलवा देती हूं।'

रायपुर का रिटेल स्टोर, ऑनलाइन बिक्री और अंतर्राष्ट्रीय एग्जीबिशन अब बिजनेस का हिस्सा हैं। लेकिन नीति का अभी अचानक ही विस्तार का कोई विचार नहीं है। वे एक टोकरी में बहुत से सेब रखने का ख्याल नहीं है।

'वास्तव में, मैं जिंदगी में संतुलन बनाकर रखना चाहती हूं।'

क्या शादी का विचार और फिर सब संभालना कोई समस्या देता है? नीति को विश्वास है कि जब समय आएगा, वह सब संभालने के लायक हो जाएंगी।

'मैं बैठूंगी और अपने पति--जो भी हो--से एक बात बिल्कुल साफ कर दूंगी कि सुनो, मुझे अपने काम से प्यार है, और मैं इसे नहीं छोड़ूंगी।'

हालांकि वह सामाजिक कार्यकर्ता टाइप नहीं है, लेकिन अपने कारीगरों की मदद करके उन्हें बहुत शांति और संतुष्टि का अहसास होता है। उनके लिए पैसे के साथ पहचान भी आई है।

'जब एक ट्रैवल मैग्जीन ने मेरा इंटरव्यू लिया, तो मैंने आत्मादास के बारे में बताया। वह भित्ती चित्र के बहुत ही प्रतिभावान कारीगरों में से एक है। जब मैंने उसे वह लेख दिखाया तो उसके चेहरे पर तुरंत ही मुस्कान खिल उठी!'

अपने काम और खुद के प्रति अच्छा सोचो।

लक्ष्य रखो, और फिर आप उसे पा लोगे।

जल्दी या देर से।

*

महिला उद्यमी की सलाह

खुद में और अपने सपनों पर यकीन रखो। केंद्रित रहो, इससे कोई फर्क नहीं पड़ता कि आपको क्या मिले।

कुछ भी असंभव नहीं है। अगर कोई बाधा भी आए, तो दिल छोटा मत करो। बस चलते रहो... आगे बढ़ते रहो।

परिवार का साथ बहुत जरूरी है, यह आपमें भरोसा जगाता है कि आप कौन हैं।

मुझे बड़े होते समय बहुत सी आजादी दी गई और इससे मेरे सपनों को पंख लग गए। मुझे पालने और जिम्मेदारियों का अहसास कराने के लिए मैं हमेशा अपने मां-बाप की आभारी रहूंगी। मैं चाहती हूं कि हर मां-बाप अपनी बेटी को यह कीमती उपहार दें।

बेशकीमती चूरा

ए अमीना

पीजेपी इंडस्ट्रीज

बुरके में लिपटी वह बुरादे के असामान्य उद्योग में, भारी मशीनों के बीच काम करती हैं। उनके साहस और दृढ़ता का ही परिणाम है कि आज वे गोदरेज से पार्टनरशिप करके आगे और बस आगे ही बढ़ती जा रही हैं।

हम बहुत बड़ी मशीन के सामने खड़े थे।

सब जगह धूल ही धूल थी, लेकिन किसी दुर्घटनावश नहीं।

यह बहुत ही महत्वपूर्ण पदार्थ है, जिसे अमीना ने खुद अपने हाथ से बनाया है।

'बहुत ही बारीक, बहुत बारीक, हम 85 मेश का बना रहे हैं।'

ए अमीना पीजेपी उद्योग की मालिक हैं और वे ही उसे चलाती हैं। वे बारीक साडस्ट की सप्लाई विशेष रूप से गोदरेज कंज्यूमर प्रोडक्ट्स लिमिटेड को करते हैं।

यह औरतों के लिए बहुत अनुकूल उद्योग नहीं है। इसमें ग्रीज और ग्रिंडिंग चेंबर और 115 एचपी मोटर का रख-रखाव शामिल है। लेकिन यह छोटी सी बुरके में लिपटी महिला, तीन बच्चों की मां, यह सब संभाल रही है--और वह भी बिना परेशानी के।

'मेरे पति सउदी में काम करते हैं, तो ज्यादा समय मैं अपने काम के साथ ही बिताती हूं। मैं बस पैसे के लिए ही काम नहीं कर रही, बल्कि एक महिला उद्योगपति होने के नाते।'

प्रतियोगिता कड़ी है, हालात भी असहनीय है, लेकिन अमीना आगे बढ़ती जा रही हैं। उन्होंने खुद को साबित करते हुए विशेष रूप से गोदरेज कंपनी को माल सप्लाई करने का कॉन्ट्रेक्ट हासिल किया। इसी के साथ, कंपनी ने भी उनका स्केल बढ़ाने में तकनीकी स्तर और मोनेटरी स्तर पर मदद की।

'मैं अपना हर काम ईमानदारी से करती हूं,' वह इतनी नर्म आवाज में बोलती हैं कि मुझे बमुश्किल सुनना पड़ता है।

जैसे सुबह की शांति में कोई फुसफुसाहट, गर्मी के आसमान में कोई छोटा सा बादल।

अमीना की उपलब्धि असामान्य है।

उसकी बयानगी के लिए शब्दों की जरूरत नहीं है।

बेशकीमती चूरा

ए अमीना
पीजेपी इंडस्ट्रीज

अमीना का जन्म तमिलनाडु के विल्लुपुरम में हुआ, लेकिन वह पांडिचेरी को ही अपना घर मानती हैं।

'मैंने 1983 में स्कूली शिक्षा और 1985 उच्च माध्यमिक परीक्षा उत्तीर्ण की। उसी साल मेरी शादी हो गई, जब मैं 17 साल की थी। मेरे पति मेरी रिश्तेदारी में से ही थे और गल्फ में नौकरी करते थे।'

अमीना गृहिणी बनने के साथ-साथ, दो प्यारी बेटियों की मां भी बनीं। लेकिन वह दूसरी गृहिणियों से बहुत अलग थीं। उन्होंने शादी और बच्चे होने के बाद अपनी स्नातक और स्नातकोत्तर की पढ़ाई पूरी की।

'मैं हमेशा ज्यादा और ज्यादा पढ़ना चाहती थी।'

यहां तक कि एमए के बाद, अमीना ने पांडिचेरी में सरकार द्वारा संचालित स्मॉल इंडस्ट्री सर्विस इंस्टीट्यूट में दाखिला ले लिया। वह अपनी जिंदगी में कुछ 'स्पेशल' करना चाहती थी, कुछ बिजनेस। लेकिन क्या?

'मेरे पिता और भाई का बिजनेस था--अमीन कैमिकल्स--तो उन्होंने मुझसे कहा कि मैं उनके साथ काम कर लूं।'

30 साल के व्यवसाय के बाद, अमीन कैमिकल्स पांडिचेरी में वाहन कर लगने के कारण 'सिक' होने लगा था। इससे कीमतों में भारी बढ़ोतरी हुई थी और अब प्रतिस्पर्धा कर पाना बेहद कठिन लग रहा था। अमीना ने 1991 में, प्रशासनिक काम संभालने के लिए कंपनी जाना शुरू किया। वहां 7 साल गुजारने के बाद, वह बिजनेस

के बारे में सबकुछ सीख चुकी थीं।

'मैंने सीखा कि उद्योग कैसे चलाते हैं, बिजनेसमैन को किन-किन परेशानियों का सामना करना पड़ता है? यह सब सीखकर मैं कंपनी की मदद भी करने लगी।'

धीमे लेकिन निश्चित तौर पर, अमीन कैमिकल्स वापस रास्ते पर आने लगा। सालाना आय 1 करोड़ रुपए से ऊपर जा पहुंची, और दो नई यूनिट भी खुल गईं--ए आर इंडस्ट्री और ए एस इंडस्ट्री भी काम में जमने लगी थी। इस सबमें अमीना बहुत व्यस्त रहने लगी।

'मैं पूरा समय काम करती थी, सुबह से लेकर आधी रात तक। बीच में, मैं स्कूटर लेकर घर भी जाती, खाना बनाने और बच्चों की देखभाल करने, जब वे स्कूल से वापस आते।'

उस समय, अमीना के घर पर कोई उनकी मदद करने वाला नहीं था। लेकिन उन्होंने सब संभाल लिया था, और वे ज्यादा करना चाहती थी।

'मैंने अपने पिता से कहा कि अब मैं बिजनेस करना सीख चुकी हूं और अब मैं अपना खुद का बिजनेस संभालूंगी, पीजेपी इंडस्ट्री।'

लेकिन नए सिरदर्द और बड़ी जिम्मेदारी की जरूरत क्या है?

'मैं कुछ अलग करके कुछ हासिल करना चाहती थी। सिर्फ इसलिए मैंने अपना बिजनेस शुरू किया, जहां मेरे निर्णय होंगे, मैं लोगों को पगार दूंगी।'

स्वामित्व के नजरिए से 1998 में पीजेपी इंडस्ट्री का शुभारंभ हुआ। तब तक, अमीन इंडस्ट्री में रहते हुए उन्हें इस उद्योग की काफी जानकारी हो गई थी, अमीना ने इसी क्षेत्र में बिजनेस करने का निर्णय लिया। हालांकि, प्लांट खोलने की सहमति मिल पाना बहुत चुनौतीपूर्ण था।

'जब मैं पांडिचेरी नगरपालिका में पहुंची तो उन्होंने मुझे गंभीरता से नहीं लिया।'

कोई नहीं मान सकता था कि बुरके में लिपटी महिला इतनी गंभीर और समर्थ हो सकती है कि वह पुलवरिशिंग प्लांट चला सके।

'उन्होंने मुझसे कई महीने इंतजार करवाया।'

मशीन की कीमत 17 लाख रुपए थी, जो अमीना ने पारिवारिक बचत से निकाले। पहले 4 साल, उन्होंने बहुत सी कंपनियों के लिए काम किया, जिनमें हिंदुस्तान लीवर भी शामिल थी। ज्यादातर काम स्टार्च और स्टार्च और अल्यूमिनियम

सल्फेट की पिसाई का था।

पहले साल से ही कंपनी मुनाफा करने लगी थी, उनकी सालाना आय 25 लाख रुपए थी।

'बिजनेस में मैंने जब भी, और जिस भी चीज को हाथ लगाया, वह खूब फली। मैंने कभी कोई नुकसान नहीं किया।'

2002 में, अमीना ने बुरादे के काम में पैर रखा। *आउटलुक बिजनेस* मैग्जीन के अनुमान के अनुसार, सालाना 50,000 टन (लगभग 40 करोड़ रुपए) बुरादे की आवश्यकता होती है। और सबसे बड़ी चुनौती अनिवार्य कच्चे माल की नियमित आपूर्ति है।

'बुरादा बनाने के लिए हमें लकड़ी के चूरे की जरूरत होती है। वह आरा मशीन उद्योग का एक उप-उत्पाद है।'

तमिलनाडु की सीमा पर बसा पोलाची शहर और केरल आरा मशीन के बड़े केंद्र हैं। कई साल पहले, अमीना पोलाची में गईं और वहां एक सप्लायर को ढूंढ़ा। चाहे बारिश आए या धूप कड़के, उन्हें अपने चूरे की सप्लाई नियमित रूप से मिल जाती है।

'हमारे बीच अच्छी समझ और सहयोग है।'

यह आसान काम नहीं है, क्योंकि इस क्षेत्र में कड़ी प्रतिस्पर्धा है। और काफी अनैतिक भी।

'एक आदमी दूसरे को पीटता है... वे हमेशा मरने-मारने पर उतारू रहते हैं। मेरा माल हासिल करने या कभी मेरा माल अस्वीकार करने के लिए, वे दूसरी तरफ से नया कच्चा माल भेजने की भी कोशिश करते हैं... हमने बहुत सी परेशानियों का सामना किया है।'

और यद्यपि, सप्लायर अमीना के प्रति वफादार है, क्योंकि वह उसके बिजनेस के लिए अच्छी है। वह समय पर भुगतान करती है, और जुबान की पक्की है। ईमानदारी अच्छा गुण है, लेकिन उसका अपना मूल्य है।

दूसरा पहलू है क्वालिटी नियंत्रण। '5 मेश' और '10 मेश'* मोटे लकड़ी के चूरे को महीन करते हुए '85 मेश' तक लाया जाता है। यह आसान नहीं होता क्योंकि

* मेश चूरे को मापने का पैमाना है। 5 मेश का मतलब है कि कण 3.35 एमएम से होकर गुजर सकते हैं जबकि 85 मेश का मतलब है कि कण 0.178 एमएम से गुजर सकते हैं। बहुत ही बारीक पाउडर।

'मैंने बिजनेस में जब भी जिस चीज को हाथ लगाया उससे मुनाफा ही हुआ। मैंने कभी कोई नुकसान नहीं किया।'

हर बुरादे की बुनावट भी तो अलग होती है।

'हम गुणवत्ता बनाए रखते हैं क्योंकि मशीनों का रखरखाव मैं खुद ही संभालती हूं, यह राज है। तो हमें फेरबदल का सामना नहीं करना पड़ता और आखिरकार हमें अच्छी गुणवत्ता का उत्पाद मिल ही जाता है।'

यह उनके काम की गुणवत्ता और इस भारी उद्योग में महिला उद्यमी की असामान्य अनुपस्थिति ही है, जो गोदरेज को अमीना के दरवाजे पर ले आई। बुरादे का इस्तेमाल मास्कीटो कोइल* में किया जाता है, जिसका उत्पादन गोदरेज द्वारा किया जाता है और वे उसे 'गुड नाइट' और 'जेट' के झंडे तले बेचते हैं।

2008 में, अमीना ने विशेष रूप से इस कंपनी को माल आपूर्ति का करार किया। और फिर तब से किसी ने पीछे मुड़कर नहीं देखा।

2002 में, 25 लाख की सालाना आय से बढ़कर पीजेपी इंडस्ट्री मार्च 2010 में 85 लाख रुपए तक जा पहुंची। अमीना के अलावा, कंपनी में 12 कर्मचारी और हैं, अधिकांश मजदूर।

'प्रशासन, ऑपरेशन और प्रबंधन... सब मैं संभालती हूं।'

अमीना इंजीनियर नहीं है और जिस मशीन की हम बात कर रहे है उसकी क्षमता 20 टन है। तो वह ऐसी विकट मशीन को कैसे संभाल पाती हैं। निरीक्षण और दृढ़ता के बूते पर।

'मैंने अपने पिता की फैक्टरी में सीखा। मैं मशीनों के बारे में अच्छी तरह से जानती थी, क्योंकि जो उनका रखरखाव जानता है, सिर्फ वही व्यक्ति इस क्षेत्र में सफल हो सकता है।'

अमीना अपनी मशीन की 'डॉक्टर' है। तो वह नीम-हकीमों पर निर्भर नहीं रहती। इस तरह के विश्वास के साथ, इस बात में कोई संदेह नहीं रह गया था कि वह अपने बिजनेस का विस्तार करेंगी। 2010 में, अमीना ने पांडिचेरी से 18 किमी.

* मस्कीटो कोइल में इस्तेमाल किया जाने वाला 60 प्रतिशत कच्चा माल बुरादा ही है।

दूर बैहोर में अपनी दूसरी यूनिट स्थापित करनी शुरू की।

'मेरी पहली फैक्टरी में 150 टन प्रति महीना उत्पादन की क्षमता थी। दूसरी में 500 टन प्रति महीना है।'

4 मशीनों वाली नई फैक्टरी 6 नवंबर 2012 से शुरू हुई। गोदरेज ने इसकी शुरुआत से आखिर तक पूरा सहयोग दिया, उन्होंने 40 लाख रुपए निवेश किए, साथ ही इसका सारा माल लेने का भी करार किया।

'गोदरेज के लोग बहुत ही अच्छे हैं, अब वे मेरे परिवार की तरह हैं।'

अमीना ने इसमें अपने भी 30 लाख रुपए लगाए--अपने बिजनेस से कमाए हुए। इंडियन बैंक ने उन्हें 1 करोड़ रुपए का लोन भी दिया।

नई यूनिट में 20 लोगों को काम मिला और अमीना का दोनों फैक्टरियों के बीच आना-जाना लगा रहा।

'मैं स्कूटर और गाड़ी चला लेती हूं, तो इसकी कभी कोई परेशानी नहीं रही।'

अमीना के शौहर ने 1992 से 2003 के बीच सउदी अरेबिया में बतौर हाउसकीपिंग सुपरवाइजर काम किया। पिछले दो सालों से वह बिजनेस में शामिल हैं। लेकिन जो भी अमीना ने हासिल किया उसका सारा श्रेय वह अमीना को ही देते हैं।

'इस बिजनेस को शुरू करने और बढ़ाने का 99 प्रतिशत श्रेय मेरी बेगम को ही जाता है। मैंने तो बस उनका साथ दिया।'

अमीना मानती है कि यह सब बहुत ही असाधारण है।

'हमारी जाति में 99 प्रतिशत लड़कियां घर ही संभालती हैं। लेकिन मेरे अब्बू और शौहर के खानदान ने मुझे बहुत मदद किया।'

चूंकि उनके शौहर ज्यादातर दूर ही रहे, तो हो सकता है उन्हें घर में अमीना की कमी न खलती हो, लेकिन बच्चों का क्या?

'एक समय था, जब वे समझ नहीं पाते थे। लेकिन अब वे जानते हैं कि उनकी अम्मी अच्छा काम कर रही हैं, तो उन्हें परेशान मत करो।'

हालांकि अमीना की शादी बहुत कम उम्र में ही हो गई थी, लेकिन वह अपनी बेटियों को लेकर बहुत सतर्क है। वह चाहती हैं कि वे अपनी पढ़ाई पूरी करने के बाद ही घर बसाने की सोचें। उनकी बड़ी बेटी, मंसूरा बायोटेक्नॉलोजी में एमबीए कर चुकी हैं और बीच वाली बेटी अन्ना यूनिवर्सिटी से बीटेक आईटी हैं।

अमीना की छोटी बेटी हाविया का जन्म 2006 में हुआ। उसके जन्म के बाद 17 दिन आराम करके, वह वापस अपनी फैक्टरी में खड़ी थीं। बिजनेस तो चलता ही रहेगा।

'अब सिर्फ एक ही फर्क आया था कि अब मेरे पास खाना बनाने के लिए कामवाली थी।'

इस दौरान अमीना बुरादे से आगे बढ़ना चाहती हैं--उनका सपना है कि मस्कीटो कोइल्स के लिए प्रीमिक्स पाउडर बनाएं। उनकी जैसी लगन वाले इंसान के लिए दिल्ली दूर नहीं है।

दृढ़निश्चय में ही ताकत है।

'समस्या के समय जब हम नाराज होते हैं, तो परिणाम अच्छा नहीं रहता। उस समय मैं सोचती हूं कि समस्या का समाधान कैसे निकाला जाए। उसे कैसे हल किया जाए... हां, मैं बहुत प्रार्थना भी करती हूं।'

दुआ ब्रह्मांड है।

खुदा भी ब्रह्मांड है।

ब्रह्मांड के लिए दुआ करिए और खुदा आपकी सुनेगा।

❋

महिला उद्यमी की सलाह

मेहनत करो, यही सफलता की सीढ़ी है।

आप महिला हो, हमें घर में खुशियां बनाकर रखनी चाहिए, और यह भी देखना चाहिए कि परिवार कैसे चलता है। मेरी बेटियां, या बच्चे या बेटे, सभी को अनुशासन में रहना चाहिए। यह मेरी सफलता में बहुत में बहुत महत्वपूर्ण और दुर्लभ है।

इसी के साथ मेहनत और ईमानदारी के साथ पूरे प्रयास और अपने काम में रुचि ही महिला उद्यमी को सफल बना सकती है।

एम. अब्दुल वहाब (शौहर)

वह बहुत होनहार है।

मैं बाहर काम कर रहा था, वह तमिलनाडु विश्वविद्यालय में कॉरस्पान्डंस से पढ़ रही थी।

पहले तो वह खुदा से दुआ करती, फिर परिवार की देखभाल और फिर सिर्फ बिजनेस। कोई रिश्तेदार जैसे मां या बाप या और भी उनके पास मदद के लिए आता, वह उनकी मदद किया करती।

25 सालों की शादी में हम एक बार भी सिनेमा थियेटर नहीं गए। यह रिकॉर्ड है।

पहले वह खाना बनाने के साथ-साथ फैक्टरी का काम भी संभालती थी, जो बेहद मुश्किल होता था। पांडिचेरी में काम करना बहुत मुश्किल है, बहुत ही प्रतिस्पर्धा है। लेकिन अब, सिर्फ गोदरेज के साथ काम करना ही बहुत अच्छा है।

पांडिचेरी सरकार बहुत सहयोगात्मक है। मैं गर्व से कहता हूं--वह पांडिचेरी में काम करने वाली पहली महिला उद्यमी है।

वह बहुत समर्पित है। वह सुबह 6 बजे उठती है, नमाज पढ़ती है, बिजनेस की रूपरेखा बनाती है... कंपनी बढ़िया चल रही है... जब भी मुझे कोई परेशानी आती है, मैं उसे हल करता हूं। कोई भी काम या समस्या का समाधान करने से पहले हम दुआ करते हैं। इसके बाद सब काम हो जाता है, कभी नाकामयाबी नहीं मिलती।

99 प्रतिशत काम मेरी बेगम का है और 1 प्रतिशत मेरा। उसे जब भी मेरी जरूरत होती है, मैं उसके साथ खड़ा रहता हूं।,

संपर्क करने के लिए

अगर आप इस किताब में उल्लिखित किसी उद्यमी से कोई मदद या सलाह के लिए संपर्क करना चाहते हैं तो उनके ई-मेल आईडी नीचे दिए जा रहे हैं। आप कोशिश करके अपने सवाल पूछ सकते हैं और जवाब मिलने में थोड़ा धैर्य तो रखना ही पड़ेगा।

1. मीना बिंद्रा-- *meena.bindra@bibaindia.com*
2. मंजू भाटिया-- *manju.bhatia@vasuli.net*
3. रजनी बेक्टर-- *c/o akshaybector@sify.com*
4. निर्मला के-- *nirmala@vivamgroup.co.in*
5. रंजना नाइक-- *ranjunaik@gmail.com*
6. लीला बोर्डिया-- *Info@neerjainternational.com*
7. हान ची वा-- *1016335307@qq.com*
8. प्रेमलता अग्रवाल-- *premlata.ag@gmail.com*
9. पेट्रिशिया नारायण-- *petty_patty@yahoo.com*
10. सुदेशना बनर्जी-- *sudeshna@digitech-hr.net*
11. जसु शिल्पी-- *info@jasushilpi.co.in*
12. दीपाली सिकंद-- *dipali@lesconcierges.co.in*
13. पारु जयकृष्ण-- *parumj@asahisongwon.com*
14. बीनापानी तालुकदार-- *pansydry@yahoo.co.in*
15. ईला भट्ट-- *bhattela@sewa.org*
16. शोना मैक्डॉनाल्ड-- *shona@shonaquip.co.za*
17. नीना लेखी-- *nina@baggitindia.com*
18. संगीता पटनी-- *spatni@extensio.com*
19. सत्या वाडलामनी-- *murlikrishanpharma@gmail.com*
20. शिखा शर्मा-- *drshikha@drshikha.com*
21. दीपा सोमन-- *deepa.soman@lumieresolutions.com*
22. ओतारा गुनेवर्दने-- *otara@eodel.com*
23. नम्रता शर्मा-- *snamrata@gmail.com*
24. नीति टाह-- *mail@36rang.com*
25. ए अमीना-- *hawiyya@yahoo.com*

मदद के हाथ

आपको जिंदगी या उद्यमिता में किसी तरह की भावनात्मक या प्रायोगिक मदद चाहिए हो तो यहां कुछ शैक्षिक संस्थान और संगठनों का जिक्र किया जा रहा है, जिनसे आप मदद ले सकते हैं।

कुछ पाठ्यक्रमः

आईआईएम बंगलौर में **मैनेजमेंट प्रोग्राम फॉर विमेन एंत्रीप्रेन्योर** (एमपीडब्ल्यूई): हर साल अप्रैल/मई में 25 दिन का प्रोग्राम आयोजित किया जाता है। इच्छुक प्रत्याशी संपर्क कर सकते हैं: ईमेल mpwe@iimb.ernet.in

आईआईएम उदयपुर में **मैनेजमेंट प्रोग्राम फॉर विमेन एंत्रीप्रेन्योरः** अप्रैल/मई में 6 सप्ताह का प्रोग्रामः ईमेल http://www.iimu.ac.in

इंडियन स्कूल ऑफ बिजनेस (आईएसबी) **गोल्डमैन सैच्स 10,000 विमेन एंत्रीप्रेन्योर सर्टिफिकेट प्रोग्रामः** 16 सप्ताह का प्रोग्राम, जिसमें से 3 सप्ताह क्लासरूम में सत्र होते हैं और 13 सप्ताह की ऑन जॉब मोनिटरिंग सपोर्ट। उन महिलाओं के लिए साल भर से ज्यादा अपना बिजनेस संभाल रही हैं और जिनकी सालाना आय 5-50 लाख रुपए है। प्रोग्राम हैदराबाद, बंगलोर, मुंबई, दिल्ली, पुणे, मोहाली और इंदौर में कराया जाता है। http://10kwomen.isb.edu/

एस पी जैन मुंबई में **स्टार्ट योअर बिजनेस प्रोग्राम**--नए उभरते महिला और पुरुष उद्यमियों के लिए मुंबई में 12 सप्ताहांत का प्रोग्राम। http://www.spjimr.org/syb/ या ईमेल के लिए msrao@spjimr.org

नेटवर्किंग

The Stree Shakti: http://www.tiestreeshakti.org या ईमेल के लिए zee@tiemumbai.org

WEConnect: ई-मेल sucharita@weconnectinternational.org

मातृत्व के बाद कैरियर

जो महिलाएं 'ब्रेक' के बाद कुछ करना चाहती हैं। उन महिलाओं की मदद के लिए **अवतार कैरियर क्रीएटर्सः** प्रोफेशनली क्वालीफाईड महिलाओं को पार्ट-टाइम या घर पर काम उपलब्ध कराता है। http://www.avtariwin.com ईमेल sr@avtarcc.com

फलैक्सी मॉमः पार्ट टाइम, फुल टाइम, घर बैठे, प्रोजेक्ट आधारित काम http://www.fleximoms.in ईमेल sairee@fleximoms.in

कॉरपोरेट पहल

टाटा सैकंड कैरियर इंटर्नशिप प्रोग्रामः जो प्रोफेशनल महिलाएं किसी कारण से 6 महीने या उससे ज्यादा का ब्रेक लेती हैं वह टाटा ग्रुप कंपनी के अलग-अलग असाइनमेंट में काम के लिए आवेदन दे सकती हैं।

http://www.tatasecondcareer.com